本书系北方工业大学北京城市治理研究基地资助项目、北方工业大学
国家级项目配套资金资助项目研究成果

新时代中国省区城市治理
效能评价体系研究

吴 丹　陈江南◎著

河海大学出版社
·南京·

图书在版编目(CIP)数据

新时代中国省区城市治理效能评价体系研究 / 吴丹, 陈江南著. -- 南京：河海大学出版社, 2025. 7.
ISBN 978-7-5630-9462-2

Ⅰ. F299.23

中国国家版本馆 CIP 数据核字第 2025KQ6413 号

书　　名	新时代中国省区城市治理效能评价体系研究
书　　号	ISBN 978-7-5630-9462-2
责任编辑	成　微
特约校对	朱　麻
封面设计	徐娟娟
出版发行	河海大学出版社
地　　址	南京市西康路 1 号(邮编：210098)
网　　址	http://www.hhup.com
电　　话	(025)83737852(总编室)
	(025)83722833(营销部)
	(025)83787769(编辑室)
经　　销	江苏省新华发行集团有限公司
排　　版	南京布克文化发展有限公司
印　　刷	广东虎彩云印刷有限公司
开　　本	718 毫米×1000 毫米　1/16
印　　张	17.25
字　　数	326 千字
版　　次	2025 年 7 月第 1 版
印　　次	2025 年 7 月第 1 次印刷
定　　价	79.00 元

前言

城市治理是一门科学。习近平总书记指出:"必须认识、尊重、顺应城市发展规律,端正城市发展指导思想,切实做好城市工作。"改革开放以来,我国经历了世界历史上规模最大、速度最快的城镇化进程,城市发展波澜壮阔。在这个过程中,一些城市的空间、形态和功能发生巨大变化,产业转型、生态保护、资源承载等方面的压力不断增大,影响了城市可持续发展。创新驱动城市高质量发展、可持续发展,提高城市治理效能,遵循城市发展规律、加强科学化治理是必然选择。

从城市治理研究领域来看,学者对该领域的研究可分为三方面。一是城市治理机制。随着数字技术的发展,国内外都在推进数字化城市治理建设。国外以伦敦、纽约和新加坡的数字化政府建设为引领;国内基于人民群众需求的变化,中国特色城市治理体系正在构建。二是城市治理模式。国外新的公共管理模式正在逐渐取代旧的公共行政模式;国内正在改变以往粗放型的管理方式,以"人民城市"为理念的新治理模式正在实践探索中。三是城市治理评价。国外对城市治理评价研究较早,且不同治理评价的实践案例丰富,其中由世界银行建立的"世界治理指标"在国外的城市治理评价研究中具有较大影响力;国内对城市治理评价没有统一的综合评价标准,学者主要从定量和定性、综合和局部的角度进行城市治理评价研究,导致不同指标体系下城市治理能力的评价结果无法进行有效对比。总体来看,国外对城市治理评价的研究较早且内容丰富,而国内研究起步较晚,早期的城市治理评价研究探索多是借鉴国外的经验。随着城市治理越来越受到广泛关注,国内城市治理研究发展迅速。鉴于我国国情与城市市情,未来亟须提出对于城市治理问题的适用性评价研究方案,为深化中国城市治理评价研究奠定坚实基础。

基于学者们从不同领域视角对城市治理的研究来看,城市治理已逐步实现向产业、创新、人文、民生和生态环境等方向深入推进。这些研究成果为城市治理实践起到了良好的指导作用,为开展本书的研究奠定了良好基础。但在以下方面有待进一步深化:①城市治理思路研究。城市总体规划和专项规划为增强城市治理效能、推动城市高质量发展、加快实现城市治理智能化提供了有利的政策支撑。学术界从不同领域视角积极探索破解城市治理难题的途径和对策建议。但是,城市治理不应仅局限于数字经济、高精尖产业、民生、公共服务、科技、教育、资源、环境等单一研究视角考虑,如何结合中国省区的具体城市区情因素与经济社会发展特征,紧扣城市治理需求,创新城市治理思路,增强城市治理效能,以高效能治理推动高质量发展、以高质量发展推进城市治理现代化,有待进一步研究。②城市治理效能评价体系研究。城市治理效能评价体现了科技高水平创新驱动需求、经济高质量发展需求和生态舒适宜居需求等多个层次的需求,涉及研发创新能力、数字经济和高精尖产业发展、产业转型升级、经济发展质效、资源集约高效利用和生态环境保护等多维治理要素,受制于法律规则、政治选择、制度安排、经济发展、社会治理和生态约束,城市治理效能评价体系的建立和完善需要一个长期过程。目前,城市治理效能评价缺乏一个较为完善的评价指标体系,现有的评价视角过于单一化,评价模型过于复杂化,注重技术层面的设计,无法与城市治理需求相适应。如何创新提出与城市治理需求相适应的治理效能评价理论框架体系,据此构建有效、实践可操作的城市治理效能评价方法,有待进一步研究。

本书立足于科技创新、经济高质量发展和生态舒适宜居等多维视角,致力于创新设计科技-经济-生态系统治理视角下中国省区城市治理效能评价体系,因地制宜探索中国省区城市治理效能提升的优化路径,提出提升中国省区城市治理效能的对策建议,加快推动中国省区城市高质量发展,推进中国省区城市治理智能化,提升中国省区城市治理效能。本书共七章,第一章为绪论,包括研究背景与意义、城市治理研究进展、研究目标与思路、研究方法与创新点。第二章为新时代中国省区城市治理效能评价体系,包括新时代中国省区城市治理效能评价的内涵、中国省区城市治理需求与治理机制、中国省区城市治理效能评价指标体系、中国省区城市治理效能评价方法。第三章为新时代中国省区城市治理的科技创新指数,包括科技创新研究热点分析、科技创新研究演化脉络、中国省区城市治理的科技创新现状变化、中国省区城市治理的科技创新指数评价。第四章为新时代中国省区城市治理的经济高质量发展指数,包括经济发展研究热点分析、经济发展研究演化脉络、中国省区城市治理的经济高质量发展现状变化、中国省区城市治理的经济高质量发展指数评价。第五章为新时代中国省区城市治理的生态环境治理指数,包括生态环境治理研究热点分析、生态环境治理研究演化脉络、中国省区城市治理的生态环境治理现状变化、中国省区城市治理的生态环境治理指数评价。第六章为新时代中国省区城市治理的多维协调治理效能评价，包括中国省区城市治理的科技-经济协调治理效能评价、中国省区城市治理的经济-生态协调治理效能评价、中国省区城市治理的科技-经济-生态协调治理效能评价、中国省区城市治理效能贡献评价。第七章为结论与对策建议，包括结论、对策建议与展望。

  本书的研究成果可以为从事城市治理研究的专家学者和读者们提供一定的参考借鉴，殷切希望有关专家学者和广大读者给予批评指正！

作者

2025 年 7 月

目录

第一章 绪论	001
1.1 研究背景与意义	001
1.1.1 研究背景	001
1.1.2 研究意义	002
1.2 城市治理研究进展	003
1.2.1 研究方法与数据来源	003
1.2.2 城市治理研究的知识图谱绘制	004
1.2.3 城市治理研究现状	013
1.2.4 城市治理研究评述	020
1.3 研究目标与思路	022
1.3.1 研究框架	022
1.3.2 研究目标	023
1.3.3 研究思路	024
1.4 研究方法与创新点	025
1.4.1 研究方法	025
1.4.2 研究创新点	025
第二章 新时代中国省区城市治理效能评价体系	027
2.1 新时代中国省区城市治理效能评价的内涵	027
2.1.1 中国省区城市治理理念	027
2.1.2 中国省区城市治理效能评价的内涵界定	028

2.2 中国省区城市治理需求与治理机制 …………………………………… 028
　　　　2.2.1 中国省区城市治理需求 ………………………………………… 028
　　　　2.2.2 中国省区城市治理机制 ………………………………………… 031
　　2.3 中国省区城市治理效能评价指标体系 …………………………………… 032
　　　　2.3.1 城市治理目标体系 ……………………………………………… 032
　　　　2.3.2 城市治理效能评价指标 ………………………………………… 036
　　2.4 中国省区城市治理效能评价方法 ………………………………………… 039
　　　　2.4.1 城市治理效能评价模型 ………………………………………… 040
　　　　2.4.2 城市治理的多维度协调治理效能评价模型 …………………… 040
　　　　2.4.3 城市治理的多维度贡献评价模型 ……………………………… 041

第三章 新时代中国省区城市治理的科技创新指数 …………………………… 042
　　3.1 科技创新研究热点分析 …………………………………………………… 042
　　　　3.1.1 关键词共现分析 ………………………………………………… 043
　　　　3.1.2 关键词突变分布 ………………………………………………… 044
　　3.2 科技创新研究演化脉络 …………………………………………………… 047
　　　　3.2.1 关键词聚类图谱 ………………………………………………… 047
　　　　3.2.2 时间线分析 ……………………………………………………… 048
　　3.3 中国省区城市治理的科技创新变化 ……………………………………… 055
　　　　3.3.1 中国省区城市治理科技创新投入变化 ………………………… 055
　　　　3.3.2 中国省区城市治理科技创新产出变化 ………………………… 061
　　　　3.3.3 中国省区城市治理科技创新环境变化 ………………………… 064
　　3.4 中国省区城市治理的科技创新指数评价 ………………………………… 071

第四章 新时代中国省区城市治理的经济高质量发展指数 …………………… 093
　　4.1 经济发展研究热点分析 …………………………………………………… 093
　　　　4.1.1 热点关键词分析 ………………………………………………… 094
　　　　4.1.2 热点主题分析 …………………………………………………… 099
　　4.2 经济发展研究演化脉络 …………………………………………………… 101
　　4.3 中国省区城市治理的经济高质量发展变化 ……………………………… 107
　　　　4.3.1 中国省区城市治理基础设施建设变化 ………………………… 107

  4.3.2 中国省区城市治理数智化产业发展变化 ·············· 117
  4.3.3 中国省区城市治理经济发展质效变化 ················ 122
 4.4 中国省区城市治理的经济高质量发展指数评价 ············· 133

第五章 新时代中国省区城市治理的生态环境治理指数 ············ 153
 5.1 生态环境治理研究热点分析 ····························· 153
  5.1.1 热点关键词分析 ································ 154
  5.1.2 热点主题分析 ·································· 159
 5.2 生态环境治理研究演化脉络 ····························· 164
 5.3 中国省区城市治理的生态环境治理变化 ··················· 167
  5.3.1 中国省区空气质量变化 ·························· 167
  5.3.2 中国省区水质量变化 ···························· 170
  5.3.3 中国省区城市生态改善变化 ······················ 172
  5.3.4 中国省区城市环境卫生变化 ······················ 176
 5.4 中国省区城市治理的生态环境治理指数评价 ··············· 180

第六章 新时代中国省区城市治理的多维协调治理效能评价 ········ 202
 6.1 中国省区城市治理的科技-经济协调治理效能评价 ·········· 202
  6.1.1 科技-经济协调治理研究热点分析 ················· 202
  6.1.2 科技-经济协调治理研究演化脉络 ················· 206
  6.1.3 科技-经济协调治理效能变化 ····················· 212
 6.2 中国省区城市治理的经济-生态协调治理效能评价 ·········· 218
  6.2.1 经济-生态协调治理研究热点分析 ················· 218
  6.2.2 经济-生态协调治理研究演化脉络 ················· 228
  6.2.3 经济-生态协调治理效能变化 ····················· 231
 6.3 中国省区城市治理的科技-经济-生态协调治理效能评价 ····· 237
  6.3.1 科技-经济-生态协调治理研究热点关键词分析 ······ 237
  6.3.2 科技-经济-生态协调治理研究热点主题分析 ········ 243
  6.3.3 科技-经济-生态协调治理效能变化 ················ 249
 6.4 中国省区城市治理效能贡献评价 ························· 255

第七章　结论与对策建议 ⋯⋯⋯⋯⋯⋯⋯⋯⋯⋯⋯⋯⋯⋯⋯⋯⋯⋯⋯⋯⋯ 257
　7.1　结论 ⋯⋯⋯⋯⋯⋯⋯⋯⋯⋯⋯⋯⋯⋯⋯⋯⋯⋯⋯⋯⋯⋯⋯⋯⋯ 257
　7.2　对策建议 ⋯⋯⋯⋯⋯⋯⋯⋯⋯⋯⋯⋯⋯⋯⋯⋯⋯⋯⋯⋯⋯⋯⋯ 258
　　　7.2.1　实现科技创新驱动目标 ⋯⋯⋯⋯⋯⋯⋯⋯⋯⋯⋯⋯⋯⋯ 258
　　　7.2.2　实现经济高质量发展目标 ⋯⋯⋯⋯⋯⋯⋯⋯⋯⋯⋯⋯⋯ 259
　　　7.2.3　实现生态舒适宜居目标 ⋯⋯⋯⋯⋯⋯⋯⋯⋯⋯⋯⋯⋯⋯ 260
　7.3　展望 ⋯⋯⋯⋯⋯⋯⋯⋯⋯⋯⋯⋯⋯⋯⋯⋯⋯⋯⋯⋯⋯⋯⋯⋯⋯ 260

参考文献 ⋯⋯⋯⋯⋯⋯⋯⋯⋯⋯⋯⋯⋯⋯⋯⋯⋯⋯⋯⋯⋯⋯⋯⋯⋯⋯⋯ 262

第一章

绪 论

1.1 研究背景与意义

1.1.1 研究背景

城市治理是推进国家治理体系和治理能力现代化的重要内容。习近平总书记指出,"推进国家治理体系和治理能力现代化,必须抓好城市治理体系和治理能力现代化"。党的二十大报告强调,要加快转变超大特大城市发展方式,打造宜居、韧性、智慧城市。2022年12月19日,在北京党建引领接诉即办改革论坛闭幕式上,京沪津渝等13个城市在党建引领超大城市治理、多元主体参与城市治理等方面达成广泛共识,发布了《城市治理现代化北京宣言》,共同发出建设人民城市、推进城市治理现代化的时代强音。同时,党中央、国务院先后印发了《关于推进城市安全发展的意见》《中共中央 国务院关于进一步加强城市规划建设管理工作的若干意见》《中共中央 国务院关于加强和完善城乡社区治理的意见》《中共中央 国务院关于加强基层治理体系和治理能力现代化建设的意见》等一系列政策举措,应对中国省区城市治理问题挑战,加快中国省区城市科技创新驱动,促进中国省区城市经济高质量发展,实现中国省区城市各类生态要素高效配置,着力提升中国省区城市治理效能,以高效能治理推进中国省区城市治理能力现代化。

在国际学术界和政策领域,城市治理既代表了一种研究城市政策的新型分析框架,也代表了一种被各国际组织、国家和城市机构所运用的政策工具。但中国省区城市治理效能评价尚缺乏一套完善的评价体系,如何科学评价中国省区城市治理效能,成为中国省区城市治理的一个重大命题。为此,本书立足科技-经济-生态系统治理视角,深入开展中国省区城市治理效能评价体系研究,据此明确中国省区城市治理问题挑战,为提升中国省区城市治理效能提出合理对策,推进中国省区城市治理能力现代化。

1.1.2 研究意义

近年来,在城市治理体系和治理能力现代化实施背景下,中国省区城市治理能力现代化研究已成为中国式现代化视角下的中国省区城市治理研究主题之一。但当前的研究成果主要集中于中国省区城市治理存在的问题、不同领域视角评价及实现路径等方面,如何完善科技-经济-生态系统治理视角下中国省区城市治理效能评价体系,明确中国省区城市治理效能提升的优化路径,以高效能治理推动高质量发展、以高质量发展推进中国省区城市治理能力现代化,仍有待深化研究。本书的研究内容作为一项应用基础性的交叉研究,具有很强的集成创新性和应用导向性,主要意义归纳如下:

理论意义:首先,中国省区城市治理很少涉及治理效能的评价,而治理效能评价是推动中国省区城市高质量发展的重要途径,从治理效能评价角度开展中国省区城市治理能力现代化研究,开拓了新的研究视角;其次,本书针对中国省区城市治理实践的复杂性特征,提出从科技创新、经济高质量发展、生态舒适宜居等多维视角,开展中国省区城市治理的系统治理思路研究;最后,本书力图创新提出科技-经济-生态系统治理视角下中国省区城市治理效能评价理论框架体系,有效避免中国省区城市治理效能评价中研究视角的单一化问题,提供了新的研究范式。

实践意义:首先,本书在高质量发展背景下,以中国省区城市治理实践为导向,贯彻落实"系统治理"理念,优化现有的中国省区城市治理评价体系,有利于系统提升中国省区城市治理效能,推动中国省区城市高质量发展。其次,本书从公共政策与公共管理视角,因地制宜确定中国省区城市治理效能提升的优化路径与对策建议,为推进中国省区城市治理实践提供决策支撑。

1.2 城市治理研究进展

1.2.1 研究方法与数据来源

1.2.1.1 研究方法

CiteSpace 是由美国 Drexel University(德雷塞尔大学)的陈超美教授应用 Java 语言开发,基于共引分析理论和寻径网络算法开展文献计量分析的信息可视化软件。CiteSpace 能够将特定学科领域的演进历程集中展现在网络图谱上,并自动标识引文节点文献和共引聚类,形象地展示学科领域的关键文献、研究热点、知识拐点和发展趋势[1]。CiteSpace 知识图谱"一览无余"的特征使得它成为目前最为流行的知识图谱绘制工具之一,得到学术界的广泛应用。本书依据由大连理工大学的陈悦和陈超美教授等学者于 2015 年在《科学学研究》期刊上合作发表的《CiteSpace 知识图谱的方法论功能》一文,以 Web of Science(简称 WOS)核心数据库和中文社会科学引文索引数据库(简称 CSSCI)收录的 2000—2022 年城市治理研究文献为研究对象,利用 CiteSpace 软件提取作者、研究机构、热点关键词等基本信息,通过文献计量分析方法对年度发文量进行分析,绘制学者合作网络图谱和关键词知识图谱,明晰城市治理研究现状,提炼城市治理研究的核心观点,分析城市治理的研究热点及演化、热点主题,对城市治理研究文献进行可视化处理和分析,系统梳理城市治理研究进展,为学界深化城市治理研究提供参考借鉴,为政府管理部门完善城市治理研究的相关政策提供决策支撑。

1.2.1.2 数据来源

以 CSSCI 和 WOS 期刊 2000—2022 年城市治理研究的文献作为分析数据。CSSCI 文献检索以"城市治理"为关键词,剔除无关信息(含通讯稿、新闻稿等多余信息),共检索出 657 篇与城市治理研究相关的期刊文献作为分析数据。WOS 文献检索以"Urban Governance"为标题,共检索到 392 篇与城市治理研究相关的期刊文献(语言分类精炼"英语类")。CSSCI 和 WOS 文献的检索筛选方式见表 1.1。

表 1.1 CSSCI 和 WOS 文献的检索筛选方式

数据库	CSSCI	WOS
检索方式	关键词	Title

续表

数据库	CSSCI	WOS
检索词汇	城市治理	Urban Governance
时间范围	2000—2022 年	2000—2022 年
文献类别	CSSCI 期刊	Article、Review
检索结果	657 篇	392 篇
截止时间	2022 年 10 月 5 日	

1.2.2 城市治理研究的知识图谱绘制

通过对城市治理研究文献数量进行时间序列变化趋势分析,可以明晰城市治理研究的关注热度。从 2000—2022 年 CSSCI 文献看,2002—2010 年年发文量较为平稳,2010—2014 年年发文量缓慢上升,2014—2021 年年发文量激增,保持强劲上升态势,2021 年年发文量达到 98 篇。从 2000—2022 年 WOS 文献看,2000—2010 年年发文量较为平稳,2010—2013 年年发文量快速增加,2013—2015 年年发文量明显减少,2015—2021 年年发文量增长幅度较大。但 2022 年 CSSCI 文献和 WOS 文献的年发文量均有所下降(见图 1.1)。通过 CSSCI 和 WOS 文献的年发文量对比分析发现,国内对于城市治理研究的关注晚于国际社会。但自 2014 年开始,CSSCI 年发文量远高于 WOS 年发文量,2014—2021 年 CSSCI 年发文量的增速高达 24.6%,高于同期 WOS 年发文量的增速 13.8%,说明国内对于城市治理研究的关注度持续增高,且超过了国际社会。

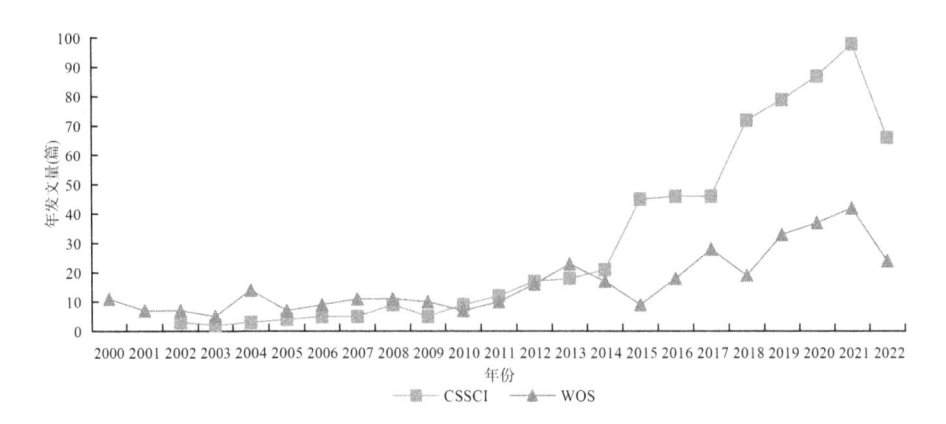

图 1.1 2000—2022 年城市治理研究的年发文量

通过文献梳理可知,国内对城市治理的界定可概括为:在国家基本政策制度的引领下对传统城市管理的完善和创新,是政府会同市场、社会等多元主体,以更有效满足市民对公共产品和服务的需求为核心,管理城市公共事务的各种方式的统称和持续过程。

1.2.2.1 学者合作网络图谱

通过对 CSSCI 和 WOS 文献中学者合作网络图谱的分析,可以深入探究城市治理研究的主要学者群体及其合作强度(见图 1.2)。其中节点大小反映发文量,节点越大表明该学者在该领域的发文量越多;节点颜色的深浅度与研究起始时间成正比,颜色越深显示学者在该领域的起始时间越早;节点间的连线粗细与学者间的合作强度成正比关系[2]。

根据图 1.2(a),CSSCI 文献中各学者之间大多处于分散、独立的研究状态,其中,来自华东政法大学的姚尚建、南开大学的吴晓林、上海交通大学的吴建南、中国人民大学的何艳玲、华中科技大学的董慧发文量较多。同时,仅较少学者之间保持合作联系,华东政法大学与上海交通大学之间的联系尤为紧密。根据图 1.2(b),WOS 文献中各学者之间呈现组团加散点状分布,团队内部保持着较强的合作关系,但各团体之间联系较少,零散点的学者处于独自研究阶段,且发文量较高。其中,来自 Humboldt-Universitat zu Berlin(柏林洪堡大学)的 Lewis Abedi Asante、University of Melbourne(澳大利亚墨尔本大学)的 Michele Acuto、University of Amsterdam(荷兰阿姆斯特丹大学)的 Isa Baud、Centre for Development Studies,India(印度发展研究中心)的 J Devika 的发文量较多。此外,

(a) CSSCI

(b) WOS

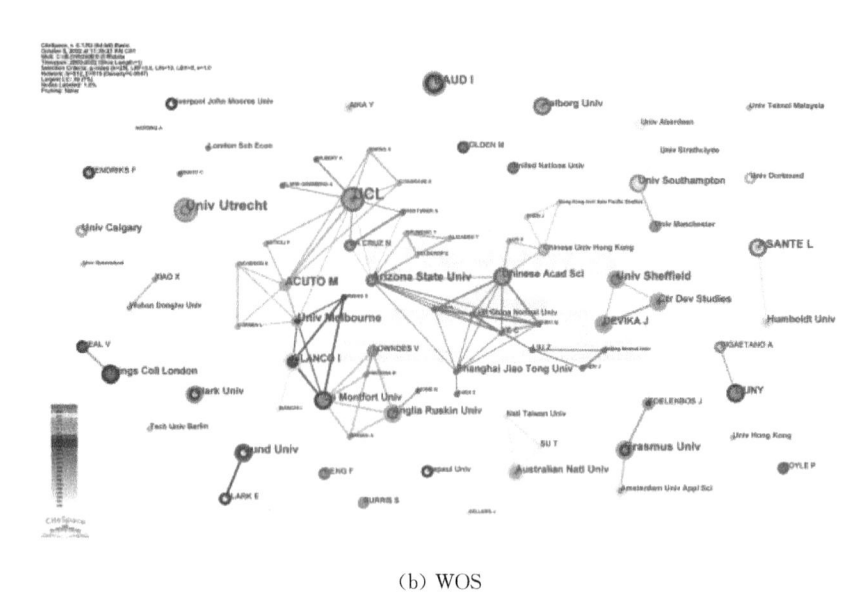

图 1.2　城市治理研究的学者合作网络图谱

University College London(英国伦敦大学)、Utrecht University(荷兰乌德勒支大学)和 University of Sheffield(英国谢菲尔德大学)在该领域的影响力较大。

1.2.2.2　关键词共现图谱

在关键词共现网络图谱中,节点大小表示关键词出现频次的高低;关键词之间的连线越粗越多,表示关键词之间联系紧密,中介作用越强,更容易成为研究领域的中心;不同的颜色代表不同的年限。城市治理研究的关键词共现网络图谱如图 1.3 所示。

根据图 1.3(a)可知,CSSCI 文献围绕"城市治理""智慧城市""公众参与""基层治理"等关键词呈现树枝状网络分布结构,没有出现游离的散点,高频词延伸拓展至低频词,高频词之间互相联系,说明城市治理研究内部结构联系紧密。总体来看,CSSCI 文献中城市治理研究主要聚焦于公众参与、基层治理、社区治理的政策研究,同时涉及智慧城市、大数据、技术更新等与城市治理紧密相关的技术应用,以及城市空间、空间正义的治理问题研究。根据图 1.3(b)可知,WOS 文献中以"urban governance""city""state""politics""policy"关键词为中心呈现向心状分布,各高频关键词之间联系紧密,说明城市治理研究已形成复杂的网络结构体系。

(a) CSSCI

(b) WOS

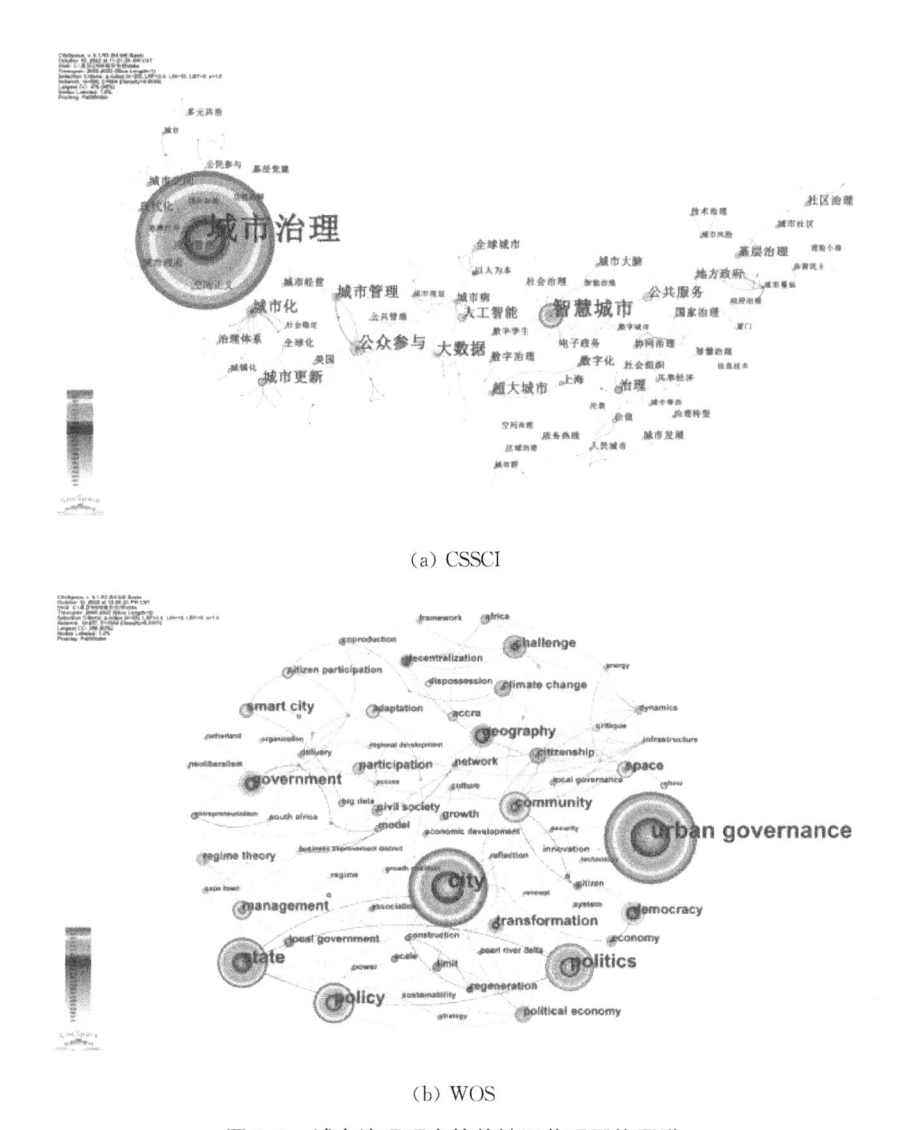

图 1.3　城市治理研究的关键词共现网络图谱

1.2.2.3　关键词突现知识图谱

在城市治理研究的关键词突现知识图谱中,突现词的词频变化可以反映一段时期内城市治理研究的发展趋势,指数值越高,表示受关注度和被引频率越高,也代表了城市治理研究的前沿和热点[3]。城市治理研究的关键词突现知识图谱如图 1.4 所示。

根据图 1.4(a)可知,CSSCI 文献中突现词包括 13 个,其中,"城市经营"自

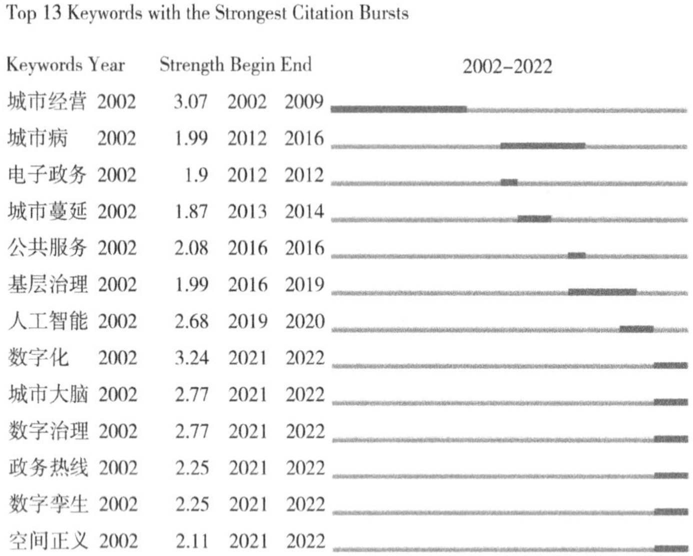

Top 13 Keywords with the Strongest Citation Bursts

Keywords	Year	Strength	Begin	End
城市经营	2002	3.07	2002	2009
城市病	2002	1.99	2012	2016
电子政务	2002	1.9	2012	2012
城市蔓延	2002	1.87	2013	2014
公共服务	2002	2.08	2016	2016
基层治理	2002	1.99	2016	2019
人工智能	2002	2.68	2019	2020
数字化	2002	3.24	2021	2022
城市大脑	2002	2.77	2021	2022
数字治理	2002	2.77	2021	2022
政务热线	2002	2.25	2021	2022
数字孪生	2002	2.25	2021	2022
空间正义	2002	2.11	2021	2022

(a) CSSCI

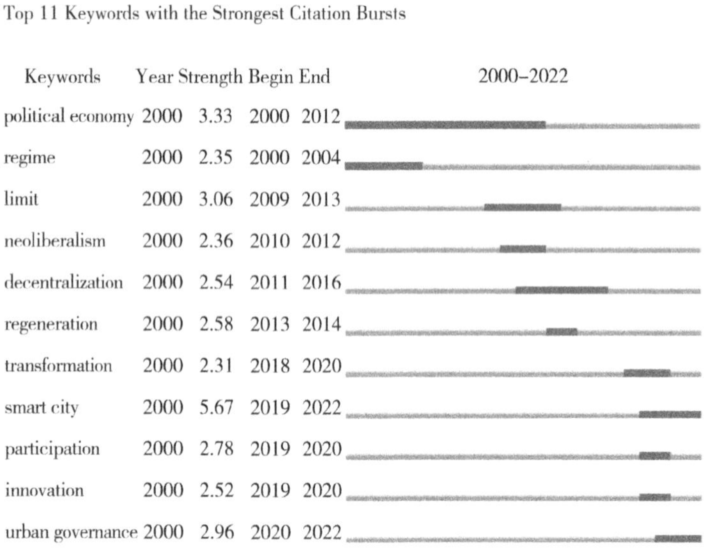

Top 11 Keywords with the Strongest Citation Bursts

Keywords	Year	Strength	Begin	End
political economy	2000	3.33	2000	2012
regime	2000	2.35	2000	2004
limit	2000	3.06	2009	2013
neoliberalism	2000	2.36	2010	2012
decentralization	2000	2.54	2011	2016
regeneration	2000	2.58	2013	2014
transformation	2000	2.31	2018	2020
smart city	2000	5.67	2019	2022
participation	2000	2.78	2019	2020
innovation	2000	2.52	2019	2020
urban governance	2000	2.96	2020	2022

(b) WOS

图 1.4 城市治理研究的关键词突现知识图谱

2002年开始出现且突现时长达7年,属于持续性的热点前沿;"城市病"与"电子政务"于2012年出现,"城市病"突现时长为4年;随后,"城市蔓延""公共服务""基层治理""人工智能"开始突现。根据图1.4(b)可知,WOS文献中突现词包括11个,其中"political economy""decentralization"为持续性的热点前沿,突现时长分别为 12 年、5 年。

1.2.2.4 关键词聚类图谱

CiteSpace 软件在聚类标签的提取上提供了 4 种标签提取算法：LSI(潜语义索引)、TF-IDF 加权算法(系统默认的自动标签词提取算法)、LLR(对数似然比检验)、MI(互信息算法)①。综合来看，使用 LLR 算法进行的聚类所提取的标签更加符合实际情况且重复情况少。通常，衡量聚类好坏的指标有两个，分别是 Muscularity(模块化，聚类模块值为 Q) 和 Silhouette(轮廓度量，平均轮廓值为 S)。Muscularity 度量了网络可以划分为多个独立块(模块)的程度，低模块化表明不能将网络简化为具有清晰边界的聚类，而高模块化则意味着网络结构良好。Silhouette 是在解释聚类性质时，用以估计聚类所涉及的不确定性。一般情况下，当 $Q>0.3$ 时，表示聚类效果可接受，且值越大，聚类效果越显著。当 $S>0.5$ 时，表示聚类是合理的；$S>0.7$ 时，表示聚类效果是令人信服的[4]，且值越大，聚类结果越合理[6]。运用 CiteSpace 软件，对城市治理研究主题进行聚类分析，如图 1.5 所示。

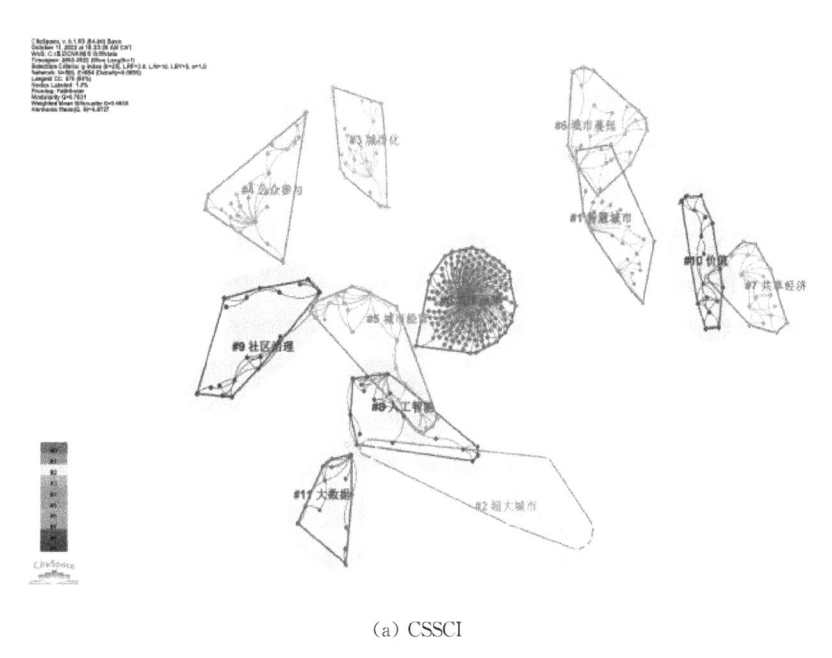

(a) CSSCI

---

① Chaomei C, Fidelia I, Jianhua H. The structure and dynamics of cocitation clusters: A multiple-perspective cocitation analysis[J]. Journal of the American Society for Information Science and Technology, 2010, 61(7):1386-1409.

(b) WOS

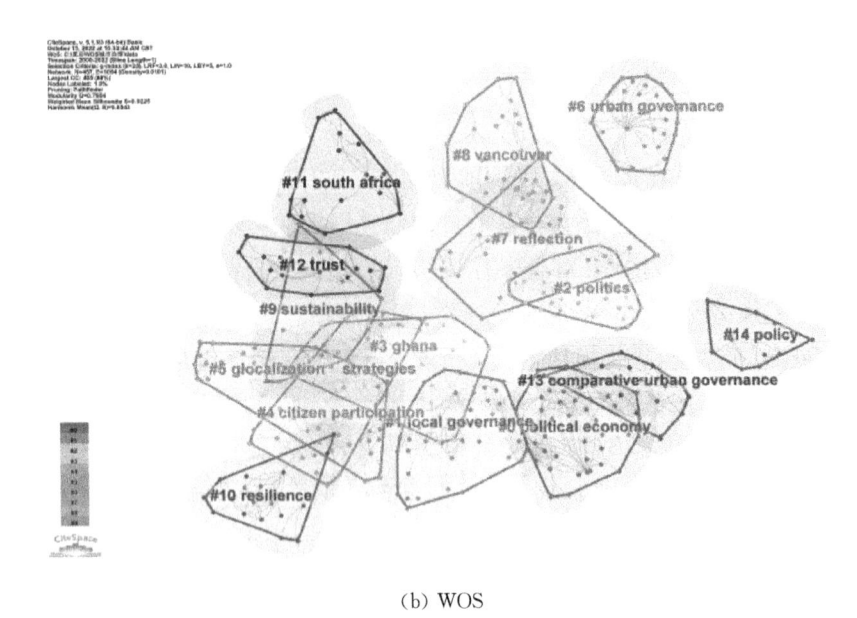

图 1.5　城市治理研究的关键词聚类图谱

从图 1.5 可看出,CSSCI 和 WOS 城市治理研究均确定了 12 个共引聚类。两个聚类图谱的聚类模块值 Q 均大于 0.7,平均轮廓值 S 均大于 0.9。表 1.2、表 1.3 分别展示了 CSSCI、WOS 聚类图谱包含的热点关键词,表中 S 均接近 1,表明聚类效果显著,结果合理。

表 1.2　CSSCI 城市治理研究的热点关键词聚类及标签词信息

聚类号	聚类名称	S 值	标签词
0#	城市治理	1	城市治理(23.5,1.0E-4);智慧城市(15.51,1.0E-4);应急管理(9.66,0.005);城市化(7.08,0.01);大数据(5.88,0.05)
1#	智慧城市	0.996	智慧城市(40.15,1.0E-4);电子政务(21.2,1.0E-4);公共服务(16.34,1.0E-4);城市大脑(11.51,0.001);数字城市(10.55,0.005)
2#	超大城市	0.985	超大城市(18.96,1.0E-4);上海(12.59,0.001);城市发展(12.59,0.001);数字化(12.59,0.001);城市群(12.59,0.001)
3#	城市化	0.956	城市化(42.25,1.0E-4);治理体系(10.08,0.005);鬼城(6.89,0.01)
4#	公众参与	0.907	公众参与(28.43,1.0E-4);多中心(14.08,0.001);社会建设(14.08,0.001);线上参与(7.01,0.01)
5#	城市经营	0.966	城市经营(20.27,1.0E-4);全球化(18.82,1.0E-4);城市管理(14.41,0.001);国际化(12.51,0.001);城市更新(12.51,0.001)

续表

聚类号	聚类名称	S值	标签词
6#	城市蔓延	0.97	城市蔓延(21.85,1.0E-4);地方政府(10.73,0.005);角色转变(7.21,0.01);非法行为(7.21,0.01);风险治理(7.21,0.01)
7#	共享经济	0.954	共享经济(21.22,1.0E-4);协同治理(16.78,1.0E-4);智慧治理(14.08,0.001);地方治理(14.08,0.001);杭州(7.01,0.01)
8#	人工智能	0.989	人工智能(12.42,0.001);城市病(12.42,0.001);南京(12.42,0.001);数字孪生(12.42,0.001);城市规划(12.42,0.001)
9#	社区治理	1	社区治理(19.09,1.0E-4);背街小巷(12.68,0.001);基层治理(8.95,0.005);架空线(6.32,0.05);中国特色社会主义(6.32,0.05)
10#	价值	0.995	价值(22.3,1.0E-4);治理(17.85,1.0E-4);人民城市(14.79,0.001);城市善治(14.79,0.001);人民至上(7.36,0.01)
11#	大数据	0.988	大数据(23.75,1.0E-4);公共价值(14.22,0.001);互联网(14.22,0.001);邻避冲突(14.22,0.001);区块链(7.07,0.01)

表1.2的聚类标签可以概括为两类：一类是早期城市化发展阶段面临的问题以及治理，其中"城市化""城市蔓延"反映了城市治理水平难以跟上城市化快速发展步伐，导致出现了城市交通拥堵、环境污染、流动人口社会融合等社会问题；而"城市经营""社区治理""公众参与""城市治理"则主要从公共管理和公共服务视角对城市治理进行探索。另一类是运用互联网、大数据等技术提高城市精细化、智能化治理水平，包括"智慧城市""超大城市""人工智能""大数据"等运用数字技术来赋能城市治理架构，"共享经济"则推动城市资源要素配置，加快城市更新治理步伐。

表1.3 WOS城市治理研究的热点关键词聚类及标签词信息

聚类号	聚类名称	S值	标签词
0#	political economy	0.880	political economy (12.07, 0.001); growth coalition (10.93, 0.001); leadership (10.93, 0.001); urban politics (9.97, 0.005); local government (9.97, 0.005)
1#	local governance	0.877	local governance (11.51, 0.001); urban transformation (11.51, 0.001); real estate policies (5.74, 0.05); big cities policy (5.74, 0.05); multi-level perspective (5.74, 0.05)
2#	politics	0.975	politics (13.56, 0.001); law (6.76, 0.01); geography (6.06, 0.05); city (4.77, 0.05); neoliberalism (3.48, 0.1)

续表

聚类号	聚类名称	S值	标签词
3#	ghana	0.852	ghana (25.71, 1.0E-4); traders (7.48, 0.01); cape coast (5.88, 0.05); urban growth (5.57, 0.05); meso-urban (5.57, 0.05)
4#	citizen participation	0.921	citizen participation (11.02, 0.001); texas (5.81, 0.05); urban resilience (5.81, 0.05); club goods (5.81, 0.05); tai-pei city (5.81, 0.05)
5#	glocalization strategies	0.989	glocalization strategies (5.81, 0.05); neighbourhood governance (5.81, 0.05); eu (5.81, 0.05); state rescaling (5.81, 0.05); representative bias of political participation (5.81, 0.05)
6#	urban governance	0.945	urban governance (19.75, 1.0E-4); city (5.81, 0.05); politics (4.08, 0.05); multiculturalism (3.95, 0.05); governance (3.74, 0.1)
7#	reflection	0.906	reflection (11.96, 0.001); investment (5.96, 0.05); megaevents (5.96, 0.05); search (5.96, 0.05); entrepreneurial governance (5.96, 0.05)
8#	vancouver	0.935	vancouver (12.2, 0.001); public participation (12.2, 0.001); indicators (6.08, 0.05); bc (6.08, 0.05); european city' (6.08, 0.05)
9#	sustainability	0.924	sustainability (17.13, 1.0E-4); vietnam (6.54, 0.05); migrants (6.54, 0.05); google fiber (6.54, 0.05); littering (6.54, 0.05)
10#	resilience	0.981	resilience (6.94, 0.01); mainstreaming (6.94, 0.01); multi-level governance (6.94, 0.01); an urban planning perspective (6.94, 0.01); changzhou (6.94, 0.01)
11#	south africa	0.947	south africa (12.12, 0.001); management (6.77, 0.01); policy mobilities (6.04, 0.05); apartheid (6.04, 0.05); citizenship (6.04, 0.05)
12#	trust	0.926	trust (15.14, 1.0E-4); governance network performance (7.53, 0.01); boundary spanners (7.53, 0.01); geodiversity (7.53, 0.01); co-evolution regimes (7.53, 0.01)
13#	comparative urban governance	0.979	comparative urban governance (11.05, 0.001); creative spaces (11.05, 0.001); economic upgrading (11.05, 0.001); urban political economy (11.05, 0.001); pearl river delta (7.36, 0.01)
14#	policy	0.874	policy (18.96, 1.0E-4); power (11.58, 0.001); digital cities (5.77, 0.05); negotiations (5.77, 0.05); information ecosystem (5.77, 0.05)

表1.3的聚类标签可以概括为两类:一类是发达国家面临的主要城市问题和治理;其中"political economy"(政治经济学)、"local governance"(地方治

理)等反映发达国家完成城市化进程中出现了中心城区衰落等城市问题,通过重新规划开发盘活了当地的经济发展;"citizen participation"(公民参与)、"glocalization strategies"(全球化策略)、"urban governance"(城市治理)等反映发达国家通过协调国家和地方的政策目标,建立开放社区,设立机构,提高移民的公民权利和政治参与度,使得跨国移民更好融入社会。另一类是发展中国家城市化进程中面临的治理问题,其中"south africa"(南非)、"comparative urban governance"(比较城市主义)、"policy"(政策)等反映发展中国家经济发展水平不高、贫富分化严重、基础设施短缺、环境恶化等复杂城市治理问题以及应对策略。

1.2.3 城市治理研究现状

1.2.3.1 核心观点提炼

依据图 1.2(a),通过对 CSSCI 关于城市治理研究主题高被引文献排名前 5 位学者的论文观点进行梳理,3 篇高被引文献均提及了城市空间治理研究,从哲学、政府角度探究城市空间正义,反映出国内对城市空间和空间正义的治理研究关注热度(见表 1.4)。

表 1.4 CSSCI 高被引文献排名前 5 位的学者及核心观点

被引次数	学者	论文标题	发表年份	核心观点
8	姚尚建	城市治理:空间、正义与权利	2012 年	从城市空间和权利发展的角度出发,批判了城市政府在资本与权利方面对农村政府的掠夺,反思城市治理的空间理论,为完善区域性正义供给提供了一定参考[5]
8	吴晓林	治理视野中的城市基层管理改革:问题、悖论与出路	2016 年	提出城市基层管理改革中存在的问题与三重悖论,提出未来改革之路的建议[6]
8	吴建南	雾霾污染的影响因素:基于中国监测城市 PM2.5 浓度的实证研究	2016 年	从经济发展和公共治理两个维度探究了城市雾霾的影响因素,发现经济结构失调是雾霾天气的深层次诱因;提出"调结构、减排放、强治理"的政策建议[7]
6	何艳玲	差序空间:政府塑造的中国城市空间及其属性	2019 年	揭示了政府塑造城市空间的内在逻辑,通过宏观制度政策、城市规划设计、行政区划分调整、公共服务塑造"差序空间",构建"空间-城市-政府"治理体系的完整链条[8]
6	董慧	都市革命抑或超越——列斐伏尔对都市社会的理论探索及其时代意义	2019 年	批判性的借鉴列斐伏尔的都市革命理论,探究城市正义,重点是空间正义,提出以马克思主义为指导,以中国特色社会主义实践为基础,走出一条具有中国特色的城市化道路[9]

依据图1.2(b),通过对WOS关于城市治理主题高被引文献排名前5位学者的论文观点进行梳理,WOS高被引文献重点聚焦于数字基础设施建设、城市空间与贫困治理、政府与城市治理关系、城市治理评估研究(见表1.5)。

表1.5 WOS高被引文献排名前5位的学者及核心观点

被引次数	学者	论文标题	发表年份	核心观点
65	Acuto Michele	Digital infrastructures and urban governance	2017年	结合"智慧城市"的发展背景,讨论了澳大利亚数字基础设施的两种公共投资方式,发现在规模小、能力有限的城市政府与技术公司的规模和执行能力之间存在不匹配问题,亟需深化"智慧城市"多层次治理[10]
52	Baud Isa	Matching deprivation mapping to urban governance in three Indian mega-cities	2009年	对印度的德里、孟买和金奈三大城市中的贫困家庭城市空间位置进行了分析,划分贫困地图,辅助制定城市治理决策[11]
51	Blanco Ismael	Situating the local in the neoliberalisation and transformation of urban governance	2014年	在新自由主义的背景下,探究地方政府与城市治理之间的关系,并为其开辟新路径,提出五个焦点:理解危机、政治、意义和情感、代理和监管中介、实践、位置和比较[12]
44	Van Kempen Ronald	Urban governance within the Big Cities Policy: ideals and practice in Den Hang, the Netherlands	2004年	描述并评价了荷兰的大城市政策,重点定性评估了海牙的城市治理情况,发现存在责任混乱、代表权、社区参与等问题,并提出整治建议[13]
14	Asante Lewis Abedi	Changing urban governance in Ghana: the role of resistance practices and activism in Kumasi	2019年	结合加纳库马西城市治理过程中商人抵抗的社会背景,将"行动主义"引入目前的城市治理概念中,并依据新的概念对商人的抵抗行为进行实证研究,创新发明了新的实践行为,改变了非洲城市治理的性质[14]

1.2.3.2 研究热点及演化分析

依据图1.3和图1.4,通过分析城市治理研究的高频关键词,可以了解该领域的研究重点,并根据热点关键词可以掌握城市治理研究的演化趋势。运用CiteSpace软件,选取"Keyword"选项,进行关键词共现分析。CSSCI忽略掉检索词"城市治理",WOS忽略掉检索词"urban governance",统计得到频次排名前10的热点关键词(见表1.6)。

表 1.6 CSSCI 和 WOS 城市治理研究频次排名前 10 的热点关键词

CSSCI 文献			WOS 文献		
关键词	频次	初现年份	关键词	频次	初现年份
智慧城市	40	2012	politics(政策)	48	2000
公众参与	20	2004	State(州)	43	2001
大数据	19	2015	geography(地理、布局)	17	2000
城市更新	13	2013	community(社区)	17	2000
城市化	13	2013	smart city(智慧城市)	16	2019
超大城市	11	2018	transformation(转型)	16	2002
公共服务	10	2008	space(空间)	14	2004
人工智能	10	2018	democracy(民主)	13	2001
基层治理	8	2016	participation(参与)	11	2017
社区治理	7	2011	political economy(政治经济学)	9	2000

从表 1.6 可看出，CSSCI 和 WOS 城市治理研究的热点关键词具有高度重合性，如智慧城市、公众参与、城市转型或城市更新、社区治理方面。总的来说，由于国家体制的不同，国外注重州政府的城市治理，强调民主和参与，城市空间治理研究受到广泛关注；立足我国国情，国内注重公众参与的基层治理和社区治理，重点围绕智慧城市、大数据、人工智能等热点领域展开城市治理研究。

根据图 1.4(a)可知，自 2021 年开始至今，数字化、城市大脑、数字治理等智慧城市的治理研究备受关注。从突现强度来看，"数字化"的突现强度最大(3.24)，其次是"城市经营"(3.07)、"城市大脑"(2.77)和"数字治理"(2.77)，这些突现词都是 2002—2022 年受到较高关注度的热点前沿。根据突现词的起始和结束时间，可进一步将 CSSCI 文献中的城市治理研究划分为三个时期：探索期(2002—2009 年)，致力于城市经营建设；发展期(2012—2016 年)，致力于电子政务和公共服务；2019 年至今，致力于基层治理，结合互联网、大数据的技术时代发展背景，借助人工智能辅助城市治理决策的制定，提高城市治理效能。根据图 1.4(b)的突现强度来看，近 20 年受到研究前沿高关注度的研究主题包括"smart city"(5.67)、"political economy"(3.33)、"limit"(3.06)。从近 3 年的突现词可以看出，国内外城市治理研究发展趋势大致趋同，都开始重点关注智慧城市研究。

1.2.3.3 研究热点主题分析

依据图 1.2～图 1.5，通过对高被引文献、高频关键词以及聚类图谱的系统梳理可知,城市治理研究的热点主题主要聚焦于三方面:城市治理机制、城市治理模式和城市治理评价。

(1) 城市治理机制

国外城市治理机制体现了三方面的特点:一是政府部门不再单一地将城市治理当成是政府的事务,而是允许社会各方面的力量加入共同治理;二是鼓励城市居民和公众积极参与城市治理事务;三是强调市场的力量,将竞争机制引入城市公共服务中,采用产业化和企业化的方式给公众提供服务。国外发达城市在积极推进数字化治理方面取得了较大进展。其中伦敦、纽约和新加坡在智慧城市建设领域保持领先地位[15]。伦敦政府重视将科技应用于城市的精细化管理,通过开展市政设施数字化、开放共享城市数据、开展大伦敦行政区域内的数字合作提高城市数字治理水平。纽约政府颁布《开放政府数据法案》来使数据使用不受限制,同时又立法保障数据的隐私和安全,并成立数据分析办公室,消除"数字鸿沟"问题,提高数字城市治理水平。新加坡提出"智慧国"计划,推出八大战略项目来促进数字政府的建设。

针对国内城市治理机制的研究表明,城市政府一直是城市治理的主导力量,但技术变革和人民群众对美好生活的新追求,迫切需要进行机制创新,坚持党统揽全局协调各方,构建新时代具有中国特色的城市治理体系。如2019年12月杭州出台了《中共杭州市委关于高水平推进杭州城市治理现代化的决定》,提出建立健全党的领导机制、民主政治建设机制、经济高质量发展机制、文化繁荣兴盛机制、社会建设机制、生态文明建设机制、基层治理机制、治理能力建设机制等"八个机制",据此构建城市治理体系。此外,学术界深入开展城市治理机制研究,如董慧等[16]提出以"精细化、法治化和全周期管理"治理理念来构建超大城市治理体系;杨宏山等[17]提出利用技术手段,设计"双轨学习"框架的城市基层治理机制。总体来看,国内城市治理机制将党的组织体系与城市治理体系融为一体,开展以党的建设工作来引领城市治理工作的治理格局;具体工作中将城市治理空间与公共事物划分到网格中,要求社区中来自政府机关、人民团体、国有企业的群体以"单位人"的身份积极参与社区事务处理,加入城市治理的活动。

(2) 城市治理模式

城市治理模式是城市治理过程中参与主体之间关系结构、治理目标和治理工具的综合表现,城市治理问题的复杂性决定了城市治理模式的多样性。城市合作伙伴制治理模式最初产生于欧洲,是为有效解决城市住房、治安、环境等问题提出的。伙伴制治理模式将城市治理的责任、政策管理权、决策权利和资源下放给地方政府,将城市建设战略和体制建设权利赋予私营经济、工会、社团组织等非政府组织和地方当局。学术界深入开展了城市治理模式研究,如 Pierre[18]提出了新的城市治理模式,该模式以参与者、方针、手段和结果四个维度,划分为管理模式、社团模式、支持模式和福利模式。其中管理模式依照市场原则强调让专业的组织生产和非公共服务的管理者参与活动,以此来提高公共服务的生产和分配效率;社团模式以利益为导向,将城市治理权赋予若干利益集团,集团的高层领导直接参与城市治理,基层群体间接参与城市治理活动,创造民众广泛参与的模式;支持模式强调可持续的经济增长的治理结果,城市治理的主体是商界精英和城市官员,通过推动城市经济增长,从而达到利益共享,参与者双赢的局面;福利模式适用于有发达经济作为保障的国家,该模式的主要参与者是政府官员和官僚机构,这种模式通过划分国家预算资金以支持地方经济的发展。随着全球化、信息化、市场化和知识经济时代的到来,新公共管理模式[5]产生并开始实践。David Osborne 等[19]提出了"企业化政府"模式,该模式引发城市治理模式朝着城市政府职能、城市治理主体、城市治理任务和城市治理手段这四个方面改革。随着大数据技术革命的驱动,城市治理即将进入数据治理模式。Tomor 等[20]提出应建立与数字化变革环境相适应的治理模式。

伴随经济社会发展不同时期的需求进程,我国城市治理模式主要经历了3个阶段:改革开放前,城市治理是以"单位制"为主、"街居制"为辅的治理模式。单位是国家对社会进行直接行政管理的手段和基本环节,是中国政治动员、经济发展和社会控制的基础。而街道办事处和居民委员会则是主要吸纳那些没有进入单位制的城市居民,对其进行管理。改革开放以来,我国社会发生了剧烈变迁,确立了社会主义市场经济体制,社会流动加剧,导致单位制逐步瓦解,街居制无法承受原本单位制承载的城市基层管理职能。为了满足新形势下城市治理需求,民政部提出了多元、共治的社区建设概念,并在实践中形成了沈阳模式[21]、上海模式和汉江模式等具有代表性的城市治理模式。2015年以来,随着经济社会的快速发展,城市居民的需求越来越多样化和差异化,整个社会流动性也愈发加剧,城市面临着越来越复杂的治理问题。2015年中央城市工作会议首次提出了"人民城市"理念,并强调要完善城市管理与服务,改变以往粗放型管理方式,倡导人民城市为人民,让人民群众生活得更方便、更舒心,因此当前的城市治理模式要求以满足城市居民美好生活作为出发点和落脚点。"十三五"时期,各大城市开展了以城市居民为核心主体的城市治理模式的创新。上海开展了"五违四必"的生态环境治理[22],北京开展"街乡吹哨、部门报到"改革[23],其他城市开展了城市网格化管理[24]、老旧小区改造等实践。

我国学术界深入开展了城市治理模式研究。在城市治理模型理论研究方面,早期学者研究引进国外经典治理模式。如陈振光等[25]总结了Pierre城市治理理论的价值和局限性,并结合国内城市的管治研究,提出了"空间性"的城市治理研究框架。随着大量具有国家特色的治理模式传入中国,国内学者开始思考国内城市治理实践模式。朱相宇等[26]梳理了国内外城市治理模式的变迁,总结了国外治理模式的启示并结合我国的特征,分析我国未来城市治理发展模式的趋势。在实践层面,结合我国政治管理特征和地方情况,产生了多种治理模式。顾朝林[27]研究了南京城市行政区重构的城市管治模型。甄峰等[28]分析了行政区划调整下城市管治与产业空间的整合的常州城市治理模式。总的来说,各地区的城市治理模式颇为丰富,也正说明我国城市治理现状的复杂多变性。当前政府主导型的城市治理模型没有最大限度地发挥市场作用,公众参与度有待提高。之后国内城市治理模型的演化过程,需要关注市场和社会公众的重要作用。

(3) 城市治理评价

国外学者较早地开展了对城市治理能力的综合评价研究。其中,最具有影响力的是由世界银行建立的"世界治理指标",以"发言权和问责、政治不稳定和暴力、政府效率、管制负担、法治、贪污"共六个子指标集构成的综合治理评价体系[29]。美国国际发展署注重民主在治理中的作用,构建了一套集法律、民主和责任政府体制、政治自由和竞争、公民参与和建议四个层面的民主与治理评估框架。

随着城市治理研究的深入,国内学者对城市治理效能评价开展了探索性研究。早期城市治理模式中政府占主导地位,因此将城市政府政绩作为城市治理效能评价结果。目前关于城市治理效能没有统一的综合评价标准,学术界主要从定量和定性、综合和局部的角度进行城市治理评价研究。如俞可平[30]提出了"合法性、透明性、责任性、法治、回应和有效"的善治引论,在此基础上,构建了以"公民参与、人权与公民权、党内民主、法治、合法性、社会公正、社会稳定、政务公开、行政效益、政府责任、公共服务和廉政"等12个方面为指标的"中国治理评价框架"[31];顾辉[32]采用综合分析法,提出了"体制机制、过程监督、治理绩效和公众满意度"四个维度的城市治理能力现代化评价框架。但这些评价框架的构建仅停留在定性分析上,没有对治理结果进行实践评价;为此,李友根[33]采用综合评价指数法、变异系数法和聚类分析,提出了"机会善治、过程善治、结果善治"三个维度的特大城市社会治理评价指标体系,并收集相关数据,测算了2018年我国20个特大城市的社会治理水平;过勇等[34]采用主客观指标结合和德尔菲法,构建了"参与、公正、有效、管制、法治、透明和廉洁"七个维度的治理评价框架,并依据此框架对北京、上海、深圳、长沙和成都的城市治理能力进行评价比较。综上,城市治理效能评价尚未形成较为成熟完善的评价体系,未来仍有待深化研究。

1.2.3.4 中国省区城市治理研究现状

为加快推进中国省区城市治理能力现代化,围绕中国省区城市治理的实践经验性研究持续增多。

(1) 中国省区城市治理的问题挑战、领域视角及实现路径研究

中国省区城市治理涉及产业结构、交通规划、空间布局等方方面面,通过梳理中国省区城市治理历程,在科技、产业、交通和生态等重点领域实现突破。研究重点聚焦于事关百姓福祉的就业、医疗、教育、社保等重大民生问题,老旧小区改造、垃圾处理、违章建筑整治、环境绿化等热点问题,以生态优先、发展创新为主线,以整体协调、跨越式发展为目标,有效提升了中国省区城市治理水平[35-37]。

但中国省区城市治理的经济发展受资源环境限制相对较多,基础设施规划合理性欠缺,创新链产业链融合黏性不足等问题亟待解决,亟须进一步加强顶层设计,深度优化空间布局,关注产业可持续发展,突破结构深度约束,增强创新驱动,抓住数字经济新机遇[38]。为此,众多学者围绕中国省区城市数字经济和高精尖产业、民生和公共服务、科技和教育或者资源和环境等领域视角,积极探索中国省区城市治理的实现路径,并提出从新发展、绿色发展、开放发展等方面切入,在推动科学化、智能化、精细化、长效化城市治理上下功夫,完善中国省区城市治理体系、深度融合产业链创新链、系统提升生态环境品质,形成推动中国省区城市高质量发展的新动力源,推进中国省区城市治理能力现代化[39-42]。

(2) 中国省区城市治理评价体系研究

鉴于中国省区城市治理评价在实践中的复杂性,国际实践经验具有宝贵的参考价值。众多国际研究机构和学者尝试对地区治理进行定量衡量,较有代表性的探索是世界银行建立的"治理指数"[43],联合国开发计划署(UNDP)的良治指数[44]和经济合作与发展组织(OECD)的 Metagora 项目治理指标体系[45],这些研究从不同视角关注了地区治理的特定方面。同时,国外学者对城市治理评价体系展开研究,如 Clemente 等[46]运用因子分析(CFA)和线性回归方法提出了计划质量评估框架,从事实基础、目标、政策行动、治理计划、评估五个主要维度,对在欧洲政策框架下的西班牙城市治理质量进行了评估;Helen 等[47]运用社区能力研究框架评估互动技术在加强城市治理方面的作用,研究表明该技术提高了当地组织的服务有效性和响应能力,能够有效推动城市治理的发展;Wang 等[48]基于经济、社会、文化、生态和行政五个子系统,建立了城市治理评价

指标体系,运用熵权法分析了城市治理水平。

借鉴这些国际成果,我国学者开展了城市治理评价体系的探索性研究,如戴长征[49]从治理过程的角度定性考察了城市治理能力;郑吉峰[50]从治理体系结构层次的角度将行为、制度、价值由低到高层次依次构建治理体系;俞可平[51]根据市场行为、社会行为和行政行为将国家治理体系分为三个方面:市场、社会和政府治理;杨琛等[52-54]从治理领域维度提出城市治理体系,具体内容涵盖经济治理、社会治理、生态治理、基础设施治理、公共服务治理、应急治理等,并提出体系创新应围绕强化顶层设计、做好产业调整、激发基层和社会组织活力等方面进行优化;李晓壮[55]围绕城市治理概念、目标、理念、动力和任务四维度,搭建城市治理体系理论框架;吴志强等[56-57]将产业经济、科技创新、社会人文、民生福祉、生态保护纳为中国省区城市治理的关键要素,评价指标主要涉及经济效益、结构与活力、数智水平、升级与融合和生态资源与环境等方面;李友根[33]采用综合评价指数法、变异系数法和聚类分析,提出了"机会善治、过程善治、结果善治"三个维度的特大城市社会治理评价指标体系,测算了我国20个特大城市的治理水平。综合来看,目前中国省区城市治理评价主要包括功能适宜性评价法、双重差分法、数据包络分析法、综合指数法等方法[58-60]。

1.2.4 城市治理研究评述

本书从年发文量、主要发文作者及研究机构、研究热点和研究领域等方面对城市治理的研究开展可视化比较分析,并得出了以下结论:

(1)从国内外发文数量来看,城市治理研究受到学术界广泛关注。近年来,发文量保持强劲的上升态势,研究内容与现实城市治理需求和相关政策密切相关。从WOS文献的发文机构和学者可以看出,国外研究机构主要是国际知名度较高的高校,如柏林洪堡大学和荷兰阿姆斯特丹大学;且WOS文献中各学者之间呈现组团加散点状分布,团队内部保持着较强的合作关系,但各团体之间联系较少。CSSCI文献中主要学者和发文机构以上海交通大学、南开大学、中国人民大学和华中科技大学等"985工程"高校为主,且各学者之间大多处于分散、独立的研究状态,仅较少学者之间保持合作联系。

(2)从研究前沿趋势来看,技术变革、城市治理问题的复杂性以及治理需求的多样性,推动了智慧城市、城市大脑和数字城市的探索研究,城市治理坚持"人民城市为人民"的理念,以期实现城市治理的智慧化和科学化。未来城市数智治理将成为城市治理的重中之重。一方面,如何设计一套完善的城市数智治理评价体系,科学评价城市数智经济社会和生态环境治理能力,亟待深化研究。其中,城市数智治理评价体系的设计,可从数智化基础设施建设和数智化产业发展两个维度展开研究,包括数智化基础设施建设的覆盖广度和建设质量,数智化产业发展的数智产业化和产业数智化。同时,城市数智治理评价体系的设计,需要从不同角度、不同层面,反映数智化赋能城市生态环境治理带来的效益,具体分为大气环境、水环境、声环境、生态和环境卫生改善五个层面。另一方面,从未来发展方向看,城市数智治理应进一步加强可提升数智经济创新发展水平的基础设施建设;关注机器学习与人工智能等前沿研究领域的发展,顺应发展潮流,不断更新数智化技术;促进数智经济与实体经济相融合、信息化与产业化相融合;重视市场主体调节作用的同时加大政府帮扶力度。同时,城市生态环境治理应进一步加强数字技术与生态环境治理的融合力度,构建生态环境监测体系;进一步加快建立数字化生态环境治理的统一标准;加大对数字化赋能生态环境治理的经济支持力度。

(3)从城市治理研究领域来看,学者对该领域的研究可分为三方面。一是城市治理机制,随着数字技术的发展,国内外都在推进数字化城市治理建设,国外以伦敦、纽约和新加坡数字化政府建设处于引领地位;国内基于人民群众需求的变化,正在构建中国特色城市治理体系。二是城市治理模式,国外新公共管理模式正在逐渐取代旧的公共行政模式且正在实践中;国内正在改变以往粗放型管理方式,以"人民城市"为理念的新治理模式正在实践探索中。三是城市治理评价,国外对城市治理评价研究较早,且不同治理评价的实践案例丰富,其中由世界银行建立的"世界治理指标"在国外的城市治理评价研究中具有较大影响力;国内对城市治理评价没有统一的综合评价标准,学者主要从定量和定性、综合和局部的角度进行城市治理评价研究,导致不同指标体系下城市治理能力的评价结果无法进行有效对比。总体来看,国外对城市治理评价的研究较早且内容丰富,而国内研究起步较晚,早期的城市治理评价研究探索多是借鉴国外的经验。随着城市治理越来越受到广泛关注,国内城市治理研究发展迅速。结合我国国情与城市市情,未来亟须提出解决科技-经济-生态系统治理视角下城市治理问题的适用性评价研究方案,为深化中国城市治理评价研究奠定坚实基础。

(4)基于学者们从不同领域视角对中国省区城市治理的研究看,中国省区城市治理已逐步实现向产业、创新、人文、民生和生态环境等方向深入推进。这些研究成果为中国省区城市治理实践起到了良好的指导作用,为开展本书研究奠定了良好基础。但在以下方面有待进一步深化:①中国省区城市治理的系统治理思路研究。中国省区城市治理的总体规划和专项规划为增强中国省区城市治理效能、推动中国省区高质量发展、加快推进中国省区城市治理现代化提供了有力的政策支撑。同时,学术界从不同领域视角积极探索破解中国省区城市治理难题的途径和对策建议。但是,中国省区城市治理不应仅局限于数字经济、高精尖产业、民生、公共服务、科技、教育、资源、环境等单一研究视角考虑,如何结合中国省区城市治理的经济社会发展特征,紧扣中国省区城市治理需求,创新中国省区城市治理思路,增强中国省区城市治理效能,以高效能治理推动高质量发展,以高质量发展推进中国省区城市治理现代化,有待进一步研究。②中国省区城市治理效能评价体系研究。中国省区城市治理效能评价体现了科技创新、经济高质量发展和生态舒适宜居等多维度的治理效能评价,涉及研发创新能力、数字经济和高精尖产业发展、产业转型升级、经济发展质效、资源集约高效利用和生态环境保护等多维治理要素,受制于法律规则、政治选择、制度安排、经济发展、社会治理和生态约束,中国省区城市治理效能评价体系的建立和完善需要一个长期过程。目前,中国省区城市治理效能评价缺乏一个较为完善的系统治理评价指标体系,现有的评价视角过于单一化,评价模型过于复杂化,注重技术层面的设计,无法与中国省区城市治理的"系统治理"理念相适应。如何创新提出与中国省区城市治理"系统治理"理念相适应的治理效能评价理论框架体系,据此构建有效、实践可操作的中国省区城市治理效能评价方法,有待进一步研究。

为此,本书立足于科技创新、经济高质量发展和生态舒适宜居等多维视角,致力于创新设计科技-经济-生态系统治理视角下中国省区城市治理效能评价体系,因地制宜探索中国省区城市治理效能提升的优化路径,提出提升中国省区城市治理效能的对策建议,加快推动中国省区城市高质量发展,推进中国省区城市治理智能化,提升中国省区城市治理效能。

1.3 研究目标与思路

1.3.1 研究框架

本书将科技创新、经济高质量发展和生态舒适宜居作为中国省区城市治理的多维需求,以科技-经济-生态系统治理视角下中国省区城市治理效能为研究对象进行系统性思考,开展中国省区城市治理效能评价体系研究,从而形成对科技-经济-生态系统治理视角下中国省区城市治理效能评价体系与优化路径的深刻认识,以高效能治理推动高质量发展、以高质量发展推进中国省区城市治理能力现代化。

本书研究总体框架的组织逻辑见图1.6。

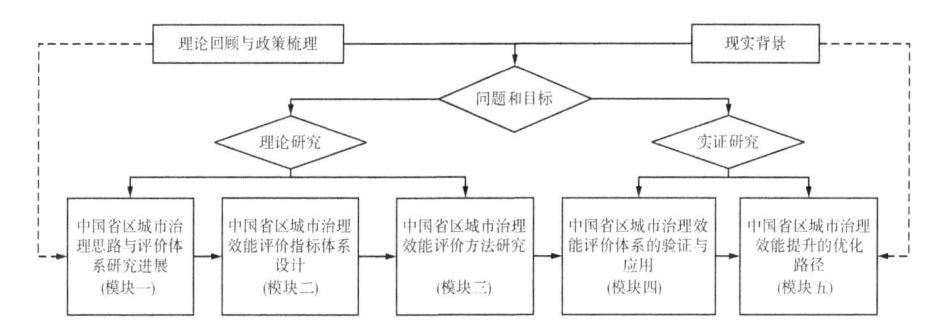

图 1.6 本书的研究框架

模块一：中国省区城市治理思路与评价体系研究进展。针对中国省区城市治理评价实践与理论方法进行文献搜集或开展实地调研，深化认识中国省区城市治理的实践经验，全面梳理中国省区城市治理思路与评价体系研究进展。

模块二：中国省区城市治理效能评价指标体系设计。在高质量发展背景下，贯彻落实"系统治理"理念，综合考虑中国省区城市的区情因素与经济社会发展特征，提出中国省区城市治理的科技创新、经济高质量发展和生态舒适宜居等多维视角下的系统治理思路，剖析科技-经济-生态系统治理视角下中国省区城市治理机理。从科技创新、经济高质量发展和生态环境治理等多维治理视角，构建与中国省区城市治理"系统治理"理念相适应的治理效能评价指标体系。

模块三：中国省区城市治理效能评价方法研究。以创新设计的中国省区城市治理效能评价指标体系为依托，基于理想解法、耦合协调度法、贡献度评价法等理论模型方法，构建中国省区城市治理效能评价方法。

模块四：中国省区城市治理效能评价体系的验证与应用。以中国省区城市治理实践为导向，动态度量并综合评价科技-经济-生态系统治理视角下中国省区城市治理效能，验证科技-经济-生态系统治理视角下中国省区城市治理效能评价方法的科学性与可行性。

模块五：中国省区城市治理效能提升的优化路径。基于公共政策与公共管理视角，因地制宜探索科技-经济-生态系统治理视角下中国省区城市治理效能提升的优化路径与对策建议，进一步优化中国省区城市空间布局，推动中国省区城市产业转型升级，提升中国省区城市治理效能，以高效能治理推动高质量发展、以高质量发展推进中国省区城市治理能力现代化。

1.3.2 研究目标

本书需要解决的重难点主要分布在模块二至模块四，即课题的理论和实证研究部分，具体包括两个方面的问题：①中国省区城市治理效能评价体系设计。科技-经济-生态系统治理视角下中国省区城市治理效能评价体系的设计是动态度量和综合评价中国省区城市治理效能变化的主要依据。如何从多维视角对中国省区城市治理进行整体统筹设计，创新设计与中国省区城市治理"系统治理"理念相适应的治理效能评价指标体系与方法，将是课题研究面临的一个难题，有待在课题进展中进行摸索。②中国省区城市治理效能评价体系的验证与应用。中国省区城市治理效能评价是指导和推进中国省区城市治理实践的重要途径和办法。如何利用构建的中国省区城市治理效能评价体系指导中国省区城市治理实践，这是保证方法应用性的重要一环。本书先以中国省区城市治理实践与经验事实作为佐证，因地制宜提出中国省区城市治理效能提升的优化路径与对策建议。

本书紧扣中国省区城市治理的科技创新、经济高质量发展和生态舒适宜居等多维视角，以实现三个方面的主要目标：①完善科技-经济-生态系统治理视角下中国省区城市治理效能评价体系。②提高中国省区城市治理效能评价方法的科学性与实用性。③提出保障中国省区城市治理效能提升的优化路径与对策建议。

1.3.3 研究思路

本书的研究思路如图1.7所示：

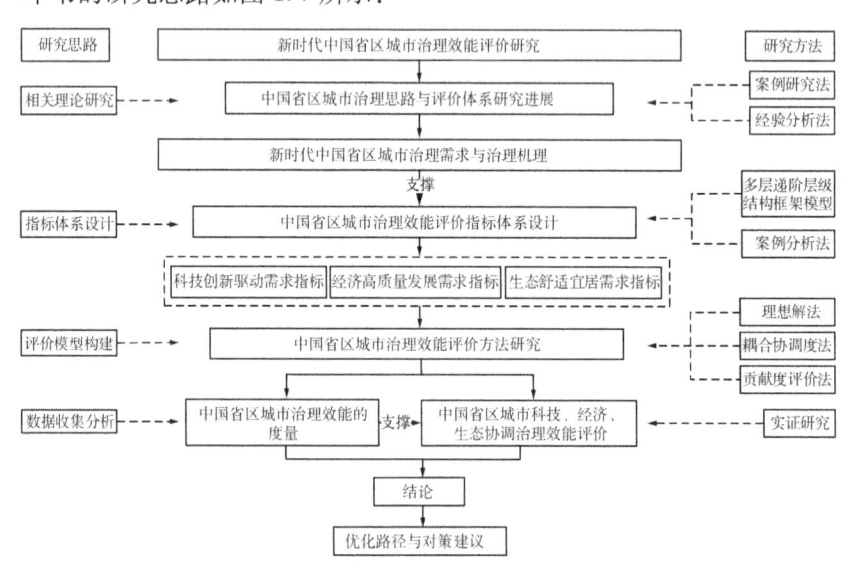

图1.7 本书的研究思路

1.4 研究方法与创新点

1.4.1 研究方法

（1）案例研究与经验分析法。通过搜集文献资料或开展实地调研，全面梳理中国省区城市治理效能评价理论与实践成果，总结中国省区城市治理的思路与特征，为完善科技-经济-生态系统治理视角下中国省区城市治理效能评价理论框架体系做铺垫。

（2）理论模型方法。借鉴国内外城市治理评价的理论成果与实践案例，对科技-经济-生态系统治理视角下中国省区城市治理效能评价指标体系进行系统设计。基于理想解法、耦合协调度法、贡献度评价法等理论模型方法，构建中国省区城市治理效能评价方法，动态度量并综合评价中国省区城市治理效能的变化。

（3）实地调查和实证研究法。利用设计的科技-经济-生态系统治理视角下中国省区城市治理效能评价指标体系，实地调查中国省区城市治理实践，对相关管理部门进行访谈和调研，广泛搜集和整理中国省区城市治理的科技创新、经济高质量发展和生态舒适宜居特征等基础资料，获取评价方法所需要的数据资料，对评价方法进行可行性验证和修正。

1.4.2 研究创新点

本书的研究内容属于应用基础综合性研究，其主要特点和创新之处体现在以下几个方面：

（1）基于对中国省区城市治理具体区情的深化认识，将"系统治理"理念贯彻落实到中国省区城市治理效能评价过程中，指导中国省区城市治理实践，系统提升中国省区城市治理效能，推动中国省区高质量发展，推进中国省区城市治理能力现代化。

（2）提出一套完善的与中国省区城市治理"系统治理"理念相适应的治理效能评价指标体系，发展中国省区城市治理效能评价方法，并提出中国省区城市治理效能提升的优化路径与对策建议，从而保障科技-经济-生态系统治理视角下中国省区城市治理效能的有效提升。

（3）利用理想解法、耦合协调度法、贡献度评价法等模型方法，构建中国省区城市治理效能评价方法。与其他模型相比，理想解模型可以客观地评价城市治理的多层次治理问题，直观反映城市治理各个指标存在的问题。同时，耦合协调度法和贡献度评价法是在理想解模型的基础上进行，三种模型方法层层递进，可以较全面地反映科技-经济-生态系统治理视角下中国省区城市治理现状及其存在的问题。

第二章

新时代中国省区城市治理效能评价体系

2.1 新时代中国省区城市治理效能评价的内涵

2.1.1 中国省区城市治理理念

随着中国经济社会的迅猛发展,城市治理面临着前所未有的复杂性和多变性挑战。传统的治理模式在应对现代城市发展需求时显得力不从心,因此,引入并实践"系统治理"理念成为城市治理领域的重要研究方向和课题。

"系统治理"理念将城市视为一个多维度的复杂系统,它强调从整体性、协调性和可持续性三个核心维度出发,综合考虑科技、经济和生态等多重因素,以达成城市治理的高效、科学和绿色发展目标。

整体性作为系统治理的首要原则,要求将城市视作一个有机整体,深入剖析并理解其内部各要素之间的内在联系和相互作用。在治理实践中,必须全面考量城市的经济结构、科技发展和生态环境等多个方面,通过优化资源配置,促进城市科技、经济和生态各方面的协调发展,实现城市的整体性提升。

协调性是系统治理的关键要素,强调城市内部各要素之间的协同配置和整体优化。在城市治理过程中,需要强化科技、经济和生态等各方力量的协作与配合,形成治理合力,共同推动城市的整体发展。同时,还需要注重城市与周边地区的协调发展,通过区域一体化战略,实现城市间的互补与共赢。

可持续性作为系统治理的重要目标,强调城市发展必须注重生态环境的保护、资源的优化配置利用以及绿色经济的推动。在治理实践中,必须坚持以人为本的发展理念,关注居民的生活质量和幸福感,通过绿色技术、绿色产业和绿色政策等手段，推动城市的可持续发展，实现经济、社会和环境的和谐共生。

2.1.2 中国省区城市治理效能评价的内涵界定

中国省区之间的经济发展水平存在一定的差异，资源呈现不均态分布，且地域特色多样性极为显著。针对这些复杂的现实情况，系统治理理念要求兼顾整体性、协调性以及可持续性，为中国省区城市治理提供了切实可行的策略。中国省区城市治理的核心，在于构建一个科技、经济和生态相互协调、相互促进的系统治理体系。

城市治理的本质在于实现科技、经济和生态三方面的系统优化与和谐共生。首先，通过加大城市科技创新的驱动力度，不断提升科技创新能力。这不仅包括科技创新的投入与产出方面，还涵盖了科技创新所需的环境支撑体系。科技创新的投入与产出反映了城市在科技创新方面的资源投入力度和实际效益，而环境支撑则体现了创新生态圈建设的完善程度，它为科技创新提供坚实的保障。其次，城市经济高质量发展是城市治理的重要目标之一。这要求在城市治理过程中，不仅要注重基础设施建设的完备性，更要关注数智化产业的发展进程，以及经济发展的质量和效益。基础设施建设的完善为经济高质量发展提供了坚实的基础，数智化产业的发展则代表了未来经济高质量发展的新方向，而经济发展的质量和效益则是衡量城市经济发展是否健康、可持续的重要指标。最后，城市生态舒适宜居是城市治理的终极目标。这要求我们在城市治理中，要高度重视城市生态环境的保护和改善，通过提升空气质量、水质量、声环境质量等，加强生态改善和环境卫生管理，为城市居民创造一个和美、宜居、宜业的生态环境。这些方面综合反映了城市居住环境品质的优劣，是城市治理成果的直接体现。

综上所述，系统治理理念为中国省区城市治理提供了一套基础的城市治理框架，使城市治理能够在科技、经济和生态三个方面实现系统优化与和谐共生，推动城市高质量发展，为城市居民创造更加美好的生活环境。

2.2 中国省区城市治理需求与治理机制

2.2.1 中国省区城市治理需求

从中国省区城市治理的"系统治理"理念出发，中国省区城市治理与科技、经济和生态系统相互联系、相互影响。这决定了中国省区城市治理的核心是统筹和协调科技、经济和生态系统的关系。通过中国省区城市治理，对城市科技、经济和生态系统进行干预和调控,通过中国省区城市科技创新、经济高质量发展和生态舒适宜居建设,满足中国省区城市创新性、经济性和舒适性的需求。为此,立足科技、经济和生态的系统治理视角,中国省区城市治理可划分为创新性、经济性和舒适性三大类治理需求。

2.2.1.1　创新性需求

从创新性需求来看,中国省区城市科技创新主要包括科技创新投入和科技创新产出的需要。

科技创新投入的重点一是增加科学研究与试验发展 R&D(Research and Development)人员,相关指标(下文列举的均为各类相关指标)如 R&D 人员占从业人员比重、每万名高技术产业 R&D 人员折合全时当量;二是增加 R&D 经费,如 R&D 经费投入强度、高技术产业 R&D 经费内部支出。科技创新产出的重点,一是增加专利,如每万人专利申请受理数、专利申请数、每万人专利申请授权数;二是增加市场输出,如技术市场成交额占比、高技术产业出口额。

2.2.1.2　经济性需求

从经济性需求来看,中国省区城市经济高质量发展主要包括基础设施建设、数智化产业发展和经济发展质效的需要。基础设施建设的重点,一是提升网络基础设施建设力度,如互联网宽带接入用户数、移动互联网用户数、长途光缆线路长度;二是优化交通基础设施布局,如轨道交通总里程、公交专用道里程、高速公路总里程;三是优化能源基础设施布局,如液化石油气供应总量、天然气供气总量、全市集中供热管道长度;四是优化水利基础设施布局,如排水管道长度、自来水供水管道长度、城市公共供水管网漏损率、城市水库库容总量、用水普及率、累计达标堤防长度。数智化产业发展的重点,一是推动数智产业化,如信息化产业从业人数、软件业务收入、信息技术服务收入;二是推进产业数智化,如每百家企业拥有网站数、每百人使用计算机数、有电子商务交易活动的企业数比重。经济发展质效的重点,一是增加经济发展效益,如人均 GDP、人均社会消费品零售总额、人均可支配收入、城市居民恩格尔系数、固定资产投资占 GDP 比重、服务贸易总额占 GDP 比重;二是推动产业转型升级,如服务业增加值占 GDP 比重、第三产业与第二产业产值比、高技术产业增加值占 GDP 比重、产业结构合理化的泰尔指数;三是提高经济发展质量,如全员劳动生产率、万元 GDP 能耗、万元 GDP 水耗、万元工业增加值用水量、万元 GDP 二氧化碳排放量。

2.2.1.3 舒适性需求

为改善中国省区城市生态环境,国家和省区政府管理部门相继出台了关于打赢蓝天保卫战、碧水保卫战、净土保卫战等的生态环境保护政策,制定了众多环境保护措施并实施行动。近年来,中国省区积极推动数智化发展,将数字化技术应用于生态环境治理中,体现在六个方面:①利用传感器、卫星遥感技术收集土地、水资源和生物多样性等数据,并对数据进行挖掘分析,实现生态资源的有效管理和保护;②采用物联网技术、人工智能和区块链等技术,收集空气质量、水资源、噪音和土壤污染的生态数据,对工业企业的环境排放、污水处理等进行实时监控,实现生态环境实时监测和预警功能,提高环保政策执行效率;③通过分析收集的生态数据,快速定位生态环境问题并展开精细化治理,促进生态环境的修复和保护;④通过数字化手段,实时监测城市绿地、园林和湿地,实现对城市生态环境的规划和管理,提高城市生态空间的规划、建设和管理水平;⑤利用数智化手段,精准定位大气、水、土壤等污染源,推动环境污染防治的有效实施;⑥利用数智化手段,开展数字化水资源监测、智能化水资源调度、水资源优化利用等技术手段,实现水资源可持续利用。总体来看,通过数智化技术手段,实现了中国省区城市的智能化、精细化和可持续发展,促进了中国省区城市和生态环境协同发展。

从舒适性需求来看,生态舒适宜居主要包括空气质量、水质量、声环境质量、生态和环境卫生改善的需要。空气质量改善的重点,一是控制空气污染排放,如碳排放量;二是控制空气污染浓度,如二氧化硫的浓度、二氧化氮的浓度、可吸入颗粒物浓度(年均浓度)。水质量改善的重点,一是提高水质达标,如地表水质量达到或好于Ⅲ类水体比例、水库水质达标率;二是控制水污染排放,如化学需氧量排放量、氨氮排放量。生态改善的重点,一是增加城市绿化覆盖面积,如人均公园绿地面积、建成区绿化覆盖率;二是加强生态修复,如生态用水比例、地下水开采率、水土保持率、森林覆盖率、工业污染治理完成投资占GDP比重。环境卫生改善的重点,一是加大垃圾废物处理利用,如生活垃圾无害化处理率、一般工业固体废物综合利用率;二是提高污水处理和再生利用能力,如城市污水处理率、再生水利用量占用水总量比例。

总体来看,"创新性需求"重点是为加快中国省区城市科技创新驱动提供创新性保障,凸显中国省区城市治理的创新属性;"经济性需求"重点是为促进中国省区城市经济高质量发展提供支撑性保障,凸显中国省区城市治理的经济属性;"舒适性需求"重点是为维持中国省区城市生态系统服务功能价值提供全面性保障,凸显中国省区城市治理的生态属性。

中国省区城市治理实践表明,"创新性需求"层次最为基础,"舒适性需求"层次最为高端,"经济性需求"层次对"创新性需求"层次和"舒适性需求"层次起到承上启下的重要作用。因此,中国省区城市治理需求的结构框架如图2.1所示。

图2.1 科技-经济-生态系统治理视角下中国省区城市治理需求的结构框架

根据中国省区城市治理需求的结构框架,将创新性需求与经济性需求作为中国省区城市治理的优先任务。当中国省区城市治理满足一定程度的创新性需求与经济性需求之后,随着经济与生态的关系紧张,舒适性需求成为中国省区城市治理的重要任务。随着中国省区经济发展阶段的演变,中国省区城市治理需求处于动态变化过程中。舒适性需求的不断提高,将对创新性需求与经济性需求提出更高的要求。

2.2.2 中国省区城市治理机制

中国省区城市科技创新是促进中国省区城市产业转型与优化升级、推动中国省区经济高质量发展的重要驱动力,有利于加快基础设施建设、推动数智化产业发展和提高经济发展质效。以科技创新为引领的经济格局才能有效推动供给侧改革、实现经济高质量发展。同时,科技创新作为中国省区城市生态环境治理的重要手段,对建设生态舒适宜居之城的影响机理可表述为:一是科技创新在推动城市经济高质量发展、实现经济增长的同时,加快推动数智化技术的推广应用,有效改善城市生态环境,包括空气质量、水质量、生态和环境卫生,提高生态治理效能;二是科技创新通过推动传统产业发展模式创新、加快转变生产方式,推进产业结构转型升级，实现生态要素高效配置。

综上，中国省区城市治理机理如图 2.2 所示。

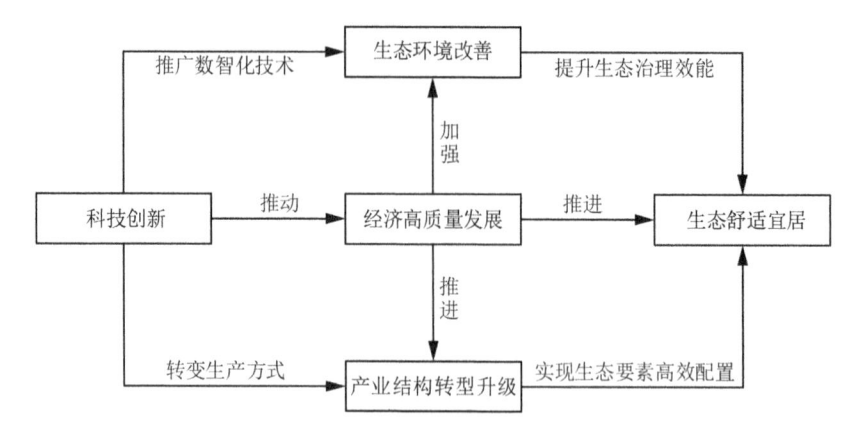

图 2.2　科技-经济-生态系统治理视角下中国省区城市治理机理

经济高质量发展是全面建设社会主义现代化强国的主基调。党的十九大报告明确指出"我国经济已由高速增长阶段转向高质量发展阶段"，党的二十大报告强调"未来五年是全面建设社会主义现代化国家开局起步的关键时期"，其首要目标任务就是"经济高质量发展取得新突破"。中国省区城市经济高质量发展就是贯彻新发展理念，由数量型发展转向质量型发展，加快基础设施建设、推动数智化产业发展和提高经济发展质效。中国省区城市经济高质量发展是改善生态环境、推进生态舒适宜居之城建设的重要支撑。

党的二十大报告强调，必须牢固树立和践行"绿水青山就是金山银山"的理念，站在人与自然和谐共生的高度谋划发展。全面实施美丽中国战略和绿色发展战略，改善生态环境，事关中国省区城市经济社会可持续发展和人民生活质量的提高。通过加快中国省区城市科技创新，有利于推动中国省区城市经济高质量发展，进而推进中国省区城市生态舒适宜居之城建设。同时，中国省区城市生态环境的改善进一步提高了对中国省区城市工业化、城市化和服务业快速发展的承载能力。

2.3　中国省区城市治理效能评价指标体系

2.3.1　城市治理目标体系

立足科技、经济和生态系统治理视角的中国省区城市治理需求，中国省区城市治理的总体目标可概括为:通过加快中国省区的城市科技创新,增加城市科技创新投入规模和投入强度,提高城市科技创新投入产出效率,提升城市科技创新能力;加快城市基础设施建设,推动城市数智化产业发展,提高城市经济发展质效,推动城市经济高质量发展;实现城市生态资源高效配置,不断改善城市空气质量、水质量、生态和环境卫生,全力保障城市生态环境安全,全面建成生态舒适宜居之城;提升中国省区城市治理能力,为城市创新性需求、经济性需求、舒适性需求等治理需求提供重要的支撑手段。为此,本书立足科技、经济和生态系统治理视角,将中国省区城市治理的总体目标具体细分为科技创新目标、经济高质量发展目标和生态舒适宜居目标,三大目标之间相互联系和制约,构成了新时代中国省区城市治理目标体系,见图 2.3。

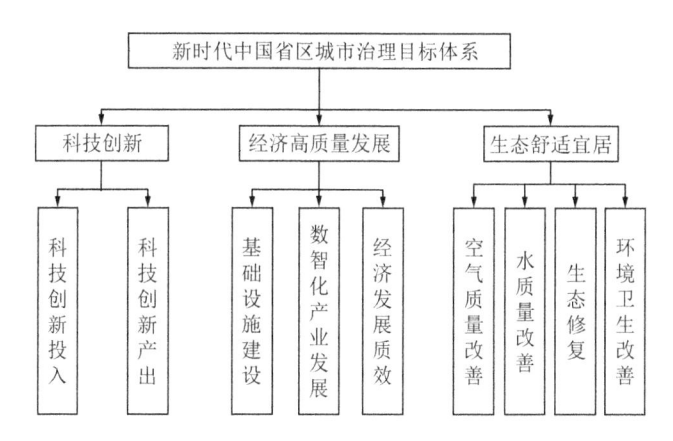

图 2.3 新时代中国省区城市治理目标体系

2.3.1.1 科技创新目标

科技创新目标重在强调保障中国省区城市科技创新驱动需求,提高中国省区城市科技创新投入产出效率,提升中国省区城市科技创新能力,为推动中国省区城市经济高质量发展提供创新性保障,包括科技创新投入保障、科技创新产出增加和科技创新环境建设三方面的目标。在指标选取上主要体现为科技人才、科技经费和科技成果设施方面。其中,人才是科技创新的核心,培养高素质科技人才越多,科技创新的潜力就越大。政府的支持和良好的经济基础有助于构建一个有利的创新环境,科技创新经费投入直接反映了政府对科技研发的支持力度,更高的研发经费投入意味着更多的科研项目、更先进的研究设施和更良好的市场效益,这对于培育创新意义重大。科技创新产出的专利等科技成果直接反映了城市科技创新的实际实力和对未来创新的潜力,更多产出意味着城市在科技领域有更多话语权和领先优势,并提高中国省区城市治理的创新属性。

一方面,通过增加R&D人员数量,以提高R&D人员占从业人员比重、每万名高技术产业R&D人员折合全时当量和规模以上工业企业R&D人员全时当量;通过增加R&D经费,以提高R&D经费投入强度、高技术产业R&D经费内部支出和规模以上工业企业R&D经费内部支出。另一方面,通过增加专利数,以提高专利申请数量、每万人专利申请受理数和每万人专利授权数;通过增加市场输出,以提高技术市场成交额占比和高技术产业出口额。同时,通过增加政府财政支持,以提高地方财政科学技术支出;通过增强经济基础,以提高农业增加值、工业增加值和服务业增加值;通过增加人力资源量,以提高每十万人普通高等学校在校学生数、高等院校数;通过增加科研资源,以提高高技术企业数、R&D机构数。

科技创新目标的重点任务包括:①科技创新投入目标的重点任务是提高R&D人员占从业人员比重、每万名高技术产业R&D人员折合全时当量、规模以上工业企业R&D人员全时当量、R&D经费投入强度、高技术产业R&D经费内部支出、规模以上工业企业R&D经费内部支出;②科技创新产出目标的重点任务是提高每万人专利申请受理数、专利申请数量、每万人专利申请授权数、技术市场成交额占比、高技术产业出口额;③科技创新环境目标的重点任务是提高地方财政科学技术支出、农业增加值、工业增加值、服务业增加值、每十万人普通高等学校在校学生数、高等院校数、高技术企业数、R&D机构数。

2.3.1.2 经济高质量发展目标

经济高质量发展目标重在强调保障中国省区城市经济高质量发展需求,为中国省区城市建设生态舒适宜居之城提供经济性保障,包括基础设施建设、数智化产业发展和经济发展质效三方面的目标。网络、交通、能源和水利等基础设施的发展对于各行各业的运转至关重要,良好的基础设施能够提高城市的生产力水平,是城市经济高质量发展的重要支撑;数智化产业的发展推动了传统产业向智能化、高附加值方向的升级,有助于促进产业结构升级和提高差异发展质量,推进经济向着高效益和高质量发展,最终提高城市治理的经济属性。

一方面,通过提升网络基础设施建设力度,以增加互联网宽带接入用户数量、移动互联网用户数量、长途光缆线路长度;通过优化交通基础设施布局,以增加轨道交通总里程、公交专用道里程、高速公路总里程;通过优化能源基础设施布局,以增加液化石油气供应总量、天然气供气总量、全市集中供热管道长度;通过优化水利基础设施布局,以增加排水管道长度、自来水供水管道长度、城市水库库容总量、用水普及率、累计达标堤防长度，并降低城市公共供水管网漏损率。另一方面，通过推动数智产业化，以提高信息化产业从业人数、软件业务收入、信息技术服务收入；通过推进产业数智化，以提高每百家企业拥有网站数、每百人使用计算机数、有电子商务交易活动的企业数比重。同时，通过增加经济发展效益，以提高人均GDP、人均社会消费品零售总额、人均可支配收入，降低城市居民恩格尔系数、固定资产投资占GDP比重，提高服务贸易总额占GDP比重；通过推动产业转型升级，以提高服务业增加值占GDP比重、第三产业与第二产业产值比、高技术产业增加值占GDP比重、数字经济增加值占GDP比重；通过提高经济发展质量，以提高全员劳动生产率，降低万元GDP能耗、万元GDP水耗、万元工业增加值用水量、万元GDP二氧化碳排放量。

经济高质量发展目标的重点任务包括：①基础设施建设目标的重点任务是增加互联网宽带接入用户数量、移动互联网用户数量、长途光缆线路长度、轨道交通总里程、公交专用道里程、高速公路总里程、液化石油气供应总量、天然气供气总量、全市集中供热管道长度、排水管道长度、自来水供水管道长度、城市水库库容总量、用水普及率、累计达标堤防长度，并降低城市公共供水管网漏损率；②数智化产业发展目标的重点任务是提高信息化产业从业人数、软件业务收入、信息技术服务收入、每百家企业拥有网站数、每百人使用计算机数、有电子商务交易活动的企业数比重；③经济发展质效目标的重点任务是提高人均GDP、人均社会消费品零售总额、人均可支配收入，降低城市居民恩格尔系数、固定资产投资占GDP比重，提高服务贸易总额占GDP比重；通过推动产业转型升级，以提高服务业增加值占GDP比重、第三产业与第二产业产值比、高技术产业增加值占GDP比重、产业结构合理化的泰尔系数；通过提高经济发展质量，以提高全员劳动生产率，降低万元GDP能耗、万元GDP水耗、万元工业增加值用水量、万元GDP二氧化碳排放量。

2.3.1.3 生态舒适宜居目标

生态舒适宜居目标重在强调保障中国省区城市生态舒适宜居需求，为中国省区城市治理提供舒适性保障，包括空气质量、水质量、生态修复和环境卫生改善四方面的目标。首先，空气质量改善是城市生态宜居性的基础，优质的空气直接关系到居民的健康状况和生活品质。其次，水质量改善是评价城市宜居性的重要因素，水是人类生活的基本需求，而良好的水质不仅关系到饮用水的安全，也涉及生态系统的健康。保障城市供水系统的水质和水污染程度达标，有助于维护人类健康和生态平衡。再次，生态修复注重整个城市生态系统的平衡，通过城市绿化、保护和恢复自然生态系统,城市可以减少环境灾害和提高生物多样性,创造更为和谐的人与自然共生的环境。最后,环境卫生改善在城市生态宜居性中起到整体的"点睛"作用,维持良好的环境卫生不仅有助于公共卫生的维护,预防疾病的传播,同时也美化了城市环境,提高了市民对城市的归属感。综合而言,从基础的空气和水质量改善,到生态系统修复,最终到整体的环境卫生改善,各方面都为中国省区提供了更为宜居的城市环境,使其在经济繁荣的同时保持了生态平衡,为城市居民提供了更为健康、舒适、宜人的生活空间,最终提高中国省区城市治理的舒适属性。

第一,通过控制空气污染排放,以降低碳排放量;通过控制空气污染浓度,以降低SO_2的浓度、NO_2的浓度、可吸入颗粒物浓度(年均浓度)。第二,通过提高水质达标率,以提高地表水质量达到或好于Ⅲ类水体比例、水库水质达标率;通过控制水污染浓度,以降低地表水水质监测断面高锰酸盐年平均浓度、氨氮年平均浓度值。第三,通过增加城市绿化覆盖面积,以提高人均公园绿地面积、建成区绿化覆盖率;通过加强生态修复,以提高生态用水比例、地下水开采率、水土流失治理率、森林覆盖率、自然湿地保护率。第四,通过加强垃圾废物的处理利用,以提高生活垃圾无害化处理率、一般工业固体废物综合利用率;通过提高污水处理和再生利用能力,以提高城市污水处理率、再水生利用量占用水总量比例。

生态舒适宜居目标的重点任务包括:①空气质量改善目标的重点任务是提高空气质量达到二级以上天数占全年比重,降低碳排放量、SO_2的浓度、NO_2的浓度、可吸入颗粒物浓度(年均浓度);②水质量改善目标的重点任务是提高地表水质量达到或好于Ⅲ类水体比例、水库水质达标率,降低地表水水质监测断面高锰酸盐年平均浓度、氨氮年平均浓度值;③生态修复目标的重点任务是提高人均公园绿地面积、建成区绿化覆盖率;通过加强生态修复,控制地下水开采率,提高生态用水比例、水土保持率、森林覆盖率、工业污染治理完成投资占GDP比重;④环境卫生改善目标的重点任务是提高生活垃圾无害化处理率、一般工业固体废物综合利用率、城市污水处理率、再水生利用量占用水总量比例。

2.3.2 城市治理效能评价指标

立足科技、经济和生态系统治理视角的中国省区城市治理目标体系,中国省区城市治理效能评价涉及科技创新、经济高质量发展和生态舒适宜居等内容评价。评价指标明确了中国省区城市治理工作的要点方向,体现了中国省区城市治理效能评价的具体内容,对开展中国省区城市治理效能评价具有强烈的引导功能。本书立足科技、经济和生态系统治理视角的中国省区城市治理目标体系，以科技创新、经济高质量发展、生态舒适宜居三大目标为核心，根据三大目标的重点任务，采用文献梳理法、成果借鉴法、专家咨询法等理论方法，通过城市治理评价体系案例研究，对中国省区城市治理效能评价指标体系进行系统设计。

2.3.2.1 科技创新评价指标设计

采用文献梳理法、成果借鉴法、专家咨询法等理论方法，建立中国省区城市科技创新指标（见表2.1）。

表2.1 中国省区城市科技创新指标

一级指标	二级指标	三级指标	指标单位	指标方向
科技创新投入	R&D人员	R&D人员占从业人员比重	%	正指标
		每万名高技术产业R&D人员折合全时当量	人·年/万人	正指标
		规模以上工业企业R&D人员全时当量	人·年/万人	正指标
	R&D经费	R&D经费投入强度	%	正指标
		高技术产业R&D经费内部支出	万元	正指标
		规模以上工业企业R&D经费内部支出	万元	正指标
科技创新产出	专利数量	每万人专利申请受理数	项/万人	正指标
		每万人专利申请授权数	项/万人	正指标
	市场输出	技术市场成交额占比	%	正指标
		高技术产业新产品出口额	万元	正指标
科技创新环境	政府支持	地方财政科学技术支出	亿元	正指标
	经济基础	农业增加值	亿元	正指标
		工业增加值	亿元	正指标
		服务业增加值	亿元	正指标
	人力资源	每十万人普通高等学校平均在校学生数	人	正指标
		高等院校数	所	正指标
	科研资源	高技术企业数	个	正指标
		R&D机构数	个	正指标

2.3.2.2 经济高质量发展评价指标设计

采用文献梳理法、成果借鉴法、专家咨询法等理论方法，建立中国省区城市经济高质量发展指标（见表2.2）。

表 2.2 中国省区城市经济高质量发展指标

一级指标	二级指标	三级指标	指标单位	指标方向
基础设施建设	网络基础设施建设	互联网宽带接入用户数	万户	正指标
		移动互联网用户数	万户	正指标
		长途光缆线路长度	万 km	正指标
	交通基础设施建设	轨道交通总里程	km	正指标
		公共交通运营线路总长度	km	正指标
		高速公路总里程	km	正指标
	能源基础设施建设	液化石油气供应总量	t	正指标
		天然气供气总量	万 m³	正指标
	水利基础设施建设	排水管道长度	km	正指标
		自来水供水管道长度	km	正指标
		城市公共供水管网漏损率	%	负指标
		用水普及率	%	正指标
		1、2级堤防长度占比	%	正指标
数智化产业发展	数智产业化	信息化产业从业人员占比	%	正指标
		软件业务收入	万元	正指标
		信息技术服务收入	万元	正指标
	产业数智化	每百家企业拥有网站数	个	正指标
		每百人使用计算机数	台	正指标
		有电子商务交易活动的企业比重	%	正指标
经济发展质效	经济发展效益	人均 GDP	元	正指标
		人均社会消费品零售总额	元	正指标
		人均可支配收入	元	正指标
		城市居民恩格尔系数	%	正指标
	产业转型升级	服务业增加值占 GDP 比重	%	正指标
		第三产业与第二产业产值比	%	正指标
		高技术产业收入占 GDP 比重	%	正指标
		泰尔系数	—	正指标
	经济发展质量	全员劳动生产率	%	正指标
		万元 GDP 能耗(标准煤)	t/万元	负指标
		万元 GDP 水耗	m³/万元	负指标
		万元工业增加值用水量	m³/万元	负指标
		万元 GDP 二氧化碳排放量	t/万元	负指标

2.3.2.3 生态环境治理评价指标设计

采用文献梳理法、成果借鉴法、专家咨询法等理论方法,建立中国省区城市生态舒适宜居指标(见表 2.3)。

表 2.3 中国省区城市生态舒适宜居指标

一级指标	二级指标	三级指标	指标单位	指标方向
空气质量	空气污染排放	碳排放量	百万 t	负指标
	空气污染浓度	二氧化硫的浓度	μg/m³	负指标
		二氧化氮的浓度	μg/m³	负指标
		可吸入颗粒物浓度(年均浓度)	μg/m³	负指标
水质量	水质达标	地表水质量达到或好于Ⅲ类水体比例	%	正指标
		城市集中式饮用水水质达标率	%	正指标
	水污染排放	化学需氧量排放	万 t	负指标
		氨氮排放量	万 t	负指标
生态改善	城市绿化	人均公园绿地面积	m²	正指标
		建成区绿化覆盖率	%	正指标
	生态修复	生态用水比例	%	正指标
		地下水开采率	%	负指标
		水土流失治理面积占比	%	正指标
		森林覆盖率	%	正指标
环境卫生	垃圾废物处理利用	生活垃圾无害化处理率	%	正指标
		一般工业固体废物综合利用率	%	正指标
	污水处理利用	污水处理率	%	正指标
		再生水利用量占比	%	正指标

2.4 中国省区城市治理效能评价方法

依据建立的中国省区城市治理效能评价指标体系,采用理想解模型,测算中国省区城市治理效能变化。运用耦合协调度模型,综合评价中国省区城市科技与经济、经济与生态以及科技-经济-生态系统的协调治理效能。运用贡献度模型,评价科技、经济、生态对中国省区城市治理效能的贡献度。与其他模型相比,理想解模型可以客观地评价中国省区城市治理的多层次治理问题,直观反映中国省区城市治理各个指标存在的问题。同时,运用耦合协调度和贡献度模型评价是在理想解模型分析的基础上进行的,三种模型层层递进,可以较全面地反映中国省区城市治理情况,进而提出提升中国省区城市治理效能的对策建议。

2.4.1 城市治理效能评价模型

依据建立的中国省区城市治理效能评价指标体系,应用理想解模型,对中国省区城市治理效能进行综合评价。可用公式表示为

$$F_{ij}(t) = \frac{1}{1+\left(\frac{d_{ijt}(x_{ijtk},x_{ijk}^{\alpha})}{d_{ijt}(x_{ijtk},x_{ijk}^{\beta})}\right)^2}$$

$$\begin{cases} d_{ijt}(x_{itk},x_{ik}^{\alpha}) = \sqrt{\sum_{k=1}^{n} w_k^2(x_{ijtk}-x_{ijk}^{\alpha})^2} \\ d_{ijt}(x_{itk},x_{ik}^{\beta}) = \sqrt{\sum_{k=1}^{n} w_k^2(x_{ijtk}-x_{ijk}^{\beta})^2} \\ x_{ijk}^{\alpha} = \max_{t=1}^{T}(x_{ijtk}) \\ x_{ijk}^{\beta} = \min_{t=1}^{T}(x_{ijtk}) \end{cases} \quad (2.1)$$

式(2.1)中: $F_{ij}(t)$ 为第 t 时期第 i 省区第 j 维度的指数($j=0,1,2,3$ 分别代表中国省区城市治理效能指数、科技创新指数、经济高质量发展指数和生态舒适宜居指数); $d_{ijt}(x_{ijtk},x_{ijk}^{\alpha})$、$d_{ijt}(x_{ijtk},x_{ijk}^{\beta})$ 分别为第 t 时期第 i 省区第 j 维度第 k 项评价指标与指标理想值、负理想值的距离,其中,设 $x_{ijk}^{\alpha}=(1,1,\cdots,1)$、$x_{ijk}^{\beta}=(0,0,\cdots,0)$ 分别为第 i 省区第 j 维度第 k 项评价指标的"理想值"和"负理想值"; x_{ijtk} 为第 t 时期第 i 省区第 j 维度第 k 项评价指标标准化后的指标值, c_{ijtk} 为第 t 时期第 i 省区第 j 维度第 k 项评价指标原始数据值,①正向指标标准化:

$x_{ijtk} = \frac{c_{ijtk}}{\max\limits_{t=1}^{T}(c_{ijtk})}$,②逆向指标标准化: $x_{ijtk} = \frac{\min\limits_{t=1}^{T}(c_{ijtk})}{c_{ijtk}}$; w_k 为第 k 项评价指标的权重,为减少人为因素的干扰,采用层次等权法确定指标权重。

2.4.2 城市治理的多维度协调治理效能评价模型

依据中国省区城市治理效能评价指标,采用耦合协调度模型,评价中国省区城市治理的科技、经济、生态的协调治理效能,可用公式表示为

$$D_i(t) = \left[\prod_{j=2}^{3} F_{ij}(t)\right]^{\frac{1}{j}} \quad (2.2)$$

式(2.2)中: $D_i(t)$ 为第 t 时期第 i 省区中国省区城市治理的科技、经济、生态的

协调治理效能,其中 $j=2,3$;$j=2$ 代表科技-经济或经济-生态 2 个维度;$j=3$ 代表科技-经济-生态 3 个维度。

根据中国省区城市治理的科技-经济、经济-生态、科技-经济-生态的协调治理效能,可划分协调治理等级如表 2.4 所示。

表 2.4 协调治理等级划分标准

协调治理效能 D 值区间	协调治理等级	协调治理程度
(0.0～0.1)	1	极度失调
[0.1～0.2)	2	严重失调
[0.2～0.3)	3	中度失调
[0.3～0.4)	4	轻度失调
[0.4～0.5)	5	濒临失调
[0.5～0.6)	6	勉强协调
[0.6～0.7)	7	初级协调
[0.7～0.8)	8	中级协调
[0.8～0.9)	9	良好协调
[0.9～1.0)	10	优质协调

2.4.3 城市治理的多维度贡献评价模型

根据式(2.1),在确定中国省区城市治理的科技创新指数、经济高质量发展指数、生态舒适宜居指数的基础上,采用贡献度模型,测量科技、经济、生态对中国省区城市治理效能的平均贡献度。可用公式表示为

$$M_{ij} = \left[\sum_{t=1}^{T} \frac{w_j \cdot F_{ij}(t)}{\sum_{j=1}^{3} w_j \cdot F_{ij}(t)} \right] \Big/ T \qquad (2.3)$$

式(2.3)中:M_{ij} 为第 i 省区第 j 维度对中国省区城市治理效能的平均贡献度;T 为计算时期数;w_j 为第 j 维度的相对重要性,考虑科技、经济、生态系统对中国省区城市治理具有同等重要性,可采用等权法予以确定。

第三章

新时代中国省区城市治理的科技创新指数

3.1 科技创新研究热点分析

陈超美教授开发的 CiteSpace 软件,作为用于分析和可视化共引网络的重要工具,能够将一个知识领域的演进历程集中展现在一幅引文网络图谱上,帮助把知识图谱上的引文节点文献和共引聚类所表征的研究前沿自动标识出来[①]。CiteSpace 软件主要包含两种常用可视化方式:聚类视图和时间线视图。其中聚类视图侧重于体现聚类间的结构特征,时间线视图侧重于勾画聚类之间的关系和某个聚类中文献的演进过程。为此,本书应用 CiteSpace 软件,通过对国内外科技创新研究文献的科学计量学分析,对科技创新的研究热点及演化开展研究,揭示科技创新研究领域的热点问题及演化历程。数据样本取自 WOS 核心数据库中的期刊文献和 CNKI 数据库中的 CSSCI 期刊文献,分别以篇名="technology innovation"or 篇名="technological innovation",篇名="科技创新"作为检索条件,检索文献时间为"1998—2020 年"。通过剔除会议访谈、会议综述、会议报告等不利于数据分析的文献,共得到 1 707 篇英文文献和 2 853 篇中文文献。同时,选择其中的前 50 篇文献,设置时间切片为 1,调节阈值,得到国内外科技创新研究的关键词共现图谱、关键词聚类图谱、时间线图。

[①] Chaomei C. Searching for intellectual turning points: progressive knowledge domain visualization. [J]. Proceedings of the National Academy of Sciences of the United States of America, 2004, 101(1):5303-5310.

3.1.1 关键词共现分析

关键词是一篇文章的精髓,出现次数最多的关键词常被用来确定某个研究领域的热点主题[1]。使用 CiteSpace 6.1R6 中的关键词共现功能,设置分析界面,时间设置为"1998—2020",Years per slice 默认数值为 1,节点类型选择"Keyword",得到国内外科技创新研究的关键词共现网络图谱(见图 3.1 及图 3.2)。关键词共现网络图谱中,节点越大,说明该节点词的词频越高;频次越高,说明该词在网络中的中心性越高[2]。

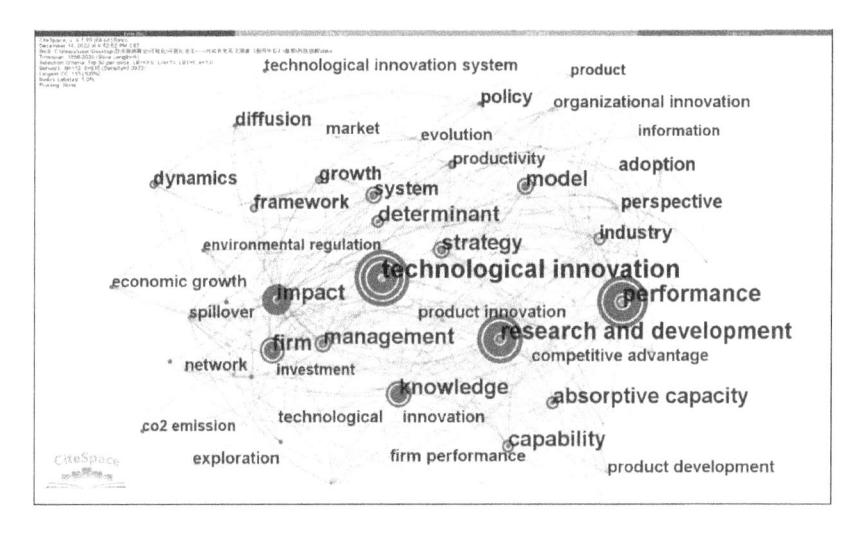

图 3.1 WOS 科技创新研究的关键词共现网络图谱

图 3.1 中,共包含节点 113 个,连线数量 615 条,网络密度为 0.097 2。根据图 3.1 可知,WOS 科技创新的热点问题重点体现在科技创新能力、科技创新投资、科技创新战略、科技创新影响、科技创新管理、科技创新政策、科创公司绩效、科创知识管理、科创环境影响、产品科技创新、产业科技创新等方面。

图 3.2 中,共包含节点 867 个,连线数量 1 820 条,网络密度为 0.004 8。根据图 3.2 可知,CNKI 科技创新的研究热点重点体现在科技创新能力、科技创新效率、科技创新政策、科技创新体系、科技创新团队、科技创新平台、区域科技创新、农业科技创新、高校科技创新等方面。

---

[1] 孙新宇,姜华. 国内外高等教育研究主题之比较分析[J]. 教育学术月刊,2014(1):19-24.
[2] 曹晶,张沛黎,周亚丽. 基于 CiteSpaceⅢ的国外中亚研究分析[J]. 农业图书情报学刊,2018, 30(9):19-26.

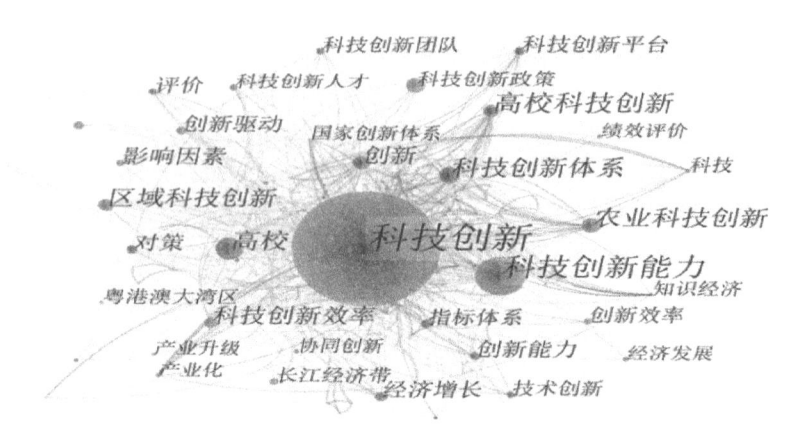

图 3.2　CNKI 科技创新研究的关键词共现网络图谱

3.1.2　关键词突变分布

突变词主要是指以关键词为基础,在某个时间跨度所发表的文献中专业术语的突显,它反映出不同时段的研究热点,主要表现在突变词的年代分布和突变强度两个方面[①]。应用 CiteSpace 软件,分别对 WOS 核心期刊库和 CSSCI 期刊库中以"科技创新"为主题的文献进行分析,得出排名前 20 的突现词表格(见表3.1 及表 3.2)。突现词表格中,Keywords 为关键词;Year 为该关键词首次出现的时间;Strength 为该关键词的突变强度,强度越高代表短时间内该关键词出现的频次越高;Begin 为该关键词成为热点前沿的时间;End 为该关键词作为热点前沿结束的时间;黑色虚线表示该关键词突现持续时间。

表 3.1　WOS 科技创新研究排名前 20 的关键词突变分布情况

Keywords	Year	Strength	Begin	End	1998—2020
integration	1998	6.72	1998	2015	
patent	1998	4.81	1998	2009	
indicator	1998	4.64	1998	2015	
science	1998	4.37	1998	2015	
economics	1998	3.95	1998	2015	
incentive	1998	3.78	1998	2003	

---

① 陈绍辉,王岩. 中国社会思潮研究的科学知识图谱分析——基于 Citespace 和 Vosviewer 的综合应用[J]. 上海交通大学学报(哲学社会科学版),2018,26(6):22-30.

第三章　新时代中国省区城市治理的科技创新指数

续表

Keywords	Year	Strength	Begin	End	1998—2020
technological change	1998	5.91	2004	2015	
resource based view	1998	5.66	2004	2015	
collaboration	1998	4.36	2004	2015	
system	1998	5.84	2010	2015	
exploration	1998	5.29	2010	2020	
information technology	1998	4.36	2010	2015	
implementation	1998	4.06	2010	2015	
market orientation	1998	3.92	2010	2015	
governance	1998	3.76	2010	2015	
exploitation	1998	3.76	2010	2015	
service	1998	3.48	2010	2015	
CO_2 emission	1998	6.41	2016	2020	
empirical evidence	1998	4.73	2016	2020	
pattern	1998	3.74	2016	2020	

WOS科技创新研究的突现词主要包括integration(集成化)、patent(专利)、indicator(监测仪)、science(科学)、economics(经济学)、incentive(激励)、technological change(技术变革)、resource based view(资源禀赋视角)、collaboration(协作)、system(系统)、exploration(探索)、information technology(信息技术)、implementation(实施)、market orientation(市场导向)、governance(政府)、exploitation(开发)、service(服务)、CO_2 emission(二氧化碳排放)、empirical evidence(实证证据)、pattern(模式)。

根据表3.1,从关键词突变分布情况来看,国际科技创新领域研究热点随着时间推移而不断变化,主要可分为四个阶段。①1998—2003年,科技创新集成应用、科技专利申请、科技创新监测及激励机制、科技与经济的关系等成为主流的研究热点[1]。②2004—2009年,技术变革、资源禀赋论、协作成为研究热点。

---

① 白静. 新中国70年科技方针历史变迁[J]. 中国科技产业,2019(10):7-8.

③2010—2015年,技术开发、市场导向、政府支持、技术服务设施等成为主流的研究热点。④2016—2020年,温室气体排放、技术创新的实证研究、技术创新模式成为研究热点。

CNKI科技创新研究的突现词主要包括知识经济、农业、高新技术产业化、科技期刊、高校科技创新、研究型大学、科技创新体系、科技创新平台、机制、指标体系、知识产权、对策、技术创新、高校、自主创新、评价、创新能力、科技创新人才、科技创新政策、创新驱动(见表3.2)。

表3.2　CNKI科技创新研究排名前20的关键词突变分布情况

Keywords	Year	Strength	Begin	End	1998—2020
知识经济	1998	6.44	1998	2001	
农业	1998	4.06	1999	2008	
高新技术产业化	1998	3.77	2000	2003	
科技期刊	1998	3.62	2000	2002	
高校科技创新	1998	6.38	2002	2006	
研究型大学	1998	3.49	2002	2008	
科技创新体系	1998	10.47	2003	2009	
科技创新平台	1998	3.9	2004	2005	
机制	1998	3.84	2004	2007	
指标体系	1998	6.54	2006	2010	
知识产权	1998	5.98	2006	2011	
对策	1998	5.48	2006	2012	
技术创新	1998	4.61	2006	2009	
高校	1998	5.86	2007	2009	
自主创新	1998	4.07	2007	2008	
评价	1998	3.7	2008	2013	
创新能力	1998	4.74	2009	2014	
科技创新人才	1998	5.02	2010	2014	
科技创新政策	1998	4.7	2012	2020	
创新驱动	1998	5.37	2014	2020	

根据表3.2,从我国科技创新研究领域排名前20的关键词突变分布情况来看,随着时间推移,我国科技创新的研究热点不断变化,主要可分为三个阶段。①2000—2006年,农业科技创新、高校科技创新、研究型大学、科技创新体系与

机制等成为主流的研究热点。②2006—2012年，科技创新体系、指标体系、知识产权、科技创新对策、技术创新、科技创新评价、科技创新能力、科技创新人才成为研究热点。③2012—2020年，我国科技创新的研究热点主要集中在科技创新政策、创新驱动等方面。

3.2 科技创新研究演化脉络

3.2.1 关键词聚类图谱

使用LLR算法对国内外科技创新研究的关键词进行聚类分析，分别得到WOS科技创新研究的关键词聚类图谱和CNKI科技创新研究的关键词聚类图谱（见图3.3及图3.4）。

根据图3.3，WOS科技创新研究主要包括8个关键词聚类：♯0 technological progress（技术进步）、♯1 technological innovation（科技创新）、♯2 innovation system（创新系统）、♯3 CO_2 emission（二氧化碳排放）、♯4 technological diversity（科技多样性）、♯5 technological innovation system（科技创新系统）、♯6 organization innovation（组织创新）、♯7 technological intensity（技术强度）。其中，聚类序号为0到7，数字越小，说明该聚类中包含的关键词越多。

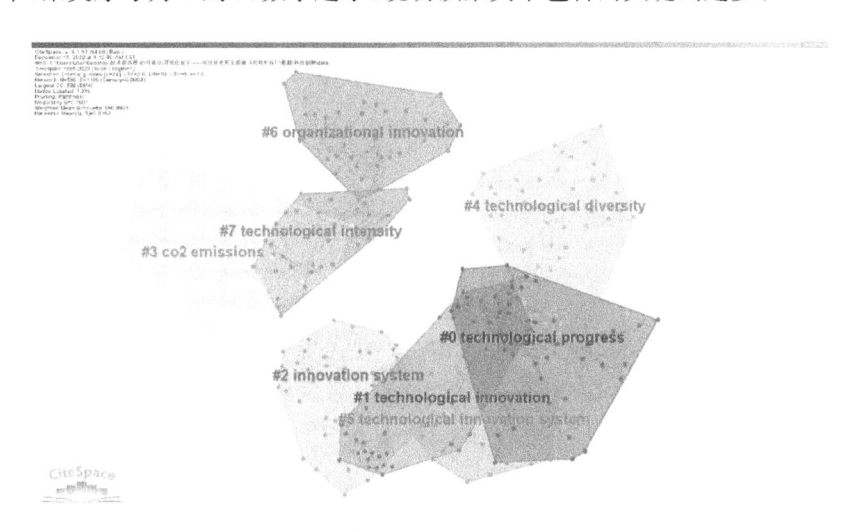

图3.3 WOS科技创新研究的关键词聚类图谱

根据图3.4，我国科技创新研究主要包括8个关键词聚类：♯0 科技创新、♯1 科技创新能力、♯2 科技创新效率、♯3 高校科技创新、♯4 创新能力、♯5 经济增长、#6 农业科技创新、#7 粤港澳大湾区。其中，聚类号为 0 到 7，数字越小，说明聚类中包含的关键词越多。

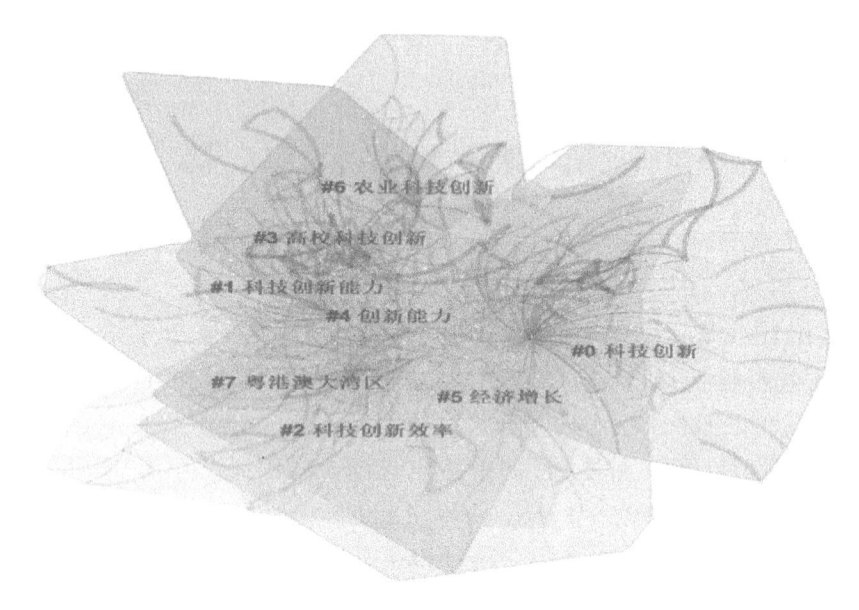

图 3.4 CNKI 科技创新研究的关键词聚类图谱

3.2.2 时间线分析

以关键词聚类分析为基础，可进一步剖析国内外科技创新研究的关键词聚类的时间演变趋势。选择 CiteSpace 软件中的"Timeline View"后，调整相关数值，得到 WOS 科技创新研究的关键词时间线图（见图 3.5）和 CNKI 科技创新研究的关键词时间线图（见图 3.6）。

3.2.2.1 WOS 时间线分析

根据图 3.5，该领域重大关键词节点集中在时间线的前端，究其原因为中共中央、国务院 1995 年发布《关于加速科学技术进步的决定》，提出科教兴国战略，1999 年发布《关于加强技术创新、发展高科技、实现产业化的决定》，国家大力提倡高新技术发展，支持高新技术企业落地[1]。西方发达国家于 19 世纪 70 年代已将可持续发展战略应用于产业发展，积累了丰富的先进技术并且始终将科技创新摆在

---

[1] 陈强，沈天添. 中国科技创新政策体系演变研究——基于 1978—2020 年 157 份政策文本的量化分析[J]. 中国科技论坛，2022(12)：35-46.

国家发展全局的核心位置,将国家创新能力视作提升国际竞争力的关键①。

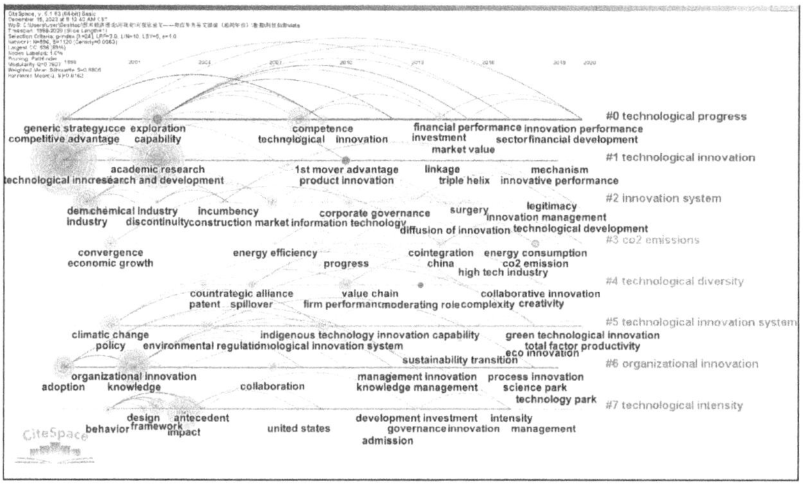

图 3.5　WOS 科技创新研究的关键词时间线图

根据图 3.5,对 WOS 科技创新研究的 8 个关键词聚类的时间线进行具体分析。其中:

①聚类"♯0 technological progress(技术进步)"时间线上最大的关键词节点是"exploration capability(开发能力)",其次是"technological innovation(科技创新)""competitive advantage(竞争优势)""financial performance(财务绩效)"。研究开发能力决定了科技创新能力,良好的科技创新能力可为企业带来竞争优势,提升企业财务绩效。据图 3.3 可知,"innovation(创新)"始终是研究热点并且高频次出现在其余的聚类中。

②聚类"♯1 technological innovation(科技创新)"与聚类"♯0 technological progress(技术进步)"的关键词演进趋势类似,该聚类时间线上最大的关键词节点是"technological innovation(科技创新)",其次是"research and development (R&D,科学研究与试验发展)""academic research(学术研究)""first mover advantage(先行者优势)"。梳理文献可知 R&D 投资、学术研究及先行者战略均影响着科技创新绩效,Lillis 等②以新西兰企业为研究对象,研究发现 R&D 投资增

---

① 宋毅军,邵桂花. 积极引进 自主创新——学习邓小平关于引进国外先进科技的重要论述[J]. 毛泽东邓小平理论研究,1999(6):59-63+29.
② Lillis D A, Ho A C M, Campbell H, et al. Evaluating support for technological research and innovation in some New Zealand businesses: a survey[J]. Research Evaluation,2002,11(1):37-48.

强了高新技术企业研发绩效;胡志坚等[1]总结归纳了全球 R&D 投入特征,发现 R&D 投入与各国所处经济阶段相关,全球各国 R&D 投入增速高于 GDP 增速,并且在新兴技术革命的浪潮下各国 R&D 投入进一步攀升;Calderini 等[2]以 15 个欧洲国家为例研究学术研究、专业技术与创新绩效三者之间的关系,在实证分析后得出大型创新企业对本地学术界知识溢出产生积极影响的结论;Rios 等[3]通过分析不同策略对组织成功创新的影响,发现传统的先行者优势在经济动荡的背景下存在被超越的可能性。

③聚类"♯2 innovation system(创新体系)"从 1999 年开始受到关注。该聚类时间线上最早出现且频次最多的关键词节点是"industry(工业)",其次是"demand(需求)""construction market(建筑市场)""corporate governance(公司治理)"。创新技术广泛应用于关乎国家经济命脉的制造业,当前工业发展已从 3.0 向 4.0 转变,由信息化时代转变为智能化时代,与之相匹配的科技创新体系也应得到完善,Reischauer[4]提出在工业智能化发展的背景下,应将涵盖商业、学术和政治的创新系统制度化;竞争激烈的全球市场决定了市场需求是科技创新的强劲推力,同时由于可持续观念的大力提倡与社会人文理念的兴起,科技创新成为社会需求与市场需求相互作用的结果,司金銮[5]提出西方发达国家现已形成面向市场需求、以企业为主体自主研发的科技创新体制;公司治理的不同策略对企业科技创新绩效具有重要影响,Massis 等[6]以家族企业为研究对象,运用代理理论研究家族参与对企业创新投入、活动、产出等的影响,结果表明家族参与对企业创新存在直接影响。

④聚类"♯3 CO_2 emissions(二氧化碳排放)"从 2000 年开始引起关注。该聚类时间线主要包括"economic growth(经济增长)""energy efficiency(能源效率)""cointegration(协整理论)""energy consumption(能源消耗)""high tech in-

---

[1] 胡志坚,冯楚健. 国外促进科技进步与创新的有关政策[J]. 科技进步与对策,2006(1):22-28.

[2] Calderini M, Scellato G. Academic research, technological specialization and the innovation performance in European regions: an empirical analysis in the wireless sector[J]. Industrial and Corporate Change, 2005,14(2):279-305.

[3] Rios C M, Dans E P. The Early Bird Gets the Worm, But the Second Mouse Gets the Cheese: Non-Technological Innovation in Creative Industries[J]. Creativity and Innovation Management, 2016, 25(1):6-17.

[4] Reischauer G. Industry 4.0 as policy-driven discourse to institutionalize innovation systems in manufacturing[J]. Technological Forecasting & Social Change, 2018,132:26-33.

[5] 司金銮. 企业技术创新:国外经验与中国抉择[J]. 当代财经,2001(6):57-59.

[6] Massis A D, Frattini F, Lichtenthaler U. Research on Technological Innovation in Family Firms [J]. Family Business Review,2013,26(1):10-31.

dustry(高科技产业)"等关键词节点。科技创新与经济发展及生态环境息息相关,学者们采用协整理论与方法探究这三者之间的内在联系。Muhammad 等[1]以中国地区为例进行研究,发现科技创新与碳排放量呈负相关关系,而经济增长与碳排放量呈倒 U 形关系;Sohag 等[2]以马来西亚地区为例进行研究,发现科技创新在长期视角下对能源效率的提升有积极作用,而人均 GDP 的提高在短期及长期视角下均提升了能源使用量;Ahmad 等[3]研究发现,关于科技创新和经济增长的政策会显著改变生态,适当的政策有利于恢复自然生态,科技进步有助于实现可持续发展目标。

⑤聚类"♯4 technological diversity(技术多样性)"中最大的关键词节点是"value chain(价值链)"。Bi 等[4]以中国制造业为例,在全球价值链的视角下分析低碳技术创新活动的创新绩效及其影响因素,结果表明政府监管可对低碳技术创新绩效产生积极影响;Lin 等[5]以中国 31 个省份为例,在创新价值链的视角下分析空气污染对技术创新的影响,结果表明空气污染对科技创新绩效有显著负向影响。该关键词聚类时间线上出现最早的节点是"country(国家)"和"patent(专利)",相关文献最早出现于 2004 年。此外,聚类♯4 technological diversity(技术多样性)"还包括"strategic alliance(战略联盟)""collaborative innovation(协同创新)"等重要的关键词节点。高新技术企业可通过战略联盟开展协同创新,实现互利共赢,Jiao 等[6]以中国 370 家高科技公司为例,研究商业战略伙伴关系对于协同创新的影响,研究结果表明战略伙伴关系对企业间协同创新产生显著正向影响。

---

[1] Muhammad S, Chandrashekar R, Malin S, et al. Public-private partnerships investment in energy as new determinant of CO_2 emissions: The role of technological innovations in China[J]. Energy Economics,2019,86(C).

[2] Sohag K, Begum R A, Abdullah S M S, et al. Dynamics of energy use, technological innovation, economic growth and trade openness in Malaysia[J]. Energy,2015,90(2):1497-1507.

[3] Ahmad M, Jiang P, Majeed A, et al. The dynamic impact of natural resources, technological innovations and economic growth on ecological footprint: An advanced panel data estimation[J]. Resources Policy,2020,69:101817-101826.

[4] Bi K, Huang P, Wang X. Innovation performance and influencing factors of low-carbon technological innovation under the global value chain: A case of Chinese manufacturing industry[J]. Technological Forecasting & Social Change,2016,111:275-284.

[5] Lin S, Xiao L, Wang X. Does air pollution hinder technological innovation in China? A perspective of innovation value chain[J]. Journal of Cleaner Production,2021,278:123326.

[6] Jiao H, Yang J, Zhou J, et al. Commercial partnerships and collaborative innovation in China: the moderating effect of technological uncertainty and dynamic capabilities[J]. Journal of Knowledge Management,2019,23(7):1429-1454.

⑥聚类"♯5 technological innovation system(科技创新体系)"中最大的关键词节点是"climatic change(气候变化)",相关文献最早出现于2000年。此外,该聚类时间线上还包括"indigenous technology(自主技术)""innovation capability(创新能力)""eco innovation(生态创新)""total factor productivity(全要素生产率)"等重要的关键词节点。自主技术研发能力与创新能力是建立科技创新体系的基石,生态创新与减少碳排放是完善科技创新体系的关键,全要素生产率是评价科技创新体系的重要指标。

⑦聚类"♯6 organizational innovation(组织创新)"中最大的关键词节点是"organizational innovation(组织创新)",组织创新在促进技术创新活动开展的同时可调节科技进步与社会可持续发展之间的矛盾。Camisón 等[1]通过调查研究西班牙工业企业的组织创新及技术创新之间的关系,发现组织创新有利于技术创新的展开,更好地提升企业绩效;Daiyou 等[2]研究发现技术进步可通过组织创新的中介作用实现社会及生态可持续发展。此外,该聚类时间线上还包括"management innovation(管理创新)""knowledge management(知识管理)""process innovation(过程创新)"等重要的关键词节点。管理创新、知识管理及过程创新与组织创新的联结关系较强,组织创新包含管理层面的创新与生产层面的创新。

⑧聚类"♯7 technological intensity(科技密度)"中的重要关键词节点集中出现在2001—2004年间。科技创新绩效与区域技术密集度紧密相关,Lepak[3]以科创公司为例进行研究,发现科技密集度影响就业模式与公司绩效之间的关系。此外,在2013年也出现了"development investment(发展投资)"与"governance innovation(政府创新)"等次重要关键词节点。政府创新政策的调整影响着国家对科技发展的投资额,De 等[4]提出政府不仅仅是科技创新活动的监管者,也是推动者与协调者,政府创新政策的合理制定可使创新技术更有效地

---

[1] Camisón C, Villar-López A. Organizational innovation as an enabler of technological innovation capabilities and firm performance[J]. Journal of Business Research,2014,67(1):2891-2902.

[2] Daiyou X, Jinxia S. Role of Technological Innovation in Achieving Social and Environmental Sustainability: Mediating Roles of Organizational Innovation and Digital Entrepreneurship[J]. Frontiers in Public Health,2022,10:850172.

[3] Lepak D P, Takeuchi R, Snell S A. Employment Flexibility and Firm Performance: Examining the Interaction Effects of Employment Mode, Environmental Dynamism, and Technological Intensity [J]. Journal of Management,2003,29(5):681-703.

[4] De Meyer A, Loh C. Impact of information and communications technologies on government innovation policy: an international comparison[J]. International Journal of Internet and Enterprise Management,2004,2(1):1-29.

满足社会需求,高区域技术密集度同时也影响政府创新政策的制定。

3.2.2.2 CNKI 时间线分析

根据图 3.6,对我国科技创新研究的 8 个关键词聚类的时间线进行分析。

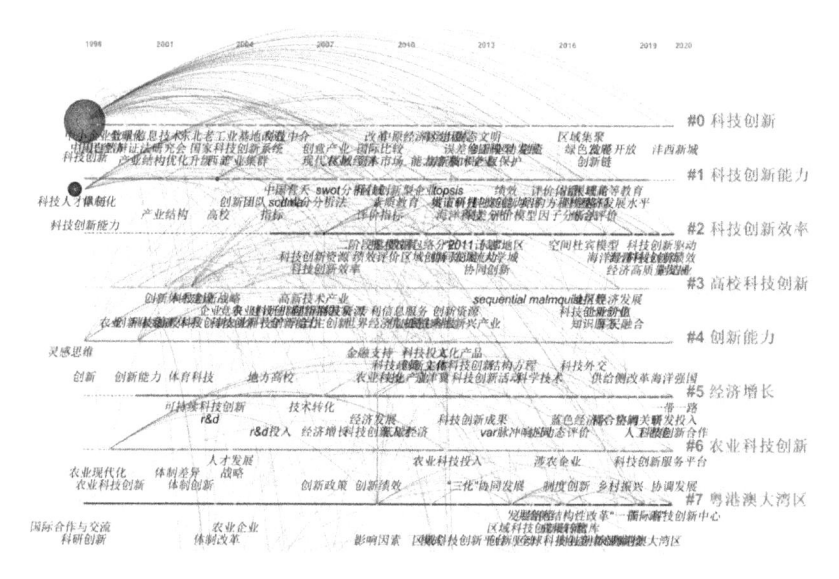

图 3.6 CNKI 科技创新研究的关键词时间线图

①聚类"♯0 科技创新"与其他几个聚类连线较为密集,各聚类彼此之间的连线也较为密集,说明各个聚类之间具有高度相关性。该聚类时间线上最大的关键词节点是"科技创新",与该节点相关的文献最早出现在 1998 年。从图 3.4 中可看出,"科技创新"一直是研究热点并且频繁出现在其他聚类中。

②聚类"♯1 科技创新能力"与聚类"♯0 科技创新"类似,该聚类时间线上最大的关键词节点是"科技创新能力",相关文献最早出现在 1998 年。究其原因,是 1998 年中科院实施"知识创新工程",作为建设国家创新体系的试点;同年 5 月,江泽民同志在庆祝北京大学建校 100 周年大会上宣告:"为了实现现代化,我国要有若干所具有世界先进水平的一流大学。"①同时,1998 年出现了"科技人才队伍""国家创新体系"等研究主题。

③聚类"♯2 科技创新效率"从 2005 年开始引起关注。该聚类上最早出现的关键词节点是"DEA 方法"。DEA 方法由美国著名运筹学家查恩斯(Clear-

---

① 曹希敬,袁志彬. 新中国成立 70 年来重要科技政策盘点[J]. 科技导报,2019,37(18):20-30.

ness)、库伯(Cooper)和罗兹(Deerhound)等于1978年提出,可评价具有多个输入和多个输出的决策单元的相对有效性[1]。如学者尤瑞玲等[2]运用超效率DEA对2004—2015年北京市及我国沿海地区12个省(市、区)的科技创新效率进行了评价;李嘉怡等[3]采用DEA方法,评价了广东省21个地级市的科技创新能力。研究发现,我国科技创新效率评价多以DEA方法为主,评价方式比较单一。

④聚类"♯3高校科技创新"主要包括"研究性大学""人才培养""创新体系"等关键词节点,关键词节点最早出现在1998年,这与聚类"♯1科技创新能力"的关键词节点"科技人才队伍"出现的时代背景一致,说明从1998年起,国家加强对高等院校的人才培养。根据图3.4可知,2019—2020年,聚类"♯3高校科技创新"的关键词节点几乎为零,说明2019—2020年该聚类的关注度降低。

⑤聚类"♯4创新能力"中最大的关键词节点是"灵感思维"。学者许志峰[4]对中外科技史上数百个灵感创新活动进行了概括,发现"灵感"是创新的重要思维方式之一。此外,聚类"♯4创新能力"包括"科技创新团队""人才""科技投入"等重要的关键词节点,这些均是影响创新能力的关键因素。党的十九大报告提出"坚持陆海统筹,加快建设海洋强国"。因此,2019年,我国创新能力的关注点从"人才""团队"转变为"海洋强国"。

⑥聚类"♯5经济增长"中最大的关键词节点是"经济增长",相关文献最早出现于2007年。聚类"♯5经济增长"的关键词节点"经济增长"与其他7个聚类密不可分,其他7个聚类中均出现关键词节点"经济增长",说明科技创新与经济增长密切联系,科技创新是影响经济增长的关键驱动因素[5]。

⑦聚类"♯6农业科技创新"中最大的关键词节点是"农业科技创新",相关文献最早出现在1998年,学者陈友云等[6]从基本前提、根本目标、主要内容和必要措施4个方面,对中国新的农业技术革命进行了讨论,提出农业发展和科技进步必定会带来新的农业技术革命。2012年中央一号文件聚焦农业科技创新,因

---

[1] 周静,王立杰,石晓军. 我国不同地区高校科技创新的制度效率与规模效率研究[J]. 研究与发展管理,2005(1):109-117.
[2] 尤瑞玲,陈秋玲. 我国沿海地区科技创新效率的省域差异研究[J]. 技术经济与管理研究,2017(5):119-123.
[3] 李嘉怡,田洪红,欧瑞秋. 广东省地级市科技创新能力的DEA分析[J]. 统计与管理,2020,35(12):37-44.
[4] 许志峰. 论科技创新中的灵感思维[J]. 科学技术与辩证法,1998(3):14-19+24.
[5] 徐庆贵. 关于科技创新、产业结构升级与经济增长的研究[J]. 产业科技创新,2019(32):120-122.
[6] 陈友云,刘忠松. 新的农业技术革命之管见[J]. 湖南农业大学学报,1998(2):83-87.

此,2012—2020年,关键词节点"农业科技创新"出现的频次增大。

⑧聚类"♯7粤港澳大湾区"涉及的文献较少,与之相关的文献最早出现在1998年,涉及关键词节点"国际合作与交流"。2019年2月18日,党中央、国务院正式公开发布《粤港澳大湾区发展规划纲要》。把粤港澳大湾区建设成"具有全球影响力的国际科技创新中心"是应对新一轮科技革命挑战、参与全球竞争、提高国家竞争力的重要砝码[①]。因此,2019—2020年,与"粤港澳大湾区"相关的研究文献数量有所增加。

从图3.5及图3.6中的关键词时间线分布发现,科技创新一直是国内外政府管理部门和学术界的研究热点。但随着不同时期国家政策的调整,关注热点随之改变。同时,科技创新的成果不再单一应用于企业,也广泛应用于高校、农业等其他领域。其中,科技创新与生态环境的关系研究多次出现在不同聚类时间线上,说明环境问题广受关注。

3.3 中国省区城市治理的科技创新变化

3.3.1 中国省区城市治理科技创新投入变化

3.3.1.1 中国省区R&D人员投入变化

从全国R&D人员投入变化来看,新时代以来我国整体上R&D人员投入呈现稳定增长的发展态势(见图3.7)。其中R&D人员占从业人员比重以年均7.42%的增速保持增长,2021—2022年R&D人员比重有较大幅度的提升,增速达到14.24%,这表明我国科学研究与试验发展的从业人员逐年增加并且保持着良好的增长趋势;2020—2022年每万名高技术产业R&D人员折合全时当量达到了13%以上的增长幅度,表明我国整体上为高技术产业的创新发展投入了更多的人力;我国规模以上工业企业R&D人员全时当量除2015年有所减少外,整体呈现增长的发展趋势,年均增速达到6.17%。

具体从各个省区R&D人员投入变化来看:

从R&D人员占从业人员比重来看,在2012—2022年这一新时代背景下,中国31个省区的R&D人员占从业人员比重整体呈现出一个稳健的增长趋势(见图3.8)。尽管部分省区在这一过程中呈现出一定的波动性,但从2020年开

---

① 杜德斌.全球科技创新中心:世界趋势与中国的实践[J].科学,2018,70(6):15-18+69.

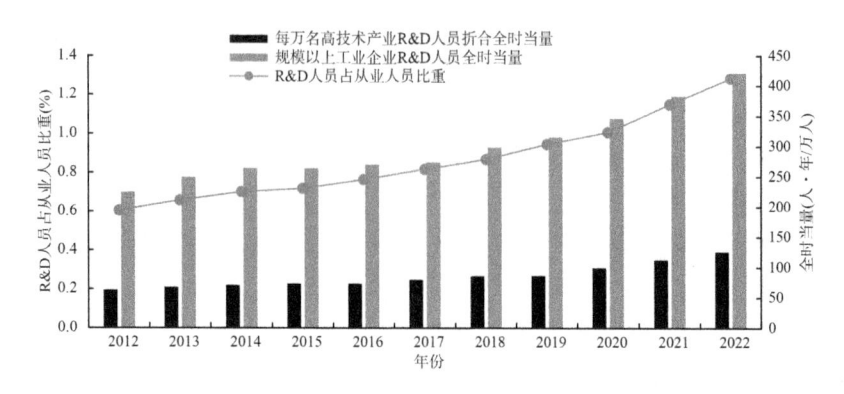

图 3.7　2012—2022 年全国 R&D 人员投入变化

始,众多省区均表现出显著的增长态势。其中,北京的 R&D 人员占从业人员比重始终保持在全国的首位,且相较于第二名,其优势显著且稳定。同时,上海、天津、江苏、浙江和广东这五个省区在 R&D 人员占从业人员比重上,也形成了稳定的第二梯队,彼此之间的差距并不显著。新疆和西藏两省区的 R&D 人员占从业人员比重则相对偏低,处于全国最低水平。

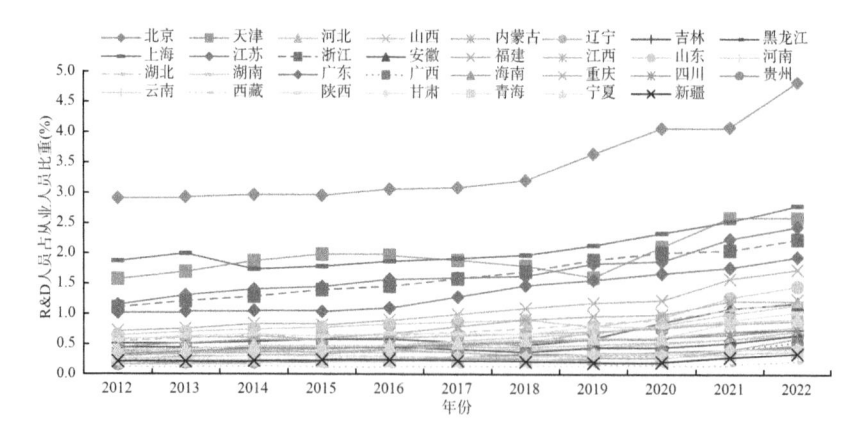

图 3.8　2012—2022 年中国 31 个省区 R&D 人员占从业人员比重变化

从每万名高技术产业 R&D 人员折合全时当量来看,在 2012—2022 年期间,中国 31 个省区每万名高技术产业 R&D 人员折合全时当量总体上呈现出递增的发展态势(见图 3.9)。然而,不同省区之间在该指标上呈现出显著的差异。具体来说,广东在 2012—2022 年间,每万名高技术产业 R&D 人员折合全时当量始终位居全国首位,这充分反映出广东在高技术产业研发活动方面的显著优势与高度活跃性。紧随其后的是江苏、浙江和山东,这个三省区的每万名高技术产业R&D人员折合全时当量分别稳居第二、第三和第四,表明其高技术产业研发活动亦相对活跃。2022年北京的每万名高技术产业R&D人员折合全时当量居于全国第13名,这一排名相较于其他部分省区略显较低,反映出北京在高技术产业研发活跃程度方面仍有进一步提升的空间。相对其他省区而言,北京每万名高技术产业R&D人员折合全时当量普遍低于5,且与各省区之间的差异并不显著,这在一定程度上揭示了我国高技术产业研发活动在地域分布上的不均衡性。

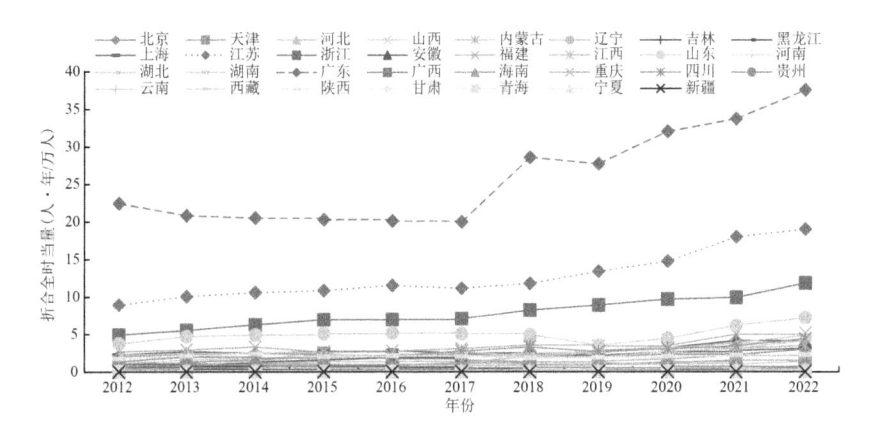

图3.9 2012—2022年中国31个省区每万名高技术产业R&D人员折合全时当量变化

从规模以上工业企业R&D人员全时当量来看,在2012—2022年期间,除广东外,中国各省区规模以上工业企业R&D人员全时当量的增幅较小,但总体上均呈现出上升的发展趋势,且表现出一定的区域差异(见图3.10)。2018年广东规模以上工业企业R&D人员全时当量大幅提升后保持稳定增长,其规模以

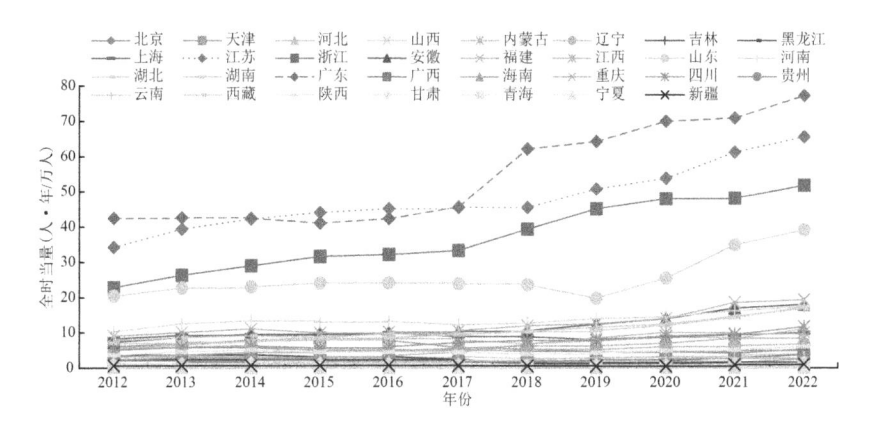

图3.10 2012—2022年中国31个省区规模以上工业企业R&D人员全时当量变化

上工业企业的研发活力居于全国第一,凸显出该省区在工业企业研发领域的强大活力;与高技术产业相同,江苏、浙江和山东的规模以上工业企业的 R&D 人员全时当量排在全国前列,这表明这三个省区总体的研发活跃程度较高,对城市科技创新的投入水平也相对较高。相比之下,海南、青海和西藏三个省区因产业结构特点,其规模以上工业企业 R&D 人员全时当量相对较低,表明其规模以上工业企业研发活力相对不足。

3.3.1.2 中国省区 R&D 经费投入变化

从全国 R&D 经费投入变化来看,自新时代以来,我国 R&D 经费投入整体上呈现出稳定增长的态势(见图 3.11)。具体而言,R&D 经费投入强度以年均 2.94% 的增速稳步增长,这一现象在 2019—2020 年间尤为显著,R&D 经费投入强度的大幅提升凸显了我国对科学研究与试验发展的高度重视。在产业层面,规模以上工业企业的 R&D 经费投入显著高于高技术产业,这一差异主要归因于产业规模的不同。然而,从年均增速的视角分析,我国高技术产业的 R&D 经费投入增长速率却高于规模以上工业企业,两者年均增速分别为 14.29% 和 10.43%。并且,从 2020—2022 年,高技术产业和规模以上工业企业每年的 R&D 经费投入均出现了较大幅度的提升,表明这两个领域的 R&D 经费投入增长速率均有所加快。

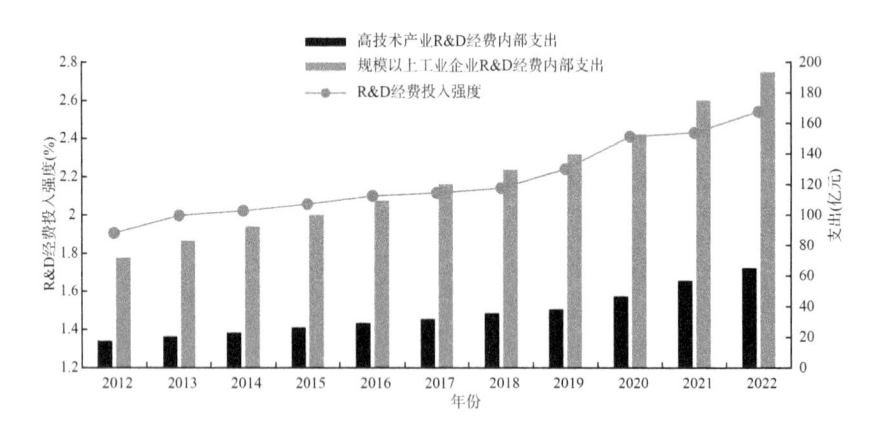

图 3.11 2012—2022 年全国 R&D 经费投入变化

具体从各个省区 R&D 经费投入变化来看:

从 R&D 经费投入强度来看,尽管部分省区,如北京、天津和陕西等在 2017—2019 年出现了一定幅度的下降,但绝大多数省区呈现出一个小幅稳定增长的趋势(见图 3.12)。其中,对比北京在中国 31 个省区中 R&D 人员比重情况，北京的R&D经费投入强度始终保持在全国的首位，且与其他省区相比，其优势显著。同时，上海、天津、江苏、浙江和广东这五个省区在R&D经费投入强度上形成了稳定的第二梯队，上海和天津的R&D经费投入强度略高于其他三个省区；其余省区的R&D经费投入强度集中在0.5%~2.5%的区间范围内；广西、青海、新疆和西藏四个地区的R&D经费投入强度则相对偏低，处于全国最低水平。

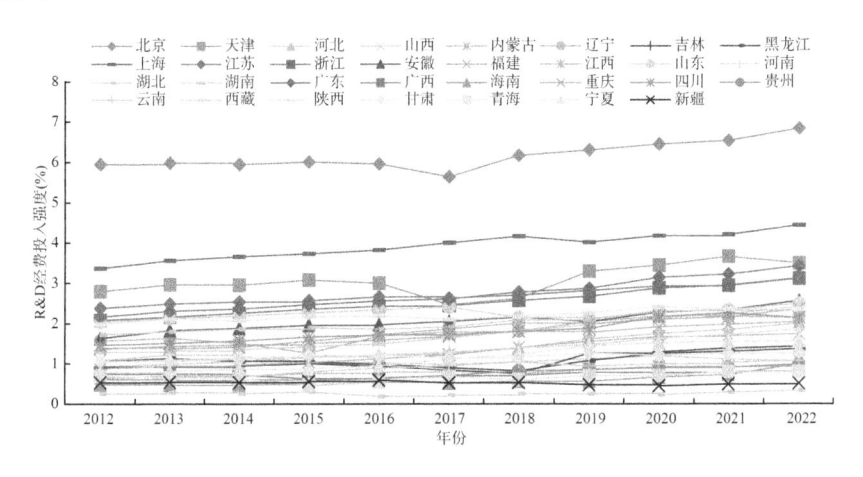

图 3.12　2012—2022 年中国 31 个省区 R&D 经费投入强度变化

从高技术产业 R&D 经费内部支出来看，新时代以来，中国 31 个省区高技术产业的 R&D 经费投入整体呈现出稳定增长的发展态势（见图 3.13），这与我国持续关注高技术产业的发展有关。除个别省份外，各省的增长趋势基本一致，均在 2018 年开始以较快的增速实现增长，但是各省在高技术产业投入经费值方面存在着较大的差距。具体来看，与 R&D 人员投入的情况相同，广东高技术产业的 R&D 经费投入也始终居于全国首位，表现出广东在高技术产业的研发人力和财力投入方面存在显著的优势，江苏、浙江和山东的高技术产业 R&D 经费投入与广东相比存在较大差距，但三者分别居于全国第二至四名，体现了这三个省区对高技术产业发展的重视。山东在 2018 年和 2019 年的高技术产业 R&D 经费投入上出现了一定的下滑。北京的高技术产业 R&D 经费投入虽然在 2012—2022 年期间持续地提升，但是其排名从全国第五掉到了全国第九，说明了北京的高技术产业 R&D 经费投入不如其他省份，表明北京在高技术产业的经费投入方面仍有进一步加强的空间。

从规模以上工业企业的 R&D 经费内部支出来看，新时代以来，总体上，中国 31 个省区规模以上工业企业的 R&D 经费投入也呈现逐年增长的趋势（见图

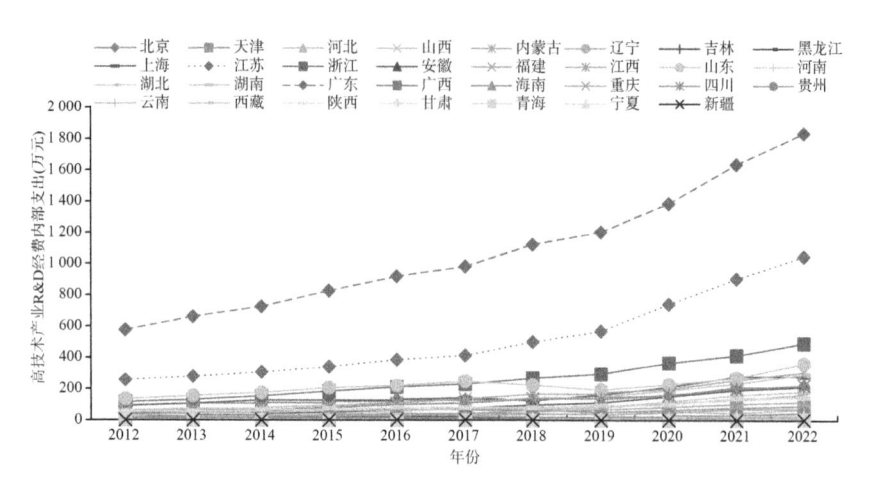

图 3.13　2012—2022 年中国 31 个省区高技术产业 R&D 经费内部支出变化

3.14）。与高新技术产业的 R&D 经费投入相同，除个别省区外，2018 年是一个重要节点，从 2018 年开始，各省区加大了对规模以上工业企业 R&D 经费的投入力度，这与全国开始重视科技创新发展有关。2017 年关于鼓励科技发展和科技创新的政策，如国务院办公厅《关于深化科技奖励制度改革的方案》和《关于推广支持创新相关改革举措的通知》等的出台，激励了各产业加大研究与试验发展的投入，推进科技创新。从在全国的排名来看，31 个省区规模以上工业企业 R&D 经费投入情况与 R&D 人员投入情况基本一致，广东、江苏、山东和浙江这四个省区居于全国前列，除山东在个别年份有所下跌之外，均保持着较为稳定的增长态势，这表明这四个省区总体对城市科技创新的投入水平较高。北京的规模以上工业企业 R&D 经费投入处于全国第 17 位，即全国的中下水平。

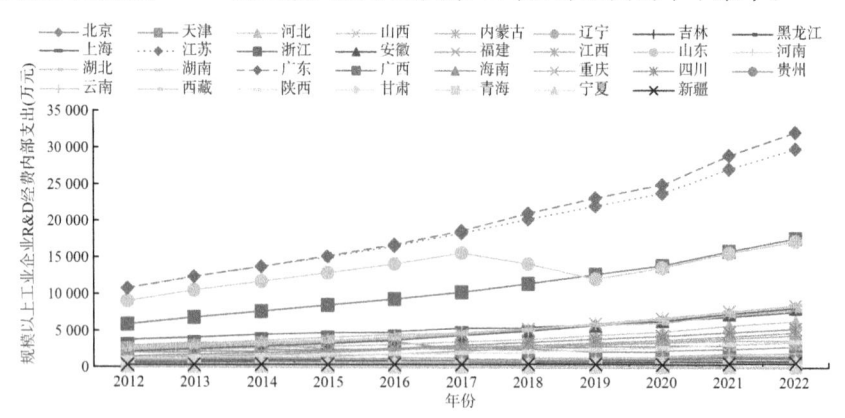

图 3.14　2012—2022 年中国 31 个省区规模以上工业企业 R&D 经费内部支出变化

3.3.2 中国省区城市治理科技创新产出变化

从全国科技创新产出的变化来看,新时代以来,我国整体的科技创新产出呈现稳定增长的发展态势(见图 3.15)。其中,每万人专利申请受理数除 2014 年略有减少外,总体以 10.57% 的年均增速稳定增长。每万人专利申请授权数在 2014 年和 2019 年都出现了一定幅度的减少,总体年均增速达 14.6%。每万人专利授权数占受理数的比重变动呈"U"形,即先下降再上升。截至 2022 年,全国每万人专利授权数占受理数的比重达到 81.04%,与 2012 年相比有显著提升。全国的技术市场成交额占比在 2012—2017 年期间增长较慢,年均增速仅为 6.19%;2018 年以后,全国的技术市场成交额大幅提高,其占比以年均 18.61% 的增速稳步提升。2022 年与 2012 年相比,全国技术市场的成交额占比实现了 2.3 倍的提高。而全国高技术产业中新产品出口额呈现出波动上升的发展趋势,2021 年高技术产业的新产品出口额为 29.23 亿美元,达到新时代以来的峰值,2022 年出现一定的下滑。但总体来看,全国高技术产业新产品出口额以年均 9.74% 的增速实现了近 1.5 倍的增长。

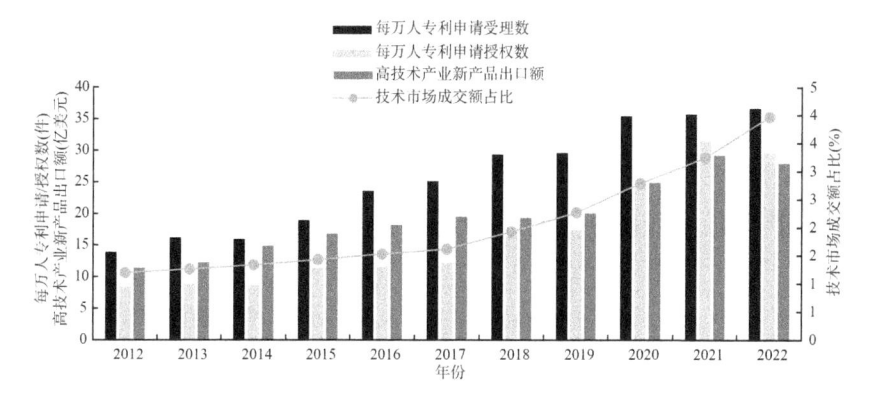

图 3.15 2012—2022 年全国科技创新产出变化

具体从各省区的科技创新产出变化来看:

在每万人专利申请受理数方面,新时代背景下,中国 31 个省区表现出较大的地区差异(见图 3.16)。具体而言,北京和广东等经济发达的省区,在专利申请受理数上展现出稳健的增长态势。特别是北京,其每万人专利申请受理数不仅增速显著,且自 2014 年起便稳居全国首位,与其他省区的差距日益凸显。广东则呈现出一种先缓后快的增长轨迹,初期增速相对平缓,随后加速增长,但至后期增速有所放缓。江苏、天津、浙江和上海等省区在专利产出方面亦表现强劲,处于全国领先水平。然而,这些地区的每万人专利申请受理数呈现出较大的波动,尽管如此,从长期趋势来看,其增长势头依然显著。特别值得关注的是,2022年云南的每万人专利申请受理数相较于新疆和西藏等西部地区呈现出较低水平,位居全国末位。这一数据反映了不同省区在创新能力和科技产出方面的差异。

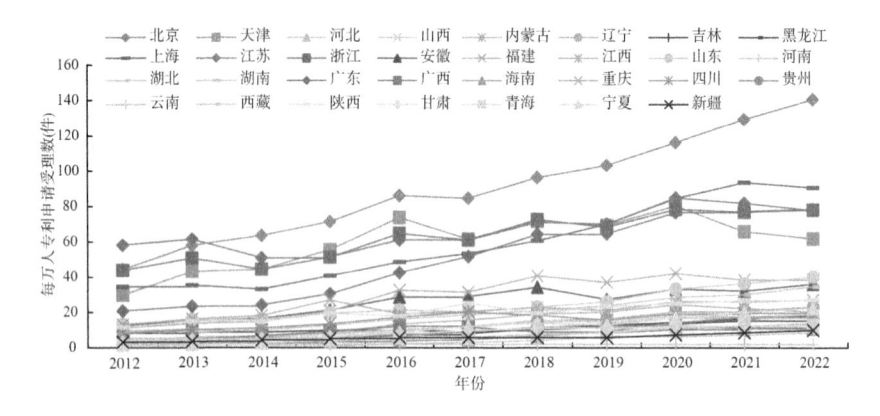

图3.16　2012—2022年中国31个省区每万人专利申请受理数变化

在每万人专利申请授权数方面,中国31个省区总体上呈现波动上升的发展趋势(见图3.17)。2019—2020年总体增幅较大,表明在这两年间我国各省区授予的专利数大幅提升。在2022年,一些主要省区,如北京、江苏、浙江和天津等,其专利申请授权数出现了明显的下滑。这一现象与我国知识产权局对专利审查标准的日益严格以及对专利创造性、新颖性和实用性要求的逐步提高紧密相关。北京的专利申请授权数自2014年以来便持续领跑全国,且保持稳定的增长态势。而其他绝大多数省区的专利授权数则呈现出不同程度的波动。此外,从地

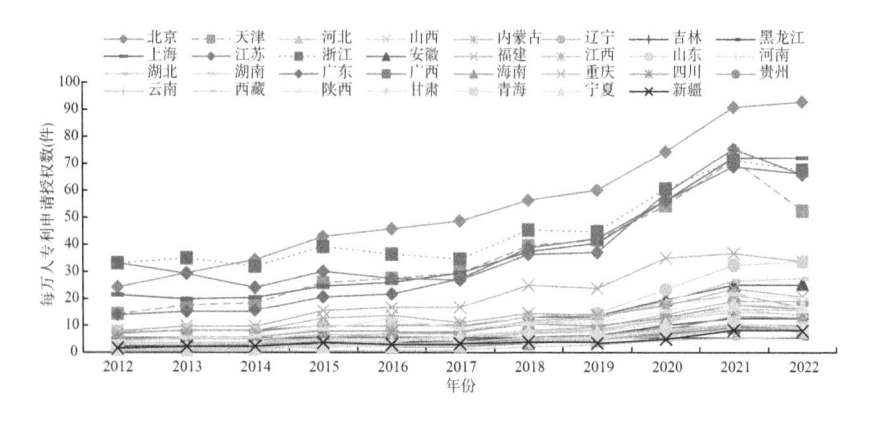

图3.17　2012—2022年中国31个省区每万人专利申请授权数变化

域分布来看,东部沿海省区的每万人专利申请授权数相对较高,而相比之下,贵州和西藏等地区的每万人专利申请授权数则处于全国较低水平。

在技术市场成交额占比方面,进入新时代以来,中国 31 个省区存在着显著的地域差异(见图 3.18)。北京的技术市场成交额占比始终保持在 12% 以上的高水平,显著领先于全国其他地区,断层式地占据榜首位置,并且其发展趋势保持相对稳定。除了西藏、内蒙古和青海外,其余各省区的技术市场成交额占比均呈现波动上升的趋势。与 2012 年相比,这些省区的技术市场成交额占比均有所增长,这一变化凸显了技术市场在促进地区整体发展中的重要作用。

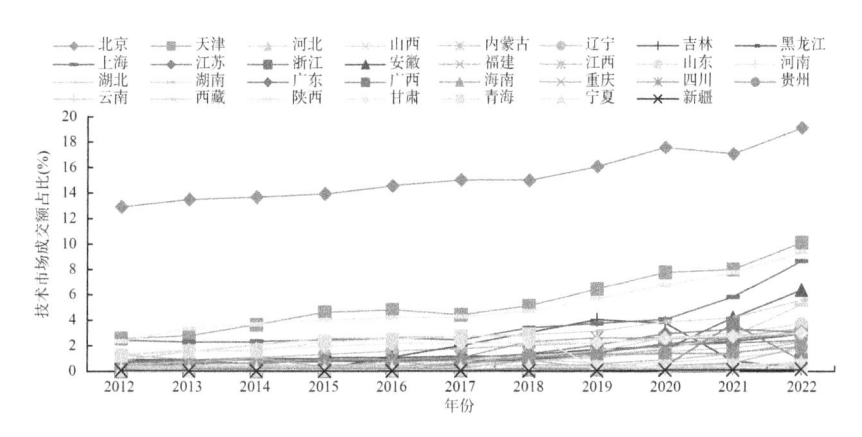

图 3.18　2012—2022 年全国 31 个省区技术市场成交额占比变化

在高技术产业新产品出口额方面,自新时代伊始,北京、江苏和河南三省区显著发挥了引领效应,其高技术产业新产品出口额显著超越其他省区(见图 3.19)。但河南在 2019 年经历了高技术产业新产品出口额的大幅下滑,这一

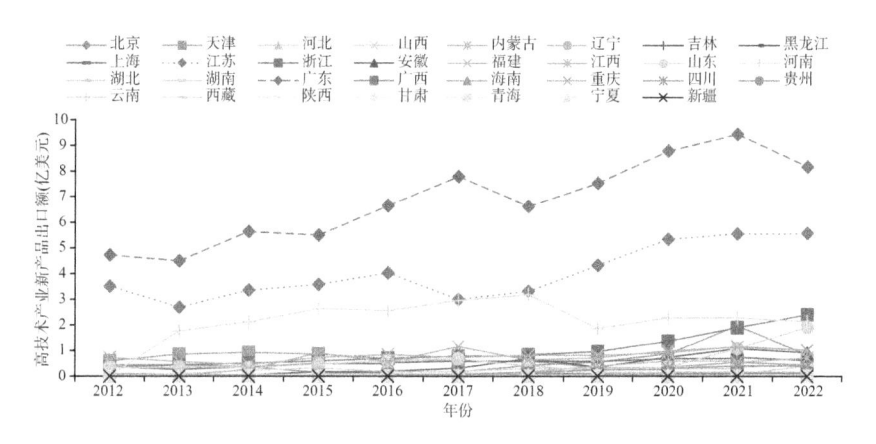

图 3.19　2012—2022 年全国 31 个省区高技术产业新产品出口额变化

趋势在后续年份中持续,至2022年,其出口额被浙江超越。其他省区的高技术产业新产品出口额均保持在0.8亿美元以下。对比2012年的数据,山西、海南和河南的高技术产业新产品出口额实现了百倍以上的增长。这一增长趋势表明,这三个省区的高技术产业在近年来取得了显著的进步与发展,其高技术产业创新能力得到了一定的提升,但是与北京和江苏仍有很大的差距。

3.3.3 中国省区城市治理科技创新环境变化

3.3.3.1 科技创新政府支持和经济基础变化

从全国科技创新环境的政府支持和经济基础变化来看,新时代以来,地方财政科学技术支出除了2020年因全球新冠疫情的冲击而略有下降外,整体以年均11.97%的增速持续递增,这一数据直观反映了政府对于科技创新领域坚定不移的支持态度(见图3.20)。与此同时,我国经济基础的稳健发展也为科技创新提供了坚实的物质基础和良好的环境。在三大产业中,农业和工业的增加值虽然增长相对缓慢,年均增速分别为6.25%和6.71%,但均呈现出稳定的增长态势。相比之下,服务业的增长则更为显著,年均增速高达10.18%,显示了其作为经济增长新引擎的强大活力。尽管2020年工业增加值因疫情而有所下滑,但农业增加值却保持了平稳的增长,这一现象进一步印证了我国经济基础的稳定性和韧性。综上所述,我国经济基础的持续健康发展不仅为科技创新提供了必要的物质保障,也为其营造了良好的发展环境。政府对科技创新的持续支持以及经济基础的稳定增长,共同构成了我国科技发展的坚实基础。

图3.20　2012—2022年全国科技创新的政府支持和经济基础变化

具体从各个省区科技创新环境的政府支持和经济基础变化来看:
在地方财政科学技术支出方面,中国31个省区呈现出整体上升、局部波动的趋势(见图3.21)。这一趋势凸显了我国各省区在财政上对科学技术的持续投入与重视。但存在个别省区在特定年份出现了小幅度的地方财政科学技术支出下滑的现象。其中,广东的地方财政科学技术支出位于全国第一,其在2015—2019年期间经历了显著的高速增长,这一增长不仅强劲,而且使得广东与其他省区在地方财政科学技术支出上的差距逐步扩大。然而,2020年由于全球新冠疫情的冲击,广东的地方财政科学技术支出出现了一定程度的回落。而在随后的2021—2022年间,广东的地方财政科学技术支出增长则呈现出放缓的态势。在地方财政科学技术支出的排名中,江苏、浙江、安徽和北京紧随广东之后,位列全国前五。这些省区在科学技术领域较高的财政投入显示了它们对于科技发展的高度关注与支持。相对而言,吉林、青海和西藏三省区的地方财政科学技术支出则处于全国较低水平,这可能与这些地区的经济发展水平和科技资源分布有关。

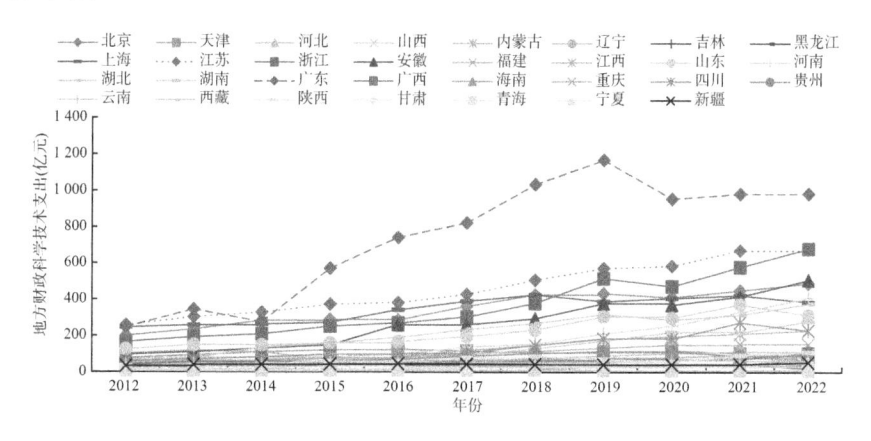

图3.21 2012—2022年中国31个省区地方财政科学技术支出变化

中国31个省区的农业增加值增长趋势近年来呈现出相对一致的态势,特别是在2019—2020年间,四川、河南、广东、湖南和云南等地的农业增加值均实现了显著的增长(见图3.22)。这一现象体现了我国农业生产的广泛活力。其中,山东作为我国传统的农业大省,其农业增加值始终稳居全国首位,这充分彰显了山东在农业生产领域的领先地位。相对而言,北京、天津、上海和西藏等省区的农业增加值处于全国较低水平,这与这些地区的经济结构和资源禀赋有关。

在工业领域,各省区的工业增加值增长幅度相近,反映出我国工业经济整体呈现出平稳增长的态势(见图3.23)。广东和江苏两省凭借其在制造业和高新技术产业方面的优势,工业增加值位列全国前两位。紧随其后的是山东、浙江和河南等工业基础雄厚的省份。这一分布格局不仅体现了我国工业经济的区域特色,也展示了各地在推动工业转型升级方面取得的成效。

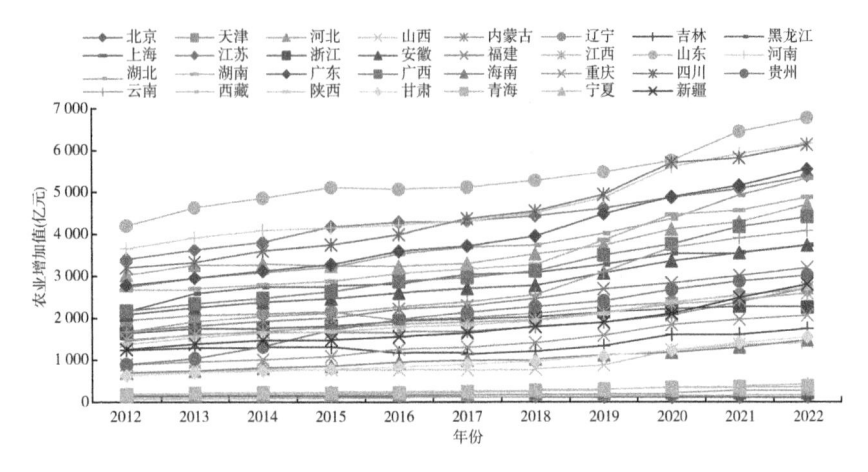

图 3.22　2012—2022 年中国 31 个省区农业增加值变化

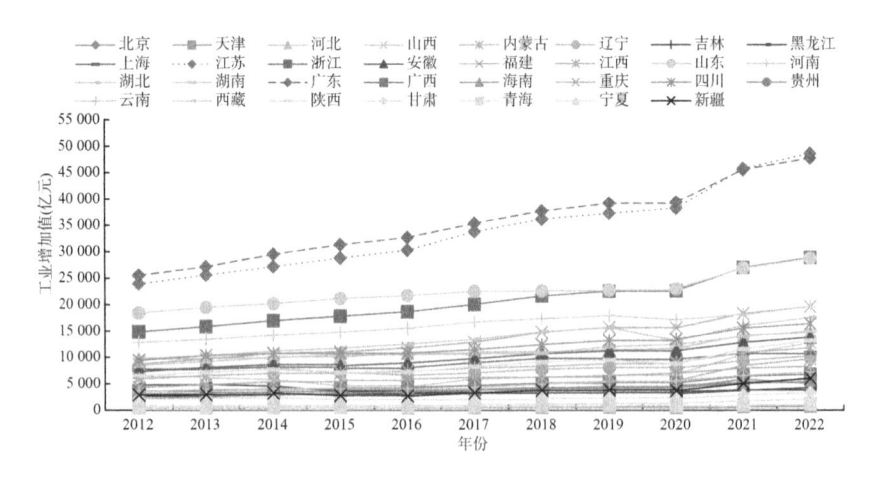

图 3.23　2012—2022 年中国 31 个省区工业增加值变化

在服务业领域,中国各省区均呈现出稳步提升的发展态势(见图 3.24)。广东、江苏、山东、浙江和北京等省区凭借其较为完善的服务业体系和较高的服务业发展水平,服务业增加值位于全国前列。同时,江西、安徽和湖北的服务业增加值年均增速位居全国前三,这表明这些省区在服务业发展方面取得了显著成效,显示出强劲的发展势头。然而,东北三省的服务业增加值年均增长率相对较低,这可能与该地区经济结构转型和产业升级面临的挑战有关。

综上所述,我国科技创新环境的经济基础呈现出多元化和区域化的特点。农业、工业和服务业在不同省区的发展水平存在差异,但整体上均呈现出稳步增

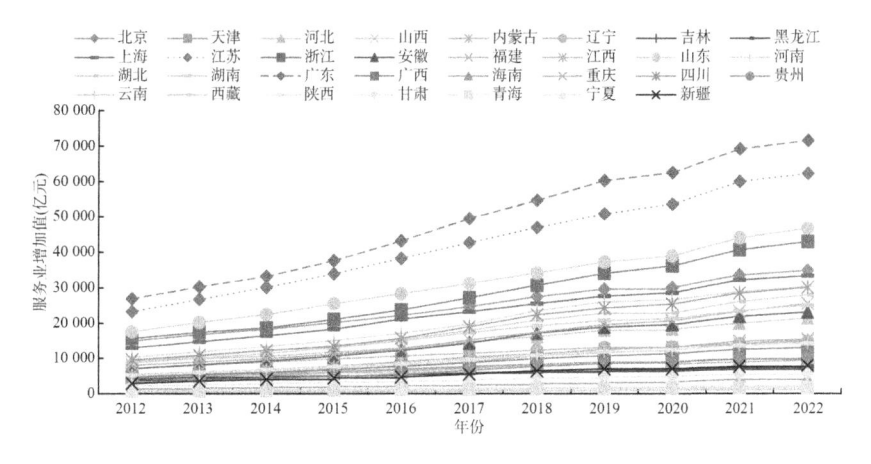

图 3.24　2012—2022 年中国 31 个省区服务业增加值变化

长的趋势。这种多元化的经济结构为科技创新提供了丰富的土壤和广阔的市场空间。同时,各地在推动三大产业升级和转型方面也展现出积极的态势,为科技创新环境的优化提供了有力支撑。因此,可以认为我国的科技创新环境的经济基础处于较为健康稳定的发展状态。

3.3.3.2　科技创新人力资源和科研资源变化

从全国科技创新的人力资源和科研资源的变化来看,新时代背景下,我国的人力资源展现出积极的发展态势,高等教育体系的规模持续扩大(见图3.25)。每十万人普通高等学校平均在校学生数在 2012—2018 年间维持了较为稳定的增长趋势,变动幅度较小;然而,在 2019—2022 年间,这一指标以年均 7.20% 的增速实现了显著的增长,显示出高等教育普及率的迅速提升和人才储备的快速增长。在科研资源方面,全国高技术企业数量呈现持续且稳定的增长态势。自 2020 年起,高技术企业数量的增长率显著提升,反映了我国在高技术产业领域的强劲发展势头。这一时期,高技术企业增加了 25 438 家,实现了一倍以上的增长,为我国科技创新和产业升级提供了坚实的企业支撑。此外,我国的 R&D 机构数也呈现出积极的增长态势。尽管在 2018 年出现了一定的下滑,但截至 2022 年,我国的 R&D 机构数以年均 13.29% 的增速实现了近两倍的增长,这充分表明我国在科研领域的投入和布局不断加强,为科技创新提供了强大的研发支持。综上所述,我国的人力和科研资源在新时代背景下呈现出不断增长的趋势,具备蓬勃发展的巨大潜力,为我国科技创新发展营造了良好的人才和科研环境,为未来的科技进步和产业升级奠定了坚实的基础。

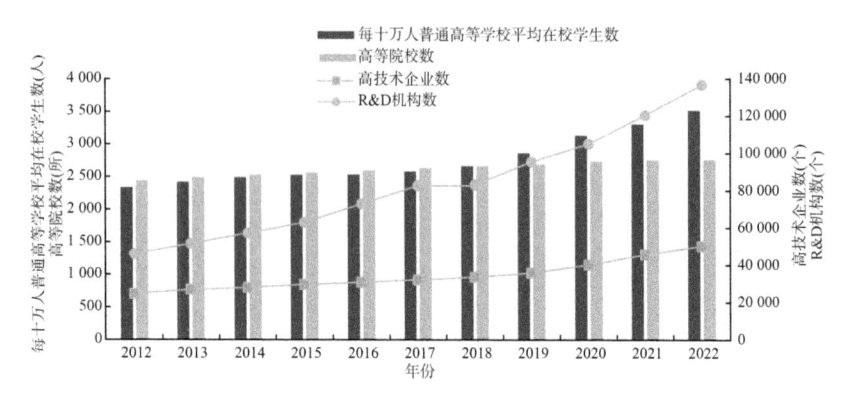

图 3.25　2012—2022 年全国人力资源和科研资源变化

具体从各个省区科技创新环境的人力和科研资源变化来看：

在每十万人普通高等学校平均在校生数方面，各省区表现较为平稳的发展态势，2021—2022 年天津、吉林、江西和湖北等省区的普通高等学校平均在校生数出现了较大幅度的提升（见图 3.26）。而北京的每十万人普通高等学校平均在校生数则出现了持续性的下降。但是北京的每十万人普通高等学校平均在校生数仍居于全国前列，其次是天津、吉林、陕西和江西等省区。从年均增长率来看，广西、云南和江西的每十万人普通高等学校平均在校生数增速较快。这一数据不仅反映了我国各省区在科技人才资源方面的积极发展态势，一定程度上也揭示了未来科技人才储备的变化。

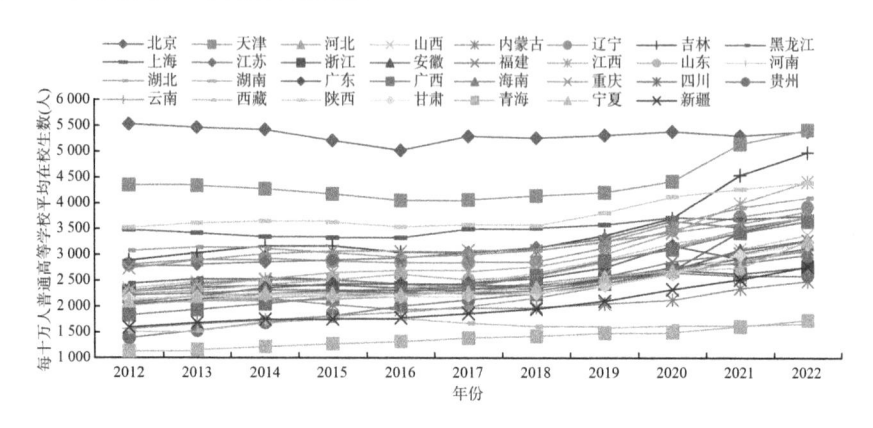

图 3.26　2012—2022 年中国 31 个省区每十万人普通高等学校平均在校生数变化

在高等院校数方面，除黑龙江和上海分别减少了 1 所和 3 所院校以外，其余省区的高等院校数均出现了一定程度的增长（见图 3.27）。河南、四川、贵州和广东这四个省区在高等院校数量上增长尤为突出，均新增了 20 所以上的高等教育机构。这一增长趋势与这些地区的人口结构变化紧密相关,显示出这些省区在适应人口增长趋势、优化教育资源配置、加强科技创新人力资源储备方面的积极努力。高等院校数量的增加不仅意味着更多青年学生将有机会接受高等教育,更为关键的是,这为科技创新领域培养了更多的后备人才,对于提升地区的科技创新能力具有深远影响。从高等院校数量的绝对值来看,江苏、广东、河南、山东和四川这五个省区的高等院校数量位居全国前列。这一数据不仅体现了这些地区在高等教育领域的长期积累和优势地位,更反映了这些地区在科技创新人力资源储备方面的雄厚实力。这些省区的高等院校不仅数量众多,而且涵盖了广泛的学科领域,为科技创新提供了坚实的人才保障。

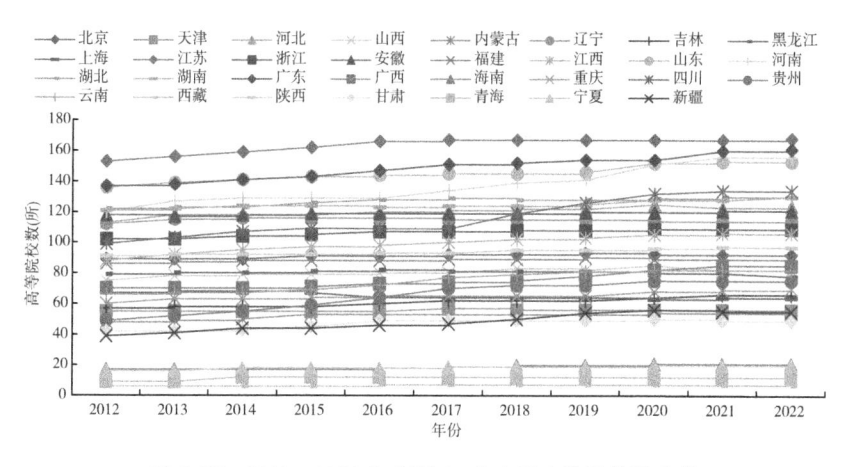

图 3.27　2012—2022 年中国 31 个省区高等院校数变化

在高技术企业数方面,与 2012 年的数据相比,除了辽宁和吉林两省的高技术企业数出现下滑外,其余各省区的高技术企业数均有所增长,尽管增长的幅度存在差异(见图 3.28)。具体来看,尽管多数省区的高技术企业数目呈现出积极的发展态势,但数量上普遍偏低,尚未突破 2 000 家的门槛。这一现象表明,尽管科技创新的浪潮席卷全国,但各地区的科研资源储备、政策支持及市场环境等因素仍存在显著差异,导致高技术企业数量分布不均衡。在这一背景下,广东、江苏和浙江三省的高技术企业数量尤为突出,位居全国前三。其中,广东省的高技术企业数量更是呈现出高位高增长的发展态势,其背后的驱动力在于广东省长期以来对科技创新的高度重视,以及对科研资源的大规模投入。截至 2022 年,广东省的高技术企业数量已达到 8 217 家,年均增速高达 11.75%,这一增速不仅远超全国平均水平,更使得广东省与其他省区的高技术企业数量差距逐渐拉大,形成了绝对的竞争优势。然而,与广东等发达省区形成鲜明对比的是,西

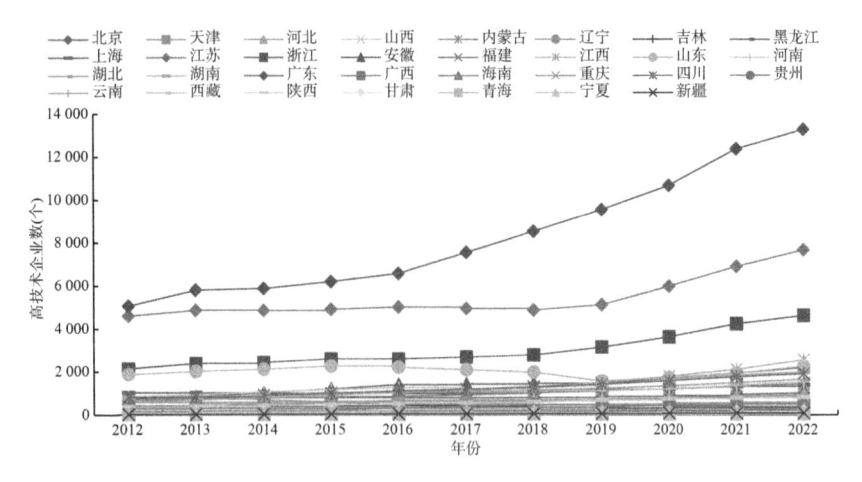

图 3.28　2012—2022 年中国 31 个省区高技术企业数变化

藏和青海两省的高技术企业数量尚未达到 25 家,位居全国末位。这一现象凸显出这些省区在科研资源储备和科技创新能力等方面存在明显不足。

在 R&D 机构数方面,整体上各省区的 R&D 机构数呈现增长的发展态势,但是在涨幅和体量上存在着较大的差距(见图 3.29)。截至 2022 年,我国绝大多数省区的 R&D 机构数少于 3 000 家,这表明尽管整体上科研活动在加强,但多数地区的科研资源储备仍然相对有限。同时,也有十个省区的 R&D 机构数超过了 3 000 家,这些地区在科研资源储备和创新能力上表现突出,成为引领全国科技创新的重要力量。与高技术企业数的情况相似,广东、江苏、浙江和山东等省份的 R&D 机构数也处于全国前列。这表明这些省区不仅在高技术企业数量上领先,而且在科研资源的储备和投入上也具备显著优势。

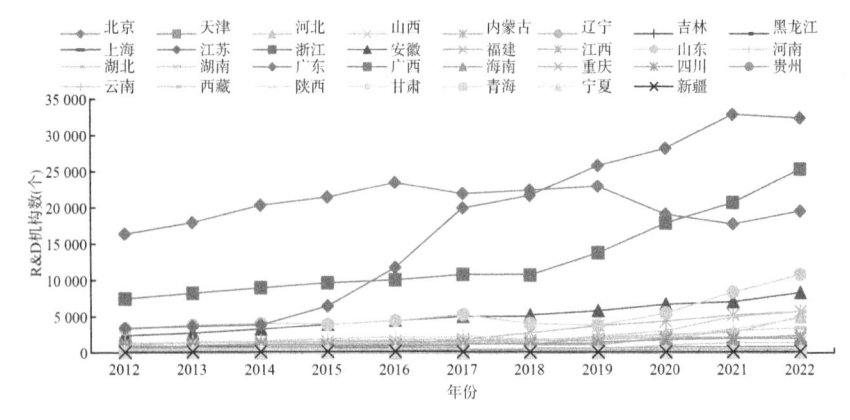

图 3.29　2012—2022 年中国 31 个省区 R&D 机构数变化

3.4 中国省区城市治理的科技创新指数评价

新时代以来，全国科技创新指数呈现出平稳的上升趋势（见图3.30），从0.4391逐渐上升至0.9997，其年均增长率为8.58%。其中，我国城市科技创新指数的增长在很大程度上受到科技创新产出指数的影响。在此期间，科技创新环境指数始终保持在科技创新投入指数和科技创新产出指数之上，显示出我国的创新环境条件较为优越。科技创新产出指数的增长在三者中表现得最为迅猛。科技创新环境指数与科技创新投入指数之间的差距并不大，且两者均高于城市科技创新产出指数。尽管如此，科技创新产出指数的快速增长表明，全国的科技创新环境和科技创新投入为科技创新的高产出提供了坚实的基础。特别是在2020—2022年期间，我国的科技创新产出指数逐渐与科技创新环境指数和科技创新投入指数趋于一致，这一现象揭示了科技创新投入的效应具有一定的时间滞后性。从宏观角度来看，自新时代以来，我国正处于科技创新能力的上升阶段。这得益于完善的创新环境建设，为高质量的科学研究和创新活动打下了坚实的基础。同时，高水平的科技创新投入也进一步推动了我国的科技创新产出，展现了国家对于科技创新的坚定承诺和显著成效。

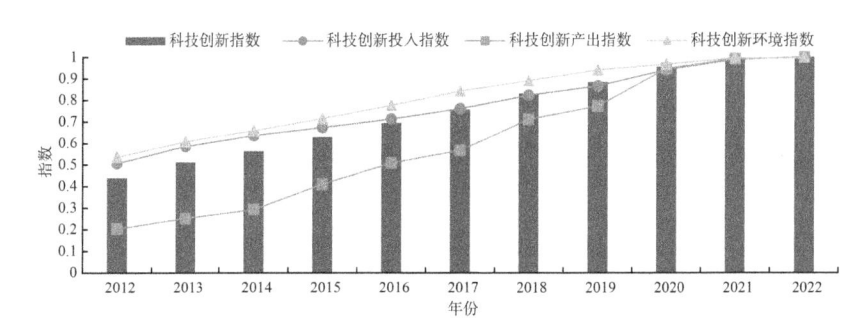

图3.30　全国城市治理科技创新指数变化

北京的科技创新指数整体呈现高位低速增长的态势（见图3.31），其年均增速为3.23%。这是由于北京的科技创新投入和科技创新产出始终处于较高水平，变动幅度较小。而北京的城市科技创新指数受科技创新产出指数影响较大。2022年由于北京的高技术产业新产品出口额以及每万人专利申请授权数出现了一定幅度的下滑，导致了北京的科技创新指数也出现了下跌。北京的科技创新产出指数增速最快，其年均增速达到12.9%。这表明北京的科技创新环境和科技创新投入为北京的科技创新产出提供了重要的支撑。2012—2021年期间，北京处于科技创新水平不断增长的阶段。其完善的创新环境构建以及高水平的科技创新投入，共同推动了北京的科技创新产出。然而，这一增长趋势并非毫无波动，它受到我国专利授予制度以及国际形势等外部变化的影响，科技创新产出指数会因此出现一定程度的波动，这种波动进而会对北京的城市治理科技创新指数水平产生一定的影响。

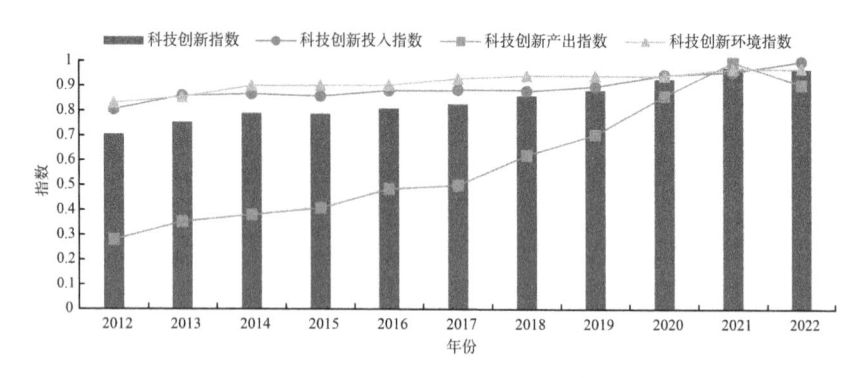

图 3.31　北京城市治理科技创新指数变化

天津的科技创新指数整体呈现波动增长的发展态势（见图 3.32）。天津的科技创新环境指数基本保持不变，其科技创新指数主要受到科技创新投入和产出指数的影响。2012—2015 年期间，天津的科技创新指数不断提升，这主要与天津持续不断地增加科技创新投入，尤其是 R&D 人员投入有关，这种高强度的科技创新投入有效地推动了天津的科技创新产出，进而提升了其科技创新指数。2016—2019 年期间，由于 2016 年天津滨海新区科技园发生爆炸事件，天津的高技术产业发展受到了很大的影响，研发人员投入量大幅度下降，资本大量流出，使得天津的科技创新投入和科技创新产出指数都呈现急速下降趋势，进而导致天津的科技创新指数出现下滑。2020—2021 年由于天津的高技术产业逐渐复苏，其有关科技创新的投入又开始增加，进而促进了一些科技创新成果的产出，使得天津的科技创新指数得以回升。2022 年由于天津的专利产出大幅减少以及高技术产业新产品的出口额降低，其整体的科技创新产出指数下降，但科技创新投入水平在持续提升，导致其科技创新指数又出现了小幅的下滑。

河北的城市科技创新指数整体呈现低位高速增长的发展态势（见图 3.33），其科技创新指数从 2012 年的 0.344 3 提升至 2022 年的 0.999 8，年均增速为 11.25%。河北的科技创新指数前期主要受科技创新投入的影响，后期主要与科技创新产出的水平有关。2012—2017 年，河北的科技创新投入指数增长迅速，这主要得益于每万名高技术产业和规模以上工业企业的 R&D 人员折合全时当

图 3.32　天津城市治理科技创新指数变化

量保持了较高的增速。这一增长动力有效推动了河北整体科技创新指数的提升。2017—2020 年,河北的科技创新产出实现了大幅增长。这与河北省科学技术厅出台的 2017 年度河北省创新能力提升计划等政策密切相关。这些政策显著提升了河北对科技创新发展的重视程度,进而促使高技术产业的新产品出口额大幅增长,成为带动河北地区整体科技创新指数提升的重要因素。2021—2022 年期间,河北在科技创新投入、产出以及环境等方面均保持较高水平,这三个方面的共同发力进一步推动了河北科技创新指数的持续提高。

图 3.33　河北城市治理科技创新指数变化

山西的城市科技创新指数整体呈现波动增长的发展态势(见图 3.34)。其科技创新指数在 2014—2015 年期间出现了一定幅度的下滑,这主要是这期间山西的高技术产业和规模以上工业企业 R&D 人员活力下降导致的科技创新投入指数下跌造成的。2016—2021 年期间,山西的科技创新产出以年均 30.11% 增速高速增长。这一高速增长的背后,是山西在科技创新环境方面的持续优化和完善。在此基础上,山西不仅加大了对科技创新的支持力度,还积极营造良好的创新氛围,为科技创新提供了广阔的舞台。这一系列良性反馈激发了山西本地的科技创新活力,同时成功吸引了大量的科技创新人才和资本流入。这些人才和资本的加入,为山西的科技创新注入了新的动力,推动了科技创新指数的持续提升。

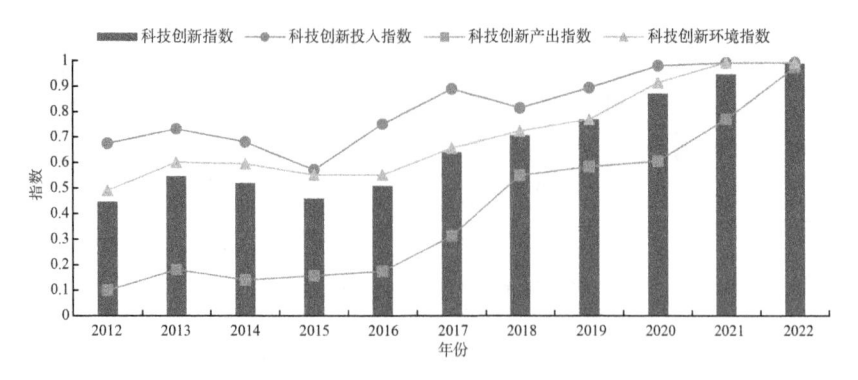

图 3.34 山西城市治理科技创新指数变化

内蒙古的城市科技创新指数整体呈现小幅波动增长的发展态势(见图3.35)。其科技创新指数除在2017年和2019年出现了小幅度的下跌外,整体呈现增长的发展趋势。内蒙古的科技创新环境指数的变动较为平缓,其指数水平基本保持在0.8以上。而内蒙古的科技创新投入和产出指数则表现出较为明显的波动。2012—2018年期间,科技创新投入与科技创新产出指数的变动方向并不一致,甚至表现出反向变动的现象,表明内蒙古的科技创新大量投入的成效不佳,或者存在一定的投入冗余。但总体上,在这一时期内,投入和产出相互弥补,使得内蒙古的科技创新指数仍保持着增长的趋势。2019—2022年期间,内蒙古的科技创新投入和产出指数变动基本一致,表明内蒙古科技创新的持续投入效果较好,且其科技创新产出的年均增速大于科技创新投入,表现出良好的发展态势,更进一步地推进了内蒙古的科技人员和经费的投入和科技创新环境的打造。

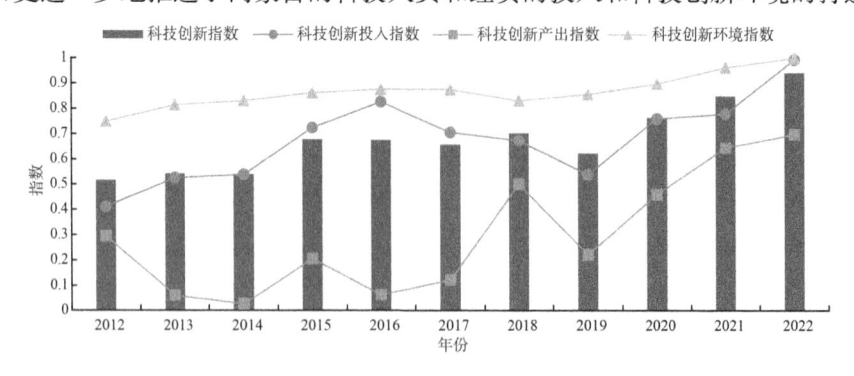

图 3.35 内蒙古城市治理的科技创新指数变化

辽宁的城市科技创新指数总体变化趋势与科技创新投入指数的演变轨迹高度契合(见图3.36)。2014—2015年,由于辽宁R&D人员的比重出现下滑,同时每万人专利申请数量也呈现减少态势,两个因素叠加的效应显著地影响了科技创新的投入与产出水平,进而导致了辽宁在该时间段内科技创新指数出现明显下滑。新时代以来,辽宁的科技创新投入、科技创新产出以及科技创新环境指数均表现出一种先上升、后下降、再上升的波动趋势。这三项指标的年均增长速度分别为2.62%、13.46%和0.78%。到2020年,这三项指数均攀升至0.9以上,显示出辽宁在科技创新领域的持续进步与稳定发展。这一趋势不仅彰显了辽宁对科技创新的高度重视,也反映出该省在优化科技创新环境、加大科技创新投入以及提升科技创新产出方面持续不断的努力。

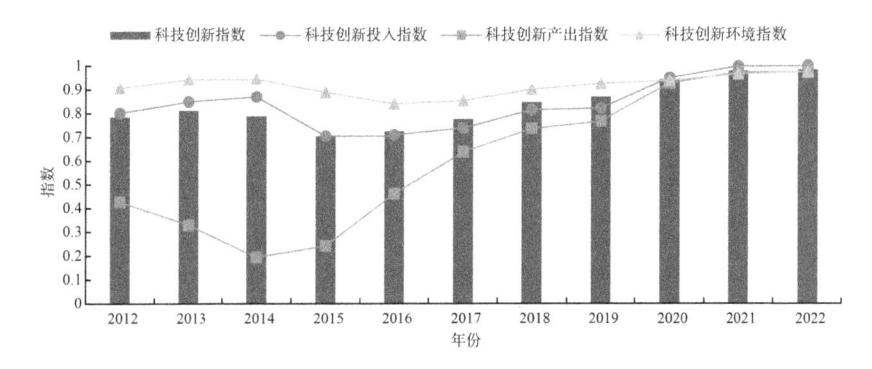

图3.36 辽宁城市治理的科技创新指数变化

吉林的城市科技创新指数整体呈现小幅波动增长的发展态势(见图3.37)。其科技创新指数受其科技创新投入的变动影响较大。2018年吉林R&D人员比重以及规模以上工业企业的R&D人员活力出现了一定的下降,而在科技创新环境方面保持了较高的稳定性和水平,为科技创新产出提供了有力的支撑。因此,即便在科技创新投入出现较大幅度下跌的情况下,吉林的科技创新产出仍然以年均12.88%的较高增速持续增长。这一增速远超过科技创新投入的跌幅,从而有效地缓解了投入减少带来的负面影响。吉林的科技创新指数在2018年仅出现了2.32%的小幅下跌,随后又恢复了增长态势。这一表现充分展示了吉林在应对科技创新挑战时的韧性和能力。

新时代以来,黑龙江的城市科技创新指数从0.766 0增至0.933 6(见图3.38),年均增速为2.00%,其城市科技创新指数受科技创新投入指数影响较大。科技创新环境指数总体高于科技创新投入指数和科技创新产出指数,表现较为平稳。黑龙江的科技创新产出指数增速最快,其年均增速达到13.74%,这

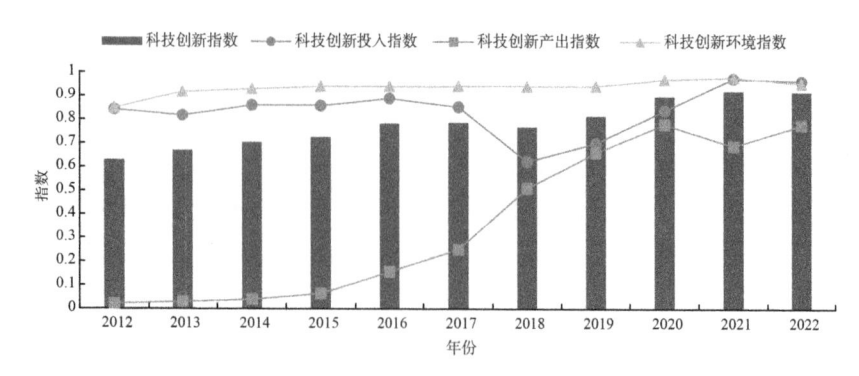

图 3.37 吉林城市治理的科技创新指数变化

表明该地区的科技创新环境相对成熟,为科技创新提供了坚实的基础和有力的支持。2018 年由于黑龙江的高技术产业和规模以上工业企业的研发人员和经费投入出现了较大幅度的下降,其城市科技创新投入指数在 2018 年急剧下降,直至 2022 年都尚未恢复到 2017 年的水平。但在 2017—2022 年期间,黑龙江的科技创新产出有较高的增长,这表明黑龙江的科技创新环境为其科技创新产出提供了重要的支撑,也表明科技创新投入所带来的效应具有一定的滞后性。这意味着,虽然当前科技创新投入对科技创新成果的推动作用将在未来逐步显现,为黑龙江的科技创新事业注入新的活力。

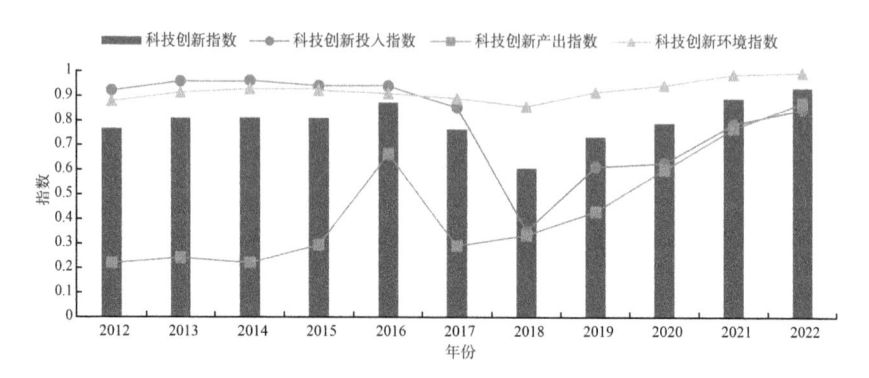

图 3.38 黑龙江城市治理的科技创新指数变化

上海的城市科技创新指数整体呈现高位低速稳定增长的发展态势(见图 3.39),其年均增速为 3.38%。与此同时,上海的科技创新投入和环境指数长期保持在一个较高的基准线上,整体波动较小,这意味着二者对城市治理中科技创新指数的增长贡献相对有限。然而,上海的科技创新产出指数却呈现出一种显著的增长模式,其初期高速增长,随后增速放缓,其年均增速高达 17.0%。这表明，上海的科技创新产出水平是影响其整体科技创新指数增长的关键因素。上海科技创新产出的高速增长可以归因于多个方面。首先，上海拥有卓越的科技创新环境，这一环境为科技创新提供了良好的土壤和氛围。其次，政府对于科技创新的高度重视，通过政策扶持和资金投入，进一步激发了科技创新的活力。再者，上海雄厚的经济基础使得其能够吸引大量的人力资源和科研资源，这些资源的汇聚为科技创新提供了强有力的支持。在这些因素共同作用下，上海不断吸引资本流入，促进了科技成果的转化和商业化，进而形成了科技创新与经济发展之间的良性循环。这种良性循环不仅加速了科技创新的步伐，也进一步提升了上海的整体科技创新能力。

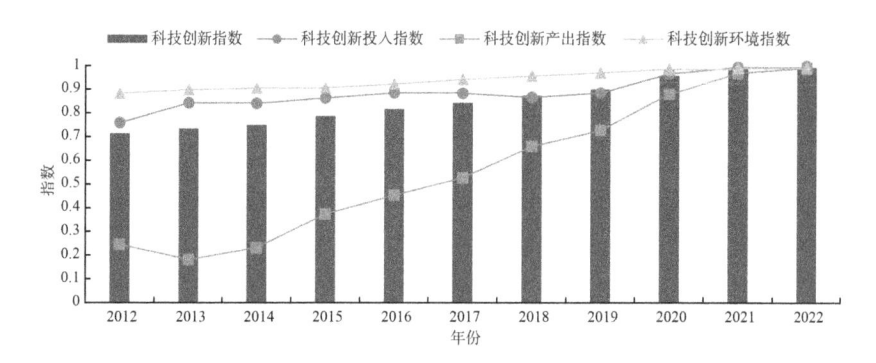

图 3.39　上海城市治理的科技创新指数变化

江苏的科技创新指数展现了一种增速逐渐放缓但总体保持稳定增长的态势（见图 3.40）。这一态势的形成，与科技创新投入指数的变动趋势基本吻合，显示出江苏的科技创新投入与总体指数增长的紧密关联。同时，科技创新产出的波动也在一定程度上对江苏的科技创新指数增长产生了影响，尽管这种影响相对较小。与其他省区相比，江苏在科技创新环境优化方面表现出持续的积极努力。其科技创新环境指数以年均 3.93％ 的增速持续增长，这主要归因于科技创新经济基础的显著增强。江苏通过不断加大对科技创新领域的经济投入，强化科研设施建设，优化政策环境，有效推动了科创环境向好发展。然而江苏的科技创新产出在 2014 年和 2017 年出现了下滑的现象。这一现象主要源于专利产出的减少，这在一定程度上反映了江苏在科技成果转化和知识产权保护方面面临的挑战。尽管如此，由于江苏本身拥有良好的科技创新环境和稳定的科技创新投入，即使在科技创新产出下降的情况下，其科技创新指数并未出现显著的下跌。这充分证明了江苏在科技创新领域所积累的坚实基础，以及其对科技创新环境持续优化和科技创新投入稳定增长的重视。

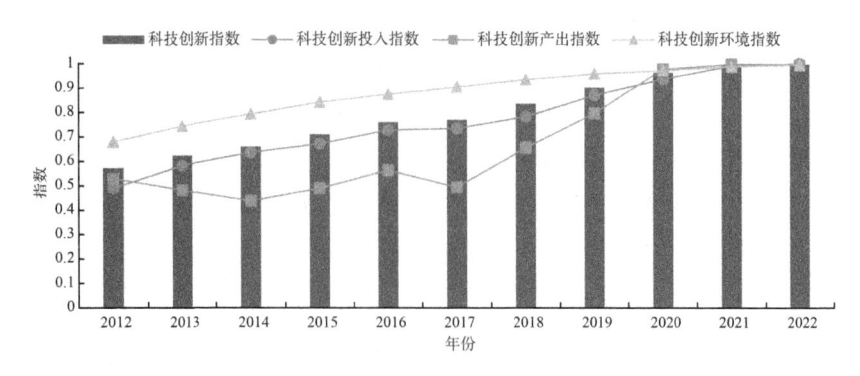

图 3.40　江苏城市治理的科技创新指数变化

浙江的科技创新指数表现为一种稳定增长态势（见图 3.41）。新时代以来，浙江持续优化科技创新环境，科技创新环境指数以年均 5.84% 的增速保持增长，这主要与浙江的三大产业的增加值增长较快有关。浙江的科技创新投入也表现出较为稳定的增长态势，其指数水平基本与科技创新环境指数相近，年均增速大于科技创新环境指数，达到 9.51%，这与浙江长期、稳定以及持续对研发的投入有关。此外，浙江在政策上不断出台并更新相关文件以推动科技创新的深化，如 2013 年《中共浙江省委关于全面实施创新驱动发展战略 加快建设创新型省份的决定》明确提出加大科技创新投入；2019 年出台了《浙江省全社会研发投入提升专项行动方案》等。浙江的科技创新产出指数水平在增长过程中表现出一定的波动性，并增长到一定程度时，出现了一个平台期，此阶段科技创新产出的增长率相对较低。这一现象可以归因于浙江本身较高的科技创新产出水平，以及随着科技水平的不断提升，创新难度和门槛的相应增加。尽管如此，浙江依然保持着对科技创新的高度关注和持续投入，努力克服科技创新中的困难与挑战，以实现更高水平的科技创新与发展。

图 3.41　浙江城市治理的科技创新指数变化

安徽的科技创新指数表现为高速增长、持续提升的发展态势(见图3.42)。安徽的科技创新指数年均增速达13.42%,其与科技创新投入水平的指数水平差距不大。安徽的科技创新指数的变动主要受到科技创新产出指数水平的制约。这是由于安徽陆续出台了《支持科技型初创企业发展若干政策》和《关于推进重大新兴产业基地高质量发展若干措施的通知》等政策,吸纳了较多的科技创新研发人才。这种政策导向与人才集聚的效应,在安徽的高技术产业和规模以上工业企业中得到了明显的体现。《安徽省人民政府关于促进全省高新技术产业开发区高质量发展的实施意见》明确提出,要将安徽的高新技术产业开发区打造成为区域创新增长极,这一政策导向进一步表明,安徽将持续关注并致力于高技术产业的创新发展,同时预示着其未来在科技创新投入和环境打造方面的发展势头依然强劲。科技创新的产出具有一定的滞后性,且受到多种因素的干扰,其变化难以准确预估,对科技创新整体指数的变动会产生一定的动态影响。

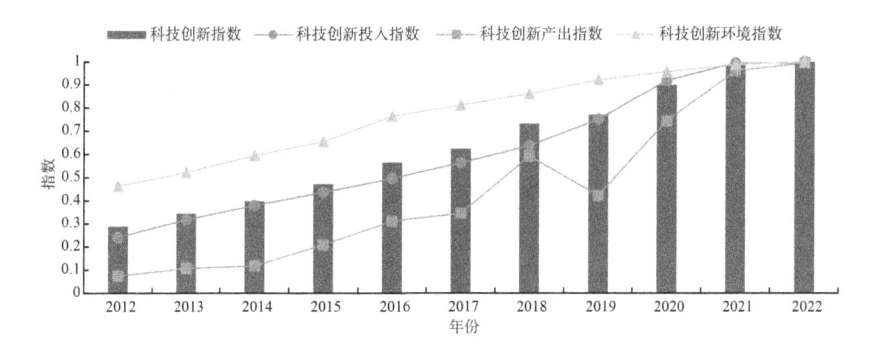

图3.42 安徽城市治理的科技创新指数变化

福建的科技创新指数表现为稳定增长的发展态势(见图3.43)。福建的科技创新指数水平受到多方面因素的共同影响,其中科技创新投入、产出和环境三者之间的作用较为均衡。福建的科技创新环境指数在三者中处于最高水平,并持续以年均5.90%的增速稳定增长。这一表现表明,福建在科技创新环境建设方面取得了显著成效,为科技创新活动的深入开展提供了有力支撑。鉴于科技创新成果的显现往往需要经历时间的沉淀与积累,在2012—2014年这一时间跨度内,即便科技创新投入和环境指数均有所提升,福建的科技创新产出指数却呈现出下滑的趋势。然而,2015—2022年,福建的科技创新产出实现了显著的逆转,以年均27.84%的增速迅猛增长,这一增长势头不仅反映了科技创新活动的高效性和成效性,显示了科技创新投入与产出之间的动态平衡和相互促进关系,也体现了福建在科技创新领域的深度投入和持续优化。

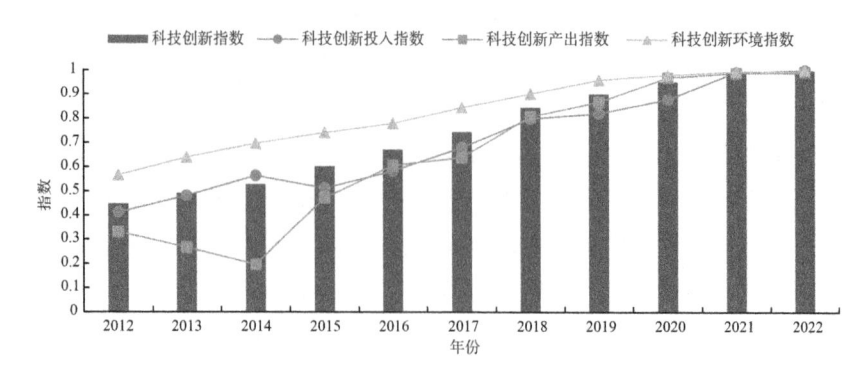

图 3.43　福建城市治理的科技创新指数变化

江西的科技创新指数表现为低位高速增长的发展态势(见图 3.44)。新时代伊始,江西的科技创新指数为 0.181 2,截至 2022 年,其科技创新指数跃升至 0.995 6,其年均增速达 18.57%,增长率处于全国前列。其科技创新指数的变动趋势呈现"S"形,即表现为先缓慢增长,在 2017—2019 年期间高速增长,而后增速又放缓。其科技创新指数主要受到科技创新投入和产出的共同影响。与此同时,江西的科技创新投入和产出指数在变动趋势上基本保持同步,这表明两者之间存在紧密的相互关联。科技创新产出指数的增长速率高于科技创新投入指数,这一现象充分说明了江西在科技创新投入方面具有较高的转化效率,能够将创新资源有效转化为科技成果。此外,江西科技创新环境的稳定提升也为科技创新指数的增长提供了有力支撑。科技创新环境的改善不仅有利于吸引更多的创新资源,还能够激发创新主体的积极性和创造力,从而推动科技创新活动的深入开展。

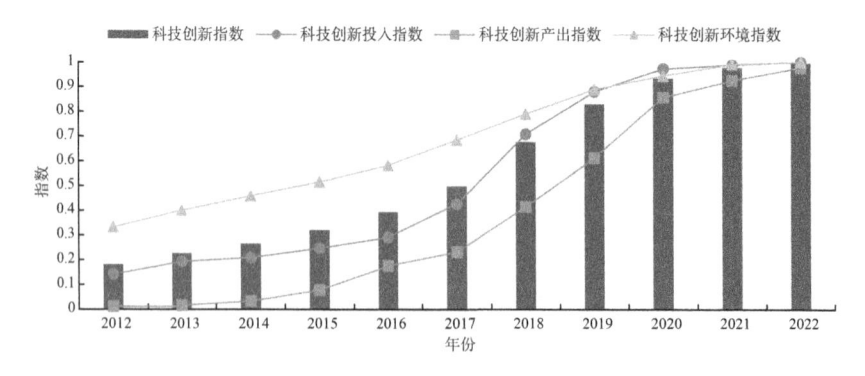

图 3.44　江西城市治理的科技创新指数变化

山东的科技创新指数呈现出一种小幅波动但总体上升的发展态势(见图

3.45)。具体而言,其科技创新产出指数的变动前期以较低且稳定的增长率持续上升,反映了科技创新活动的逐步积累与推进。在2020—2021年期间,科技创新产出指数经历了显著的跃升,表明山东在此期间科技创新活动取得了显著的突破与进展。到了2022年,科技创新产出的增长又相对放缓,反映其科技创新活动进入了一个相对稳定的阶段。深厚的农业和工业经济基础,为山东的科技创新提供了坚实的物质基础和市场需求。这使得山东的科技创新环境指数保持在较高水平,并以年均4.77%的增速稳定增长。这一稳定的科技创新环境为山东的科技创新发展提供了有力的保障,有助于吸引更多的创新资源和人才,进一步推动科技创新活动的深入开展。在山东的城市科技创新指数中,科技创新投入指数的影响尤为显著。在2018—2019年期间,山东在R&D人员投入方面出现了较大幅度的下降,导致了城市科技创新投入指数在这个时期内也呈现出了较大的下跌。然而,在2020年,山东及时调整了科技创新投入策略,使得科技创新投入指数基本恢复,并随后与科技创新产出一起呈现出较为高速的增长。

图 3.45 山东城市治理的科技创新指数变化

河南的科技创新指数呈现出稳步上升的发展态势(见图3.46)。其科技创新投入与环境指数呈现出较为接近的发展水平,两者均显著高于科技创新产出指数水平。科技创新投入指数以年均12.26%的增速持续增长,而科技创新环境指数则以年均7.55%的增速平稳提升,这二者共同为河南科技创新的发展提供了坚实基础。河南的科技创新指数主要受到科技创新产出的影响。特别值得注意的是,在2012—2022年的十年间,河南的科技创新产出指数实现了惊人的增长,以年均64.75%的增速实现了近29倍的增长。这一高速增长主要得益于科技创新产出的显著提升,特别是专利产出方面的显著增长,这些专利成果的涌现显著拉动了河南地区整体的科技创新指数。这一现象表明,科技创新产出的快速增长是推动河南科技创新指数提升的关键因素,同时也反映了河南在科技创新领域的强大潜力和活力。

图 3.46　河南城市治理的科技创新指数变化

2012—2022年,湖北科技创新指数从0.336 0平稳增至1,年均增速为11.52%,城市科技创新指数受科技创新投入和产出指数影响较大(见图3.47)。科技创新环境指数总体高于科技创新投入指数和科技创新产出指数。在2015—2017年期间,湖北的城市科技创新投入指数增速出现放缓现象。这一现象与湖北在这一时期内R&D人员和经费投入增长幅度较小有直接关联。这表明,科技创新投入的增长是驱动湖北城市科技创新指数提升的关键因素之一,而投入的增速波动则会对科技创新的整体进展产生直接影响。其科技创新产出指数在此期间增速最快,年均增速高达27.49%。这一显著增长反映了湖北在科技创新领域的产出效率和能力得到了显著提升。这与湖北在科技创新环境和科技创新投入方面的坚实基础密不可分,两者均为科技创新产出的快速增长提供了强有力的支撑。2020年后,湖北的科技创新环境指数、科技创新投入指数以及科技创新产出指数呈现出趋同的趋势,且增速均有所放缓。这一现象暗示着湖北在科技创新领域的发展进入了一个相对稳定和成熟的阶段,同时也提示未来在科技创新方面需要更加注重质量提升和效率优化,以维持和推动科技创新的持续健康发展。

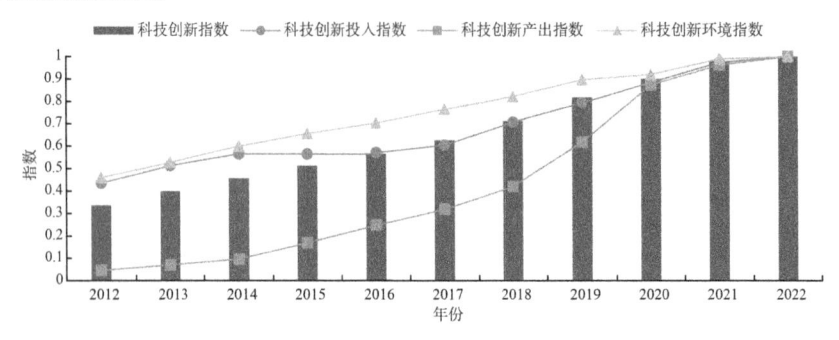

图 3.47　湖北城市治理的科技创新指数变化

湖南的科技创新指数整体呈现稳步增长的发展态势(见图3.48)。其科技创新指数从2012年的0.2619提升至2022年的0.9988,年均增速为14.32%。湖南的科技创新环境,不管在政府支持还是三大产业经济基础方面均表现出稳定的增长趋势,其科技创新环境指数以年均8.195%的增速稳步提升。湖南的科技创新投入指数以年均18.42%的增速持续提升,这体现了湖南在科技创新资源投入上的决心和力度。但在2016年以及2018—2019年期间,科技创新投入指数的增幅相对较低,这在一定程度上导致湖南的科技创新产出指数在此期间出现了一定的下滑。而科技创新投入与产出之间的关系并非简单的线性关系,而是受到多种因素的共同影响。

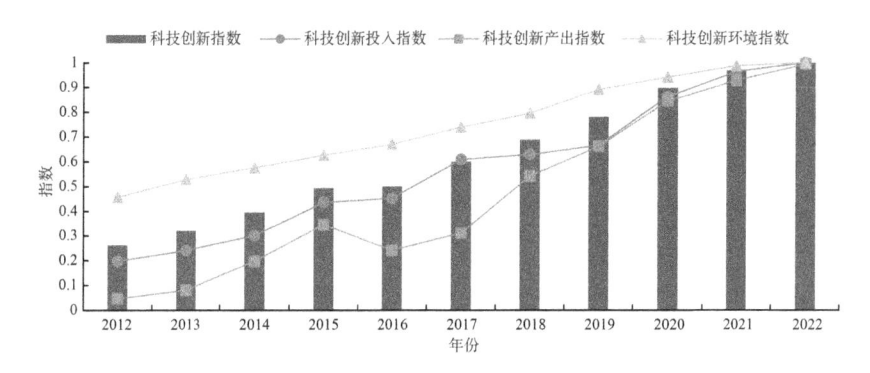

图3.48 湖南城市治理的科技创新指数变化

新时代以来,广东的科技创新指数以10.32%的年均增速,实现了近两倍的提升(见图3.49)。这一增速不仅彰显了广东在科技创新领域的强劲实力,也进一步巩固了其在全国科技创新格局中的领先地位。与其他省区相比,广东的科技创新环境指数呈现出稳健的增长态势,以9.22%的年均增速持续优化,为科技创新活动的蓬勃发展奠定了坚实的基础。广东的科技创新产出指数对其整体增长具有显著的贡献。尽管科技创新环境与科技创新投入指数总体水平高于科技创新产出指数,但后者却以惊人的年均增速20.73%领跑,反映了广东省在科技成果转化和应用方面的突出成效。广东科技创新环境指数与科技创新投入指数之间的差距并不明显,这凸显了广东在科技创新环境和投入方面均衡发展,为科技创新产出的持续增长提供了强有力的支撑。2020—2022年广东的科技创新产出指数与科技创新环境指数和科技创新投入指数呈现趋同态势。这一现象表明,科技创新投入所带来的效应并非即时显现,而是具有一定的滞后性。这也从一个侧面反映了科技创新活动的复杂性和长期性,需要持续的环境优化和投入支持才能产生显著的产出成果。

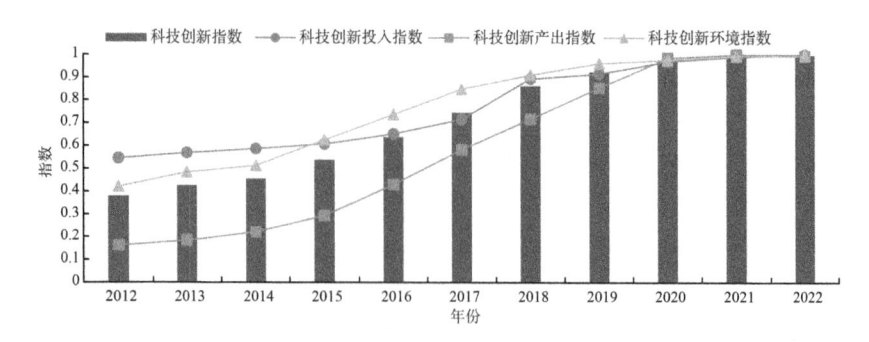

图 3.49　广东城市治理的科技创新指数变化

与其他省区相同,广西的科技创新指数的变动主要与科技创新产出指数的变化有关(见图 3.50)。新时代以来,广西的科技创新产出指数从 2012 年的 0.022 4 提升至 2022 年的 0.818 4,年均增速达 43.31%,表明广西的科技创新在新时代期间出现了快速提升,科技创新成果不断地涌现,尤其是在技术成果市场输出方面,广西的技术市场成交额占比实现了近 38 倍的增长,同时其高技术产业的新产品出口额也实现了近 50 倍的增长,促使广西在出现一定科技创新投入下滑的情况下,2012—2021 年的科技创新水平持续拔高。2022 年由于广西的专利产出降低,导致科技创新产出指数出现下滑,进而影响了其科技创新指数水平。

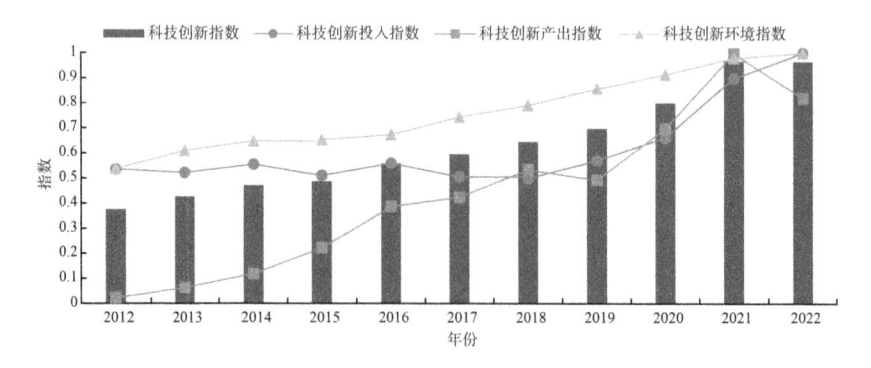

图 3.50　广西城市治理的科技创新指数变化

海南的科技创新指数呈现出一种小幅波动上升的发展态势(见图 3.51)。海南的科技创新环境指数保持稳定的增长态势,年均增速达 5.86%,主要表现为经济基础和科研资源的提升为海南的科技创新的增长营造了一个较为稳定的发展平台。其科技创新投入指数表现出较大的波动,呈现出近似"W"形,2013—2016 年其科技投入较为稳定,2017 年出现较大幅度下跌,2018 年回升,2019 年又出现一定程度的下滑,而后 2020—2022 年又出现了提升。这与科技创新产出的实现有一定滞后性有关,海南的科技创新产出在 2012—2017 年都表现出较低的增长率,以至海南的科技创新人员和经费流出,但 2018—2020 年,随着海南的专利产出以及高技术产业的新产品出口额大幅提升,吸纳了更多的人员和资金投入,推动了其科技创新指数的提升。

图 3.51 海南城市治理的科技创新指数变化

重庆除 2019 年因为专利产出和技术市场成交额占比下跌使得其科技创新产出指数出现一定的下滑而导致科技创新指数出现小幅下降外,其科技创新指数整体保持着增长的发展态势(见图 3.52)。重庆的科技创新投入、产出和环境指数水平较为均衡,环境指数略高于科技创新投入和产出指数,并以 8.84% 的年均增速稳步增长。而重庆的科技创新投入的增速较快,以 16.78% 的年均增速稳步提升,这是由于新时代以来,《重庆市发展和改革委员会关于组织实施 2012 年高技术服务业研发及产业化专项的通知》等支持高技术产业发展的政策文件指出,要以提高经济增长的质量和效益为中心,大力发展电子信息等产业,因此推动了重庆高技术产业的快速发展,以高技术产业带动了重庆的科技创新指数水平。而在科技创新产出方面,重庆的指数变动呈现出一定的波动性。其中,2015 年是一个显著的高峰期,这主要得益于专利产出和技术市场输出方面的显著增长。然而 2019 年,由于专利产出的减少以及技术市场的相对萎缩,科技创新产出指数出现了一定程度的下滑,从而影响了整体科技创新指数的表现。

四川的科技创新指数从 0.318 2 平稳增至 0.997 6,年均增速为 12.11%。具体而言,四川的科技创新投入、产出和环境指数均呈现出相对稳定的增长态势(见图 3.53)。其中,科技创新投入的年均增速达到 12.41%,与整体科技创新指数的年均增速相近,这表明科技创新投入是驱动四川科技创新指数增长的关键因素之一。同时,科技创新产出的年均增速高达 27.11%,高于科技创新投入和

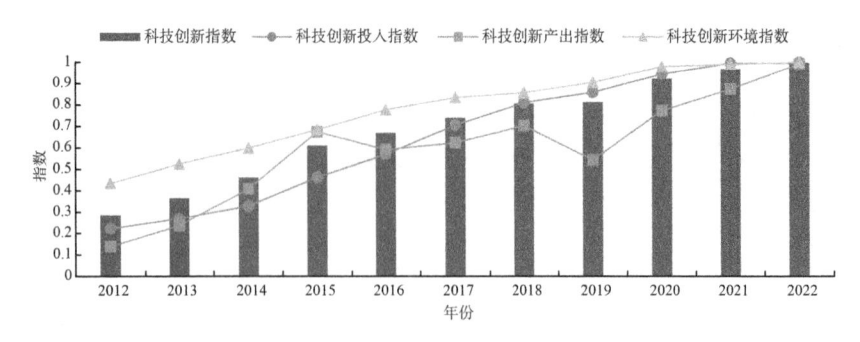

图 3.52 重庆城市治理的科技创新指数变化

整体科技创新指数的增速,显示了四川在科技创新成果转化和应用方面的显著成效。而科技创新环境指数的年均增速为 7.82%,虽然相对较低,但也呈现出稳定的增长趋势,为科技创新提供了良好的环境保障。在 2018 年,四川在科技创新的三个维度的指数水平差距基本拉平。这一趋势表明四川在科技创新的各个方面都取得了均衡发展,科技创新体系日益完善。

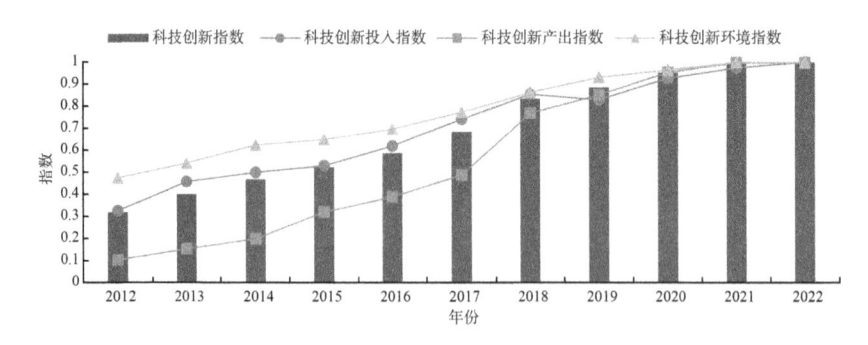

图 3.53 四川城市治理的科技创新指数变化

贵州的科技创新指数变化可以划分成三个阶段。在初始阶段(2012—2016 年),贵州的科技创新指数尚处于较低水平(见图 3.54)。这一时期,贵州的科技创新环境仍处于不断完善的进程中,人力和科研资源相对匮乏。同时,科技创新投入指数尽管有所波动,但整体而言,科技创新产出指数维持在较低水准,反映出科技创新活动的整体效率和成果转化能力有待提升。进入快速发展阶段(2017—2019 年),贵州的科技创新指数经历了显著的高速增长。这一阶段的增长主要得益于科技创新投入、产出和环境指数的全面提升。其中,科技创新产出指数的增长尤为迅速,年均增速高达 69.97%,凸显了贵州在科技创新成果转化和应用方面的显著成效。进入稳定发展阶段(2020—2022 年),贵州的科技创新发展基本达到一个相对稳定的水平。在这一阶段,虽然科技创新指数的增长率有所放缓,但整体而言,其科技创新能力和生态环境均得到了进一步巩固和优化。总体来看,新时代以来,贵州的科技创新指数实现了近3倍的增长,年均增速达到14.66%。

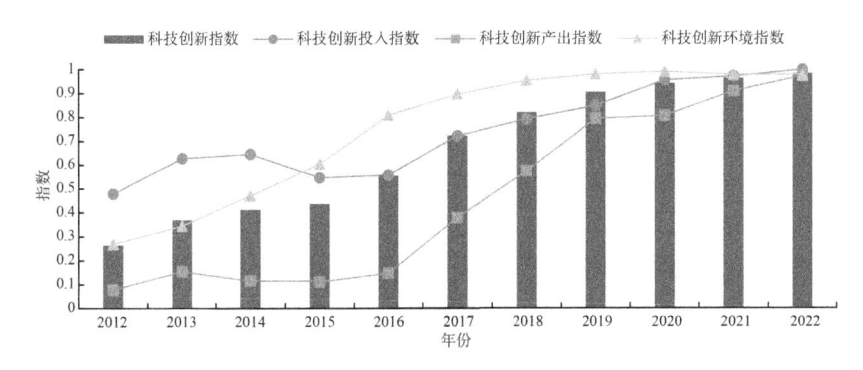

图3.54 贵州城市治理的科技创新指数变化

云南的科技创新指数水平及其变化趋势与科技创新投入指数水平呈现高度一致性(见图3.55)。具体而言,科技创新投入指数的年均增速为11.86%,与科技创新指数年均11.60%的增长速度几乎同步,表明科技创新投入对整体科技创新能力的提升具有显著的正向影响。然而,科技创新指数较易受到科技创新产出指数大幅波动的影响,这反映了科技创新成果转化的不确定性及其对科技创新整体水平的敏感性。从科技创新环境指数的角度来看,云南呈现出稳定增长的发展态势,但增速逐年放缓。这一趋势表明,云南的科技创新环境在不断完善过程中已逐渐趋于稳定,并达到一个相对成熟的状态。这种稳定性对于科技创新活动的持续开展和科技创新能力的提升具有重要意义。云南的科技创新产出指数水平变动较大,以年均22.41%的增速实现高速增长,显著高于科技创新指数和投入指数的增长速度。这一高增长态势反映了云南在科技创新成果转化和应用方面的显著成效。然而,在2020年,由于全球疫情的影响,云南的科技产出出现了一定幅度的下滑。尽管如此,总体的科技创新指数仍保持增长,这主要得益于云南在疫情期间依然坚持人才和资本的投入,持续营造良好的科技创新环境,从而确保了科技创新活动的稳步推进和科技创新能力的持续提升。

西藏的科技创新指数变化可以划分成两个阶段。在初始阶段(2012—2016年),西藏的科技创新指数相对较低,呈现出起步阶段的特征(见图3.56)。这一时期,尽管西藏的科技创新环境和科技创新投入指数呈现同步增长的积极态势,但西藏的科技创新产出却经历了一段持续的下跌期,达到了一个显著的低

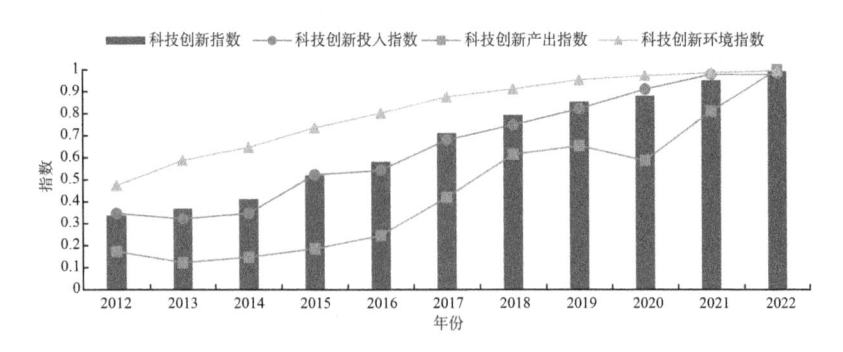

图 3.55　云南城市治理的科技创新指数变化

谷。这一现象与西藏在技术市场的开发尚处于初级阶段,以及专利产出在全国范围内处于较低水平密切相关。技术市场的未充分开放和专利产出的不足,共同制约了西藏科技创新的快速发展。进入快速发展阶段(2017—2022 年),西藏的科技创新指数呈现出高速增长的态势。这一阶段的显著增长主要归因于科技创新产出的大幅提升。具体而言,从 2016 年的 0.218 增长到 2022 年的 0.75,科技创新产出指数实现了 3.3 倍增长。这一显著增长标志着西藏在科技创新领域取得了突破性的进展。与此同时,西藏的科技创新投入和环境指数也保持了稳定的增长趋势,年均增速分别为 10.63% 和 3.69%。科技创新投入的持续增加和科技创新环境的不断优化为西藏科技创新的快速发展提供了有力支撑。

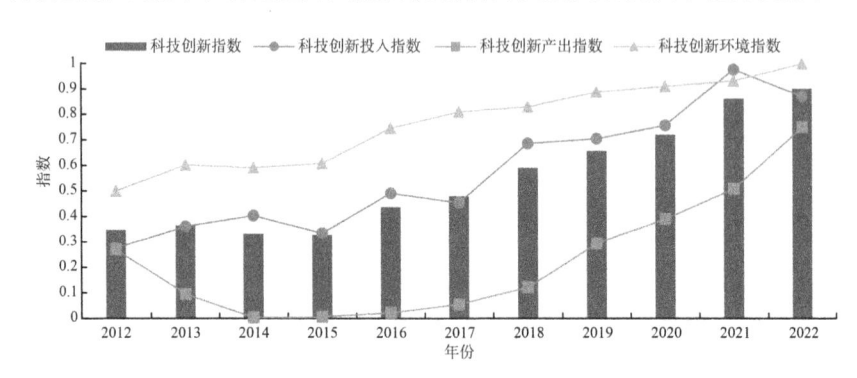

图 3.56　西藏城市治理的科技创新指数变化

陕西的科技创新指数从 2012 年的 0.492 1 提升至 2022 年的 0.997 2(见图 3.57),实现了年均 7.32% 的稳健增长。陕西的科技创新指数主要受到其科技创新产出指数的显著影响。陕西的科技创新产出指数呈现出一定程度的波动性。在 2012—2015 年间,陕西的科技创新产出指数以较高的增长率持续上升,这主要得益于当时科技创新环境的优化以及创新活动的积极推进。然而,

2016年，由于高技术产业的新产品出口额大幅下降，这一增长势头受到了严重冲击。尽管从2017年开始，科技创新产出指数开始有所回升，但直至2022年，高技术产业的新产品出口额仍未恢复到2015年的水平，导致该时期内的科技创新产出指数整体保持相对较低的水平。尽管高技术产业的新产品出口额存在不足，但陕西的专利产出却实现了大幅提升。这一增长趋势在一定程度上弥补了新产品出口额下降所带来的负面影响，为陕西科技创新指数的整体提升提供了重要支撑。此外，陕西的科技创新投入和环境指数也呈现出稳健的增长态势。其中，科技创新投入指数以2.14%的年均增速持续增长，反映出陕西省在科技研发、人才培养和基础设施建设等方面的持续投入。同时，科技创新环境指数也以3.25%的年均增速稳步提升，这主要得益于政策环境的优化、创新生态的完善以及创新氛围的营造。

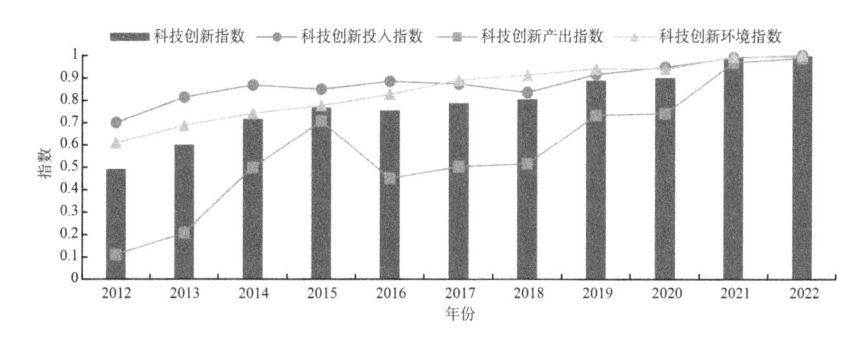

图 3.57　陕西城市治理的科技创新指数变化

甘肃的科技创新指数除2017年出现小幅下降外，整体以年均5.07%的增速持续增长（见图3.58）。其科技创新指数受科技创新投入指数的影响较大。2017年甘肃的科技创新投入指数出现了下跌，这主要是由于该年度R&D人员占比出现了一定幅度的减少。R&D人员是科技创新的核心力量，其数量的减少直接影响了甘肃在科技创新活动中的投入强度和创新能力，进而导致了科技创新投入指数的下滑，并对整体的科技创新指数提升产生了不利影响。而甘肃的科技创新环境指数在近年来以年均3.53%的增速持续提升，这主要得益于科研机构和高技术企业数目的稳步增长。这些机构和企业的增加不仅为甘肃的科技创新活动提供了更为丰富的资源和支持，也促进了科技创新成果的转化和应用，进一步推动了甘肃科技创新环境的优化和升级。在科技创新产出方面，甘肃呈现出先快后慢的发展趋势，尽管提升速率较高，达到了12.02%，但这一增长趋势在近年来有所放缓。

青海的科技创新指数呈现小幅波动增长的发展趋势（见图3.59）。青海的

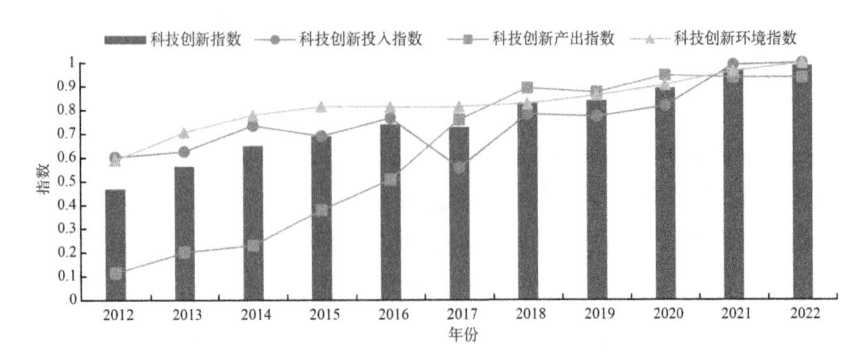

图 3.58 甘肃城市治理的科技创新指数变化

科技创新环境指数在 2012—2014 年期间经历了较快的提升,主要是由于青海科技创新环境的不断完善。然而,随着科技创新环境的逐渐成熟和稳定,后续年份中青海的科技创新环境指数增长速度逐渐放缓,转而以较为稳定的增速保持小幅增长。青海的科技创新指数主要受到科技创新投入和产出指数的影响,并且与其科技产出效率密切相关。科技创新投入是科技创新活动的基础,而科技创新产出则是衡量科技创新成果的重要指标。然而,科技成果的产出往往需要时间和资源的持续投入,这种滞后性导致了科技创新投入和产出指数在变动方向上可能存在的差异。这种差异进一步导致了科技创新产出的波动,使得青海的科技创新指数在个别年份(如 2015 年、2017 年和 2020 年)受到一定程度的影响,出现了下滑的趋势。

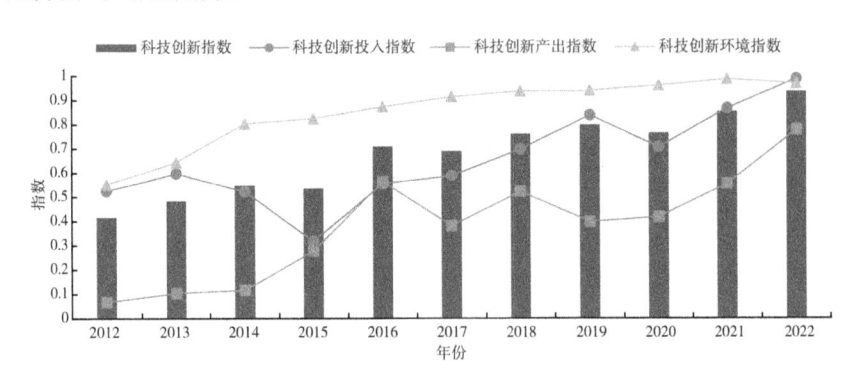

图 3.59 青海城市治理的科技创新指数变化

宁夏的科技创新指数从 0.251 9 逐步提升至 0.990 6(见图 3.60),年均增速为 14.67%,总体增幅较高。宁夏的科技创新投入指数水平虽然一度低于科技创新环境指数水平,但其增速却大于创新环境指数。至 2021 年,两者的指数水平均达到 0.97 以上,实现了趋同化增长。2012—2020 年,宁夏科技创新指数的变动主要与其科技创新产出的变动情况密切相关。科技创新产出的年均增速高达 20.17%,高于科技创新投入和整体科技创新指数的增速,成为推动宁夏科技创新指数增长的关键因素。然而,科技创新产出的增长过程也表现出较为明显的波动性。在 2012—2014 年期间,宁夏的科技创新产出水平处于较低的水平,随后,在 2015—2017 年期间,宁夏的科技创新产出出现了大幅增长,这与科技创新投入的增加、环境建设的改善以及政策扶持的加强等因素有关。然而,在 2018—2020 年期间,由于高技术产业的新产品出口额大幅下降,宁夏的科技创新产出指数出现了下滑,这在一定程度上影响了整体科技创新指数的增长。

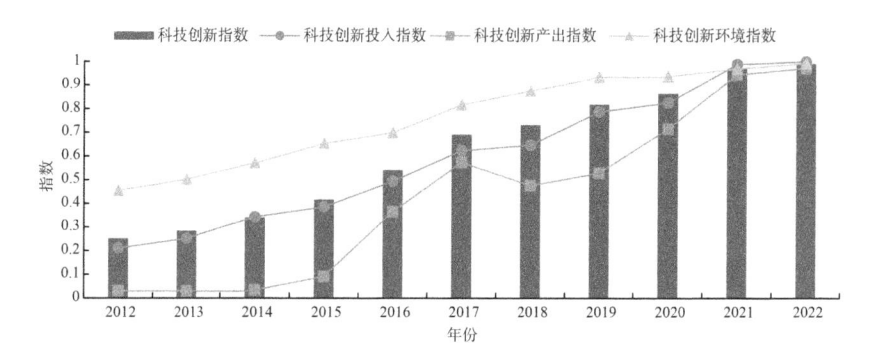

图 3.60　宁夏城市治理的科技创新指数变化

新疆的科技创新指数展现了一种持续而稳定的低速增长态势(见图 3.61)。从横向比较来看,新疆与全国其他省区一样,其科技创新环境指数保持着稳定的增长趋势,年均增长率达到了 3.78%。从新疆科技创新指数的发展轨迹来看,在 2018 年之前,该指数主要受科技创新投入指数的影响。2015—2018 年期间,

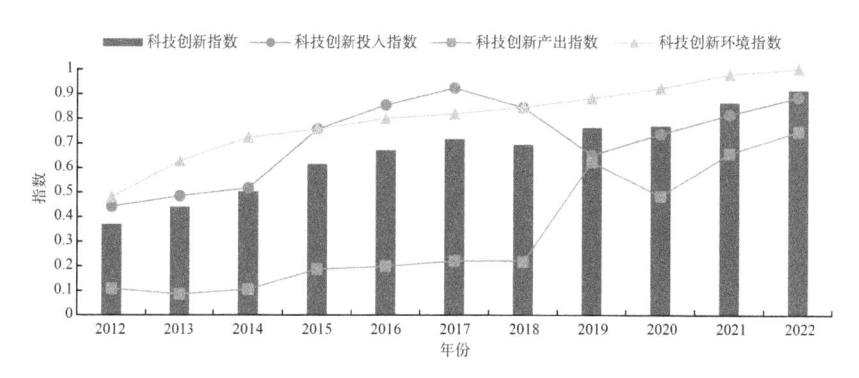

图 3.61　新疆城市治理的科技创新指数变化

新疆的创新投入大幅度增加,有效地推动了科技创新指数的提升。然而,由于科技成果产出的形成和转化往往存在一定的滞后性,因此在该时期内,尽管科技创新投入大幅增加,但科技创新产出水平的提升幅度较低,未能充分显示其拉动科技创新指数的能力。2019年,新疆的科技创新产出实现了大幅提高,使其在科技创新投入大幅降低的情况下,仍能够维持科技创新指数的提升,充分展示了科技创新产出在推动科技创新指数增长中的重要作用。2020—2022年,新疆的科技创新投入和产出指数均呈现出同步增长的态势,这种双向驱动的模式共同推动了新疆科技创新指数的进一步提升。

第四章

新时代中国省区城市治理的经济高质量发展指数

4.1 经济发展研究热点分析

党的二十大提出全面建设社会主义现代化国家的首要任务是高质量发展，面对新冠疫情的冲击，全国经济虽受影响，但通过稳健性措施巩固了企稳向好趋势。经济发展是国内外政府机构及学术界共同关注的研究热点。为此，本书立足现实国际形势，对 WOS 核心数据库及 CNKI 核心数据库中收录的经济发展研究期刊文献展开科学计量分析与可视化研究，深度探究全球经济发展研究的热点主题与演化趋势；明晰国内外经济发展研究现状，为中国经济发展领域研究的深化提供宝贵经验。此外，利用陈超美教授开发的 CiteSpace 软件，处理检索文献数据，将国内外经济发展研究知识领域的演进历程集中展现在一幅引文网络图谱上。通过国内外经济发展研究文献的科学计量学分析，将发文学者和机构、关键词等关键信息绘制成知识图谱，可视化展现 1998—2020 年国内外经济发展研究热点和趋势，揭示国内外经济发展研究领域的热点问题及演化历程。为系统分析把握学界对国内外经济发展研究的情况，基于 WOS 核心数据库与 CNKI 核心数据库，选取 1998—2020 年间的 SSCI、SCI、CSSCI 来源期刊（含扩展版）为研究样本。分别设置检索条件如下：在 WOS 高级检索框中设定"篇名=economic development and high-quality economic development"，在 CNKI 高级检索框中设定"篇名=经济发展 and 经济高质量发展"，最终得到 2 768 篇英文文献和 2 775 篇中文文献。

4.1.1 热点关键词分析

4.1.1.1 关键词共现分析

关键词代表文献的核心议题和研究领域,文献中高频次出现的关键词可视为该领域的研究热点[①]。通过对 1998—2020 年该领域研究的 SSCI、SCI、CSSCI 期刊文献进行关键词共现分析,得到关键词共现网络图谱(见图 4.1 及图 4.2)、频次和中心度排名前 20 的关键词(见表 4.1 及表 4.2)。关键词共现网络图谱中,关键词之间的连线代表两个关键词出现在同一篇文献,连线越粗则共现频次越高。年轮的厚度与关键词词频成正比,节点越大、关键词字体越大,则该关键词总体频次越高。[②] 关键词表格中,关键词的中心度主要用于测度节点在关键词共现网络图谱中的重要性。通常,关键词的中心度大于等于 0.1,说明该关键词具有高中心性,在关键词共现网络图谱中具有重要影响力。关键词的出现频次与其中心性并不存在必然的相关,即高频关键词并不一定是高中心性关键词,而出现频次与中心度均高的关键词在关键词共现网络图谱中的作用更为关键。

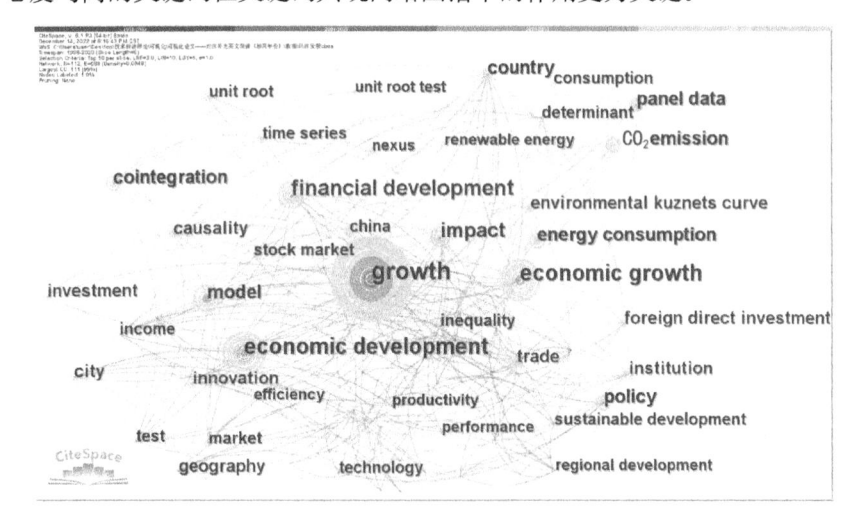

图 4.1 WOS 经济发展研究的关键词共现网络图谱

[①] 卢新元,张恒,王馨悦,等. 基于科学计量学的国内企业知识转移研究热点和前沿分析[J]. 情报科学,2019,37(3):169-176.

[②] Chaomei C, Fidelia I, Jianhua H. The structure and dynamics of cocitation clusters: A multiple-perspective cocitation analysis[J]. Journal of the American Society for Information Science and Technology,2010, 61(7):1386-1409.

根据图4.1及表4.1可知：首先，按照圆形节点及字体大小分辨，关键词"growth"在该共现网络图谱中为频次最高、中心性最大、与其他关键词联系最为紧密的核心关键词；其次，"economic development""economic growth""financial development""energy consumption""CO$_2$ emission""model""China""impact""policy"等词也同时具有高频次和高中心性，凸显了1998—2020年WOS经济发展研究领域的核心主题。

表4.1 WOS经济发展研究频次和中心度排名前20的关键词

排序	频次	中心度	关键词	排序	频次	中心度	关键词
1	668	0.03	growth	1	171	0.1	CO$_2$ emission
2	417	0.02	economic growth	2	290	0.08	financial development
3	405	0	economic development	3	47	0.06	liberalization
4	290	0.08	financial development	4	30	0.05	globalization
5	181	0.01	impact	5	16	0.05	business
6	171	0.1	CO$_2$ emission	6	16	0.05	competitiveness
7	171	0.01	model	7	14	0.05	benefit
8	162	0	policy	8	137	0.04	energy consumption
9	156	0.02	cointegration	9	124	0.04	trade
10	152	0.01	panel data	10	105	0.04	innovation
11	145	0.02	country	11	92	0.04	environmental kuznets curve
12	137	0.04	energy consumption	12	83	0.04	income
13	124	0.04	trade	13	42	0.04	democracy
14	111	0.02	institution	14	11	0.04	choice
15	105	0.04	innovation	15	668	0.03	growth
16	103	0.01	investment	16	73	0.03	inequality
17	100	0.01	city	17	64	0.03	regional development
18	99	0.01	causality	18	45	0.03	industry
19	99	0.02	foreign direct investment	19	38	0.03	firm
20	92	0.01	China	20	36	0.03	government

据图4.2和表4.2可知：首先，节点"经济发展"在关键词共现网络图谱中频次最高、中心性最大，与其他关键词连接线最为密集；其次，"中国经济发展""经济增长""区域经济""低碳经济""中国""高质量发展""经济高质量发展"等词同时具有高频次和高中心性，凸显了1998—2020年CNKI该领域的核心研究主题。

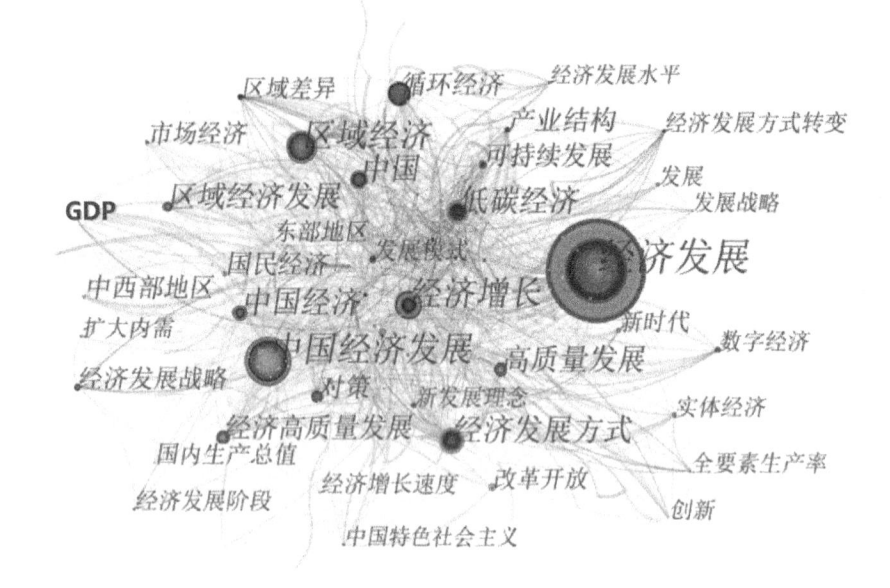

图 4.2　CNKI 经济发展研究的关键词共现网络图谱

表 4.2　CNKI 经济发展研究频次和中心度排名前 20 的关键词

排序	频次	中心度	关键词	排序	频次	中心度	关键词
1	404	0.49	经济发展	1	404	0.49	经济发展
2	176	0.24	中国经济发展	2	176	0.24	中国经济发展
3	113	0.12	区域经济	3	100	0.14	经济增长
4	100	0.14	经济增长	4	78	0.13	中国
5	86	0.09	低碳经济	5	113	0.12	区域经济
6	81	0.06	经济发展方式	6	86	0.09	低碳经济
7	78	0.13	中国	7	65	0.09	中国经济
8	71	0.03	循环经济	8	81	0.06	经济发展方式
9	69	0.06	高质量发展	9	69	0.06	高质量发展
10	65	0.09	中国经济	10	46	0.06	区域经济发展
11	46	0.06	区域经济发展	11	17	0.05	中西部地区
12	44	0.04	经济高质量发展	12	44	0.04	经济高质量发展
13	40	0.03	对策	13	33	0.04	可持续发展
14	35	0.02	发展模式	14	32	0.04	产业结构

续表

排序	频次	中心度	关键词	排序	频次	中心度	关键词
15	33	0.04	可持续发展	15	12	0.04	东部地区
16	32	0.04	产业结构	16	71	0.03	循环经济
17	29	0.03	经济发展战略	17	40	0.03	对策
18	28	0.03	市场经济	18	29	0.03	经济发展战略
19	26	0.02	新常态	19	28	0.03	市场经济
20	26	0	民营经济	20	21	0.03	实体经济

4.1.1.2 关键词突变分布

突变词主要是以关键词为基础,在某个时间跨度所发表的文献中专业术语的突显,反映出该时段的研究热点,主要表现在突变词的年代分布和突变强度两个方面[1]。在图4.1及图4.2的基础上,得到1998—2020年国内外经济发展研究排名前20的关键词突变分布(见表4.3及表4.4)。

根据表4.3可知,1998—2003年,endogenous growth、policy、united states、local economic development、location、long run growth等成为WOS经济发展研究领域的主要突现词,这表明区域异质性发展与政策差异是当期研究的重点。2004—2016年,economic development、geography、space、law等成为WOS经济发展研究领域的主要突现词。2017—2020年,全球经济发展与环境保护及社会发展息息相关,在此背景下中国更是提出了高质量发展目标及"双碳"战略行动计划,因此在这个阶段,socio-economic development、carbon emission等成为突现词和研究热点。

表4.3 1998—2020年WOS经济发展研究排名前20的关键词突变分布

Keywords	Year	Strength	Begin	End	1998—2020
model	1999	7.65	1999	2015	
policy	1998	7.56	1998	2009	
endogenous growth	1998	6.99	1998	2015	
state	2001	6.8	2001	2015	

---

[1] 陈绍辉,王岩. 中国社会思潮研究的科学知识图谱分析——基于Citespace和Vosviewer的综合应用[J]. 上海交通大学学报(哲学社会科学版),2018,26(6):22-30.

续表

Keywords	Year	Strength	Begin	End	1998—2020
city	1998	6.74	1998	2015	
united states	1998	6.34	1998	2009	
convergence	1999	5.99	1999	2015	
cluster	2001	5.88	2001	2015	
firm	1999	5.67	1999	2015	
increasing return	1998	5.59	1998	2015	
long run growth	1999	5.13	1999	2015	
local economic development	1998	5.07	1998	2009	
location	1998	4.98	1998	2009	
intermediation	2001	4.91	2001	2015	
space	2005	6.01	2005	2015	
economic development	1998	5.77	2004	2009	
geography	1999	5.46	2004	2020	
law	2003	5.34	2004	2015	
socio-economic development	2017	5.54	2017	2020	
carbon emission	2017	4.72	2017	2020	

根据表 4.4 可知：1998—2009 年，中国经济发展、知识经济、经济增长速度、区域经济、发展战略等成为中国经济发展研究的主要突现词，中西部地区成为该时期重点关注的地区。2010—2016 年，经济发展方式、经济发展模式、低碳经济、实体经济、新常态等成为中国经济发展的主要突现词。随着时间的不断推移，研究热点也随之变化，党的十九大提出我国经济已由高速增长阶段转向高质量发展阶段，因此在 2017—2020 年这个阶段，经济高质量发展、新时代、新发展理念等成为突现词和研究热点。

表 4.4 1998—2020 年 CNKI 经济发展研究排名前 20 的关键词突变分布

Keywords	Year	Strength	Begin	End	1998—2020
中国经济发展	1998	35.72	1998	2002	
知识经济	1998	9.82	1998	2002	

续表

Keywords	Year	Strength	Begin	End	1998—2020
中西部地区	1998	7.19	1998	2004	
经济增长速度	1998	6.41	1999	2001	
发展战略	1998	5.8	2001	2006	
对策	1998	11.18	2002	2009	
循环经济	1998	12.96	2004	2010	
区域经济	1998	6.07	2005	2008	
经济发展方式	1998	18.25	2009	2015	
金融危机	1998	8.66	2009	2010	
经济发展模式	1998	6.21	2009	2013	
低碳经济	1998	28.05	2010	2015	
经济发展方式转变	1998	7.43	2011	2013	
实体经济	1998	6.95	2013	2020	
新常态	1998	14.02	2014	2017	
创新驱动	1998	6.35	2015	2020	
数字经济	1998	10.61	2017	2020	
新时代	1998	8.58	2017	2020	
经济高质量发展	1998	23.94	2018	2020	
新发展理念	1998	7.54	2018	2020	

4.1.2 热点主题分析

分别对国内外经济发展研究的核心期刊文献进行聚类分析,得到 WOS 经济发展研究的聚类模块值 Q 为 0.819,平均轮廓值 S 为 0.935,CNKI 经济发展研究的聚类模块值 Q 为 0.751,聚类平均轮廓值 S 为 0.838,说明聚类结果均可信且合理。

根据图 4.3 可知,WOS 经济发展研究的热点关键词共分为 6 个聚类,主要包括"♯0 economic development""♯1 economic growth""♯2 development policy""♯3 financial development""♯4 energy consumption""♯5 city""♯6 local development"。并且,聚类的序号越小,说明其中包含的关键词越多。由图 4.3 可知,WOS 经济发展研究的主要内容可分为如下四个方面:①宏观层面的经济发展研究,包含的聚类为:♯0 economic development、♯1 economic growth、♯2 development policy；②区域层面的经济发展研究，包含的聚类为：♯5 city、♯6 local development；③生态层面的经济发展研究，包含的聚类为：♯4 energy consumption；④重点行业的经济发展研究，包含的聚类为：♯3 financial development。

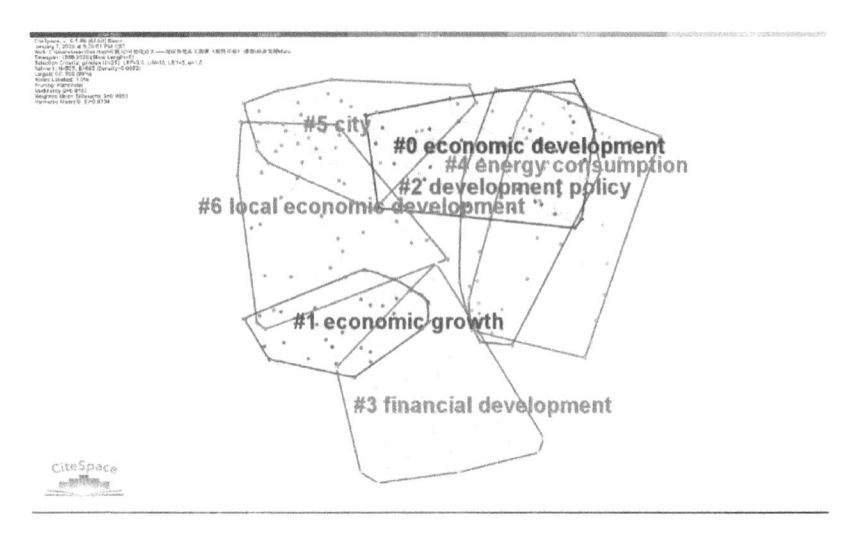

图 4.3　WOS 经济发展研究的关键词聚类图谱

根据图 4.4 可知，CNKI 经济发展研究的热点关键词共分为 9 个聚类，主要包括"♯0 市场经济""♯1 经济发展""♯4 发展模式""♯5 对策""♯6 循环经济"

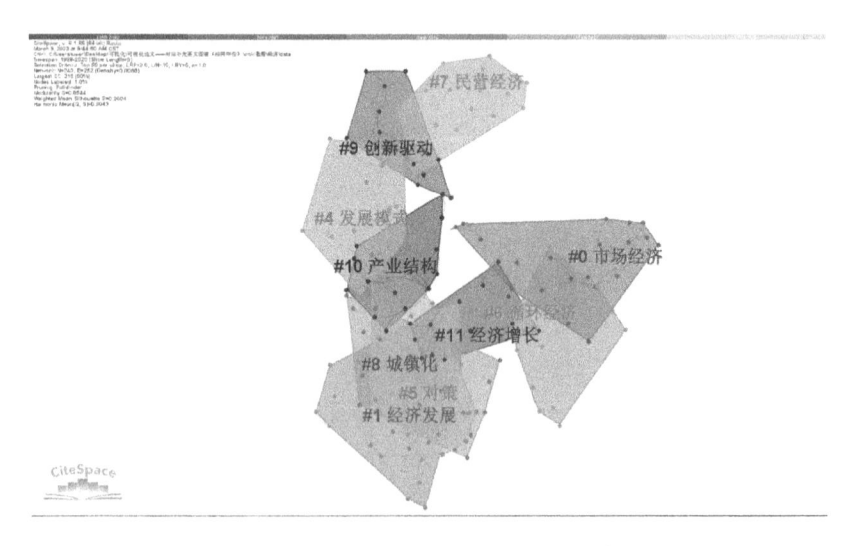

图 4.4　CNKI 经济发展研究的关键词聚类图谱

"♯7民营经济""♯8城镇化""♯9创新驱动""♯10产业结构""♯11经济增长"。其中,聚类的序号越小,说明聚类中包含的关键词越多。由于聚类2与聚类3的S值小于0.5,故予以剔除。由图4.4可知,中国经济发展研究的主要内容可分为四个方面:①国家层面的经济发展研究,包含的聚类有:♯0市场经济、♯1经济发展、♯4发展模式、♯5对策、♯11经济增长;②区域层面的经济发展研究,包含聚类♯8城镇化;③经济高质量发展研究,包含聚类♯6循环经济、♯9创新驱动、♯10产业结构;④不同领域的经济发展研究,包含♯7民营经济。

4.2　经济发展研究演化脉络

在得到关键词共现网络图谱与关键词聚类图谱的基础上,为进一步揭示不同时期国内外经济发展研究的演化脉络,运用CiteSpace可视化分析软件,得到关键词时间线图(见图4.5及图4.6)。

根据图4.5进行梳理,可将1998—2020年WOS经济发展研究进程大致分为如下三个阶段:第一阶段,1998—2007年提高经济发展速度;第二阶段,2008—2016年保持经济发展稳定;第三阶段,2017—2020年转变现有经济发展方式。

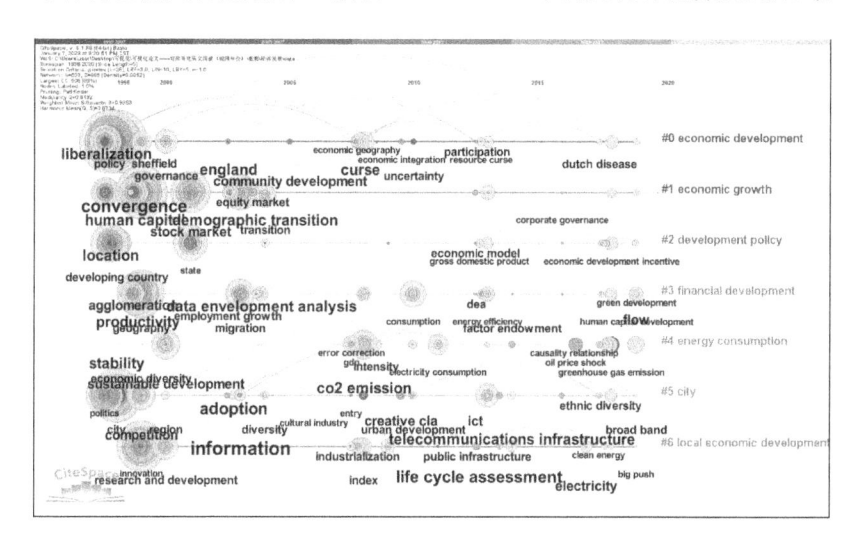

图4.5　WOS经济发展研究的关键词时间线图

1998—2007年间,该研究主要关键词有:liberalization(贸易自由化)、policy(政策)、governance(政府)、human capital(人力资本)、economic geography(经济地理学)、economic integration(经济一体化)、convergence(融合)、equity market(股票市场)、demographic transition(人口结构转型)、location(地理位置)、developing country(发展中国家)、agglomeration(城市群)、DEA(数据包络分析)、employment growth(就业增长率)、productivity(生产率)、stability(稳定性)、economic diversity(经济多元化)、sustainable development(可持续发展)、politics(政治)、competition(竞争)、region(区域)、adoption(采取,采纳)、cultural industry(文化产业)、diversity(多元化)、innovation(创新)、research and development(研究开发)。通过对该阶段文献关键词的梳理可知,在此时间跨度内经济发展研究重点聚焦于提升速度层面。重点关注如下三个方面:①国家政策差异性与本国及贸易往来国经济发展的关系研究;②区域发展不平衡与全球经济一体化进程和质量的关系研究;③经济形式多元化与全球经济可持续发展的关系研究。整理相关文献可知,Bahar[1]指出国家移民政策的差异会在不同程度上影响本国经济发展,且侨民资本的正确利用可正向促进地区经济发展;周中林等[2]指出战后两次区域经济集团化的高潮虽在客观上促进了全球经济一体化进程,但国际经济市场竞争加剧导致区域经济发展不平衡;Xu等[3]指出因不可再生能源的消耗量超过环境负荷,发展经济多样性以缓解能源消耗数量是经济可持续发展的必由之路。

2008—2016年间,该研究主要关键词有:participation(参与度)、resource curse(资源诅咒)、corporate governance(公司治理)、economic model(经济模型)、gross domestic product(GDP 国内生产总值)、consumption(消费)、energy efficiency(能源效率)、factor endowment(要素禀赋)、error correction(误差修正)、intensity(强度)、electricity consumption(电力消耗)、CO_2 emission(二氧化碳排放)、creative cla(创意共轭)、urban development(城市发展)、ICT(信息与通信技术)、industrialization(工业化)、index(指数)、life cycle assessment(生命周期评估)、public infrastructure(公共基础设施)。通过对该阶段文献关键词的梳理可知,在此时间跨度内经济发展研究重点聚焦于保持稳定层面。重点关注如下三个方面:①经济发展与资源消耗及环境保护的关系研究;②经济发展与城市建设的关系研究;③经济发展与信息技术的关系研究。整理相关文献可知,

---

[1] Bahar D. Diasporas and Economic Development: A Review of the Evidence and Policy[J]. Comparative Economic Studies, 2020, 62(6): 200-214.

[2] 周中林, 彭绍宗. 战后区域经济集团化对世界经济的影响[J]. 经济研究参考, 1999(B5): 47.

[3] Xu Z, Cheng G, Chen D, et al. Economic diversity, development capacity and sustainable development of China[J]. Ecological Economics, 2002, 40(3): 369-378.

Maciej 等[1]提出关注能源利用的技术生态效益与寻求新的绿色能源可兼顾环境保护与经济发展质量;Yuan 等[2]提出严格的环境政策、合理的产业结构以及能源效率的提升能缓解经济发展对环境带来的影响;Yue 等[3]针对上海市迅速扩张的案例研究城市规划对经济发展及环境变化的影响;Ｐ Ａ Ｖ 等[4]以伦敦市为例,研究得出城市经济发展与城市空间及区域文化相关的结论;Sassi 等[5]以中东北非地区国家为例,研究发现信息通信技术可显著促进区域经济发展;Ishida[6]以日本为例,研究发现信息通信技术投资可适度减少能源消耗,但无法增加地区国民经济生产总值。

2017—2020 年间,该研究主要关键词有:dutch disease(荷兰病)、economic development incentive(经济发展激励)、green development(绿色发展)、human capital development(人力资本发展)、causality relationship(因果关系)、oil price shock(第三次石油危机)、greenhouse gas emission(温室气体排放)、ethnic diversity(种族多样性)、broad band(无线宽带)、information(信息)、telecommunications infrastructure(电信基础设施)、clean energy(清洁能源)、big rush(大萧条)。通过对该阶段文献关键词的梳理可知,在此时间跨度内经济发展研究重点聚焦于转型发展层面。重点关注如下两个方面:①基于全球变暖现实背景展开经济发展转型升级研究;②基于新兴网络技术展开经济发展数字化研究。整理相关文献可知,Peng 等[7]研究发现可持续发展的重点目标之一是加强经济发展与环境保护之间的耦合关系,具体可加大科技创新力度、坚持人才强国战略以减轻经济发展对环境保护的负面影响,同时加快转变经济发展方式以增强经济

---

[1] Maciej D, Joanna W, Łukasz P. Economic Determinants of Low-Carbon Development in the Visegrad Group Countries[J]. Energies, 2021,14(13):3823.

[2] Yuan X, Mu R, Zuo J, et al. Economic Development, Energy Consumption, and Air Pollution: A Critical Assessment in China[J]. Human and Ecological Risk Assessment, 2015,21(4):781-798.

[3] Yue W, Fan P, Wei Y D, et al. Economic development, urban expansion, and sustainable development in Shanghai[J]. Stochastic Environmental Research and Risk Assessment, 2014,28(4):783-799.

[4] Ｐ Ａ Ｖ, Stephen S, Leandro S. Urban governance and economic development in the diverse city [J]. European Urban and Regional Studies, 2012,19(3):238-253.

[5] Sassi S, Goaied M. Financial development, ICT diffusion and economic growth: Lessons from MENA region[J]. Telecommunications Policy, 2013,37(4-5):252-261.

[6] Ishida H. The effect of ICT development on economic growth and energy consumption in Japan [J]. Telematics and Informatics, 2015,32(1):79-88.

[7] Peng B, Sheng X, Wei G. Does environmental protection promote economic development? From the perspective of coupling coordination between environmental protection and economic development[J]. Environmental Science and Pollution Research, 2020,27(31):39135-39148.

发展对环境保护的积极影响；Lingming 等[1]以中国 31 个省份为例，研究发现环境规制可通过产业结构转型升级对经济发展质量产生影响，适当调整环境规制政策可促进产业结构升级，从而推进区域经济高质量发展；David 等[2]以非洲地区为例，研究发现信息通信技术的渗透对经济发展产生积极影响；Myovella 等[3]选取撒哈拉以南非洲国家与经济合作与发展组织经济体作比，分析数字化技术对发达国家、发展中国家及最不发达国家经济发展的影响差异，结果表明数字化对三组国家的经济增长均有积极贡献。

根据图 4.6，结合相关文献进行梳理可知，1998—2020 年，CNKI 经济发展研究主要分为三个演化阶段，具体可表述为：

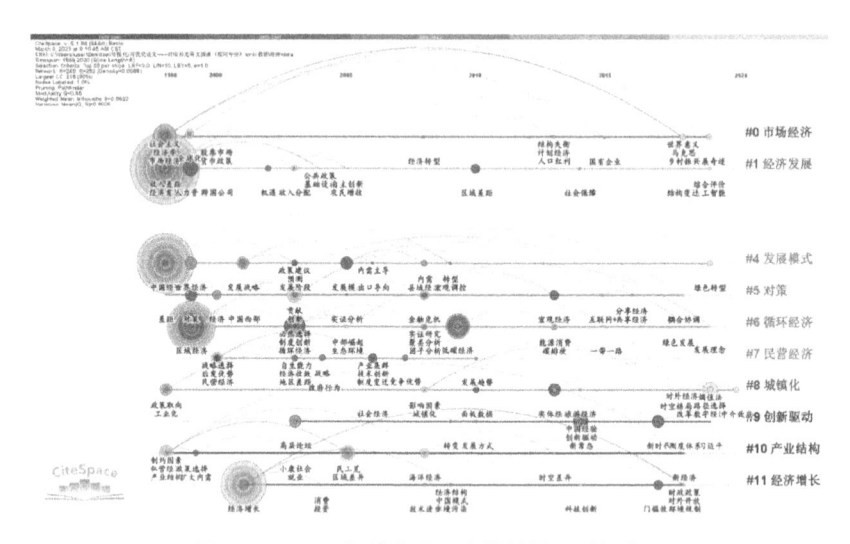

图 4.6 CNKI 经济发展研究的关键词时间线图

1998—2008 年，此阶段的研究重点为经济发展、中国经济发展、区域经济发展、经济增长、循环经济、经济发展战略、生态环境、经济转型等关键词。研究内容主要包括国家经济发展与区域经济发展、循环经济。如李玲[4]指出进入 21 世

---

[1] Lingming C, Wenzhong Y, Congjia H, et al. Environmental Regulations, the Industrial Structure, and High-Quality Regional Economic Development: Evidence from China[J]. Land, 2020, 9(12):517.

[2] David O O, Grobler W. Information and communication technology penetration level as an impetus for economic growth and development in Africa[J]. Economic Research-Ekonomska Istraživanja, 2020, 33(1):1394-1418.

[3] Myovella G, Karacuka M, Haucap J. Digitalization and economic growth: A comparative analysis of Sub-Saharan Africa and OECD economies[J]. Telecommunications Policy, 2020, 44(2):101856.

[4] 李玲. 制约中国经济发展的瓶颈因素及对策建议[J]. 统计与决策, 2005(18):107-109.

纪,中国经济在进入新一轮高速增长周期的同时,遭遇了城乡差距拉大、地区发展不平衡、经济发展和社会发展不协调等一系列制约经济发展的瓶颈因素;张莉[1]对中国区域经济发展战略研究进行了回顾与展望,指出在当前形势下,区域经济问题的解决有赖于对外开放条件下中国城市经济空间组织的深入研究;邓海军[2]认为中国应坚持循环经济的发展理念,在遵循自然生态学规律的基础上,重构经济运行系统;徐福留等[3]提出了生态环境压力法,以定量测量区域经济发展对生态环境的压力,通过探究生态环境压力的变化趋势可深入探究影响因素;董锁成等[4]针对资源型城市经济转型进行研究,提出资源型城市在经济转型的过程中会面临重大经济、社会与环境问题,科技创新、机制体制、发展目标等战略创新有助于资源型城市经济发展成功转型。

2009—2015年,该阶段主要围绕经济发展方式与经济发展模式、低碳经济、实体经济、海洋经济、旅游经济等主题展开研究。如任保平等[5]认为该阶段中国发展面临的约束条件发生了变化,结构失衡出现了新特点,经济发展方式的重点从需求管理向供给管理转变;孙剑[6]指出中国该阶段的经济发展模式面临着经济增长高度依赖投资和过度依赖外部需求等问题,因此应从经济体制、市场主体、资源配置方式、经济增长、产业选择和调控方式等方面对经济发展模式做出调整;徐承红[7]指出低碳经济是人类经济发展史中必然经历的一个阶段,基于中国面临低碳经济发展中的压力和挑战,提出中国应发展聚集型的低碳经济产业链模式,应用技术创新等手段推动和实现经济发展向低碳经济转型;丁兆庆[8]指出2008年金融危机爆发后,中国的实体经济遭受较大冲击,面临巨大困境,因此必须实施更加有利于实体经济发展的政策措施推进实体经济发展;董杨[9]针对海洋经济对中国沿海地区经济发展的带动效应进行了评价研究,并在此基础上针对海洋经济在沿海地

---

[1] 张莉. 我国区域经济发展战略研究的回顾与展望[J]. 地理学与国土研究,1999(4):1-7.

[2] 邓海军. 构建我国循环经济发展模式的研究[J]. 四川师范大学学报(社会科学版),2005,32(5):40-44.

[3] 徐福留,赵珊珊,杜婷婷,等. 区域经济发展对生态环境压力的定量评价[J]. 中国人口·资源与环境,2004(4):32-38.

[4] 董锁成,李泽红,李斌,等. 中国资源型城市经济转型问题与战略探索[J]. 中国人口·资源与环境,2007(5):12-17.

[5] 任保平,张弦. 中国经济发展方式由需求管理向供给管理的转变[J]. 学习与探索,2013(5):104-109.

[6] 孙剑. 中国经济发展模式的演进与新模式的构建[J]. 理论学刊,2010(9):36-39.

[7] 徐承红. 低碳经济与中国经济发展之路[J]. 管理世界,2010(7):171-172.

[8] 丁兆庆. 加快推进中国实体经济发展研究[J]. 理论学刊,2013(9):39-43.

[9] 董杨. 海洋经济对我国沿海地区经济发展的带动效应评价研究[J]. 宏观经济研究,2016(11):161-166.

区经济发展中存在的问题提出中国发展海洋经济的相关对策;毛润泽[①]基于发展经济学理论,分地区实证分析了影响中国区域旅游经济发展的关键因素。

2016—2020年,该阶段研究内容紧跟时代主题,主要围绕经济高质量发展研究主题展开。党的十九大报告提出,中国特色社会主义进入了新时代,在经济方面,就是"由高速增长阶段转向高质量发展阶段"。所谓高质量发展,就是按照"创新、绿色、协调、开放、共享"五大发展理念,满足人民日益增长的美好生活需要,实现生产要素投入少、资源配置效率高、资源环境成本低、经济社会效益好的可持续发展。图4.6表明,该阶段出现的代表性的关键词有新经济、经济发展质量、绿色发展、改革、结构变迁等。如郑耀群等学者[②]从不同维度构建了中国经济高质量发展水平的综合测度指标体系,对中国经济的高质量发展水平进行了测度;任保平等[③]指出了以新发展理念引领中国经济高质量发展的难点及实现路径,建议在推动中国经济高质量发展时进一步激发创新发展活力,加强协调发展的整体性,推进绿色发展制度体系建设,形成高水平对外开放的新格局,增强公共服务供给能力;周明星[④]指出五大发展理念与中国梦高度关联,五大发展理念为中国梦提供理念指导,中国梦是五大发展理念的使命应然,二者相互推进;杨永芳等[⑤]认为生态环境保护与区域经济高质量发展是中国全面建成小康社会和社会主义现代化强国的重要任务,对推进环境的高水平保护和经济高质量发展具有重要的现实意义。

总体看来,国内外经济发展领域研究热点演化衔接流畅、重点明确。环境问题出现在世界经济腾飞的时间节点上,并在此后作为研究热点贯穿经济发展领域脉络。当前国内外经济发展研究领域热点聚焦于不同视角下生态与经济协调发展的研究与经济高质量发展研究。

---

① 毛润泽.中国区域旅游经济发展影响因素的实证分析[J].经济问题探索,2012(8):48-53.
② 鲁邦克,邢茂源,杨青龙.中国经济高质量发展水平的测度与时空差异分析[J].统计与决策,2019,35(21):113-117.
郑耀群,葛星.中国经济高质量发展水平的测度及其空间非均衡分析[J].统计与决策,2020,36(24):84-88.
朱彬.中国经济高质量发展水平的综合测度[J].统计与决策,2020,36(15):9-13.
王伟.中国经济高质量发展的测度与评估[J].华东经济管理,2020,34(6):1-9.
③ 任保平,宋雪纯.以新发展理念引领中国经济高质量发展的难点及实现路径[J].经济纵横,2020(6):45-54+2.
④ 周明星."五大发展理念"与"中国梦"内在联系探究[J].新疆社会科学,2018(2):16-22.
⑤ 杨永芳,王秦.我国生态环境保护与区域经济高质量发展协调性评价[J].工业技术经济,2020,39(11):69-74.

4.3 中国省区城市治理的经济高质量发展变化

4.3.1 中国省区城市治理基础设施建设变化

4.3.1.1 中国省区网络基础设施建设变化

从全国网络基础设施建设变化来看，自新时代以来，我国网络基础设施建设取得了显著成果，互联网宽带接入用户数、移动互联网用户数以及长途光缆线路长度等方面均呈现出积极的发展态势（见图4.7）。具体而言，我国互联网宽带接入用户数持续以年均13.09%的增速稳步上升。而移动互联网用户数的发展则呈现出一种先高速增长，后增速逐渐放缓的变动趋势。这是因为，在初期，由于智能手机等移动设备的普及和移动互联网服务的丰富，用户数实现了爆发式增长。然而，随着全国网络基础设施的趋于完善，人们使用移动互联网变得更加便捷，进而使得市场逐渐饱和，移动互联网增速逐渐趋于平稳。整体上我国的长途光缆线路长度呈现出较为平稳低速的增长态势，年均增速仅为2.42%。然而，2018年由于技术升级、网络优化等因素的影响，多个省区长途光缆线路长度下降。这一局部波动并未对我国网络基础设施建设的整体发展趋势产生根本性影响，并持续为经济社会发展提供有力支撑。

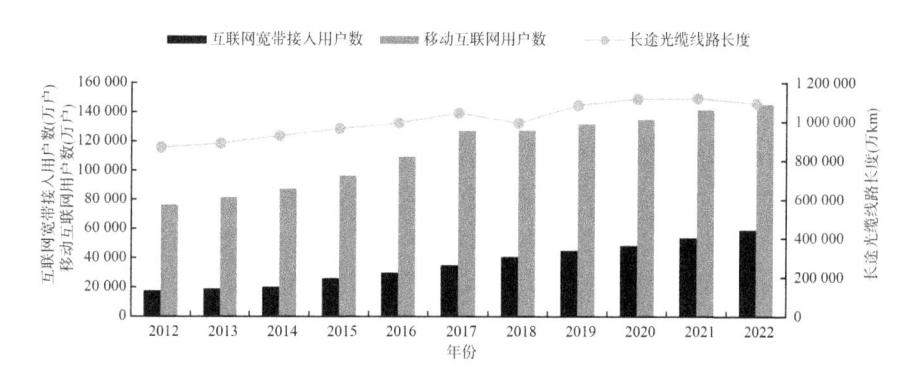

图4.7　2012—2022年全国网络基础设施建设变化

具体从各省区的网络基础设施建设变化来看：

在互联网宽带接入户数方面，我国31个省区呈现出持续增长的发展态势（见图4.8）。其中，在2012—2014年期间，各个省区的互联网宽带接入户数均表现出较低的增长水平。然而，自2015年起，这一增长态势出现了显著的转折，众多省区,尤其是东部沿海经济发达及人口密集、技术先进的省区,互联网宽带接入户数实现了迅猛增长。广东、江苏、山东、河南和四川等省区在互联网宽带接入户数方面位列全国前列,这不仅体现了这些省区居民对互联网服务的高需求,也充分说明了这些省区在互联网宽带基础设施建设方面的完善与成熟。截至2022年,我国绝大多数省区的互联网宽带已经普及。尽管西藏、青海和宁夏等西部省区的互联网宽带接入户数在全国范围内仍处于较低水平,但值得肯定的是,这些省区的年均增速较高,增幅甚至达到了五倍以上。这一显著的增长态势表明,西部地区的互联网宽带基础设施建设正在逐步完善,并日益深入地融入当地居民的生活之中。

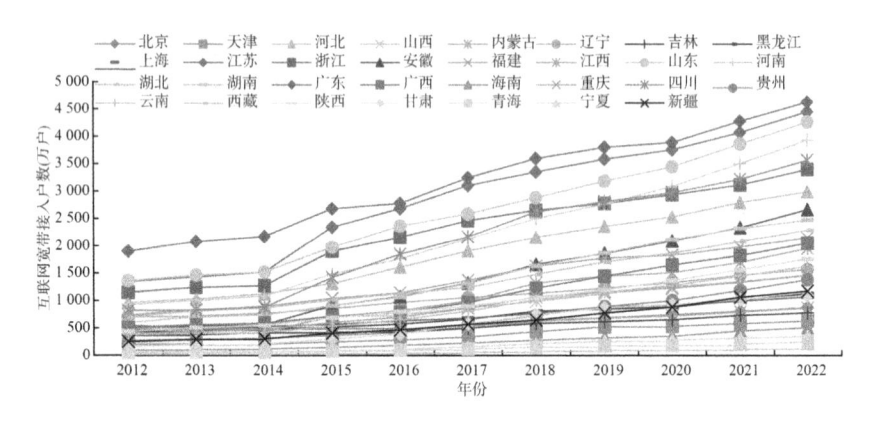

图 4.8 2012—2022 年各省区互联网宽带接入户数变化

在移动互联网用户数变化方面,我国 31 个省区也呈现出较为稳定的增长态势(见图 4.9)。绝大多数省区在 2017 年迎来了移动互联网用户数的大幅增长,这与智能手机技术的快速发展、移动互联网服务的普及以及用户消费习惯的改变有关。广东作为经济大省和全国的科技创新中心,其移动互联网用户数始终位于全国首位。这主要得益于广东本身在移动互联网设施建设方面的持续投入和完善,为用户提供了优质的移动网络服务。与互联网宽带接入户数的表现相似,山东、江苏、河南、浙江和四川等省区在移动互联网用户数方面也居于全国前列。这些省区在移动互联网基础设施建设方面取得了显著成效,满足了用户对高质量网络服务的需求。然而,西藏、青海和宁夏等西部省区在移动互联网用户数方面处于全国末位。这可能与这些省区地理环境复杂、经济发展相对滞后以及移动互联网设施覆盖不足等因素有关。从增长速度的角度来看,河南、安徽和江西等省区在移动互联网用户数方面增长较快。这表明这些省区在移动互联网设施完善程度方面取得了显著进步,为用户提供了更加便捷、高效的网络服务。

相比之下，北京、天津和广东等发达省区由于本身移动互联网设施建设已经相对成熟，移动互联网已经被普遍使用，因此在增长速度方面相对较低。

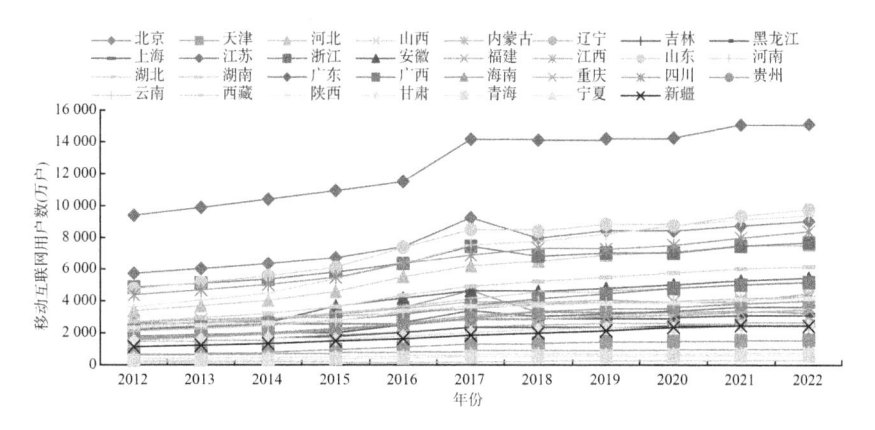

图 4.9　2012—2022 年各省区移动互联网用户数变化

长途光缆线路长度越长，通常意味着该地区的网络覆盖范围更广，传输网络设施越完善，网络传输速度也越快（见图 4.10）。而在这方面，我国绝大多数省区没有表现出较为明显的增长和波动，31 个省区的长途光缆线路长度的年均增速仅为 3.07%，这一相对稳定的增长趋势表明绝大多数省区的网络覆盖和传输网络设施已经达到了相对成熟的阶段，能够基本满足其省区内民众的日常使用需求。然而，个别省区如四川的长途光缆线路长度却呈现出显著的波动性。四川在 2019—2021 年间经历了长途光缆线路长度的激增，然而这一增长趋势在 2022 年却有所回落，回到了之前的水平。这一现象可能受到多种因素的影响，包括但不限于政策调整、经济波动、技术发展以及地理环境等。四川、内蒙古和

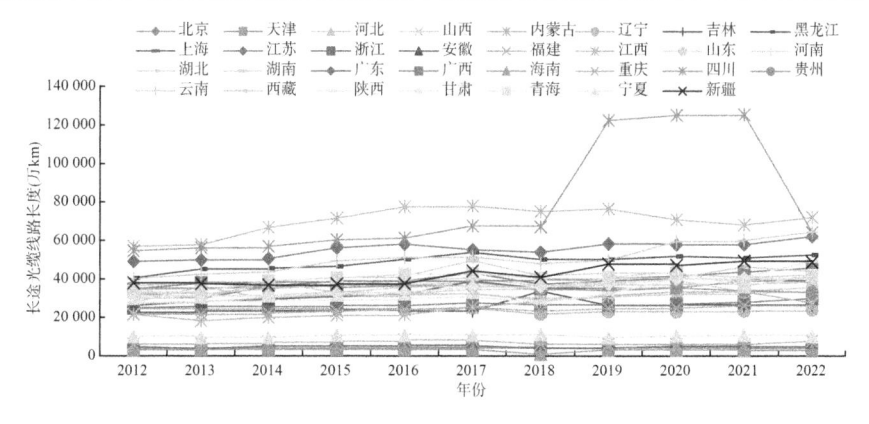

图 4.10　2012—2022 年各省区长途光缆线路长度变化

广东等省区的长途光缆线路长度在全国范围内处于领先地位。这一优势可能归因于这些省区本身地域辽阔,对通信基础设施的需求更大有关。

4.3.1.2 中国省区交通基础设施建设变化

从全国交通基础设施建设变化来看,自新时代以来,我国交通基础设施在逐渐丰富和完善(见图4.11)。具体而言,轨道交通和高速公路作为交通基础设施的两大核心组成部分,其总里程分别呈现出年均16.63%和6.33%的稳定增长,这一趋势不仅彰显了我国在交通基础设施领域投资力度的加大,也反映了我国交通网络布局的不断优化。与此同时,公共交通运营线路总长度亦呈现出持续增长的趋势,特别是在2021年,其增长率高达52.9%,实现了历史性的大幅度提升。这一显著增长不仅表明我国在公共交通服务领域的投入取得了显著成效,也进一步提升了我国城市交通的便捷性和通达性,满足了人民群众日益增长的出行需求。

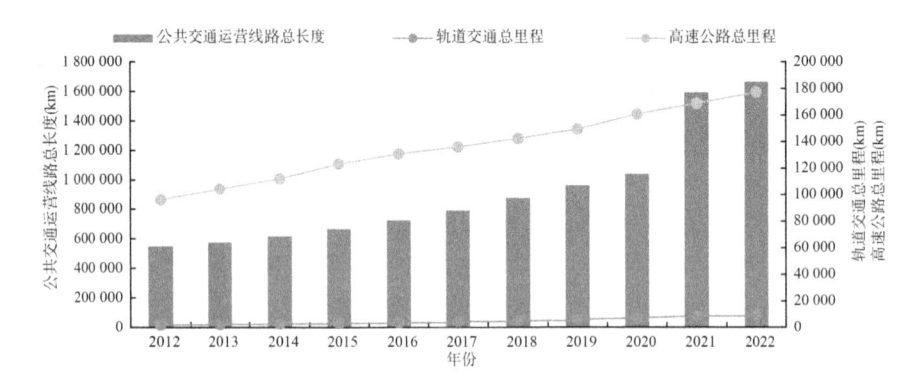

图4.11 2012—2022年全国交通基础设施建设变化

具体从各省区的交通基础设施建设变化来看:

在轨道交通总里程方面,自新时代以来,我国绝大多数省区均积极推进轨道交通的建设与拓展,显著促进了各自交通基础设施体系的进一步完善(见图4.12)。具体而言,一些原先缺乏轨道交通设施的省区,如河北、山西、内蒙古和云南等,已成功实现了从"无"到"有"的跨越性突破,这标志着我国轨道交通网络在全国范围内的广泛覆盖和均衡发展。目前我国海南、西藏、青海和宁夏由于本身地理原因,轨道交通建设处于空白。与此同时,广东、江苏和浙江等经济发达省区在已有轨道交通基础上,仍持续以较高的增长率扩大其轨道交通网络,这反映了这些省区对于轨道交通发展的高度重视和积极投入。

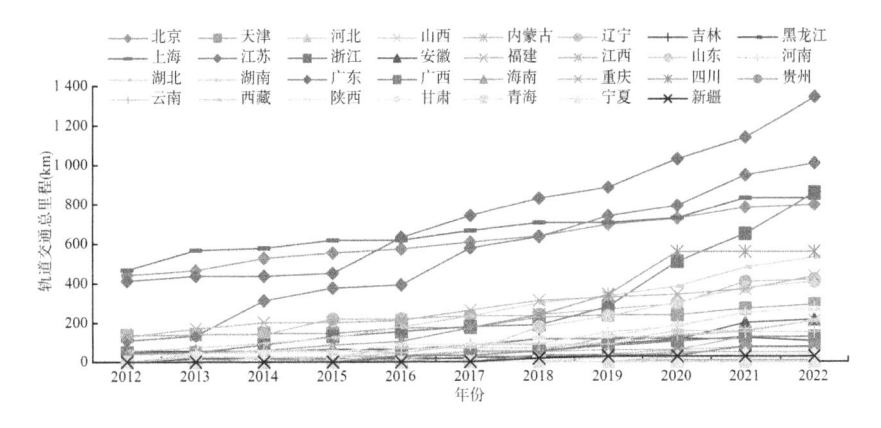

图 4.12　2012—2022 年各省区轨道交通总里程变化

在公共交通运营线路总长度方面,2012—2020 年期间,我国绝大多数省区的公共交通运营线路总长度在 20 000 km 以内,并且公共交通运营线路总长度的增长相对较低(见图 4.13)。然而在 2021 年,部分省区的公共交通运营线路总长度都出现了较大幅度的增长,2022 年增速逐渐放缓。这可以归因于公共交通运营线路的开发与拓展往往需要长时间的前期规划与资源积累,包括线路规划、站点设置、车辆调配等多方面的复杂工作。这些工作并非一蹴而就,而是需要经过深思熟虑和精细安排,以确保公共交通系统的高效与安全。山东、广东、浙江、江苏以及河北的公共交通运营线路总长度居于全国前列,这表明这些省区的公共交通基础设施建设在逐渐的拓宽,以更好地满足人们的需求。

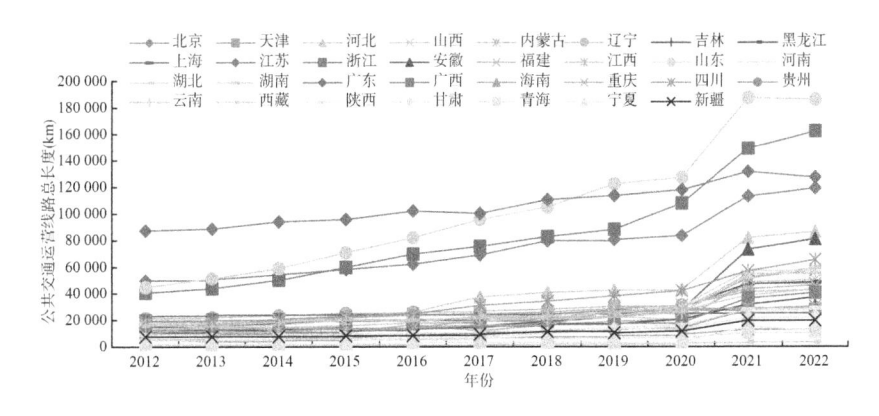

图 4.13　2012—2022 年各省区公共交通运营线路总长度变化

在高速公路总里程方面,新时代以来大多数省区的高速公路总里程维持在 0.3 万至 0.6 万 km 的范围内,显示出一种低速但稳定的增长态势(见图 4.14)。

这种增长模式反映了我国高速公路网络建设的均衡性和可持续性，同时也揭示了各地在基础设施建设上的稳步推进。广东、云南、贵州和四川等省区在高速公路建设方面呈现出较快的增长速度。这一趋势归因于这些地区在经济发展、交通需求以及地理条件等方面的特殊性。西藏地区由于特殊的地理条件，其高速公路总里程处于全国最低水平。上海、北京和天津等直辖市在高速公路建设长度上则受制于自身地域范围的大小。这些城市由于土地面积有限，高速公路总里程数处于全国较低水平。同时，由于这些地区的高速公路建设已经较为完善，因此并未表现出明显的增长趋势。然而，这并不意味着这些地区在交通基础设施建设上的停滞不前，相反，它们正在通过优化交通网络、提高交通管理效率等方式，进一步提升交通服务水平和居民出行体验。

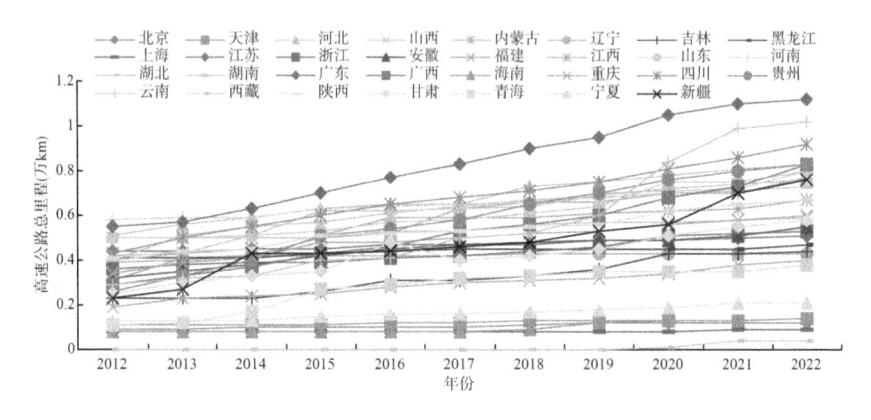

图 4.14　2012—2022 年各省区高速公路总里程变化

4.3.1.3　中国省区能源基础设施建设变化

进入新时代以来，我国能源基础设施建设取得了一定的进展，特别是在天然气供应领域，其增长势头尤为强劲，逐渐取代了液化石油气成为主要的能源供应来源（见图 4.15）。自 2012 年起，液化石油气的供应量便呈现逐步下降的发展趋势，年均增速为 −3.49%，显示出其在我国能源消费结构中的地位逐渐降低。这与能源结构的调整、环保政策的推动以及市场需求的转变等有关。同时，天然气的供应却呈现出强劲的增长势头，以年均 8.44% 的增速持续增长，弥补了液化石油气供应下降带来的能源缺口。2016 年，天然气的供应量超过了液化石油气，成为我国最重要的能源供应来源。这反映出新时代以来我国加快了天然气管道、储气设施等基础设施的建设步伐。这些基础设施的建设为天然气的稳定供应提供了有力保障，同时也为我国能源消费结构的调整奠定了坚实基础。

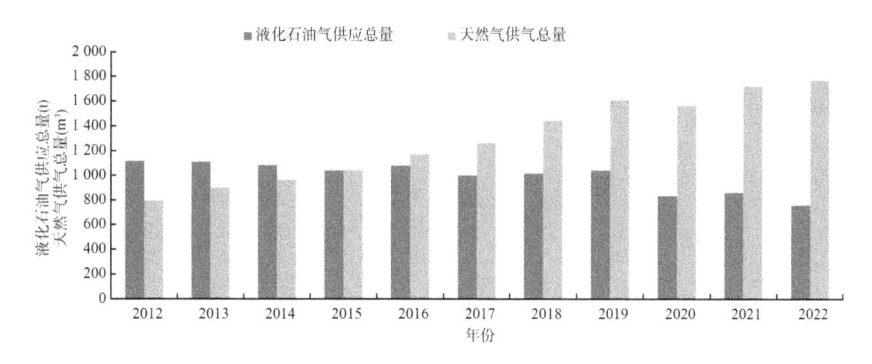

图 4.15 2012—2022 年全国能源基础设施建设变化

具体从各省区的能源基础设施建设变化来看：

结合各个省区的液化石油气和天然气的供应量变动情况来看，新时代以来，绝大多数省区的液化石油气供给量普遍呈现一定程度的下滑趋势（见图 4.16）；与此同时，所有省区的天然气供应量均呈现出显著的增长态势（见图 4.17）。这一趋势反映了我国天然气供应基础设施建设的逐步增强且未来会持续完善，以替代传统的、会造成较大污染的液化石油气。其间，个别省区液化石油气的供给量出现了一定上升，如浙江、福建、湖南和四川，这种增长可能归因于这些地区对能源需求的持续攀升，而天然气供给能力尚未能充分满足其能源需求。因此，这些地区在短期内仍依赖于液化石油气作为能源供应的补充。而山西、辽宁、海南、贵州、陕西、青海和宁夏液化石油气供给量远高于天然气供给量，这一现象可能源于这些地区天然气供应基础设施建设相对滞后，以及对使用传统液化石油气的基础设施的依赖程度较高。

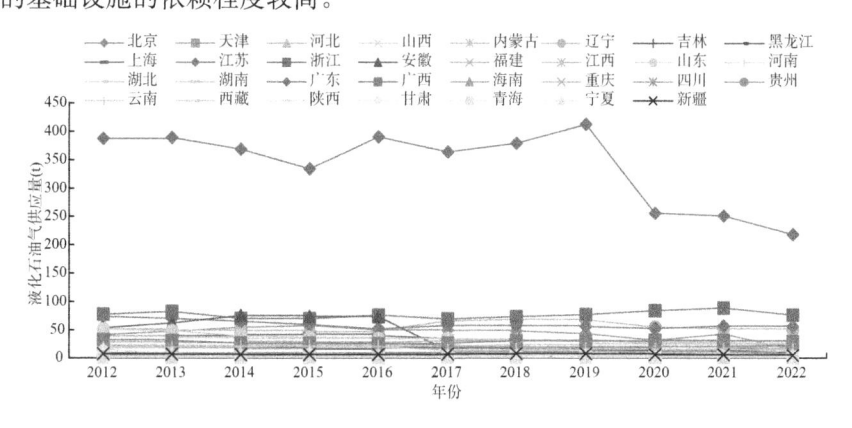

图 4.16 2012—2022 年各省区液化石油气供应量变化

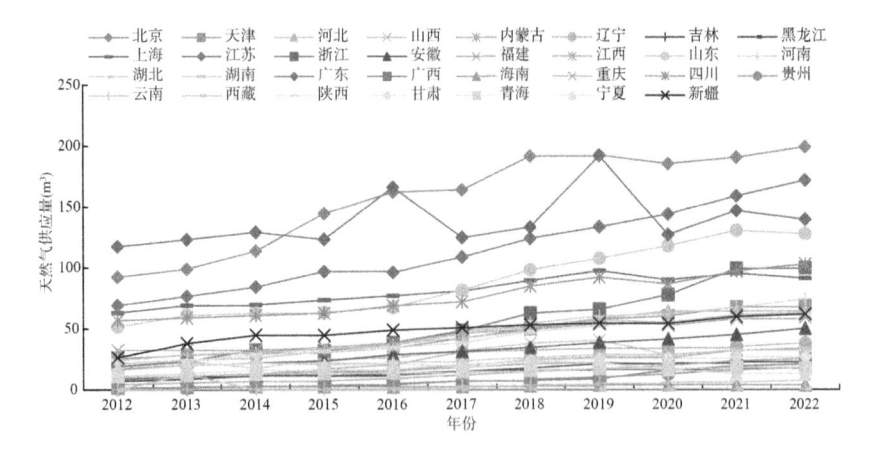

图 4.17 2012—2022 年各省区天然气供应量变化

4.3.1.4 中国省区水利基础设施建设变化

新时代以来,全国总体的水利基础设施建设呈现出较为稳定的增长态势。其在管道建设以及供水基础设施建设方面均表现出较为稳定的增长趋势(见图4.18)。在管道建设方面,全国的排水管道和自来水供水管道长度分别以年均7.70%和6.42%的增速稳定增长,并且城市的供水管漏损率以年均1.95%的速度持续下跌,凸显了我国在供、排水设施建设方面日益完善,同时也证明了我国在节水建设领域取得了一定成效。我国的用水普及率属于高位低增长的发展态势,以年均2.24%的增速稳定提升,表明我国居民饮用水的普及程度较高,且供水设施较为完善。在水利防洪设施建设,全国总体的1、2级堤防长度占比基本保持稳定,以较为缓慢的速率呈持续下跌的发展趋势,表明我国的防洪设施建设相对较为完善。

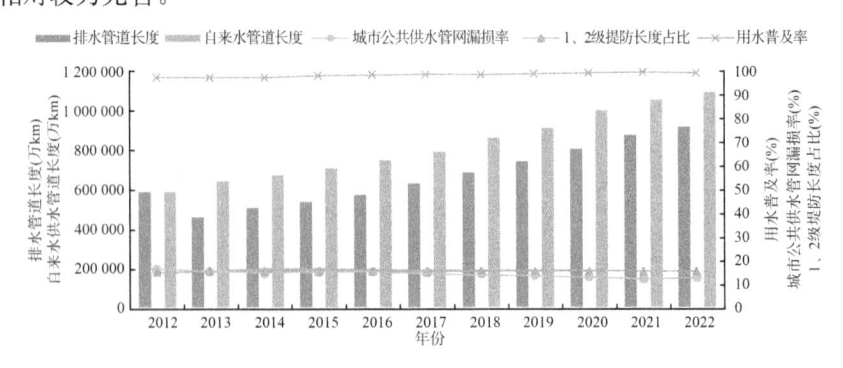

图 4.18 2012—2022 年全国水利基础设施建设变化

具体从各省区的水利基础设施建设变化来看：

从管道建设方面来看，绝大多数省区的排水管道和自来水供水管道长度表现出逐年增长的发展趋势，但也存在一定的波动（见图4.19～图4.20）。其中广东的排水管道长度波动较大，分别在2016年和2019年出现两次峰值，而后又出现下降。在全国的管道建设布局中，北京、广东、江苏、山东、上海、四川和浙江的排水管道长度显著领先于其他省区，位列全国前列。相比之下，绝大多数省区的排水管道长度则维持在75万km以下，显示出这些地区在管道建设方面仍有较大的发展空间。在自来水供水管道方面，广东、江苏、浙江、山东、四川和湖南同样表现突出，其管道长度位居全国前列。这些地区的供水管道建设相对完善，能够较好地满足当地居民和企业的用水需求。西部地区的排水和供水管道建设均表现出相对薄弱的态势，其管道长度在全国范围内处于较低水平。综上所述，广东、江苏、山东和浙江等较为发达的省区在水利管道建设方面表现较为完善，而西部地区则相对薄弱。

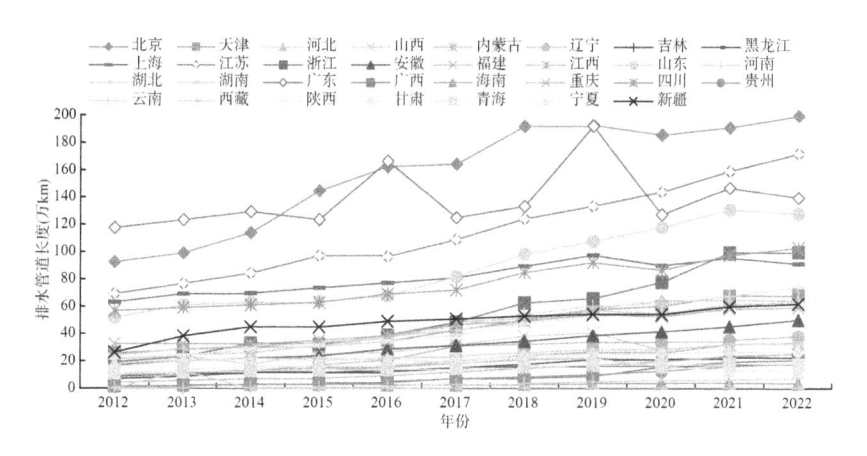

图4.19 2012—2022年各省区排水管道长度变化

进一步地，在管道节水设施建设方面，主要可以通过城市公共供水管漏损率来比较。我国绝大多数省区的供水管漏损率处于10%～20%的区间范围内，呈现低速稳步下降的发展趋势，但其与国家提出的将城市公共供水管漏损率控制在9%以下的要求仍有一定的差距（见图4.21）。东北三省的城市公共供水管漏损率较高，表明东北在管道节水设施建设方面存在着一定不足。甘肃的城市公共供水管漏损率最低。各个省区之间城市公共供水管漏损率的波动表现出明显的无规律性，这种波动可能受到多种因素的影响，包括各省区的气候条件变化、供水管道设施的老化程度、维护管理水平以及节水政策的实施力度等。

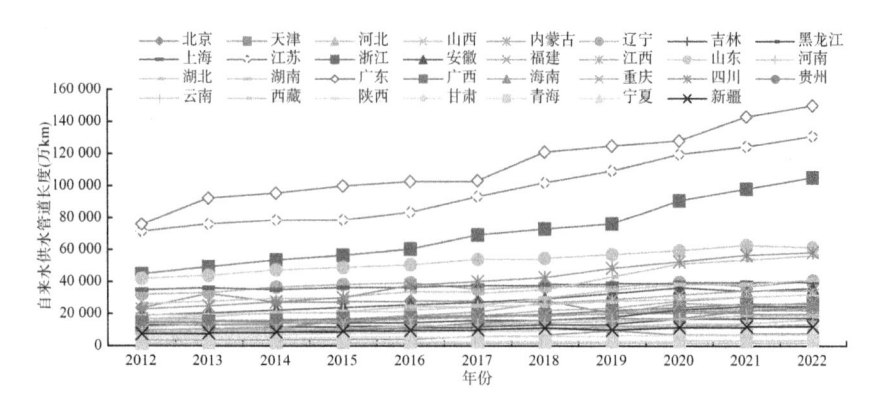

图 4.20　2012—2022 年各省区自来水供水管道长度变化

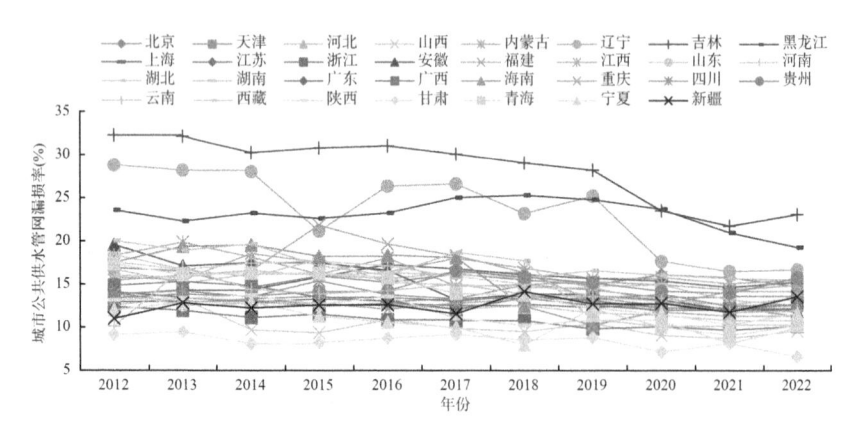

图 4.21　2012—2022 年各省区城市公共供水管网漏损率变化

在用水普及率方面,我国绝大多数省区的用水普及率在 95% 以上,这表明这些省区的居民用水的普及程度较高,反映了其用水设施覆盖程度较高,说明我国绝大多数省区的供水基础设施的完善程度较高(见图 4.22)。综合来看,西部地区的用水普及率较低,这是因为这些省地广人稀,水利设施建设全面覆盖难度较高。西藏的用水普及率表现出了较大的波动,尤其是在 2016 年,其用水普及率下降至 67.67%,这一现象的原因可能是多方面的,包括但不限于气候条件的变化、水资源分布不均、水利设施建设的滞后以及政策实施力度不足等。

在防洪设施建设方面,从 1、2 级堤防长度占比来看,除个别省区外,绝大多数省区的 1、2 级堤防长度占比保持稳定,没有出现明显的增幅(见图 4.23)。这反映出这些省区本身的堤防建设就相对较为完善。其中,上海、天津、北京、河北和吉林的 1、2 级堤防比重处于全国前列。其中,天津和上海的 1、2 级堤防比重显著高于其他省区。上海在2019年大幅推进了1、2级堤防的建设,使其1、2级提防提升了30.7%。

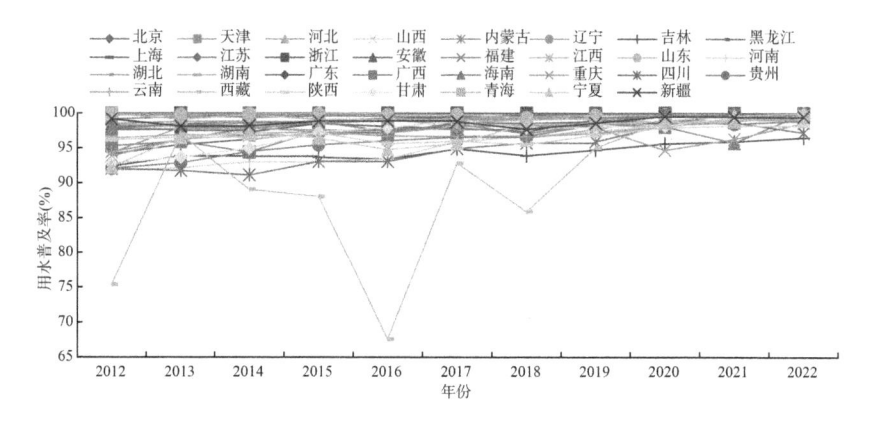

图4.22 2012—2022年各省区用水普及率变化

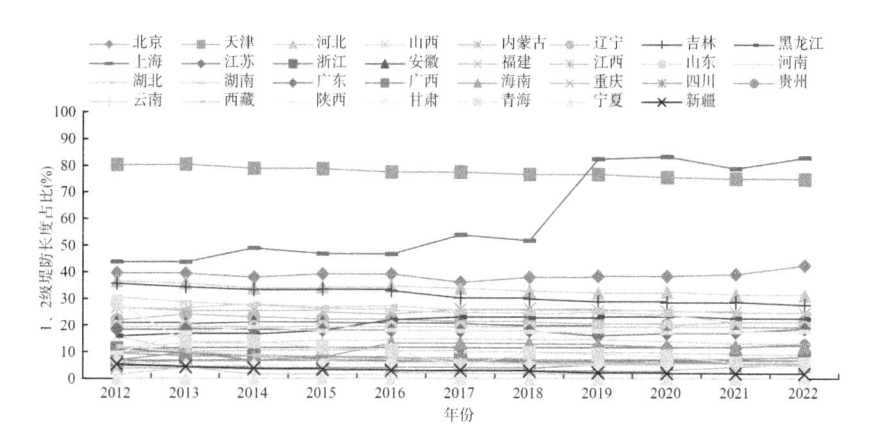

图4.23 2012—2022年各省区1、2级堤防长度占比变化

4.3.2 中国省区城市治理数智化产业发展变化

4.3.2.1 中国省区数智产业化发展变化

我国数智产业化的总体发展态势展现出稳健且持续的演进轨迹(见图4.24)。在人力资源配置方面,信息化产业领域的从业人员比例逐年攀升,其年均增长速率高达8.2%,至2022年,这一比例已显著提升至3.17%,充分反映了数智化趋势对就业结构的深刻影响。从市场角度来看,我国软件业务与信息技

术服务的收入均保持着高速且稳定的增长。其中,软件业务收入占据主导地位,但值得注意的是,信息技术服务收入的增速超越了软件业务,两者的年均增长率分别为 15.88% 和 17.69%。这一数据对比揭示出,在数智化浪潮中,信息技术服务领域正迅速崛起,其增长势头强劲,预示着未来我国数智化产业结构将进一步优化和升级。

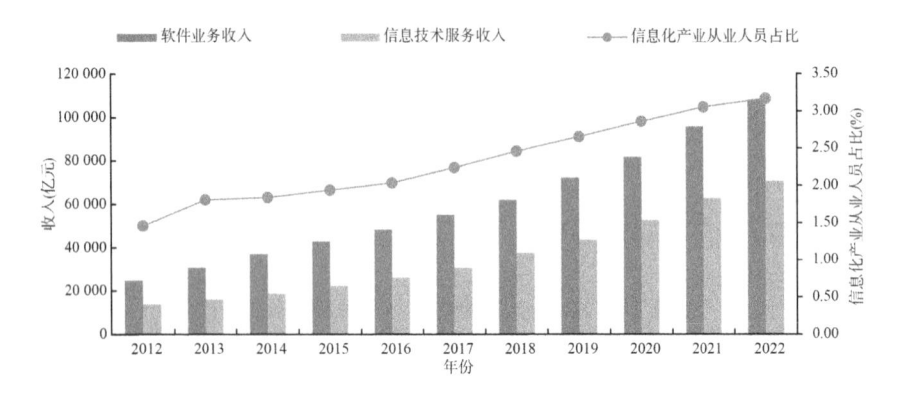

图 4.24 2012—2022 年全国数智产业化发展变化

具体从各省区的数智化产业发展变化来看:

在数智产业化的人力资源配置方面,除山西外,我国各省区均表现出增长态势(见图 4.25),年均增长率在 7% 左右。山西的信息化产业人员比重呈现下降趋势,2022 年与 2012 年相比下降了 4.28%,且处于全国最低水平,表明山西的数智产业化发展能力不足。我国绝大多数省区的信息化产业人员比重处于 3% 以下。北京的信息化产业从业人员比重始终居于全国第一位,且其他省区与其相比存在较大的差距,截至 2022 年,北京的信息化产业从业人员比重达到了 13.5%。上海在 2013 年信息化产业从业人数比重实现了较大幅度的增长,此后以年均 9.83% 的增长率稳步提升,其信息化产业从业人数达到全国第二的水平。

从业务市场的角度来看,北京、广东、江苏、浙江、上海和山东的软件业务和信息技术服务收入均居于全国前列,特别是自 2017 年起,这些地区以较高的年均增速持续推动产业收入稳步提升,充分显示了其在数智产业化领域的强劲发展势头(见图 4.26～图 4.27)。具体而言,北京市的软件业务和信息技术服务收入的年均增长率尤为瞩目,均超过 20%,表现出高位高速增长的发展态势,这一数据不仅体现了北京市在数智产业化领域的显著优势,更彰显出其数智产业化发展的迅猛。相较之下,绝大多数省区的软件业务收入规模尚未突破 5 000 亿元大关,而信息技术服务收入则多维持在 2 000 亿元以内,显示出各省区在数智

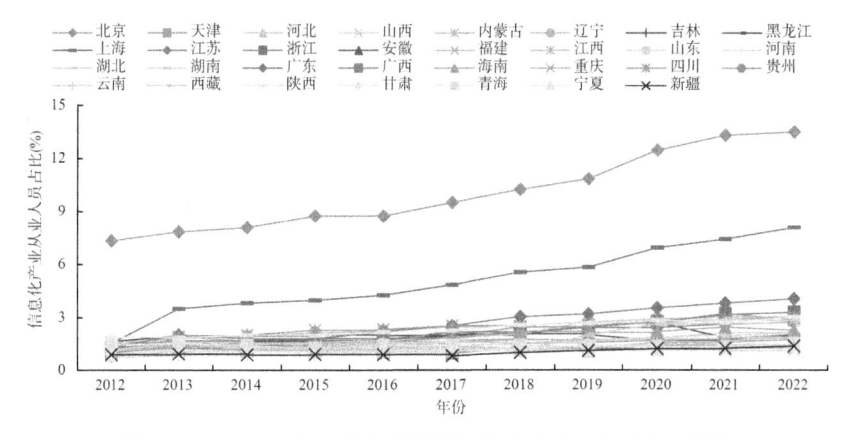

第四章 新时代中国省区城市治理的经济高质量发展指数

图 4.25 2012—2022 年各省区信息化产业从业人员占比变化

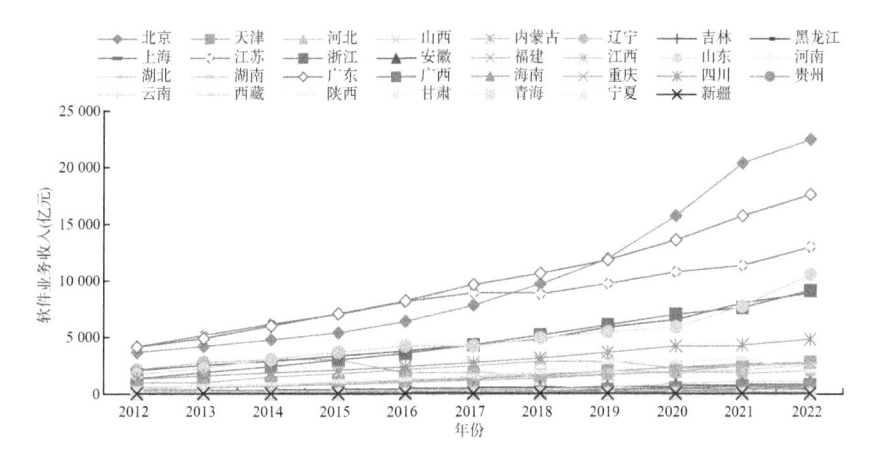

图 4.26 2012—2022 年各省区软件业务收入变化

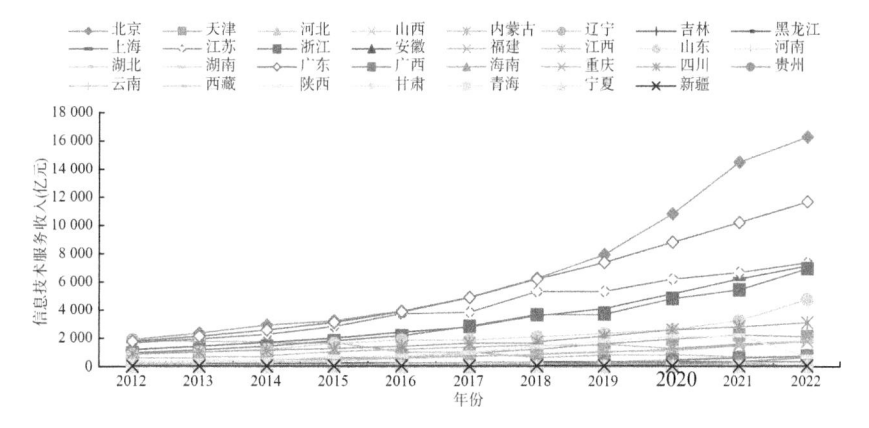

图 4.27 2012—2022 年各省区信息技术服务收入变化

产业化发展上的差异性。西藏尚未在这两个业务领域有所发展,表明西藏的数智产业化发展还处于空白。

4.3.2.2 中国省区产业数智化发展变化

我国的产业数智化表现由初期的高速增长逐步转向增速的渐进式放缓。这一态势体现了产业数智化在成熟过程中的自然调整。从企业的角度看,我国在2012—2017年间,每百家企业拥有的网站数增长幅度有限,而在2018—2022年则呈现出持续的下跌趋势(见图4.28)。这种变化可能与市场竞争的加剧、企业数字化转型的深入以及技术迭代带来的成本效益变化等因素密切相关。随着数字技术的广泛应用和市场竞争的加剧,企业对于网站的需求可能从简单的展示转向更为复杂和专业的数字化服务,从而导致网站数目的减少。有电子商务交易活动的企业比重也呈现出类似的发展态势。在2012—2016年期间,全国有电子商务交易活动的企业比重以年均31%的增长率高速增长,随后在2017年出现了一定幅度的下滑,之后以约5%的年均增速稳定增长。这种变化归因于电子商务市场的逐渐饱和、消费者行为的变化以及政策监管的调整等多重因素。随着电子商务市场的日益成熟和竞争的加剧,企业对于电子商务的投入可能更加理性和精准,同时,政策监管的加强也可能对电子商务市场产生一定的影响。从更广泛的民生视角来看,全国每百人使用计算机数在数年间的增长显示了我国计算机普及程度的持续提高,虽然年均增速逐渐放缓,但这一数据仍表明我国计算机普及程度已经达到了较高的水平。

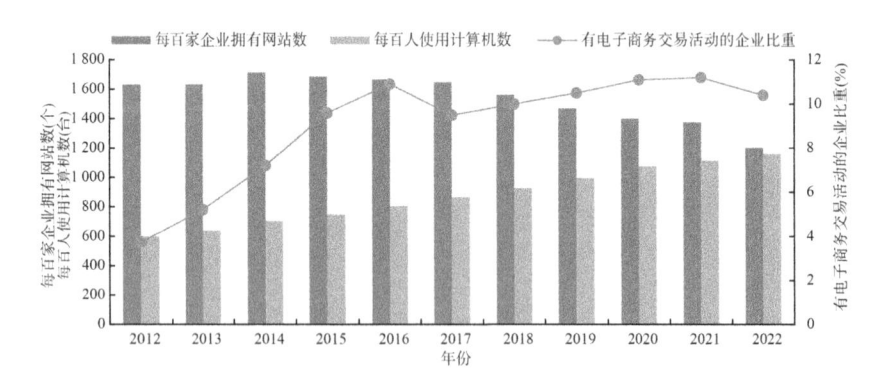

图 4.28 2012—2022 年全国产业数智化发展变化

具体从各省区的产业数智化发展变化来看:

从企业的角度来看我国各省区的产业数智化变化情况,绝大多数省区的每百家企业拥有网站数在2012—2017年保持稳定,从2018年开始逐年下滑(见图

4.29）。其中，新疆和江苏的每百家企业拥有网站数降幅最大，而广西在从2015年开始就出现了大幅度的下滑，而后又保持一定的增长率，其每百家企业拥有网站数维持在25个上下。在有电子商务交易活动的企业比重方面（见图4.30），绝大多数省区在2016年达到一个高峰，随后出现了不同程度的下滑，并最终稳定在5％～12％的区间范围内。这一趋势表明，随着电子商务市场的逐渐成熟和竞争的加剧，企业对于电子商务的投入可能更加理性和精准，从而导致了这一比重的稳定。北京的有电子商务交易活动的企业比重在全国范围内处于领先地位，并且以15.73％的年均增速持续增长。这一数据不仅凸显了北京作为一线城市在产业数智化方面的领先地位，也进一步证实了北京在电子商务和数字经济发展方面的高度活跃和持续投入。

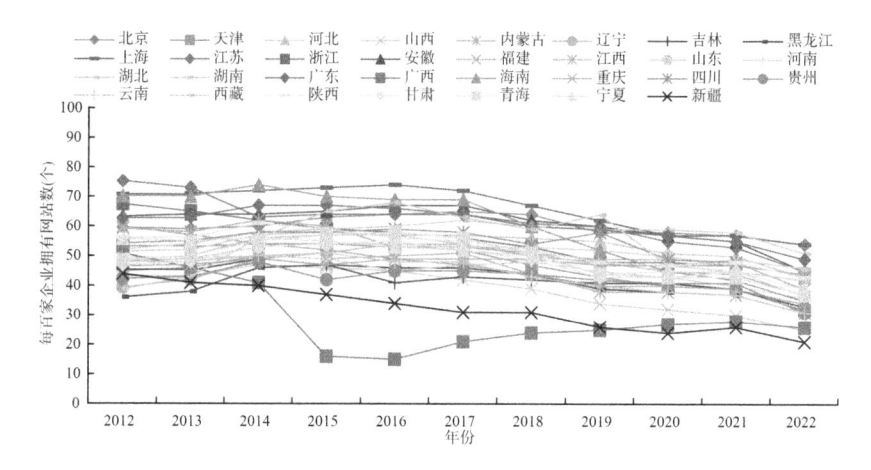

图4.29　2012—2022年各省区每百家企业拥有网站数目变化

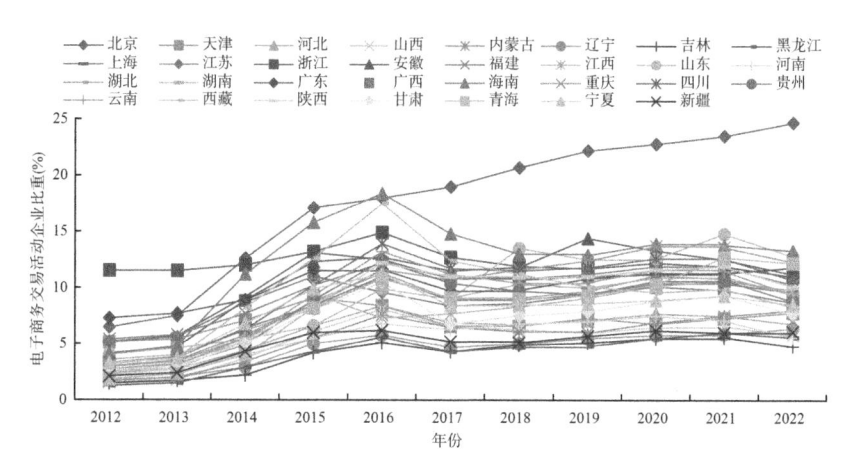

图4.30　有电子商务交易活动的企业比重变化

从每百人使用计算机数的动态变化来看，全国各省区均展现出持续且稳步增长的发展态势（见图4.31）。根据统计数据，所有省区的年均增长率达到14.24%，这一显著的增长率充分反映了我国信息技术普及与应用的快速进步。北京和上海两大直辖市在计算机普及程度上表现突出。截至2022年，北京的每百人使用计算机数已达到81台，而上海紧随其后，达到68台。这一数据不仅表明北京和上海在计算机普及和应用上处于全国领先地位，同时也意味着这两地在产业数智化发展中具备了坚实的基础和较高的保障水平。相比之下，绝大多数省区的每百人使用计算机数稳定在30~40台的区间范围内。尽管这些地区与北京、上海等一线城市在计算机普及程度上存在一定差距，但整体而言，全国范围内的计算机普及水平都在稳步提升，为各地区产业数智化发展提供了有力支撑。

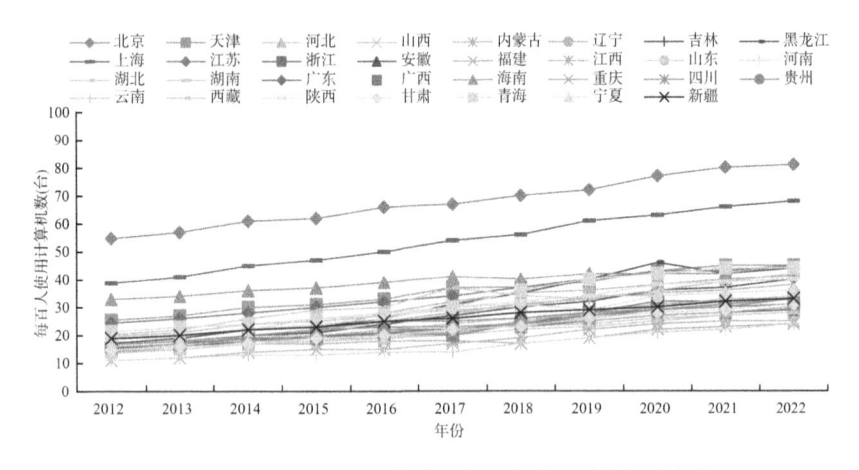

图4.31 2012—2022年各省区每百人使用计算机数变化

4.3.3 中国省区城市治理经济发展质效变化

4.3.3.1 中国省区经济发展效益变化

新时代以来，我国的经济发展效益主要体现在经济增长和居民消费水平两个方面。综合来看，我国的经济效益呈现平稳向好的发展趋势，但是容易受到外部经济变化的影响。从经济增长变化来看，全国的人均GDP和人均可支配收入均呈现增长的积极态势（见图4.32），年均增长率分别为7.97%和8.39%。从消费水平变化来看，全国城市居民恩格尔系数在2012—2019年期间呈现持续下降的发展趋势，这表明在该时期内我国居民的生活水平在逐年提高，消费结构逐渐优化,然而因受到疫情冲击的影响,外部经济环境较为严峻,进而导致2020年城市居民恩格尔系数出现了较大幅度的提升,截至2022年,城市居民恩格尔系数仍维持在30%以上。全国人均社会消费品零售总额呈现低速稳定增长态势,年均增长率为7.62%,表明我国的消费市场持续繁荣,总体经济效益表现良好。

图4.32　2012—2022年全国经济发展效益变化

具体从各省区的经济效益发展变化来看:

从经济增长的角度来看,我国各省区的人均GDP和人均可支配收入均呈现出稳健的增长态势(见图4.33~图4.34)。人均GDP的稳步提升,是国家经济实力增强的直接体现。这一指标的增长,不仅标志着国家生产能力的增强,还意味着国家能够为居民提供更为广阔的就业空间和更高的薪酬水平。这种经济实力的增强,无疑为居民消费提供了坚实的物质基础,推动了消费市场的繁荣和经济增长的加速。与此同时,人均可支配收入的持续增长,则直接反映了居民实际可用于消费和储蓄的资金增加。这一指标的提升,不仅意味着居民生活质量的显著改善,更体现了居民消费能力的提升和消费结构的优化。居民在拥有更多可支配收入的情况下,更倾向于进行多元化、高品质的消费,这无疑为消费市场的繁荣注入了新的活力。

在人均GDP方面,广东、江苏、山东、浙江和河南等省区居于我国前列,这些省区凭借其独特的地理位置、丰富的资源和强劲的经济实力,实现了人均GDP的快速增长(见图4.34)。而上海、北京作为我国的经济中心,其人均可支配收入相差不大,居于全国前两位,体现了这两个城市在经济发展和居民收入方面的领先地位。与这些经济发达地区相比,西北地区的人均GDP和人均可支配收入均呈现出较低的水平。这一现象表明,尽管我国整体经济实力在不断增强,但地区间的发展不平衡问题依然严峻。西北地区在经济发展过程中面临着资源、环

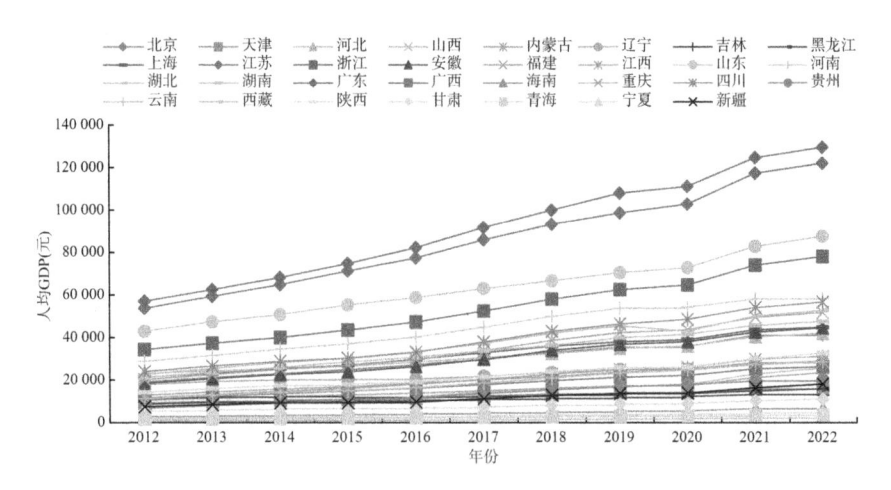

图 4.33　2012—2022 年各省区人均 GDP 变化

境、交通等多方面的制约,导致其人均 GDP 和人均可支配收入增长受到一定的约束。

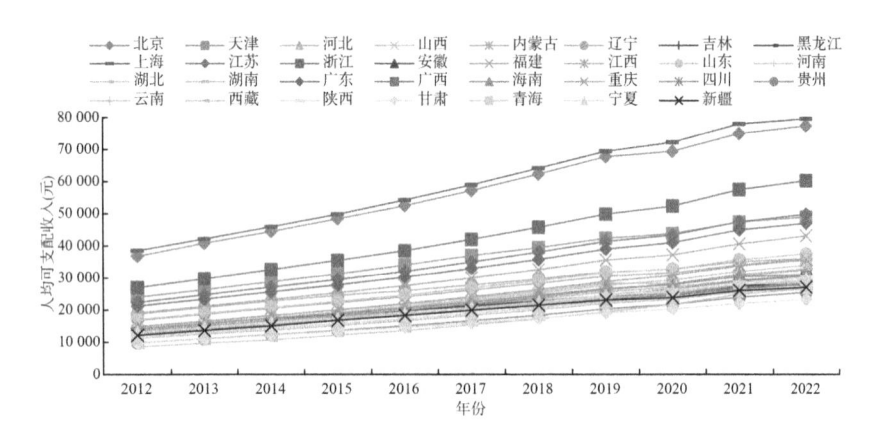

图 4.34　2012—2022 年各省区人均可支配收入变化

从居民消费水平的变化来看,我国绝大多数省区的居民恩格尔系数呈现逐年下降的发展趋势(见图 4.35)。这表明居民的消费结构在逐渐优化,对高品质商品和服务的需求增加,推动了相关产业的发展和经济转型升级。而同样,在消费趋势变动上(见图 4.36),绝大多数省区的人均社会消费品零售总额在 2012—2019 年呈现逐年上升的发展趋势,反映了这一时期居民消费能力的提升和消费市场的繁荣,并且这也直接关联着企业的生产和销售活动,成为拉动经济增长的重要力量。2020—2022 年由于外部环境刺激,较多省区的居民恩格尔系数出现一定程度的增长,而人均社会消费品零售总额呈现了一定幅度的下跌。这一现象表明,在面临外部冲击时,居民的消费结构可能会受到影响,消费市场的活跃度可能受到抑制。

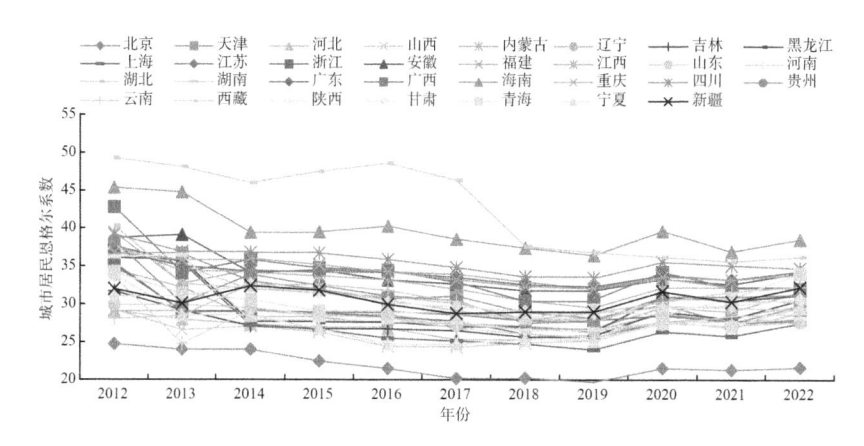

图 4.35 2012—2022 年各省区城市居民恩格尔系数变化

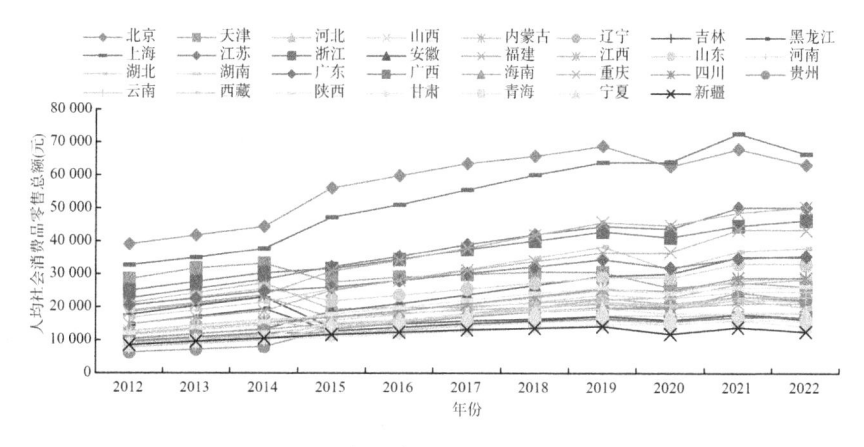

图 4.36 2012—2022 年各省区人均社会消费品零售总额变化

4.3.3.2 中国省区产业转型升级变化

从全国整体的产业转型升级变化来看,我国整体的产业结构向更加合理化的方向发展,以较为平缓的速度向第三产业转型升级(见图 4.37)。而向高技术产业转型升级的力度仍存在一定的不足。具体来看,进入新时代以来,我国服务业增加值占 GDP 的比重已经达到了 50% 以上,表明服务业是促进我国经济增长的主要力量之一,但其增长率较低,年均增长率为 1.63%。第三产业与第二产业的产值比总体保持稳定，增幅较小。但是以泰尔系数表示的产业结构合理化程度在逐年升高，尤其是在 2020 年实现了 21% 的增长。高技术产业收入占 GDP 的比重在 2012—2016 年保持较为稳定，2017—2019 年出现了小幅下降，2020—2022 年又以较低的增长率实现了小幅提升，但与 2012 年相比，高技术产业的收入占比还是呈现下降的趋势，表明我国向高技术产业升级转型的水平较低。

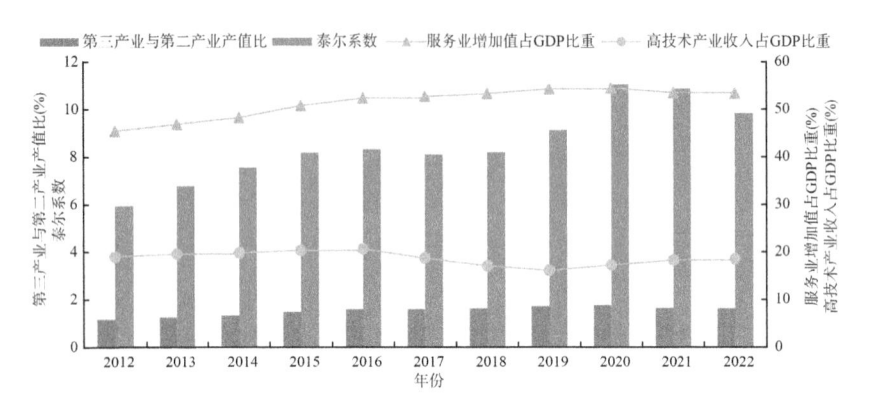

图 4.37　2012—2022 年全国产业转型升级变化

具体从各省区的产业转型升级变化来看：

从服务业转型升级的角度来看，自新时代以来，我国绝大多数省区的服务业增加值在 GDP 中的占比普遍呈现出一种稳健但低速的增长态势（见图 4.38）。这一趋势不仅反映了服务业在国民经济中地位的逐步提升，也揭示了我国经济结构转型的深层次变化。具体而言，北京、上海、天津和海南等经济发达地区的服务业增加值占比持续位居全国前列，这一现象凸显了这些地区在服务业发展方面的领先优势和强大动力。相对而言，内蒙古、青海、西藏和新疆等经济水平较低的省区，在服务业增加值占比上则呈现一定程度的下滑趋势，这可能与这些地区经济结构、资源禀赋以及政策导向等多重因素有关。

进一步分析第三产业与第二产业的产值比，可以发现，绝大多数省区的比值主要集中于 1～2 的区间范围内，且整体上未呈现显著的增幅（见图 4.39）。这表明，尽管服务业在国民经济中的地位有所提升，但第二产业依然占据重要地位，产业结构转型的进程相对平稳。北京、海南和上海这三个省区的第三产业与第二产业产值比显著高于全国平均水平，这一趋势反映出这些省区在产业结构调整中更加侧重于服务业的发展，其产业结构正逐步向以服务业为主导的方向转型。而对于西藏，虽然其第三产业与第二产业的产值比也处于较高水平，但近

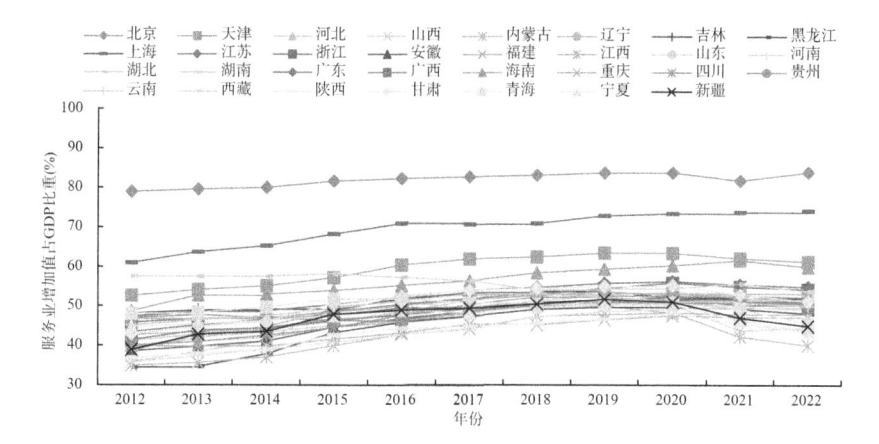

年来呈现出一定的下滑趋势,这与该地区特殊的工业发展条件等多重因素有关。

图 4.38 2012—2022 年各省区服务业增加值占 GDP 比重变化

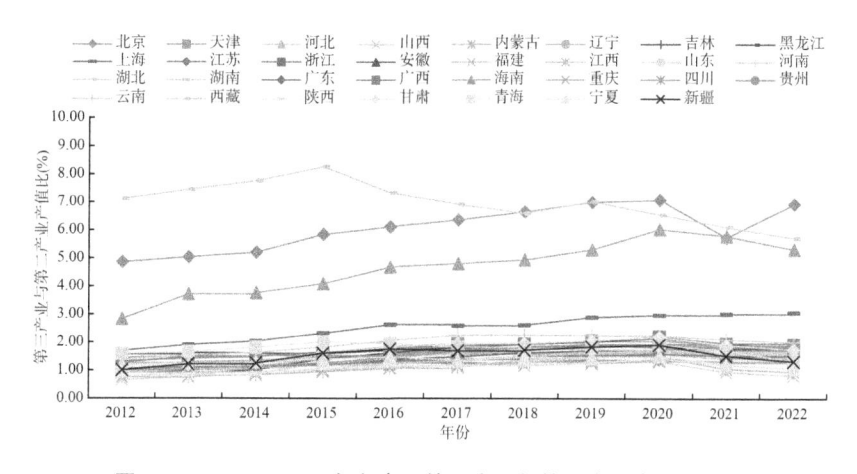

图 4.39 2012—2022 年各省区第三产业与第二产业产值比变化

从高技术产业转型升级的角度来看,我国绝大多数省区的高技术产业收入占 GDP 的比重在近年来呈现出一定的波动发展趋势(见图 4.40)。具体而言,北京的高技术产业收入占 GDP 的比重始终稳居全国首位,这一数据充分说明了北京在高技术产业发展方面的领先地位和稳定态势,同时也表明北京在产业转型升级方面取得了较为成功的经验。江苏、天津和上海这三个省区在新时代初期,其高技术产业收入占 GDP 的比重均处于全国较高水平。然而,在 2016—2019 年间,这三个省区却出现了显著的下滑趋势。这与全球市场环境变化、产业结构调整、技术创新遇到瓶颈等多方面因素有关,反映了这些省区在高技术产业转型升级过程中遭遇的困境和挑战。然而在2020—2022年间,由于国家一系列创新驱动发展政策、科技支持政策和产业政策的支持,江苏、天津和上海的高技术产业收入占GDP的比重又呈现出稳定的低速增长态势。这表明,这些省区正逐步克服转型中的困难,推动高技术产业向更高质量、更可持续的方向发展。至于其他省区,虽然其高技术产业收入占GDP的比重在整体上呈现出小幅稳定增长的态势,但增速相对较慢,表明这些省区的高技术产业转型升级在稳步推进。

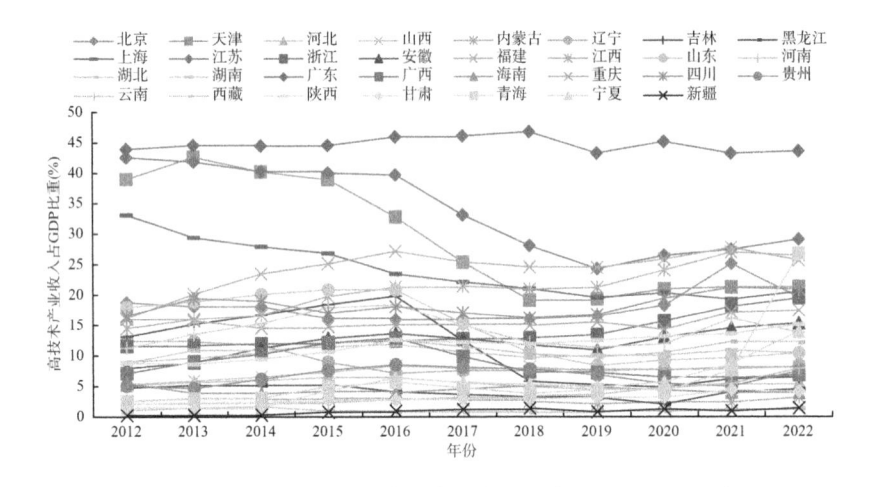

图4.40 2012—2022年各省区高技术产业收入占GDP比重变化

从产业结构合理化发展的角度来看,我国各省区产业结构的合理化水平呈现出不同的发展趋势,其中浙江、上海、北京、天津和广东等省区在产业结构优化升级方面取得了较为显著的成效,而其他省区正在积极推进产业结构的合理化调整(见图4.41)。具体来看,我国绝大多数省区的泰尔系数普遍集中在0~15的区间范围内,显示出相对稳定的产业结构合理化水平,并且其变动幅度较小,反映了我国产业结构优化调整的整体平稳态势。浙江、上海、北京、天津和广东这五个经济发达省区,其泰尔系数相对较高,表明这些地区的产业结构合理化水平在全国处于领先地位。其中,浙江省的泰尔系数变动幅度尤为显著,在2012—2020年期间持续增长,这归因于该地区在产业结构调整、优化升级方面所取得的显著成效。然而,在2021—2022年,浙江省的泰尔系数出现了一定程度的下降,这与国内外经济环境的变化、产业结构调整等多种因素有关。北京、天津和广东这三个省区的泰尔系数在2012—2019年期间基本保持稳定,显示出这些地区产业结构合理化发展的稳健性。然而,在2020—2022年,这三个省区的泰尔系数以大于10%的年均增长率稳步提升,这一显著增长表明这些省区在产业结构合理化方面取得了更为积极的进展。

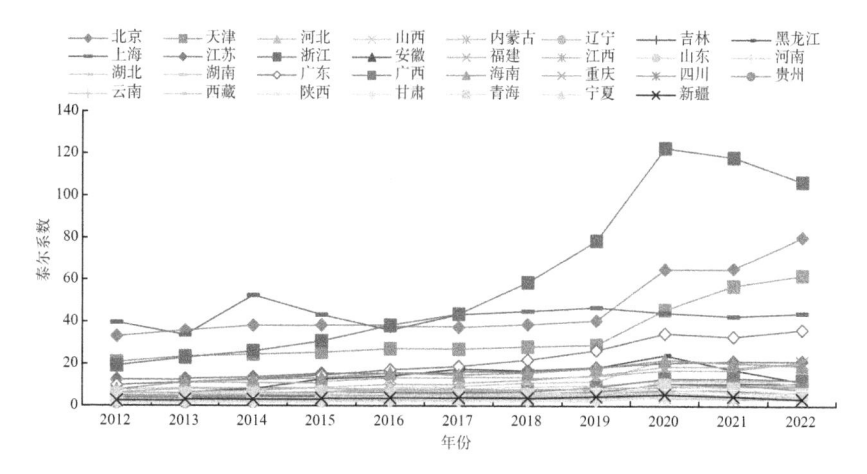

图 4.41 2012—2022 年各省区泰尔系数的变化

4.3.3.3 中国省区经济发展质量变化

全国的经济发展质量总体上呈现稳步增长的发展态势。其万元 GDP 水耗、万元 GDP 能耗(标准煤)、万元 GDP 二氧化碳排放量以及万元工业增加值用水量均呈现稳定的下降趋势(见图 4.42),其年均增长率分别为 −5.2%、−8.0%、−7.8% 以及 −9.3%。这表明全国经济发展正在向更加节约和高效的方向转变,体现了经济发展更加绿色和低碳,增强了全国经济发展的可持续性。而全员劳动生产率的变化(见图 4.43)反映了劳动力资源的利用效率。全国的劳动生产率以 8.8% 的年均增速稳步提升,这表明我国的劳动力资源产出效率逐年提升,经济发展正在向更加高效和集约的方向转变,经济发展质量也随之提升。

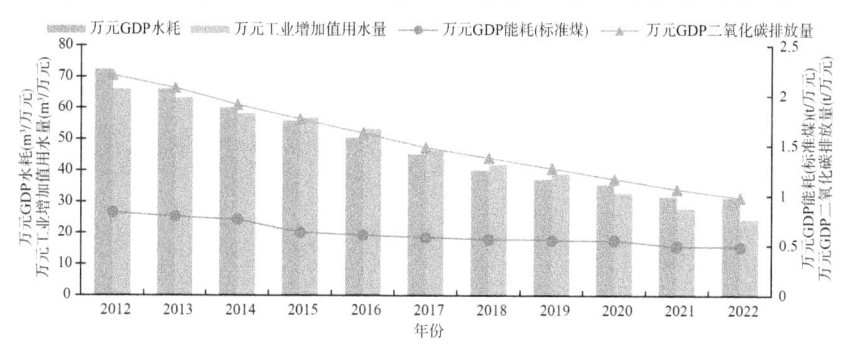

图 4.42 2012—2022 年期间全国经济发展质量变化

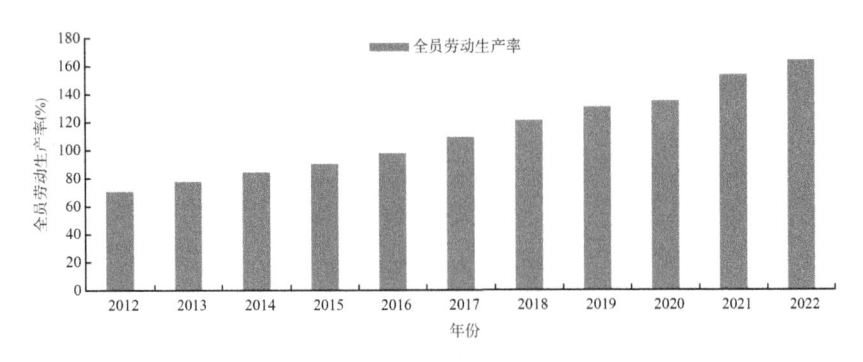

图 4.43　2012—2022 年期间全国全员劳动生产率变化

在万元 GDP 水耗和万元工业增加值用水量变化方面,我国省区整体呈现出稳定的下降趋势(见图 4.44~图 4.45)。这反映了我国各省区在经济发展正逐步向更集约节约高效的方向迈进。在具体地域分析中,西北和西南地区等经济相对较为落后的地区,其万元 GDP 水耗和万元工业增加值用水量相对较高。以新疆为例,其万元 GDP 水耗量位居全国首位。然而,自新时代以来,这些地区正以较高的速率持续推进水耗的降低。这一趋势表明,经济基础相对薄弱的地区,也在积极寻求水资源的节约利用,推进经济高质量发展。在经济较为发达的北京、上海和天津等省区,其万元 GDP 水耗和工业增加值用水量则相对较低。这些地区凭借先进的科技水平、高效的管理策略和严格的节水政策,成功实现了水资源的优化配置和高效利用,为其他地区提供了宝贵的经验借鉴。

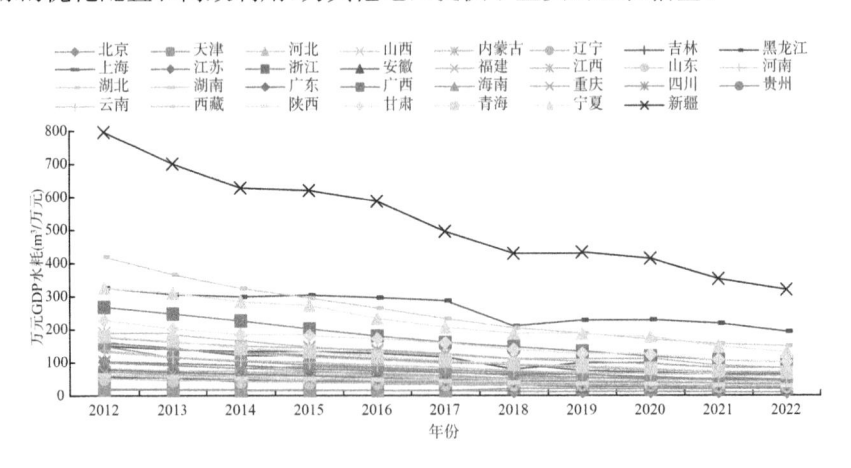

图 4.44　2012—2022 年各省区万元 GDP 水耗变化

在万元 GDP 能耗(标准煤)和万元 GDP 二氧化碳排放量变化方面,绝大多数省区表现出低速稳步下降的发展趋势(见图 4.46~图 4.47),具体表现为所有

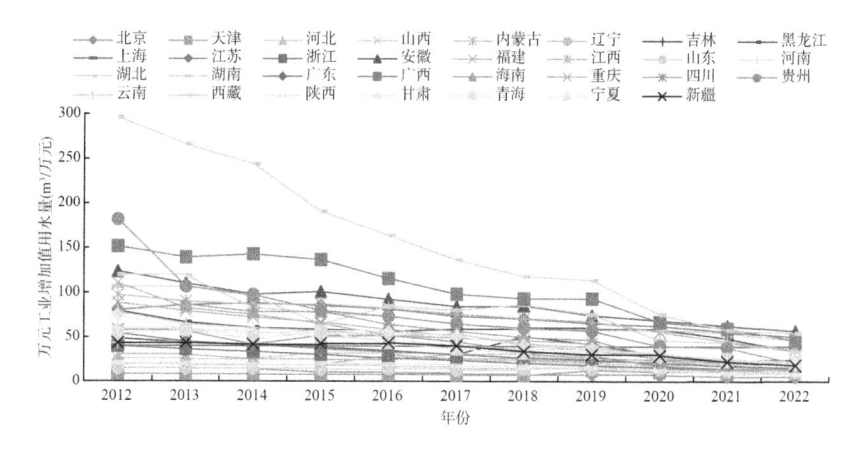

图 4.45　2012—2022 年各省区万元工业增加值用水量变化

省区的平均增长率分别为－5.7%和－5.3%。这一趋势体现了我国在经济活动中，绝大多数省区的经济增长向着更加绿色低碳的方向发展。然而，也有部分省区，尤其是那些对能源高度依赖的地区，如宁夏、青海、山西和内蒙古，呈现出波动增长的发展态势。这些省区的产业结构较为单一，多以能源密集型产业为主，为了维持和推动经济的持续增长，不得不大量消耗能源，进而导致了较高的二氧化碳排放，其经济发展质量提升水平有限。

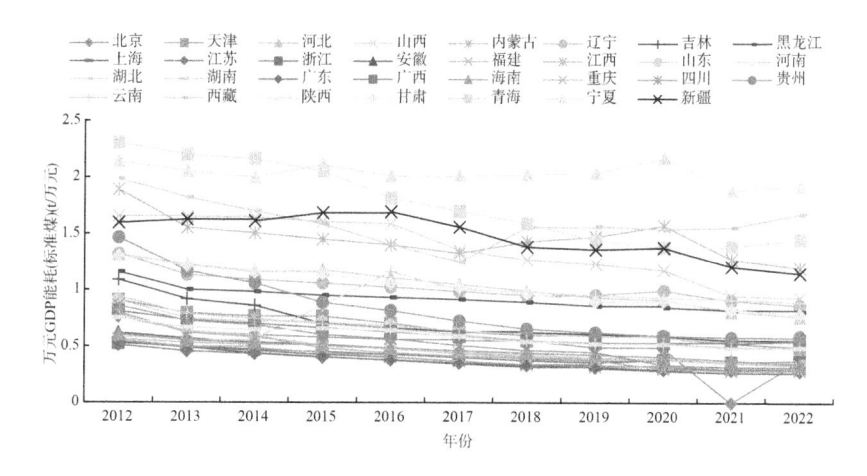

图 4.46　2012—2022 年各省区万元 GDP 能耗变化

在全员劳动生产率变动方面，我国绝大多数省区呈现出稳步低速增长的发展态势（见图 4.48），具体表现为所有省区的全员劳动生产率年均增长率均达到 9.1%。这一数据充分表明，我国在经济活动中劳动效率的提升具有普遍性和持

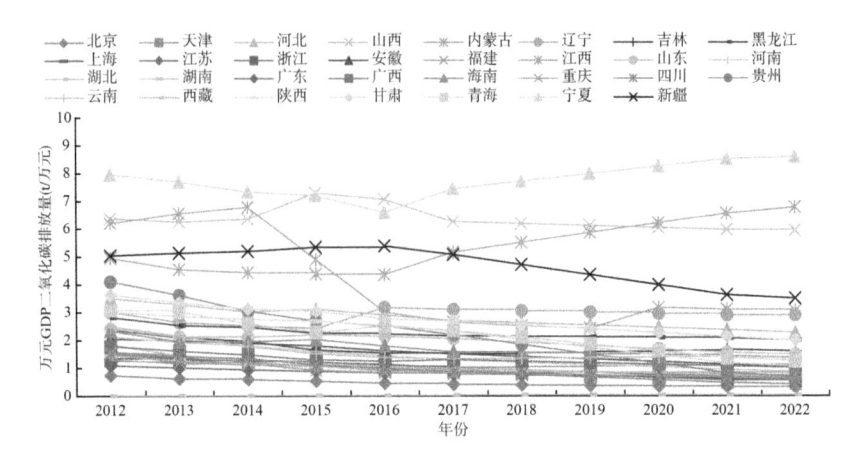

图 4.47 2012—2022 年各省区万元 GDP 二氧化碳排放量变化

续性,成为我国经济持续健康发展的有力支撑。北京、上海、江苏、福建和天津等省区的全员劳动生产率位列全国前列,这一表现不仅体现了这些地区高度发达的经济水平和先进的生产技术,也反映了其劳动力素质和资源配置效率的优势。2020 年成为全员劳动生产率提升的一个高峰期,在这期间,北京、天津和湖南等省区均实现了较大幅度的提升,这与这些地区积极努力推进经济高质量发展密切相关。然而,与上述省区相比,西南和西北地区的全员劳动生产率仍处于全国较低水平。特别是甘肃,其全员劳动生产率更是位居全国末位,这与其经济发展水平相对滞后、产业结构较为单一以及劳动力资源相对匮乏等因素有关。

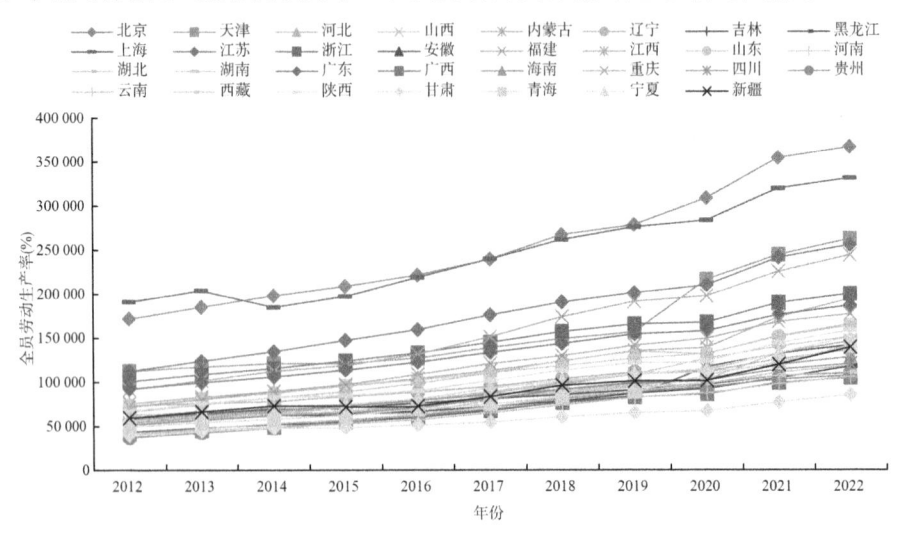

图 4.48 2012—2022 年各省区全员劳动生产率变化

4.4 中国省区城市治理的经济高质量发展指数评价

新时代以来,我国的城市经济高质量发展指数从0.7072平稳增至0.9522(见图4.49),年均增速为3.04%。总体来看,年均增速按数智化产业发展指数、基础设施建设指数、经济发展质效指数的顺序依次递减,分别为9.14%、3.53%、0.99%,经济高质量发展指数主要受数智化产业发展指数和基础设施建设指数的影响较大。基础设施建设指数与全国总体经济高质量发展指数较为贴近。然而,在2022年,全国的经济发展质效指数和数智化产业发展指数均出现了下滑趋势,这一变化不仅影响了各自领域的表现,而且通过连锁效应,对全国经济高质量发展指数产生了显著的负面影响,导致其也出现了一定程度的下滑。这与全国的经济发展效益水平出现一定幅度的下滑有关。

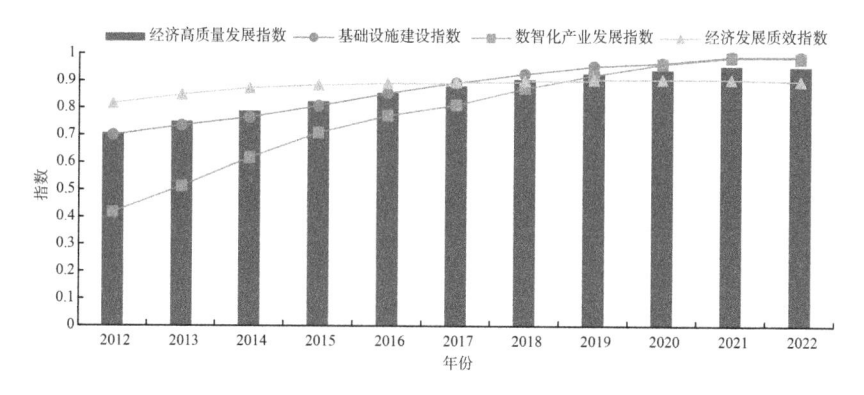

图4.49 2012—2022年全国经济高质量发展效能指数变化

北京经济高质量发展指数整体呈现高位低速增长的发展态势(见图4.50),其年均增速为1.82%。这是由于北京的基础设施建设和经济发展质效指数始终处于较高水平,变动幅度较小。同时,表明北京的基础设施建设和经济发展质效为北京的经济高质量发展产出提供重要的支撑。而北京的数智化产业指数增速最快,其年均增速达到9.11%,表明北京的经济高质量发展指数受数智化产业发展指数的影响较大。2022年由于北京的液化石油气供气总量有一定幅度的下滑,因此北京的基础设施建设指数也出现了下跌。

天津经济高质量发展效能指数整体呈现稳定增长的发展态势,其经济高质量发展指数从2012年的0.7187提升至2022年的0.9675(见图4.51),年均增速为3.02%。天津的经济发展质效指数总体表现较为平稳,其年均增速仅为0.4%。天津的基础设施建设指数和数智化产业发展指数均呈现出稳健的增长

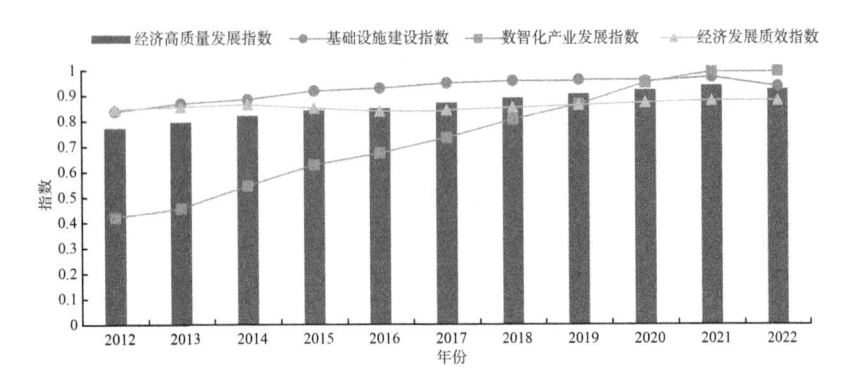

图 4.50　2012—2022 年北京经济高质量发展效能指数变化

趋势。其中,基础设施建设指数以年均 3.05% 的增速持续提升,反映出天津在基础设施建设方面的持续投入和不断完善。而数智化产业发展指数则以年均 7.82% 的增速迅猛增长,并在 2020 年达到了与基础设施建设指数基本趋同的水平,指数值均超过 0.95。这一趋同现象充分表明,天津在推进基础设施建设的同时,积极促进数智化产业的稳定发展,两者相互促进、相得益彰,二者共同支撑并维持了天津经济发展的质效水平,推动了天津经济的高质量发展。

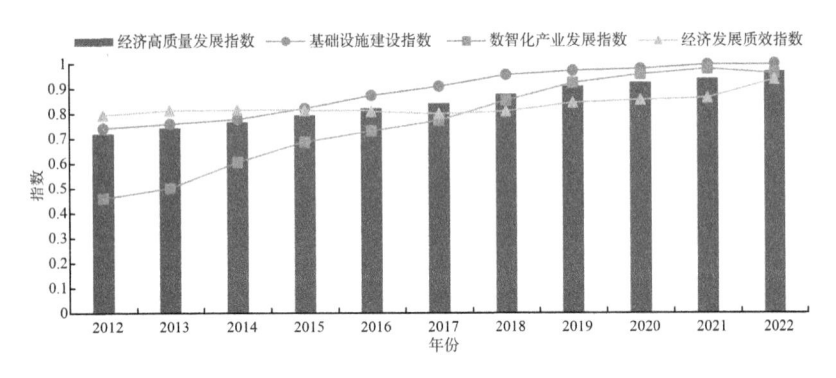

图 4.51　2012—2022 年天津经济高质量发展效能指数变化

河北的经济高质量发展指数以年均 3.37% 的增长率,实现了 39% 的增长。其中河北的经济发展质效指数呈现出高位低速增长的发展态势(见图 4.52),但与北京和天津相比,其增幅较大,年均增速达到 1.53%。河北的基础设施建设指数在 2017 年有了较大幅度的提升,总体以年均 3.46% 的增速稳定增长。这是因为 2017 年河北的轨道交通建设实现了从无到有的突破。而河北的数智化产业发展指数呈现出先快后慢的增长趋势,并在 2020 年出现了一定的下跌,这导致 2020 年经济高质量发展指数也出现了小幅下滑,这是由于这一时期受疫情影响,河北的软件业务和信息技术服务业务收入大幅下滑。这一趋势表明河北的经济高质量发展指数受其数智化产业发展的影响较大,其基础设施建设和经济发展质效支撑着其数智化产业的发展。

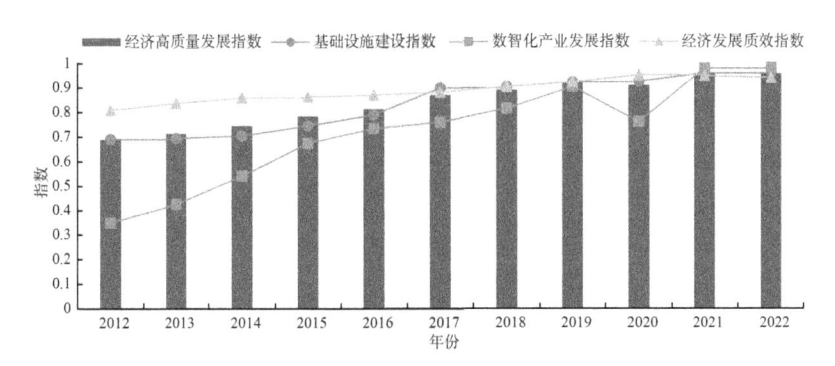

图 4.52 2012—2022 年河北经济高质量发展效能指数变化

山西的经济高质量发展指数呈现高位小幅波动增长的发展趋势(见图 4.53)。整体上看,山西的经济发展质效指数曾一度处于领先地位,但自 2020 年起,这一指数呈现出一定的下行趋势。这与山西在产业转型升级过程中遭遇的若干挑战紧密相关,具体表现为服务业在 GDP 中的占比下滑,以及第三产业与第二产业的产值比减少。山西的基础设施建设指数的增长率经历了由低到高的显著转变,这一趋势反映了山西在持续加大力度完善其基础设施建设,从而为实现经济的高质量发展奠定坚实基础。山西在数智化产业发展方面取得了显著成就,其年均增速高达 6.38%。到 2020 年,山西在经济发展质效、基础设施建设和数智化产业发展三个维度上的指数均稳定保持在 0.9 以上,这一表现表明山西经济的高质量逐渐向着全面和均衡方向发展。

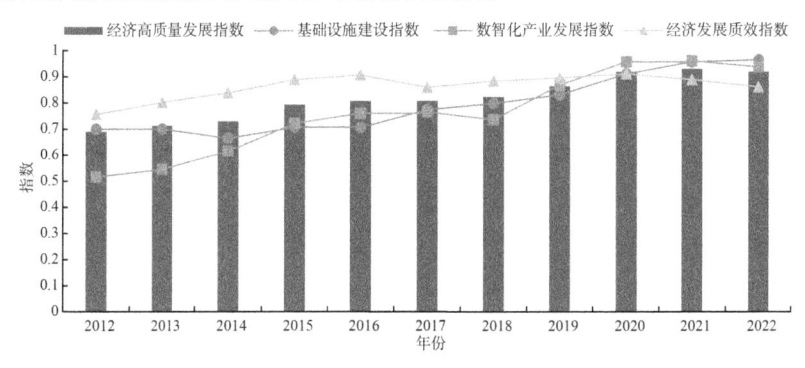

图 4.53 2012—2022 年山西经济高质量发展效能指数变化

内蒙古的经济高质量发展指数在宏观层面呈现出稳步增长的态势（见图4.54）。然而，在2021年，由于数智化产业发展指数的大幅上扬，经济高质量发展指数出现了一个显著的峰值。但值得注意的是，这一增长趋势并未持续，到2022年，经济高质量发展指数又回落至先前的水平。这一现象清晰地反映出，内蒙古的经济高质量发展指数与数智化产业发展指数的波动存在着密切的关联，且受其影响较大。一方面，与华北地区其他省份相类似，内蒙古的经济发展质效指数保持着较为稳定的表现。另一方面，其基础设施建设指数则以年均4.34%的速度稳定增长。这一数据不仅揭示了内蒙古在基础设施完善方面所取得的显著成就，也进一步印证了基础设施建设的持续进步对于推动该地区的经济高质量发展起到了重要的支撑作用。

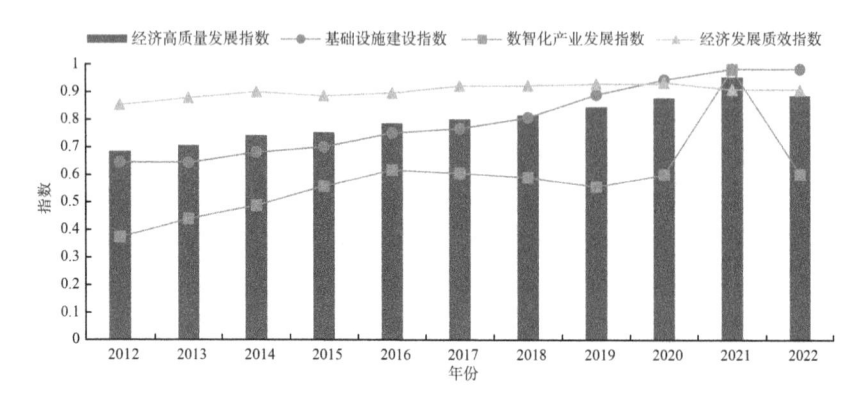

图4.54　2012—2022年内蒙古经济高质量发展效能指数变化

新时代以来，辽宁的经济高质量发展指数总体变化趋势不大（见图4.55）。其基础设施建设指数、数智化产业发展指数和经济发展质效指数分别以年均2.11%、3.60%和−0.10%的增速变动。从指数绝对值水平的角度审视，辽宁的经济发展质效指数在2015年之前显著高于基础设施建设指数和数智化产业发展指数。然而，到了2015年，这三项指数的绝对值水平逐渐趋近。值得注意的是，自2015年以后，由于数智化产业发展指数和经济发展质效指数出现一定程度的下滑，它们与基础设施建设指数之间的差距略有扩大。综合来看，辽宁的经济高质量发展指数的增长主要依赖于基础设施建设的不断完善。然而，尽管基础设施的逐步完善为经济发展提供了坚实的基础，但这一进步并未显著推动数智化产业和经济质效指数的同步提升。

吉林的经济高质量发展指数的变化趋势与辽宁基本一致（见图4.56），不同的是吉林的数智化产业发展指数的增速高于辽宁，而其基础设施建设指数增速

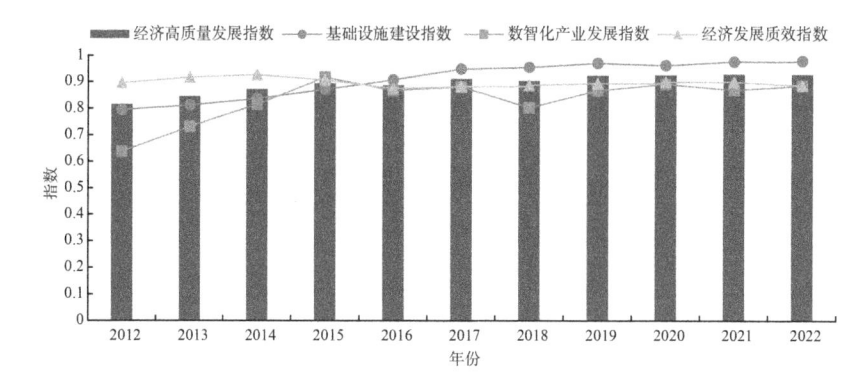

图 4.55　2012—2022 年辽宁经济高质量发展效能指数变化

低于辽宁,其年均增速分别为 5.11% 和 1.63%。吉林的经济发展质效指数呈现一定的下降趋势,2022 年,吉林的经济发展质效指数水平与 2012 年相比下降了 4.24%,同时,吉林 2022 年基础设施建设指数也出现了 9.5% 幅度的下滑,二者叠加综合作用,使吉林的经济高质量发展指数下降至 0.891 5,与 2012 年相比提升不大。

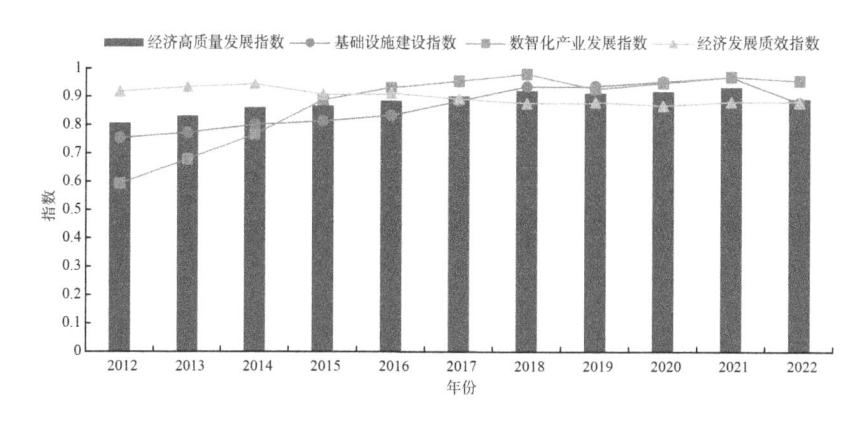

图 4.56　2012—2022 年吉林经济高质量发展效能指数变化

黑龙江的经济高质量发展指数展现出了稳健的增长态势(见图 4.57),年均增长率达到 2.23%,从而在总体上实现了显著的 24.16% 的提升。在这一过程中,黑龙江的基础设施建设指数和经济发展质效指数均呈现出高水平状态,并分别维持了 3.33% 和 0.95% 的稳定增长速率。这两个指数的稳定增长,为黑龙江的经济高质量发展奠定了坚实的基础。然而黑龙江的数智化产业发展指数则显现出了明显的阶段性特征。具体而言,在 2012—2017 年这一阶段,该指数以年均 14.33% 的增速稳步增长,体现了黑龙江在数智化领域所取得的显著成效。

进入2018年后,由于黑龙江的软件和信息技术服务收入遭遇大幅下滑,且后续并未能恢复到之前的水平,导致数智化产业发展指数在2018年至2022年期间一直维持在0.73左右的水平,未能展现出显著的增长趋势。

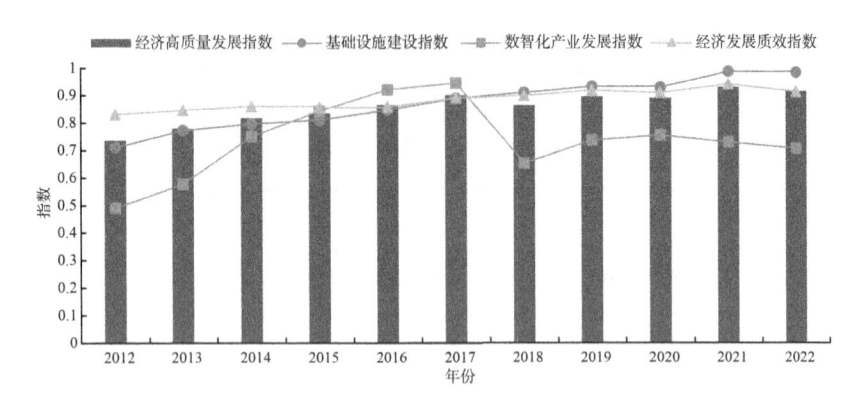

图4.57 2012—2022年黑龙江经济高质量发展效能指数变化

上海的经济高质量发展指数从2012年的0.787 8平稳升至2022年的0.882 4(见图4.58),年均增长率为1.14%,总体增幅为12.01%。上海的经济发展质效指数稳定在0.87上下的水平,并未出现明显的波动。其基础设施建设指数在2019年以前也基本维持在0.87左右,2020年由于其水库库容总量出现了较大幅度的提升,因而基础设施建设指数出现了明显升高,这一变化不仅增强了城市的基础设施承载能力,也有效带动了经济高质量发展指数的提升。另外,上海的数智化产业发展指数呈现出强劲的增长势头。该指数以年均10.36%的增长率实现了一倍以上的增长,并在2022年达到了0.984 7的较高水平。这一数据充分展示了上海在数智化产业领域的快速发展和取得的显著成效。

图4.58 2012—2022年上海经济高质量发展效能指数变化

江苏的经济高质量发展指数总体呈现增长的发展态势(见图4.59),但是2022年出现了3.42%的下降。具体来看,江苏的经济发展质效指数在0.85上下,其指数值总体表现较为稳定。其数智化产业发展指数以年均7.19%的增长率实现了近一倍的增长,表明江苏在持续不断地推进数智化产业发展进而促进整体的经济高质量发展。2012—2021年,江苏的基础设施建设指数也逐年提升,表明江苏在持续不断地完善其基础设施建设,但是2022年由于区域水库库容总量降为0导致其基础设施建设指数出现了7.27%的下滑,使其在2022年的经济高质量发展指数上出现了3.42%的下跌。

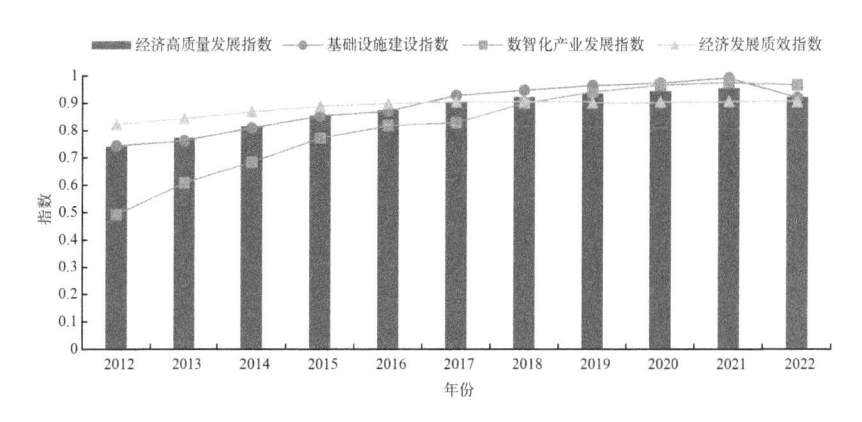

图4.59　2012—2022年江苏经济高质量发展效能指数变化

浙江的经济高质量发展指数呈现稳步增长的发展态势(见图4.60),其基础设施建设指数、数智化产业发展指数以及经济发展质效指数都表现出稳定增长的发展趋势,其年均增速分别为4.27%、6.99%和1.84%。而浙江的经济高质量发展指数以3.61%的年均增速,实现了从2012年的0.6652到2022年的0.9481的提升。这表明浙江的基础设施建设不断完善,为经济发展提供了坚实的基础。同时,数智化产业的迅速发展也成为拉动浙江经济高质量发展的重要力量。这两者的相互促进,共同推动了浙江经济高质量发展指数的提升。

安徽的经济高质量发展指数展现出一种先迅猛后平稳的上升态势(见图4.61)。具体而言,该指数水平的年均增速达到4.57%,这一增速与基础设施建设指数水平之间的差距并不显著。同时,安徽的经济高质量发展指数的变动主要受到数智化产业发展指数的影响较大。数智化产业发展指数同样呈现出先快速后平稳的增长趋势,其年均增速高达10.65%,这一增速远高于经济高质量发展指数的整体增速,体现了数智化产业在安徽经济发展中的重要引领作用。与其他省区相比,安徽的经济发展质效指数的年均增长率呈现出相对较高的水平,

图 4.60　2012—2022 年浙江经济高质量发展效能指数变化

达到了 3.03%。这一数据表明,安徽在追求经济高质量发展的过程中,不仅注重经济增长的速度,更加注重经济发展的质量和效益。通过优化经济结构、提升产业层次、降低资源消耗等方式,安徽在经济发展的提质增效上取得了一定的成功。

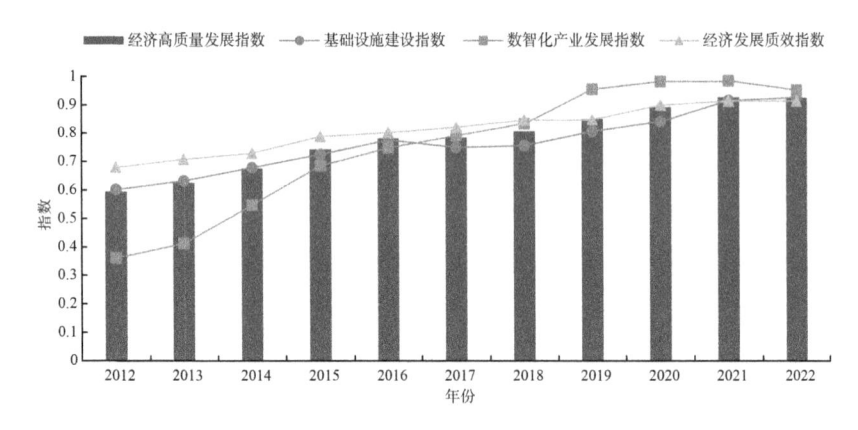

图 4.61　2012—2022 年安徽经济高质量发展效能指数变化

福建的经济高质量发展指数以年均 3.23% 的增速,从 0.680 5 平稳升至 0.934 9(见图 4.62)。进入新时代以来,福建的基础设施建设不断完善,其指数水平以 4.55% 的年均增长率稳步提升。这一增长不仅加强了福建的基础设施支撑能力,还有助于促进区域经济的平衡发展。这一指数在 2018 年超越了其经济质效指数水平。福建的经济高质量发展指数主要受数智化产业发展水平的影响。其数智化产业的发展可以分为两个明显的阶段:在 2012—2015 年间,数智化产业呈现高速发展态势,为福建经济高质量发展提供了强有力的支撑;然而,在 2016—

2022年间，数智化产业指数水平保持稳定，这在一定程度上反映了福建数智化发展的瓶颈问题。这一瓶颈限制了数智化产业进一步带动整体经济高质量发展的能力。

图4.62 2012—2022年福建经济高质量发展效能指数变化

江西的经济高质量发展指数展现出一种相对平稳且持续上升的态势（见图4.63）。具体而言，其基础设施建设指数、数智化产业发展指数以及经济发展质效指数分别以5.63%、8.14%和3.19%的年均增速实现了显著增长。在三个主要驱动因素中，江西的基础设施建设和经济发展质效指数均呈现出平稳且持续的上升趋势，这体现了江西在基础设施投资和经济发展质量提升方面的努力。然而，数智化产业发展指数在2016年却经历了一次下滑，这一波动主要是由于江西在该年的信息技术服务收入出现了一定幅度的下降。这一现象揭示了江西在数智化产业发展过程中面临挑战。尽管如此，从总体来看，江西的经济高质量发展指数依然以年均4.82%的增速实现了59.71%的增长。

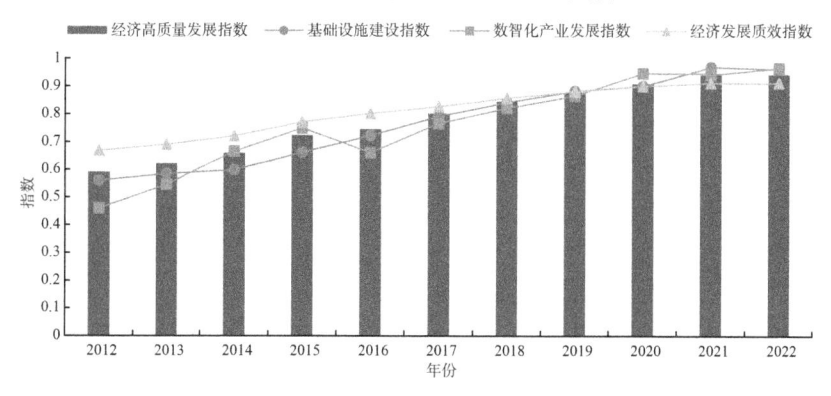

图4.63 2012—2022年江西经济高质量发展效能指数变化

山东的经济高质量发展指数变动呈现稳定增长的发展态势(见图 4.64)。在 2012—2018 年间,经济发展质效指数居于领先地位,其贡献度最为显著,随后依次为基础设施建设指数和数智化产业发展指数。然而,尽管经济发展质效指数在初期占据主导,但三者的年均增长速率却呈现出截然不同的趋势。具体而言,基础设施建设指数和数智化产业发展指数的增长速度相对较快,而经济发展质效指数的增长则相对较为平缓。这使得在 2019 年和 2021 年,山东的基础设施建设指数和数智化产业发展指数分别超越了其经济发展质效指数,成为推动经济高质量发展指数增长的新动力。这一转变体现了山东在基础设施建设与数智化产业发展方面的战略投入和持续努力。

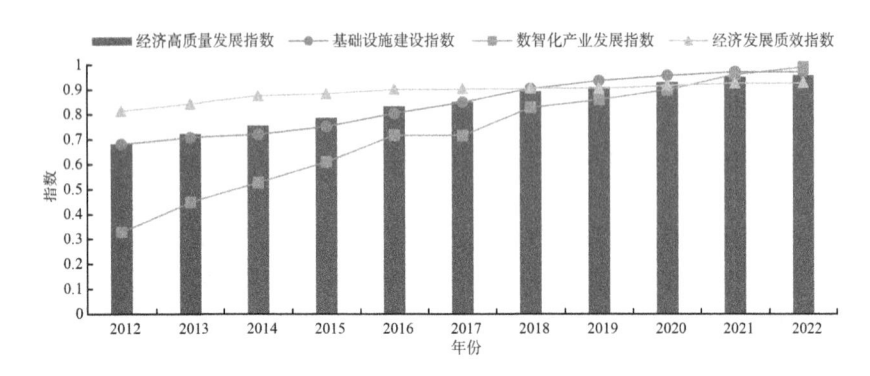

图 4.64　2012—2022 年山东经济高质量发展效能指数变化

河南的经济高质量发展指数的变动趋势基本与山东表现一致(见图 4.65)。只是河南在新时代初期,三个层面的指数水平差距相比山东而言更小,年均增长率更为接近,因此河南的基础设施建设指数、数智化产业发展指数和经济发展质效指数在 2018 年基本趋同,即表明三者对于拉动河南经济高质量发展指数提升均贡献较大。

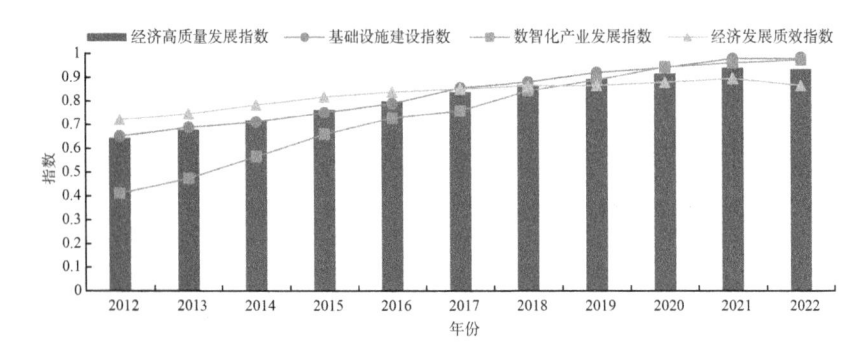

图 4.65　2012—2022 年河南经济高质量发展效能指数变化

湖北的经济高质量发展指数以稳健的年均增速4.21%持续增长(见图4.66),截至2022年,该指数已达到0.9493的高水平。在其发展过程中,基础设施建设指数和经济发展质效指数在2012—2014年呈现出相近的水平。然而,随着湖北对于基础设施建设的重视加强和持续投入,基础设施建设指数的年均增长率显著超越经济发展质效指数,这一趋势导致两者的指数差距逐渐扩大。与此同时,湖北的数智化产业发展指数则呈现出一种独特的发展模式。在初期阶段,该指数经历了高速的增长,这反映了湖北在推动数智化产业发展方面的积极努力和显著成效。然而,随着数智化产业逐渐成熟和稳定,其增长速度也趋于平稳,这表明湖北在数智化产业领域已经形成了较为稳固的发展基础,并有望在未来继续保持稳健的发展态势。

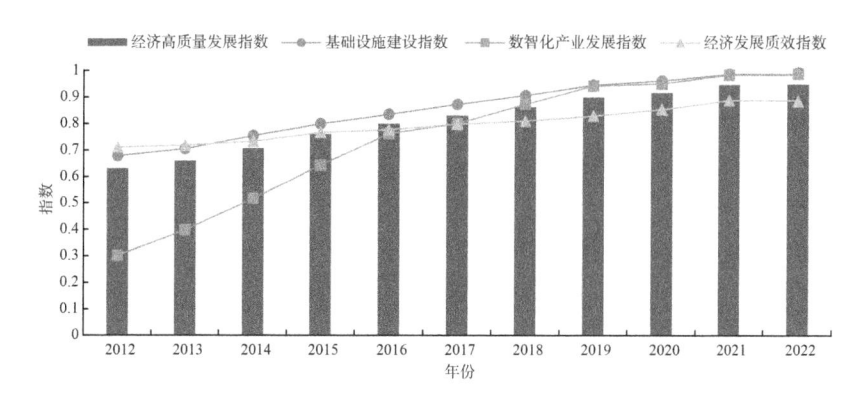

图 4.66　2012—2022 年湖北经济高质量发展效能指数变化

湖南的经济高质量发展指数呈现出一种相对平稳且持续的增长趋势(见图4.67)。在深入分析其增长动力时,可以观察到在基础设施建设、数智化产业发展和经济发展质效三个方面,湖南均表现出较为均衡的发展态势,三者之间的指数差距并不显著。这种均衡发展的特点体现了湖南在推动经济高质量发展过程中,对基础设施的完善、数智化产业的培育以及经济发展质效的提升给予了同等的重视和投入。具体来说,湖南的基础设施建设指数持续稳定增长,为经济发展提供了坚实的物质基础;数智化产业发展指数也呈现出良好的增长势头,显示出湖南在数字化转型和产业升级方面的积极努力和显著成效;同时,经济发展质效指数的提升也反映了湖南在优化经济结构、提高经济效益和增强发展可持续性方面所取得的积极进展。最终,湖南的经济高质量发展指数以4.19%的年均增速实现了从0.6258到0.9434的显著提升。

自新时代开启以来,广东的经济高质量发展指数始终在全国范围内保持领

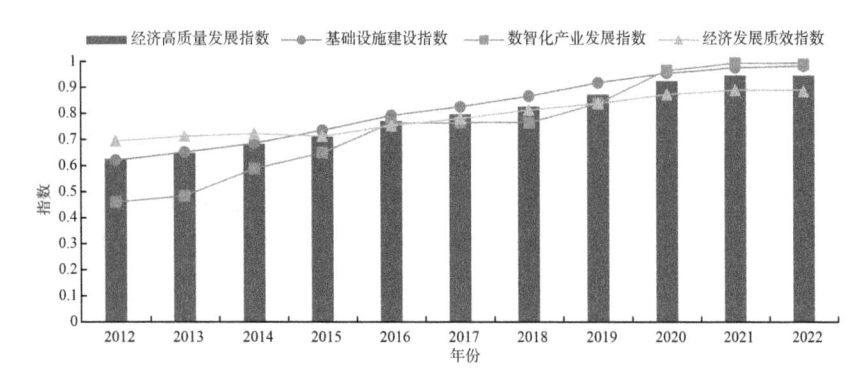

图 4.67　2012—2022 年湖南经济高质量发展效能指数变化

先地位(见图 4.68),以年均 2.54% 的稳健增速,实现了累计高达 28.38% 的显著涨幅。在深入分析其增长结构时,可以观察到广东的基础设施建设指数与经济发展质效指数之间呈现出较小的差距,并且两者均保持着稳定的增长态势。这种均衡的发展模式表明,广东在推动经济高质量发展的同时,注重基础设施建设的完善和经济发展质效的提升,实现了两者的良性互动和相互促进。基础设施建设的完善不仅为经济发展提供了坚实的物质支撑,也为经济发展质效的提升奠定了坚实基础。同时,广东的数智化产业发展指数在 2012—2020 年期间均保持较高的增长速度,这反映了广东在数字化、智能化领域的积极布局和深入发展。然而,在 2020—2022 年期间,数智化产业发展指数的增速有所放缓,这可能是技术成熟、市场竞争加剧等多重因素共同作用的结果。尽管如此,广东在数智化产业领域仍然保持着较高的水平和较强的竞争力。

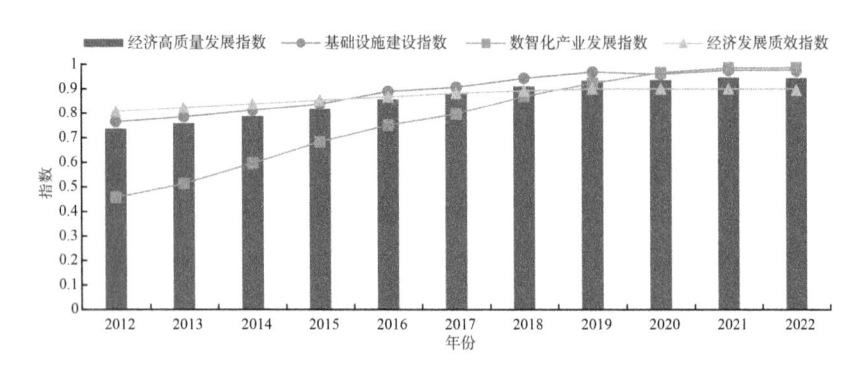

图 4.68　2012—2022 年广东经济高质量发展效能指数变化

广西的经济高质量发展指数的变动趋势与其基础设施建设指数的变动趋势呈现出高度的相似性(见图 4.69)。基础设施建设指数的年均增长率略大于广西的经济高质量发展指数,这一结果显著表明广西基础设施的持续完善对于推动其经济高质量发展具有积极的拉动作用。在数智化产业发展方面,广西的指数在2015—2017年期间呈现出一定的波动性。这一波动现象与广西信息化产业从业人数相对较少密切相关,反映了当时信息化产业基础薄弱和人才储备不足的问题。然而,随着信息化产业从业人数的增加以及相关业务收入的稳步增长,广西的数智化产业发展指数在2017—2020年期间实现了较大幅度的提升,此后又保持了稳定的增长趋势。这一变化充分展示了广西在数智化产业领域取得的长足进步,也预示着未来广西在数字经济时代的巨大发展潜力。此外,广西的经济发展质效指数年均增速为2.08%,这一数据反映了广西在优化经济结构、提高经济效益和增强发展可持续性方面所取得的积极成效。

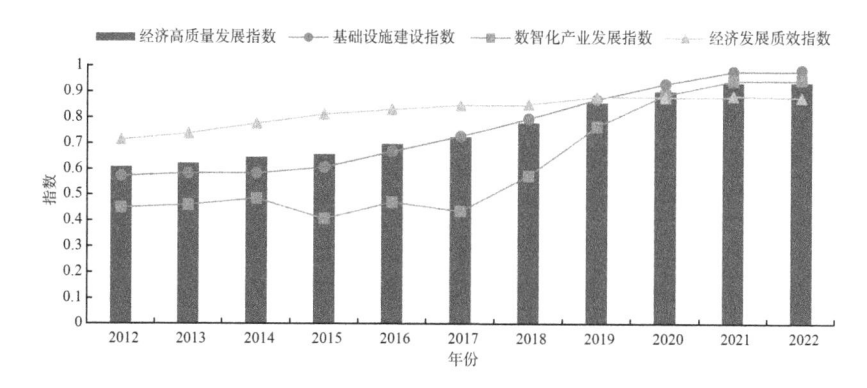

图4.69 2012—2022年广西经济高质量发展效能指数变化

海南的经济高质量发展指数展现出一种稳健且持续增长的发展趋势(见图4.70),其主要受到基础设施建设指数的显著影响。海南的基础设施建设指数以年均4.87%的增速呈现波动增长态势,尤其是在2019—2020年期间,增长势头尤为强劲,这一阶段的快速增长显著地支撑了海南整体经济的高质量发展。海南的经济发展质效指数则保持相对稳定,显示出海南在经济发展过程中,对质量和效益的重视以及持续的优化努力。海南的数智化产业发展指数在2012—2018年间经历了一段持续高速增长的时期,但随后在2019年趋于稳定,未见显著增长。然而,到了2020年,数智化产业发展指数却出现了大幅下降,降幅达2.22%,这与外部经济环境的不确定性、技术创新的周期性波动以及政策调整等多种因素有关。但即使在2020年数智化指数出现下滑的背景下,海南的经济高质量发展指数依然保持着增长势头。这主要归功于其基础设施建设指数的显著提升,基础设施的完善为海南的经济发展提供了坚实的基础和持续的动力。

重庆的经济高质量发展指数目前位于全国中等水平,并以年均3.67%的稳

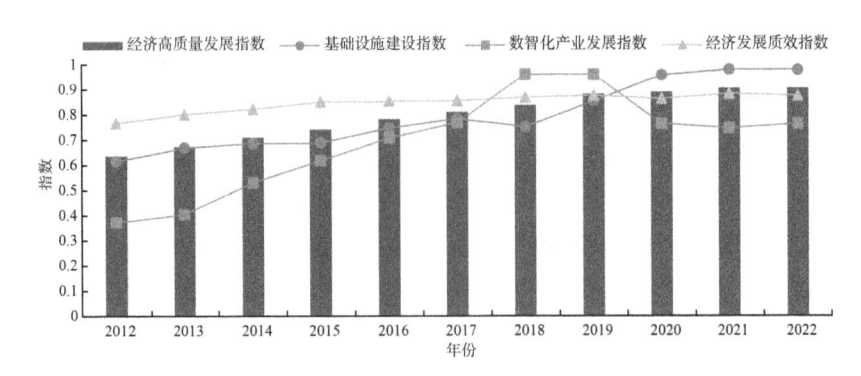

图 4.70　2012—2022 年海南经济高质量发展效能指数变化

健增长率持续进步。在推动经济高质量发展的进程中，重庆的基础设施建设不断完善，其指数水平以年均 4.34% 的增速稳步提升，显示出重庆在基础设施建设领域的持续投入和显著成效。同时，重庆积极推进数智产业化发展，该指数水平以年均 8.38% 的增速迅速增长，反映出重庆在数字经济和智能化领域的积极布局和强劲势头。基础设施建设指数与数智化产业发展指数之间的差距在逐步减小（见图 4.71）。到 2020 年，重庆的基础设施建设指数和数智化产业发展指数基本一致，二者共同成为推动经济高质量发展的重要力量。这一趋势表明，重庆在推动经济高质量发展的同时，注重基础设施与数智化产业的均衡发展，实现了二者的相互促进和良性循环。尽管在 2020 年和 2021 年，重庆的经济发展质效指数分别出现了 2.17% 和 1.11% 的小幅下滑，但总体而言，该指数仍然保持稳定增长的趋势。这种小幅波动尚未对经济高质量发展指数的增长趋势产生显著影响，表明重庆在经济发展过程中具有一定的韧性和稳定性。

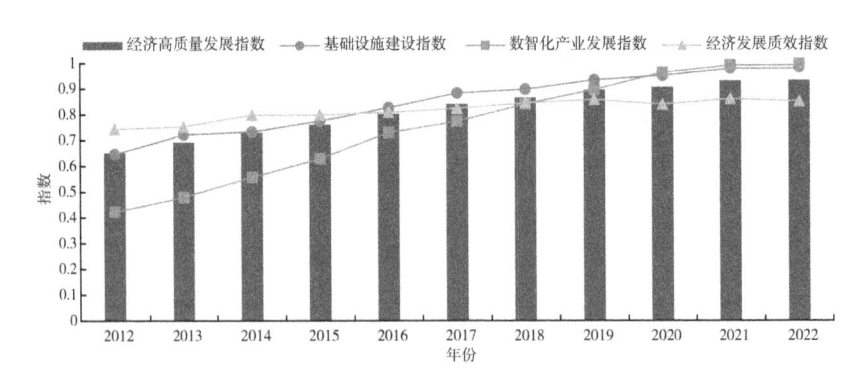

图 4.71　2012—2022 年重庆经济高质量发展效能指数变化

四川的经济高质量发展指数近年来呈现出低位高速发展的显著变动趋势

(见图4.72)。具体而言,2012年四川的经济高质量发展指数处于全国中下水平,这一状况主要归因于四川在数智化产业发展以及基础设施建设方面的相对滞后,这在一定程度上制约了其经济高质量发展的整体步伐。然而,四川充分认识到数智化产业与基础设施建设对经济发展的重要性,并持续不断地加强对这两个领域的投入与支持。经过不懈努力,四川的数智化产业发展指数和基础设施建设指数均呈现出显著的增长态势,分别以年均6.32%和10.49%的增速稳步提升。四川的经济发展质效指数在近年来基本保持稳定,这一表现体现了四川在经济发展过程中的稳定性和可持续性。

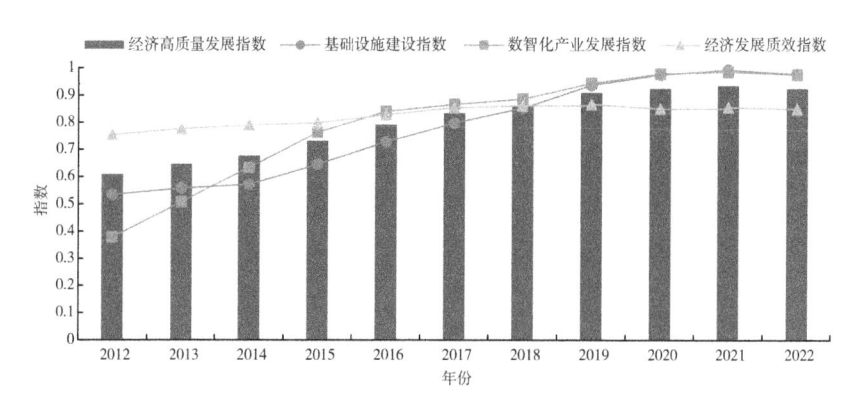

图4.72　2012—2022年四川经济高质量发展效能指数变化

自新时代开启以来,贵州的经济高质量发展指数实现了显著的增长(见图4.73),涨幅高达66%。截至2022年,贵州的经济高质量发展指数达到0.9051,这一成绩虽处于全国中等偏下水平,但已呈现出显著的提升趋势。在基础设施建设方面,贵州的发展尤为迅速。其基础设施建设指数的年均增长率高达8.13%,这一增长速度使贵州的基础设施建设水平从全国末位迅速提升至全国前十的行列,这一成就不仅彰显了贵州政府对基础设施建设的重视和投入,也体现出贵州在基础设施建设领域取得了一定的成效。贵州的数智化产业发展指数也呈现出稳步增长的态势,实现了年均10%的增长。此外,贵州的经济发展质效指数也呈现出小幅波动增长的趋势,年均增长率为1.5%。

云南的经济高质量发展指数在新时代背景下展现出了强劲的增长势头(见图4.74),以年均5.96%的增速实现了从0.5230到0.9330的显著跨越,这一转变使得云南的经济高质量发展指数从全国末位提升至全国中上水平。综合分析来看,云南三个层面的指数水平之间差距不大,表明其经济发展呈现出相对均衡的态势。然而,与其他省区不同的是,在2012—2020年期间,云南的数智化产

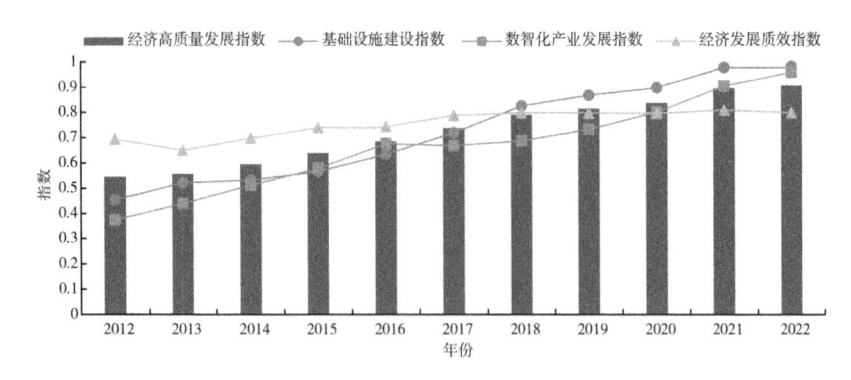

图 4.73　2012—2022 年贵州经济高质量发展效能指数变化

业发展指数显著高于其基础设施建设指数,这一现象表明云南的基础设施建设在新时代开始的时候相对滞后。云南的经济发展质效指数提升水平也相对较高。在此期间,该指数以 2.82% 的年均增长率实现了 31.92% 的显著提升,这一成绩表明云南在经济发展质量和效益上呈现出较大的提升。

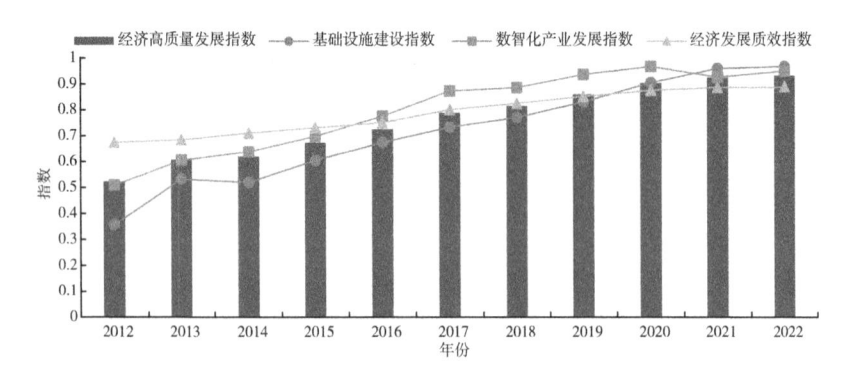

图 4.74　2012—2022 年云南经济高质量发展效能指数变化

西藏的经济高质量发展指数呈现低位低幅增长的发展态势(见图 4.75)。截至 2022 年,西藏的经济高质量发展指数为 0.723 4,处于全国最低水平。西藏的经济发展质效指数始终高于基础设施建设指数和数智化产业发展指数。这一现象表明,尽管西藏在经济发展质效上保持了一定的稳定性,但其基础设施建设水平相对较低,数智化产业水平的提升强度也较弱。这在一定程度上制约了西藏经济高质量发展的整体进程。从增长趋势来看,新时代以来,西藏的经济高质量发展指数仅实现了 38.19% 的增长,这一增速相较于全国平均水平而言较为缓慢。同时,经济发展质效指数保持稳定,但提升幅度有限,仅实现了 9.21% 的提升。其数智化产业发展指数虽然处于较低水平,表现出一定的波动,但是目前以年均12.7%的增速实现了近两倍的增长。

图4.75　2012—2022年西藏经济高质量发展效能指数变化

截至2022年,陕西的经济高质量发展指数经过持续努力,以年均6.6%的稳健增速,实现了显著的88.13%的增幅,这一成绩使其经济高质量发展指数从全国较低水平提升至全国中下水平。陕西的基础设施建设、数智化产业发展和经济发展质效指数之间的差距较小(见图4.76),体现了较为均衡的发展态势。然而,尽管陕西的数智化产业发展指数在前期表现出强劲的增长势头,但在2022年却出现了一定幅度的下滑。这一变化对陕西的经济高质量发展指数产生了显著影响,导致其从2021年的全国第五位跌至2022年的全国第21位,这一变化揭示了陕西在数智化产业发展过程中面临着一定的不确定性。

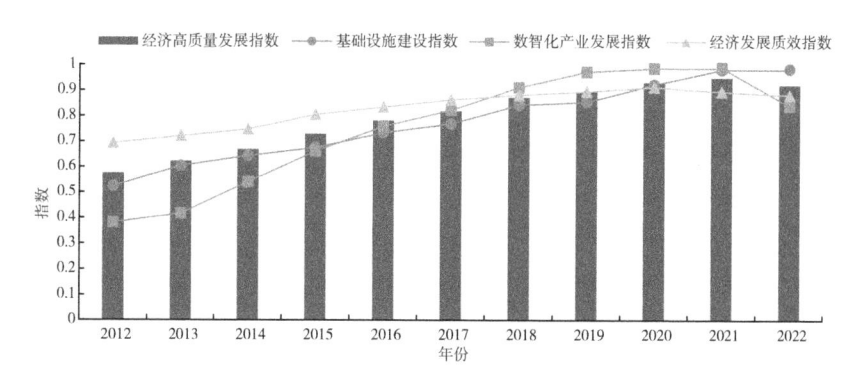

图4.76　2012—2022年陕西经济高质量发展效能指数变化

甘肃的经济高质量发展指数除了在2022年由于数智化产业发展指数出现下滑导致其出现1.57%的下降外,该指数整体呈现稳定增长的发展趋势(见图4.77)。具体而言,甘肃在新时代前期的基础设施建设不够完善,其指数水平较低,在2018年以前以较低的增速保持稳定的提升,2019年出现了较大幅度的提升。甘肃的经济发展质效指数呈现先增长后下降再增长的发展趋势。其数智化产业发展指数表现出相对较高的增长趋势,且在2016年就达到了0.9以上的水平。

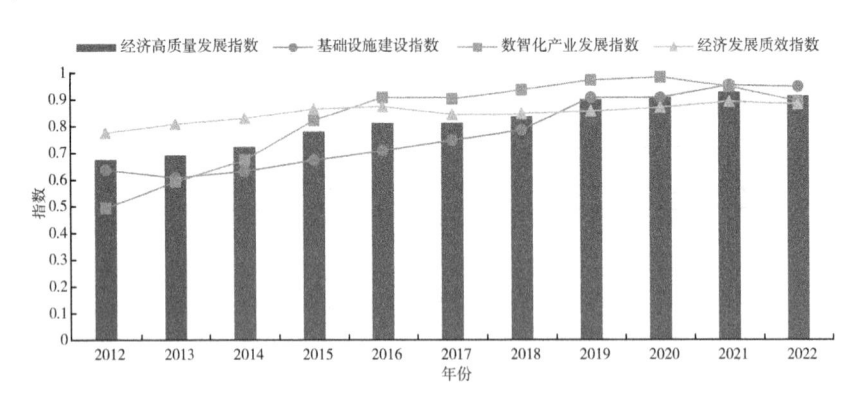

图4.77 2012—2022年甘肃经济高质量发展效能指数变化

青海的经济高质量发展指数呈现出小幅波动增长的发展趋势(见图4.78)。基础设施建设指数的年均增长率为4.52%,其在2013年和2022年都出现了一定幅度的下降。经济发展质效指数在2017年出现了3.37%的下降,但总体还是保持在较为稳定的水平。青海的数智化产业发展指数以年均8.91%的增速实现了一倍以上的增长。

图4.78 2012—2022年青海经济高质量发展效能指数变化

宁夏的经济高质量发展指数展现了一种高位低速增长态势(见图4.79),这一趋势导致其从2012年全国的中下水平逐渐滑落至第29位。宁夏的基础设施建设指数与经济发展质效指数的变动呈现出相似的规律。两者分别以2.88%

和 2.33%的年均增长率实现稳步提升,显示出其在基础设施建设和经济发展方面保持着持续且稳定的进步。其中,宁夏的经济发展质效指数始终高于其基础设施建设指数,这表明宁夏在经济发展质量和效益上相对更为出色,但同时也意味着基础设施建设仍有进一步提升的空间。宁夏的数智化产业发展指数表现出强劲的增长势头,其年均增长率高达 8.6%,显著高于基础设施建设和经济发展质效指数的增长速度。这一高速增长使得数智化产业发展指数在 2019 年成功超越了经济发展质效指数,跃居领先地位。

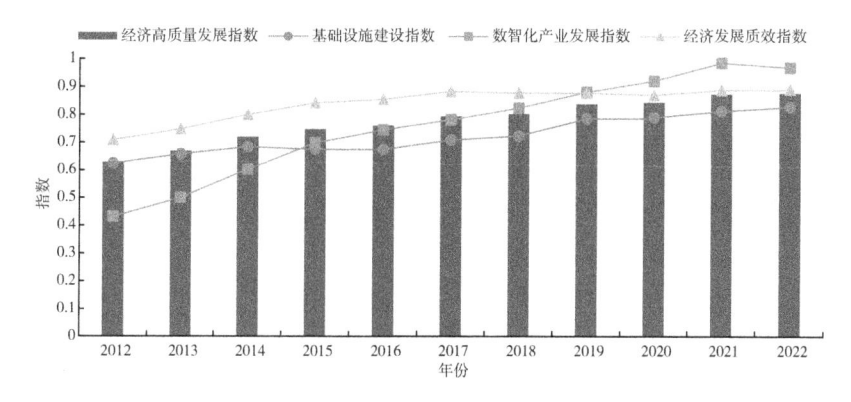

图 4.79 2012—2022 年宁夏经济高质量发展效能指数变化

新疆的经济高质量发展指数以 3.27%的年均增速实现了 37.37%的涨幅,其 2022 年的经济高质量发展指数达到 0.925 0(见图 4.80),居于全国中下水平。其基础设施建设指数与经济发展质效指数之间存在动态关系。在 2017 年之前,新疆的基础设施建设指数滞后于经济发展质效指数。然而,自 2018 年起,由于新疆轨道交通建设的大幅增加,基础设施建设指数得到了显著提升,逐渐缩小了

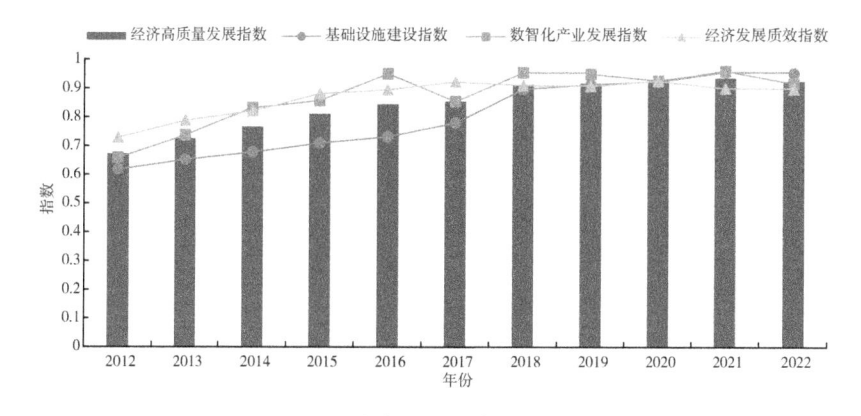

图 4.80 2012—2022 年新疆经济高质量发展效能指数变化

与经济发展质效指数和数智化产业发展指数之间的差距。在经济发展质效方面,新疆的指数表现出由高速增长逐渐稳定至 0.90 水平的发展趋势。这表明新疆在经济发展过程中,不仅注重量的扩张,更加注重质的提升。新疆的数智化产业发展指数呈现出一定的波动态势。2017 年,由于软件和信息技术服务收入的大幅减少,数智化产业发展指数出现下降。然而,新疆迅速调整策略,积极应对挑战,到 2018 年数智化产业发展指数已基本恢复到之前的水平。

第五章

新时代中国省区城市治理的生态环境治理指数

5.1 生态环境治理研究热点分析

　　由于人们赖以生存的生态环境持续面临着如气候变化加剧、生物多样性锐减、大气和水体污染等严峻的挑战，全球的环境问题日益凸显，因此与生态环境相关的政策和倡议应运而生，如《欧盟绿色协议》《昆明-蒙特利尔全球生物多样性框架(GBF)》以及联合国大会宣布2021—2030年为联合国生态系统恢复的十年等。不同国家和地区面临的生态挑战具有共通性，国际社会对生态环境的共同关切推动了全球性的生态治理研究。生态环境是人类生存和发展的基础，是一个国家发展的基石，强化生态环境治理是推进我国生态环境治理和治理能力现代化的重要举措。2020年中共中央办公厅、国务院办公厅印发《关于构建现代环境治理体系的指导意见》，进一步明确了构建现代环境治理体系的指导思想、基本原则、主要目标和重点任务，充分体现了党中央、国务院建立健全环境治理体系，推进生态环境保护的坚定意志和坚强决心。构建现代环境治理体系，是落实党的十九大和十九届二中、三中、四中全会精神，深入贯彻习近平生态文明思想和全国生态环境保护大会精神的重要举措，是持续加强生态环境保护、满足人民日益增长的优美生态环境需要、建设美丽中国的内在要求。为此，对WOS数据库中与生态治理相关的SSCI和SCI期刊文献进行可视化分析研究，以及对中国知网(CNKI)数据库中收录的与我国生态治理相关的CSSCI期刊文献进行可视化分析研究，系统分析把握学界对国内外生态治理研究的现状，这对于深入把握生态治理领域研究热点、研究前沿和未来研究方向具有重要意义。

　　基于WOS数据库，选取1998—2020年期间的SSCI来源期刊及SCI来源期刊文献为研究样本。在高级检索中按照"主题＝ecological governance"和"主题＝environmental governance"检索相关文献，剔除报道、会议通知、文件、征稿启事、卷首语等后，最终得到 795 篇文献。同时，基于 CNKI 数据库，选取 1998—2020 年间的 CSSCI 来源期刊（含扩展版）文献为研究样本。在高级检索中按照"篇名＝生态治理"和"篇名＝环境治理"进行筛选，剔除报道、会议通知、文件、征稿启事、卷首语等后，共得 398 篇期刊文献。

5.1.1 热点关键词分析

5.1.1.1 关键词共现分析

通过对 1998—2020 年 WOS 核心期刊当中关于生态治理研究的 SSCI 和 SCI 期刊文献进行关键词共现分析，得到关键词共现网络图谱（见图 5.1）。

根据图 5.1，关键词共现网络图中共包含 297 个节点，连线数量 1 321 个，网络密度为 0.030 1，其中年轮的厚度代表关键词出现的频率，"governance（治理）"这一关键词节点的节点厚度最大，代表其出现的频率最高；且"management（管理）""climate change（气候变化）""sustainability（可持续性）""conservation（环境保护）""environmental governance（环境治理）""framework（体制）"的节点厚度较大，也具有较高的出现频率。这表明与"环境治理"、"气候变化"、"可持续性"、"环境保护"和"体制"相关的研究均为该领域的研究热点。

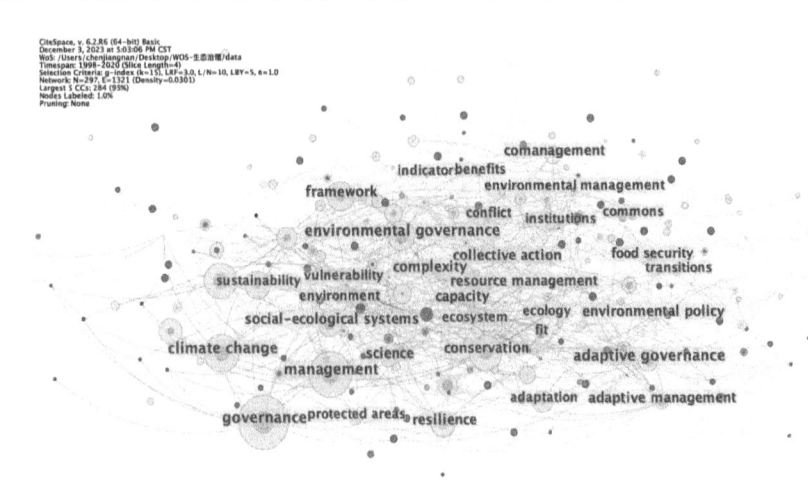

图 5.1　1998—2020 年 WOS 生态治理研究的关键词共现网络图谱

为了更好地显示各个关键词节点的具体信息，根据 CiteSpace 整理得到频次和中心度排名前 13 的关键词(见表 5.1)。

表 5.1　1998—2020 年 WOS 生态治理研究频次和中心度排名前 13 的关键词

序号	频次	中心度	首次出现年份	关键词
1	28	0.06	2007	governance(治理)
2	24	0.06	2012	environmental policy(环境政策)
3	29	0.05	2011	environmental governance(环境治理)
4	25	0.05	2010	complexity(复杂性)
5	22	0.05	2010	science(科学)
6	27	0.04	2010	adaptive governance(适应性治理)
7	26	0.04	2009	management(管理)
8	26	0.04	2005	climate change(气候变化)
9	23	0.04	2012	capacity(能力)
10	23	0.04	2010	framework(体制)
11	22	0.04	2011	resource management(资源管理)
12	19	0.04	2012	food security(粮食安全)

关键词的中心度主要用于测度节点在关键词共现网络图谱中的重要性,在关键词共现网络图谱中具有重要影响力。关键词出现的频次与其中心性并不存在必然的相关性,即高频关键词并不一定是高中心性关键词,而出现频次与中心度均高的关键词在关键词共现网络图谱中的作用更为关键[1]。根据表 5.1,可以发现"governance(治理)"在该领域的词频和中心度都是较高的,并且于生态治理领域研究的起步阶段就有学者对其展开研究,表明其是整个领域影响最深远的关键词,是该领域突出的研究热点。同时,"environmental policy(环境政策)"的中心度也达到了 0.06,表明学者们重视从环境政策的视角展开生态治理的相关研究,如 Wang G 等[2]通过对我国环境政策的梳理,对我国农业相关的生态治理绩效进行了分析。关键词"adaptive governance(适应性治理)""climate change(气候变化)""resource management(资源管理)""food security(食品安全)"的中心度均达到 0.04,表明这四个具体方面是研究者们对生态治理研究的重要分支。

---

[1] Chen C. CiteSpace: A Practical Guide for Mapping Scientific Literature[M]. New York: Nova Science Publishers, 2016.

[2] Wang G, Qian Z, Deng X. Analysis of Environmental Policy and the Performance of Sustainable Agricultural Development in China[J]. Sustainability, 2020, 12(24): 10453.

同时，通过对1998—2020年CNKI生态治理研究的CSSCI期刊文献进行关键词共现分析，得到关键词共现网络图谱(见图5.2)。

图 5.2　1998—2020 年 CNKI 生态治理研究的关键词共现网络图谱

根据图5.2，关键词共现网络图中共包含271个节点，连线数量339个，网络密度为0.0093，其中年轮的厚度代表关键词出现的频率，"生态环境"这一关键词节点的厚度最大，代表其出现的频率最高；"综合治理""协同治理""环境治理""生态文明"也具有较高的频率，同时，各个节点之间以"生态环境"为中心相互连接成线，表明"生态环境""综合治理""协同治理""环境治理""生态文明"均为该领域的研究热点。

为了更好地显示各个关键词节点的具体信息，根据 CiteSpace 整理得到频次和中心度排名前12的关键词(见表5.2)。

表 5.2　1998—2020 年 CNKI 生态治理研究频次和中心度排名前 12 的关键词

序号	频次	中心度	首次出现年份	关键词
1	89	0.57	1998	生态环境
2	21	0.09	2010	环境治理
3	15	0.09	2010	生态文明
4	22	0.08	1998	治理
5	16	0.05	1998	综合治理
6	5	0.05	2002	水土流失
7	7	0.04	2013	环境污染

续表

序号	频次	中心度	首次出现年份	关键词
8	4	0.04	2012	水环境
9	6	0.03	2002	对策
10	6	0.03	2019	乡村振兴
11	4	0.03	2014	生态治理
12	2	0.03	2016	污染治理

根据表5.2,可以发现"生态环境"在该领域的萌芽阶段就有学者开始研究,词频和中心度都是最高的,且显著高于排名第二的关键词,表明其是整个领域影响最深的关键词,是该领域最突出的研究热点。"环境治理""生态文明""治理"的中心度均达到0.08,这与该领域在生态文明背景指导下,从"管理"到"治理"的转变密切相关[①],同时也说明了研究者对生态治理认识的逐步深化和细化。

5.1.1.2 关键词突现分布

在图5.1的基础上,得到了WOS生态治理研究的前17个关键词的突变分布(见表5.3)。

表5.3　1998—2020年WOS生态治理研究的关键词突现分布

Keywords	Year	Strength	Begin	End	1998—2020
adaptive comanagement	2010	2.98	2010	2017	
ecological modernization	2014	2.86	2014	2017	
environmental management	2011	2.32	2011	2017	
river	2014	2.28	2014	2017	
resilience	2010	3.15	2010	2013	
protected areas	2012	2.82	2012	2017	
multilevel governance	2015	2.13	2015	2017	
livelihoods	2015	2.13	2015	2017	

---

① 杨志.基于CiteSpace的国内多元环境治理研究热点与趋势[J].人民长江,2021,52(S1):24-30+37.

续表

Keywords	Year	Strength	Begin	End	1998—2020
ecosystem approach	2014	2.09	2014	2017	
science	2010	2.57	2010	2013	
australia	2015	2.44	2015	2017	
food security	2012	2.38	2012	2013	
ecological restoration	2016	2.26	2016	2017	
stakeholder participation	2015	2.23	2015	2017	
fit	2012	2.15	2012	2013	
biodiversity conservation	2011	2.12	2014	2020	
regime shifts	2014	2.11	2014	2017	

根据表5.3可知，总体上，关于生态治理领域的研究在持续丰富。从突现的时间分布来看，生态治理研究的突变主要从2010年开始，这与该研究的起步阶段即1998—2009年关于该研究的期刊发文量较少有关。与此同时，突现表中关键词的突现集中出现在2014—2017年期间，表明该时期内关于生态治理研究领域的研究前沿较多，究其原因，是随着全球的环境问题日益严峻，联合国提出可持续发展目标，旨在解决全球范围内包括环境问题在内的一系列挑战，这也标志着国际社会在实现全球可持续发展方面取得了共识，成为各国政府和国际组织共同努力的指导框架。由此，在这个阶段内，学者们高度关注生态治理领域的研究，并衍生出了多个相关研究前沿。

在图5.2的基础上，得到了CNKI生态治理研究的前16个关键词的突变分布（见表5.4）。

表5.4　1998—2020年CNKI生态治理研究的关键词突现分布

Keywords	Year	Strength	Begin	End	1998—2020
综合治理	1998	1.97	1998	2003	
黄土高原	1999	1.25	1999	2000	
土壤水库	2000	1.21	2000	2003	
治理措施	2001	1.64	2001	2003	

续表

Keywords	Year	Strength	Begin	End	1998—2020
石漠化	2004	1.8	2004	2006	
小流域	2000	1.43	2004	2006	
生态环境	1998	1.41	2004	2006	
恢复治理	2002	2.94	2007	2012	
治理对策	2004	1.46	2007	2009	
生态补偿	2007	1.26	2007	2009	
政府职能	2007	1.19	2007	2009	
环境治理	2010	4.38	2013	2018	
环境污染	2013	2.44	2013	2018	
公众参与	2015	1.65	2015	2018	
协同治理	2012	3.12	2016	2020	
污染治理	2016	1.56	2016	2018	

根据表5.4可知,从突现时间分布来看,"综合治理"出现的时间最早,且研究的时间最长,表明其是我国生态治理研究领域中重要的研究前沿。从突现强度来看,"环境治理""协同治理""恢复治理""环境污染"的突现强度较大,均大于2,说明在生态治理研究领域当中针对生态环境本身的治理和协同治理研究具有较强的影响力,同时,环境恢复和环境污染两个方面是学者进行生态治理研究的主要切入点。

5.1.2 热点主题分析

对WOS生态治理研究文献进行聚类分析得到图5.3,其中聚类模块值$Q=0.4626$,平均轮廓值$S=0.7475$,表明其适合聚类且聚类结果可以令人信服。

由图5.3可知,WOS生态治理研究热点最大的7个聚类分别是#0 adaptive governance(适应性治理)、#1 social-ecological systems(社会—生态系统)、#2 climate change(气候变化)、#3 ecosystem services(生态系统服务)、#4 environmental governance(环境治理)、#5 rural schools(农村规制)和#6 science-policy interface(科学-政策融合)。其中,聚类序号越小,表明聚类中包含的关键词越多。

为了进一步归纳自1998年以来WOS生态治理研究热点的信息,将图

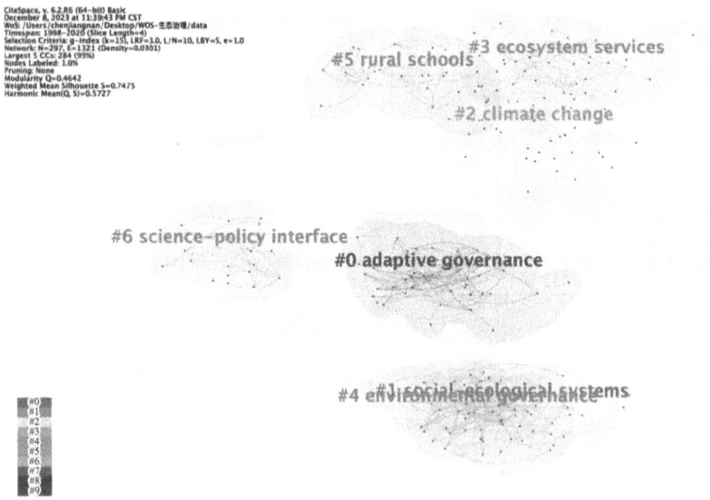

图 5.3 1998—2020 年 WOS 生态治理研究的关键词聚类图谱

5.3 中 7 个聚类及其各自包含的前 5 个关键词导出,如表 5.5 所示。基于此对 WOS 生态治理的研究热点和趋势进行归纳总结,以理顺生态治理研究的知识体系和发展脉络。由表 5.5 可知,各个聚类之间所包含的关键词相互嵌套,如聚类♯1 社会-生态系统中包含了聚类♯0 适应性治理中关于适应性治理的部分。同样,其他聚类当中也会出现类似的嵌套状况。由此,在 CiteSpace 聚类视图的基础之上,可以进一步地将生态治理研究分为生态治理的模式研究、社会-生态系统治理研究和生态治理体制研究三个方面。

表 5.5 1998—2020 年 WOS 生态治理研究的热点关键词聚类表

聚类号	聚类大小	标签词	S 值	平均使用年份
♯0	49	adaptive governance(适应性治理);resource stress(资源压力);benefit sharing(利益分享);natural resources(自然资源);ecosystem services(生态系统服务)	0.67	2013
♯1	46	social-ecological systems(社会-生态系统);ecosystem services(生态系统服务);adaptive capacity(适应能力);adaptive management(适应性管理);environmental governance(环境治理)	0.824	2010
♯2	41	climate change(气候变化);socio-ecological resilience(社会-生态韧性);limiting factors(限制因素);integrated water resources management(综合水资源管理);sustainable development(可持续发展)	0.649	2016

160

续表

聚类号	聚类大小	标签词	S值	平均使用年份
#3	38	ecosystem services(生态系统服务);social-ecological systems(社会-生态系统);adaptive management(适应性管理);adaptive capacity(适应能力);environmental justice(环境正义)	0.723	2013
#4	32	environmental governance(环境治理);adaptive governance(适应性治理);administrative law(行政法);global environmental governance(全球环境治理);ocean policy(海洋政策)	0.653	2014
#5	25	rural schools(农村规制);social-ecological systems(社会-生态系统);public education(公共教育);land management(土地管理);adaptive governance(适应性管理);urban ecology(城市生态)	0.736	2016
#6	21	science-policy interface(科学-政策融合);policy learning(政策学习);institutional design(制度设计);ecological restoration(生态恢复);ecosystem management(生态系统治理)	0.77	2014

由表5.5可知,生态治理研究中最突出的模式即为适应性治理,其是指在面对快速环境变化的复杂性和不确定性时协调资源管理的生态治理模式[1]。由定义和聚类#0中涉及的关键词可知,与适应性治理的相关研究主要是通过资源管理展开,尤其是水资源管理,如Clark等[2]对泰国西北部清迈省的当代水资源管理实施的适应性治理方法进行了实证分析。同时,也有学者从生态环境适应性能力评估的角度切入,从而构造相关的生态治理评估框架,其中适应性能力是指生态系统自发地应对环境破坏性变化的能力[3]。

学者们通常将社会-生态系统(SES)结合起来进行生态治理相关的研究,究其原因,是由于社会和生态系统之间存在密切的相互作用和相互依赖关系,同时,社会和生态系统都是复杂的系统,将社会和生态视为一个整体可以更好地理解和管理这种复杂性,也可以更好地平衡人类活动对自然环境的影响,以确保资源的可持续利用和保护生态系统的健康,促进可持续发展[4]。如表5.5所示,这一关键词除了在聚类#1中出现外,在聚类#2和聚类#5中也出现了,这说明在社会-生态系统治理中"气候变化""生态系统服务""农村规制"都是该方面研

---

① Chaffin B C, H Gosnell, B Cosens. A decade of adaptive governance scholarship: synthesis and future directions[J]. Ecology and Society, 2014, 19(3): 56.

② Clark J R A, Semmahasak C. Evaluating Adaptive Governance Approaches to Sustainable Water Management in North-West Thailand[J]. Environmental Management, 2013, 51: 882-896.

③ Whitney C K, N J Bennett, N C Ban, et al. Adaptive capacity: from assessment to action in coastal social-ecological systems[J]. Ecology and Society, 2017, 22(2): 22.

④ Garmestani A S, M H Benson. A framework for resilience-based governance of social-ecological systems[J]. Ecology and Society, 2013, 18(1): 9.

究的热点。

在生态治理体制研究方面,学者们不仅关注现有生态环境治理体制的研究,也关注"科学-政策融合"和"体制设计",即生态治理体制的优化;同时,"农村"和"海洋"也是学者们对生态治理体制研究的热点,如 Yang 等[1]以苏格兰农村为研究对象,对多层次治理、权力下放和环境优先的治理政策的实施效果展开研究;Yu 等[2]分析了中国海洋环境治理政策的演变特征,包括参与者的多样化、从事后控制到事前控制的变化、政策工具的多样化以及治理范围的扩大,以及阐明了未来制定和实施中国海洋环境治理政策的挑战。

对 CNKI 生态治理研究文献进行聚类分析得到图 5.4,其中聚类模块值 $Q=0.722\,5$,平均轮廓值 $S=0.949\,9$,说明该聚类结果是令人信服的。

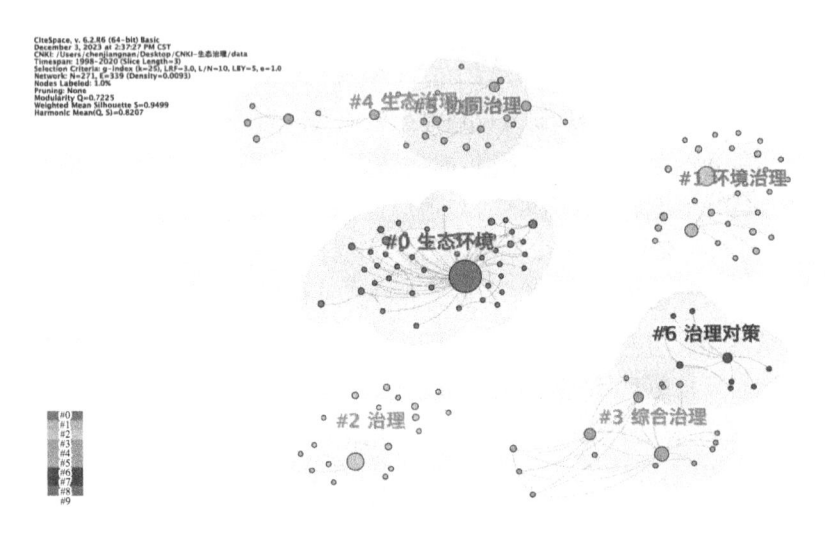

图 5.4　1998—2020 年 CNKI 生态治理研究的关键词聚类图谱

由图 5.4 可知,CNKI 生态治理研究热点最大的 7 个聚类分别是♯0 生态环境、♯1 环境治理、♯2 治理、♯3 综合治理、♯4 生态治理、♯5 协同治理和♯6 治理对策。其中,聚类序号越小,表明聚类中包含的关键词越多。

为了进一步归纳自 1998 年以来 CNKI 生态治理研究热点的信息,对上述 7 个聚类及其各自包含的前 5 个关键词导出,如表 5.6 所示。基于此对 CNKI

---

[1] Yang Anastasia L, Mark D A Rounsevell, Claire Haggett. Multilevel Governance, Decentralization and Environmental Prioritization: How is it working in rural development policy in Scotland? [J]. Environmental Police and Goverence, 2015, 25(6):399-411.

[2] Yu J, Bi W. Evolution of Marine Environmental Governance Policy in China[J]. Sustainability, 2019, 11(18):5076.

生态治理研究的热点和趋势进行归纳总结,以理顺生态治理研究的知识体系和发展脉络。从研究内容的角度将生态治理研究分为问题分析和评价测度、治理措施探索和协同治理研究三个方面。

表5.6　1998—2020年CNKI生态治理研究的热点关键词聚类表

聚类号	聚类大小	标签词	S值	平均使用年份
#0	46	生态环境;治理措施;环境治理;生态修复;治理体系	0.93	2009
#1	27	环境治理;生态文明;生态环境;绿色发展;农村生态	0.964	2015
#2	19	治理;生态;政府;黄土高原;治理制度	0.941	2007
#3	16	综合治理;小流域;水土保持;治理能力;生态环境建设	0.942	2003
#4	14	生态治理;环境污染;恢复治理;环境生态;对策	0.92	2010
#5	11	协同治理;多元主体;社会生产;体制机制;京津冀	0.976	2013
#6	10	治理对策;原因分析;石漠化;生态保护;生态破坏	0.915	2005

在问题分析和评价测度方面,主要包括聚类#1环境治理和聚类#4生态治理,这两个聚类的研究主题类似,但研究展开的方式有所不同。聚类#1环境生态主要从"生态文明""绿色发展""农村生态"等不同视角就生态治理的评价和存在问题等进行研究,如孙文丹[①]就生态文明建设的背景下对推进乡村绿色发展的问题和路径进行研究,指出乡村绿色发展主体合力弱等问题,并提出要发挥乡村多元力量的新时代路径;刘健[②]对新中国农村生态环境治理的历程进行梳理,指出当前农村环境治理存在运行缺乏长效机制和多元主题缺失等问题;聚类#4生态治理则以"环境污染"和"恢复治理"等不同的生态治理方向为研究热点,如胡志高等[③]就大气污染的联合问题进行了协同状态评价和影响因素分析。

在治理措施探索方面,既包括对生态治理体系和治理体制的探索,也包括围绕生态问题本身提出治理建议,主要体现在聚类#0生态环境、聚类#2治理和聚类#6治理对策当中。聚类#0生态环境聚焦于生态环境治理体系和治理措施的研究,其中"生态修复"是一个重要的研究热点。胡晓明[④]通过分析当前中国环境治理体系存在的主要问题,提出中国环境治理体系发展的基本思路和具

---

① 孙文丹.新时代推进乡村绿色发展的问题及路径研究[J].农村经济与科技,2020,31(21):55-56+72.
② 刘健.新中国农村生态环境治理的艰难探索与未来展望[J].经济研究导刊,2020(36):12-15.
③ 胡志高,李光勤,曹建华.环境规制视角下的区域大气污染联合治理——分区方案设计、协同状态评价及影响因素分析[J].中国工业经济,2019(5):24-42.
④ 胡晓明.生态文明建设视域下我国环境治理体系建设研究[J].生态经济,2017,33(2):180-183.

体建议;杨金燕等[1]就我国矿山的建设引发的环境问题进行了系统的研究,分析了造成矿山环境破坏的具体原因并提出了其关于生态修复的主要措施。聚类2#治理则以"政府"为主要研究对象,对"治理制度"展开探讨。叶冬娜[2]指出中国在国家治理现代化的进程中,唯有持续创新和完善生态文明制度体系,促使生态文明治理制度逐步转型,才能为生态文明建设保驾护航。聚类#6治理对策从生态治理的现实状况展开原因分析,重点从"生态保护"和"生态破坏"两个方面展开治理对策的研究。薛澜等[3]从黄河流域的生态保护战略出发,构建了实现"生态-经济-社会"效益相统一的生态治理相关的体制。

在协同治理研究方面,包含聚类#3综合治理和聚类#5协同治理。"综合治理"主要聚焦于某个区域的生态问题并对其治理效果进行评估,其中生态问题的研究热点主要为"小流域"和"水土保持"等。但近年来随着生态治理研究的逐渐深入,研究热点逐渐向协同治理发展,"协同治理"的研究热点包括"多元主体",这与我国多元主体协同共治的生态治理现代化政策高度相关,在该聚类当中"社会生产"和"体制机制"是主要的研究内容。如赵满满[4]指出在长江经济带生态环境协同组织管理机制上需要建立多元主体的协商机制,加强协同管理机构的构建;沈贵银等[5]以农村生态环境为研究对象,提出了构建政府-市场(企业)-农村社区-农民共同参与的多元共治农村生态环境治理体系的基本框架。同时由于《京津冀协同发展规划纲要》中强调推进京津冀协同发展,需要率先突破生态环境这个重点领域[6],这也使得"京津冀"是协同治理的重点研究对象。

5.2 生态环境治理研究演化脉络

具体来看,国外生态环境治理研究按关键词突变出现的时间不同,可以将其分为三个阶段:

第一阶段,2010—2013年,"resilience(恢复能力)""adaptive comanagement(适应性协同管理)""environmental management(环境治理)""science 科学"

---

[1] 杨金燕,杨锴,田丽燕,等.我国矿山生态环境现状及治理措施[J].环境科学与技术,2012,35(S2):182-188.
[2] 叶冬娜.国家治理体系视域下生态文明制度创新探析[J].思想理论教育导刊,2020(6):85-90.
[3] 薛澜,杨越,陈玲,等.黄河流域生态保护和高质量发展战略立法的策略[J].中国人口·资源与环境,2020,30(12):1-7.
[4] 赵满满.长江经济带流域生态环境协同治理研究[D].大连:东北财经大学,2020.
[5] 沈贵银,孟祥海.多元共治的农村生态环境治理体系探索[J].环境保护,2021,49(20):34-37.
[6] 周静.京津冀生态环境协同治理的法治保障[D].石家庄:河北地质大学,2020.

"food security(粮食安全)""fit(适应性)"为主要突现词,表明该阶段的生态治理研究前沿包括两个方面:从生态环境复原的角度展开生态治理研究,如 Salomon 等[1]指出了解社会生态系统的恢复能力可以提高我们对于环境治理的能力,实现生态可持续和社会公正的结果;从科学治理、适应性治理和保证粮食安全为目的,展开生态环境治理策略研究,如 Mantyka Pringle 等[2]指出将传统知识和科学知识联系起来以应对环境变化的挑战,并为地区生态系统的复原和可持续性发展提出了更有效的适应性治理实践的解决方案。其中"resilience(恢复能力)"关键词的突现强度最大,达到了 3.15,说明其为该阶段最突出的研究前沿。

第二阶段,2014—2017 年,"ecological modernization(生态现代化)""river(河流)""multilevel governance(多层次治理)""livelihoods(民生)""australia(澳大利亚)""stakeholder participation(利益相关者参与)""regime shifts(制度转变)"成为主要研究前沿。和第一阶段相比,关于该领域的研究逐渐向多元化发展,即将该领域的参与主体拓展至利益相关者甚至是开展多层次的治理,如 Ratner B 等[3]提出了一个关于集体行动、冲突预防和社会生态恢复治理的框架,将当地利益相关者与更广泛的机构和治理背景联系起来,旨在深入了解敏感环境中的生态治理问题;Yi H 等[4]指出在全球化进程中,环境资源的相互依存已成为一个新趋势,越来越多的国家、地区和地方政府选择利用协作方式解决环境问题,以实现可持续发展。同时,这一阶段的研究侧重于从生态现代化的视角展开,如 Galli[5]提出生态现代化理论是了解国家各级气候治理复杂性的工具,进而通过对美国能源效率节约案例的研究,指出混合治理在气候相关政策的实施方面发挥着重要作用;从顶层设计的角度对生态治理制度的转变进行研究,如 Garmestani 等[6]从美国生态治理的法律体制切入,指出美国现有法律制度存在

---

[1] Salomon A, Quinlan A, Pang G, et al. Measuring social-ecological resilience reveals opportunities for transforming environmental governance[J]. Ecology and Society, 2019, 24(3):16.

[2] Mantyka Pringle C S, Jardine T D, Bradford L, et al. Bridging Science and Traditional Knowledge to Assess Cumulative Impacts of Stressors on Ecosystem Health[J]. Environment International, 2017, 102: 125-137.

[3] Ratner B, Meinzen-Dick R, May C, et al. Resource conflict, collective action and resilience: An analytical framework[J]. The International Journal of the Commons, 2013, 7:183-208.

[4] Yi H, Huang C, Chen T, et al. Multilevel environmental governance: Vertical and horizontal influences in local policy networks[J]. Sustainability, 2019, 11(8): 2390.

[5] Galli A M, Fisher D R. Hybrid arrangements as a form of ecological modernization: The case of the US energy efficiency conservation block grants[J]. Sustainability, 2016, 8(1):88-106.

[6] Garmestani A, J B Ruhl, B C Chaffin, et al. Untapped capacity for resilience in environmental law[J]. Proceedings of the National Academy of Sciences of the United States of America, 2019, 116(40): 19899-19904.

无法利用法律本身的适应性和变革能力来增强生态的恢复能力,以及利用法律促使生态系统适应和转型等问题。

第三阶段,2017—2020 年,"biodiversity conservation(生物多样性保护)"为该时期的主要研究前沿,这是由于在全球部分地区,当地的物种丰富度已降低到确保生态系统功能和服务长期维持所需的阈值以下[1],同时全球范围内的倡议如《生物多样性公约》(Convention on Biological Diversity,CBD),都未能扭转甚至减缓生物多样性下降的总体趋势[2]。Gavin M C 等[3]就生物多样性保护的视角切入,认为有效的生态治理需要动态的、多元的、协同合作的方法。

具体来看,随着时间的推移,我国生态治理的研究前沿在不断变化,总体上呈现由单一到综合发展的趋势,也可以划分为三个阶段:

第一阶段,1998—2006 年,主要以研究单一具体的生态治理问题为中心,对生态治理的效果进行评价并提出相应的治理措施等,在该时期,"黄土高原""土壤水库""石漠化""小流域"是生态治理的研究前沿问题,如李永敏等[4]基于黄土高原农业生态环境治理进行了效果评价;苏孝良[5]对石漠化的生态治理问题展开了系统的研究,并提出需增加治理项目的科技含量并重点防止边治边破坏的现象。

第二阶段,2007—2012 年,主要以生态治理措施为研究前沿,"恢复治理""治理对策""生态补偿""政府职能"是这个时期的研究前沿,这是由于在 2007 年党的十七大提出的生态文明理念引领下,明确了水源涵养、水土保持、防风固沙、生物多样性维护和洪水调蓄等生态治理方向,推进了生态治理措施的研究,如赵佐平等[6]从水土保持和水污染整治的角度对汉江流域上游的生态治理措施展开了研究。

第三阶段,2013—2020 年,主要以生态系统治理和协同治理为中心,"环境治理""环境污染""公众参与""协同治理""污染治理"是这个阶段的研究前沿。"协同治理"以及与"污染"相关的研究在这个时期高频突现,表明它们在生态治

---

[1] Steffen W, Richardson K, Rockström J, et al. Planetary boundaries: Guiding human development on a changing planet[J]. Science,2015,348(6240):1217.

[2] Tittensor D P, Walpole M Hill, et al. A mid-term analysis of progress toward international biodiversity targets[J]. Science,2014,346(6206):241-244.

[3] Gavin M C, McCarter J, Berkes F, et al. Effective Biodiversity Conservation Requires Dynamic, Pluralistic, Partnership-Based Approaches[J]. Sustainability,2018,10(6):1846.

[4] 李永敏,郭华明. 黄土高原农业生态环境治理效果评价体系初探[J]. 环境保护,1999(10):22-23.

[5] 苏孝良. 贵州喀斯特石漠化与生态环境治理[J]. 地球与环境,2005(4):24-32.

[6] 赵佐平,闫莎,同延安,等. 汉江流域上游生态环境现状及治理措施[J]. 水土保持通报,2012,32(5):32-36+60.

理领域随着研究的深入将成为持续性的热点。尤其是在2018年以后,"山水林田湖草是生命共同体"的理念提出,更加推进了生态协同治理的研究,如王喆等[1]从区域多元主体协同治理和区域府际协同治理两大路径入手进行京津冀生态环境治理协同的探讨;殷培红等[2]从山水林田湖草各个要素系统协同治理的视角对农业面源污染治理展开了研究。

5.3 中国省区城市治理的生态环境治理变化

5.3.1 中国省区空气质量变化

从空气质量的变化来看,全国范围内的城市空气质量整体呈现出显著的改善趋势(见图5.5)。具体而言,空气中的二氧化硫和二氧化氮浓度均实现了大幅度的降低,这一积极变化表明空气污染物排放得到了有效遏制。同时,可吸入颗粒物的浓度虽呈现出波动下降的态势,但整体而言仍表现出积极的发展趋势。与2012年的数据相比,二氧化硫、二氧化氮和可吸入颗粒物的浓度分别实现了8.85%、6.19%和6.00%的降幅,这一成果凸显了我国在空气质量改善方面取得的显著成效。在应对全球气候变化的大背景下,我国对于碳排放量的控制也取得了显著进展,成功将碳排放量的年均增速控制在2%以内,这一成就不仅有助于减缓全球气候变暖的趋势,也为我国实现绿色可持续发展奠定了坚实基础。

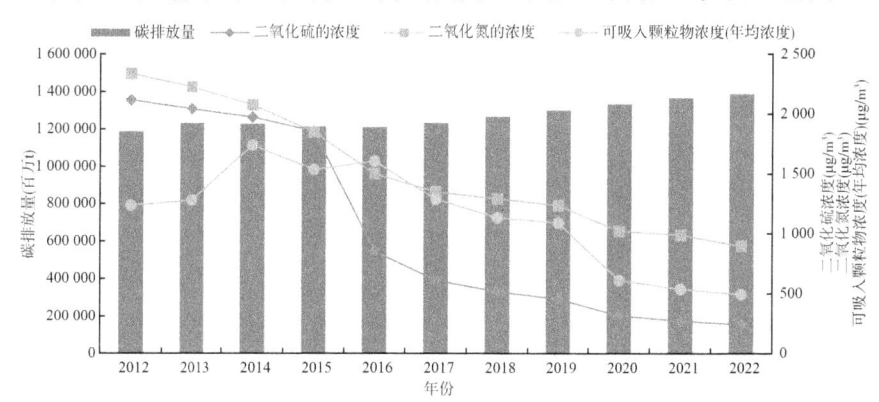

图 5.5 2012—2022 年全国城市空气质量变化

---

[1] 王喆,周凌一.京津冀生态环境协同治理研究——基于体制机制视角探讨[J].经济与管理研究,2015,36(7):68-75.

[2] 殷培红,耿润哲.论流域生态系统治理对农业面源污染防治的作用[J].环境保护,2019,47(21):16-20.

在碳排放量变动方面,我国绝大多数省区呈现较为稳定的发展态势(见图5.6)。然而也存在如山东、内蒙古、河南、山西和辽宁等以工业为主要支柱产业或者以能源为主要产能的省区,其碳排放量难免会出现增长的发展态势,并且其碳排放量居于全国前列。其中内蒙古和河南碳排放量的增长率最高。青海、北京和海南等不以工业和能源产业为主要发展的省区,其碳排放量处于较低水平。

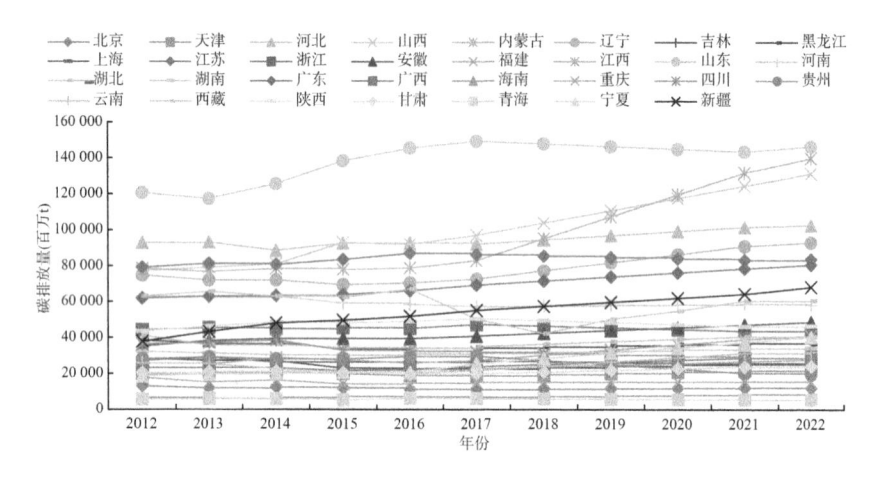

图5.6　2012—2022年各省区碳排放量变化

从全国各省区的大气污染物排放量变化来看,我国绝大多数省区的二氧化硫排放量在2012—2015年期间呈现低速稳步下降的发展状态,而在2016—2017年,由于我国对气候污染展开大力整治,使得二氧化硫排放量出现大幅降低,最终绝大多数省区的二氧化硫排放量处于0到40 $\mu g/m^3$ 的区间范围内(见图5.7)。特殊的是,新疆的二氧化硫排放量以较为稳定的速率保持低速增长,不存在上述变化规律。

在二氧化氮浓度变化方面,与碳排放量相同,二氧化氮浓度较高的省区也是山东、内蒙古、河南和山西。重庆、西藏和北京等省区的二氧化氮浓度较低。绝大多数省区的二氧化氮浓度在2016年出现较大幅度的下降,表明2016年我国对空气的治理有较大的成效(见图5.8)。相比而言,我国对二氧化硫的治理成果好于对二氧化氮的治理程度。山东、河北、山西、河南、内蒙古、江苏和广东的二氧化氮浓度处于较高的水平。西藏、海南、青海、北京和天津的二氧化氮浓度较低。其中,二氧化氮下降幅度最大的省区是山东和河南。

在可吸入颗粒物浓度变化方面,绝大多数省区在2013年迎来小幅下降后,2014年又出现了大幅上升,而后下降速度开始逐年加快(见图5.9)。这种变化体现了国家及地方在环境保护和空气污染治理方面所取得的显著成效。截至

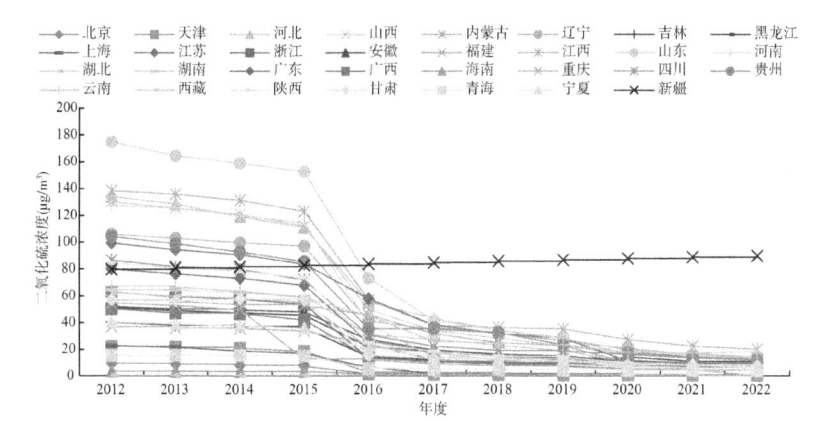

第五章　新时代中国省区城市治理的生态环境治理指数

图 5.7　2012—2022 年各省区二氧化硫浓度变化

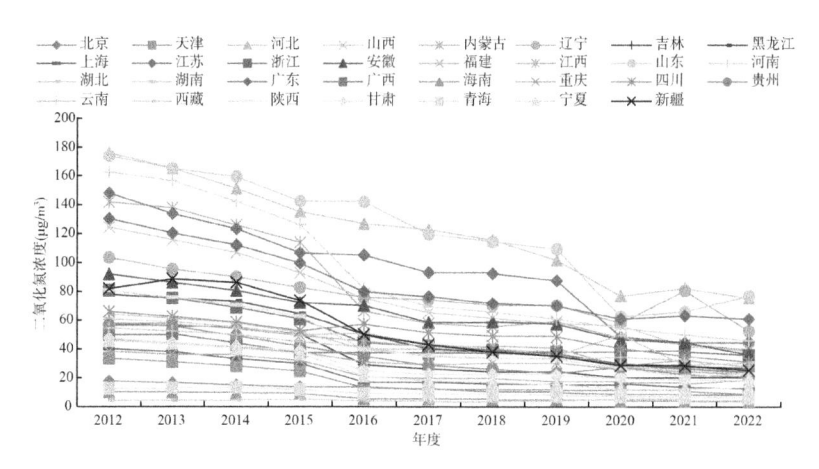

图 5.8　2012—2022 年各省区二氧化氮浓度变化

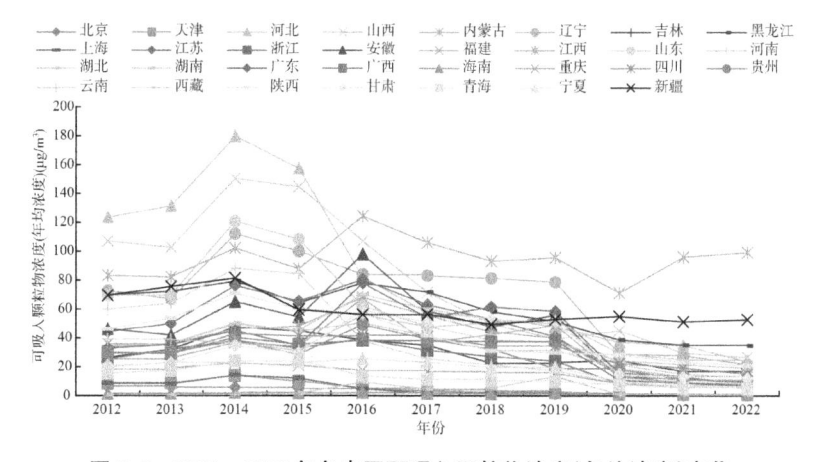

图 5.9　2012—2022 年各省区可吸入颗粒物浓度(年均浓度)变化

2022年，绝大多数省区的PM$_{10}$浓度已降至35 μg/m^{3}以下，这一数据标志着空气质量得到了显著改善。在各省区中，河北和山西的可吸入颗粒物浓度下降幅度尤为显著。新时代以来，内蒙古和新疆的可吸入颗粒物浓度却呈现出增长趋势，成为少数几个可吸入颗粒物浓度上升的省区。此外，西南和东南地区的大多数省区对可吸入颗粒物浓度控制较好，其长期处于全国较低水平。

5.3.2 中国省区水质量变化

从水质量的变化来看，全国水污染物的排放水平显露出鲜明的阶段性特性。整体而言，水质达标水平持续保持在相对较高标准（见图5.10）。具体而言，我国水体中的化学需氧量和氨氮排放量在2012—2015年间分别稳定在约2 500万t和250万t的水平。随后，在2016—2019年间，这一指标出现了显著的下降，化学需氧量和氨氮排放量分别锐减至约600万t和55万t，显示出我国在水污染治理方面取得了显著成效。然而，在2020—2022年间，这两个指标又再次回升，甚至超过了第一阶段的水平，这提示我们仍需警惕污染物排放的反弹趋势。与此同时，全国地表水质量达到或优于Ⅲ类水体的比例呈现出稳步上升的趋势，尽管增速较为缓慢，但显示出水质改善的长期趋势。此外，城市集中式饮用水水源地的水质达标率始终保持在90%以上。

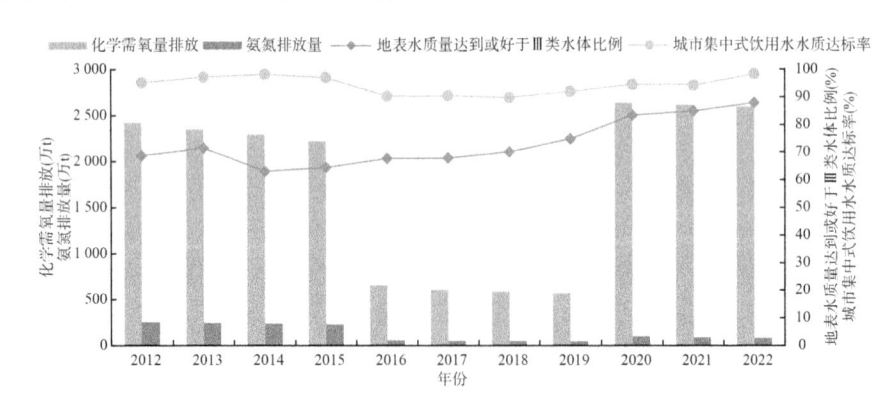

图5.10 2012—2022年全国水质量变化

从各省区地表水质量变化来看，我国绝大多数省区的地表水质量达到或优于Ⅲ类水体的比例呈现增长态势，且西南和东南地区的地表水质量较好，而华北地区的地表水质量相对较差。其中天津和上海的地表水质量呈现较大的波动。截至2022年，广西的地表水质量达到或优于Ⅲ类水体的比例最高，而天津的最低（见图5.11）。

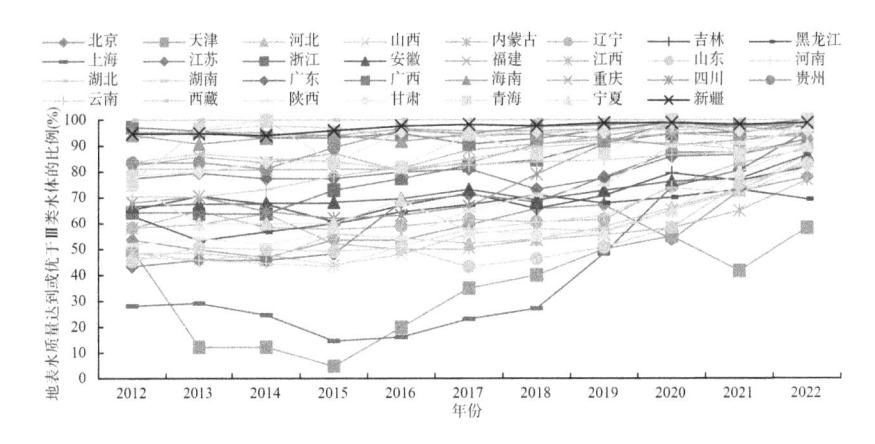

图 5.11　2012—2022 年各省区地表水质量达到或优于Ⅲ类水体比例变化

从各省区饮用水质量变化来看，我国绝大多数省区的城市集中式饮用水水质达标率达到 90% 以上。各省区的城市集中式饮用水水质达标率变化呈现出一定的地域差异，黑龙江、宁夏、吉林、甘肃和云南的集中式饮用水水质达标率呈现较大的波动，不太稳定。华北地区和东北地区的城市集中式饮用水水质达标率则相对较低。截至 2022 年，我国仅有宁夏、山西、内蒙古和北京的城市集中式饮用水水质达标率低于 90%（见图 5.12）。

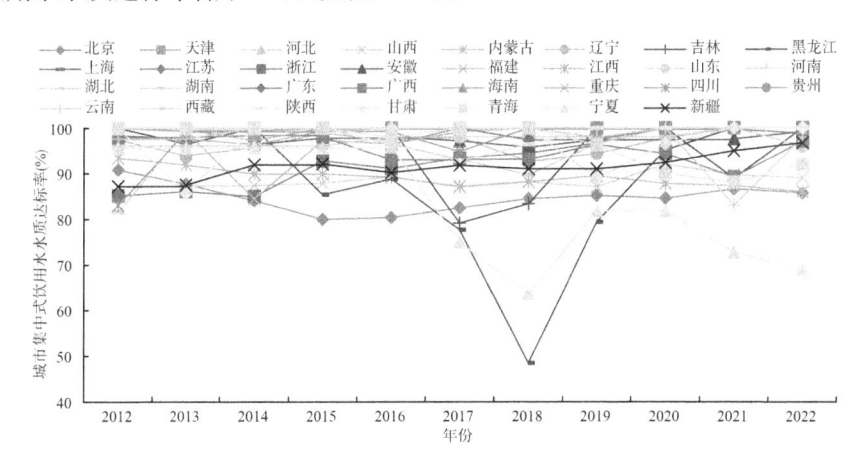

图 5.12　2012—2022 年各省区城市集中式饮用水水质达标率变化

从各省区水污染变化来看，整体上我国绝大多数省区的化学需氧量排放和氨氮排放量也呈现出三阶段的变化特征（见图 5.13～图 5.14）。而云南在化学需氧量排放以及黑龙江在氨氮排放量方面则呈现稳定的变化趋势。另外，2020—2022 年河南的化学需氧量并没有像大部分省区一样稳定在某一个水平，而是依旧表现出较高的增长趋势。广西和江西则相反,在2020年化学需氧量排放大幅提升后,又以较大幅度的速率下降并维持在相对较低的水平。

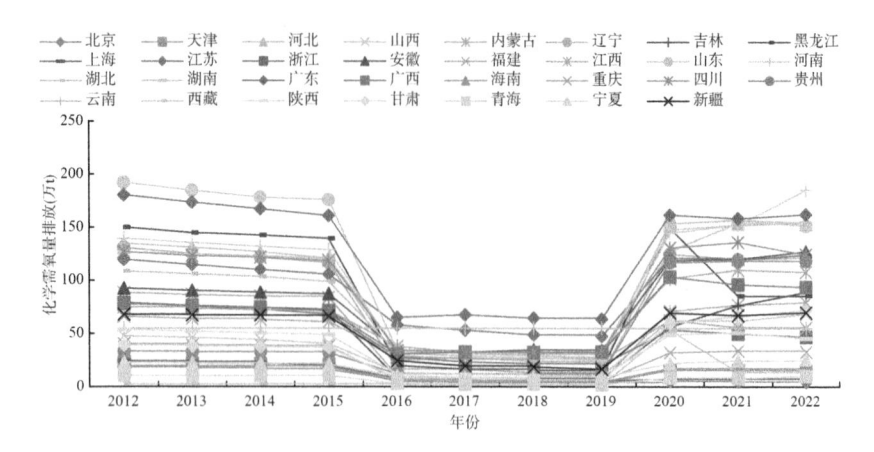

图 5.13 2012—2022 年各省区化学需氧量排放变化

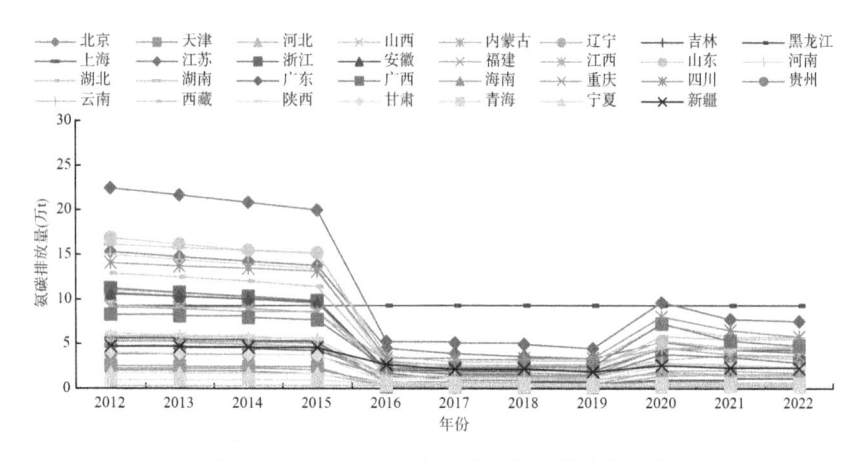

图 5.14 2012—2022 年各省区氨氮排放量变化

综合化学需氧量排放和氨氮排放量两个指标,可以看出广东、山东、河南、黑龙江和四川的水体污染物含量较高。而北京、天津、西藏、青海和宁夏则处于全国较低水平。总的来说,我国在水污染控制方面取得了一定的成效,但不同地区之间仍存在较大差异。

5.3.3 中国省区城市生态改善变化

从全国的生态改善变化情况来看,我国的生态改善主要表现在人均公园绿地面积的增长、生态用水比例的提升和地下水开采率下降上。而在建成区绿化覆盖

率、森林覆盖率、水土流失治理面积占比方面几乎没有明显的波动(见图5.15)。

图 5.15　2012—2022年全国生态改善变化

从我国各省区的绿化程度变动来看,绝大多数省区的人均公园绿地面积均呈现稳定提升的状态(见图5.16)。这一趋势表明,我国在城市绿地建设和公园空间拓展方面取得了显著成效。具体而言,广东、天津、宁夏和重庆的人均公园绿地面积较大,显示出这些地区在绿地规划与建设上的先进性和成效性。相比之下,西南地区如云南、西藏和贵州的人均公园绿地面积处于较低水平,这可能与当地的自然地理条件、经济发展水平以及绿地规划策略有关。

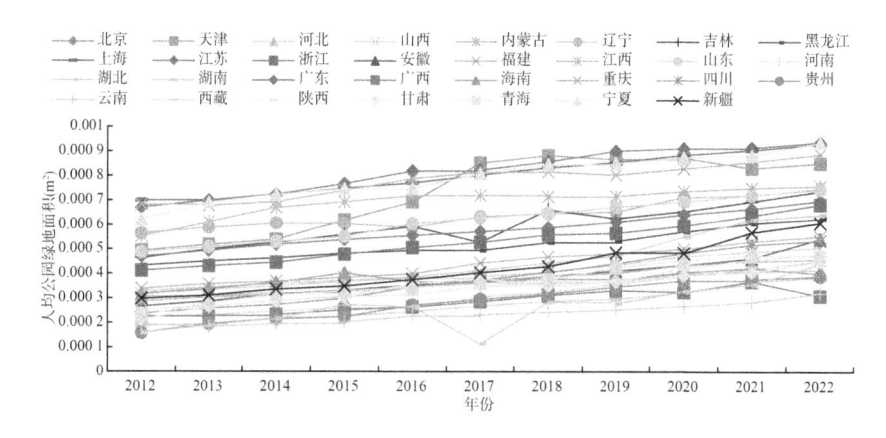

图 5.16　2012—2022年各省区人均公园绿地面积变化

在建成区绿化覆盖率方面,我国绝大多数省区的指标处于35%～45%的区间范围内,表明全国范围内建成区的绿化水平整体稳定(见图5.17)。其中,北京、江西和福建的建成区绿化覆盖率较高,这些地区可能更加注重城市生态环境的营造和绿地空间的拓展。然而,青海、甘肃等西北地区的建成区绿化覆盖率较低,可能与当地的气候条件、水资源状况以及经济发展模式有关。西藏的建成区绿化覆盖率在2013—2016年间表现出较大的波动,但通过一系列生态保护和绿化工程的实施,最终保持在40%左右的水平,显示了当地在生态环境改善方面所做的努力。

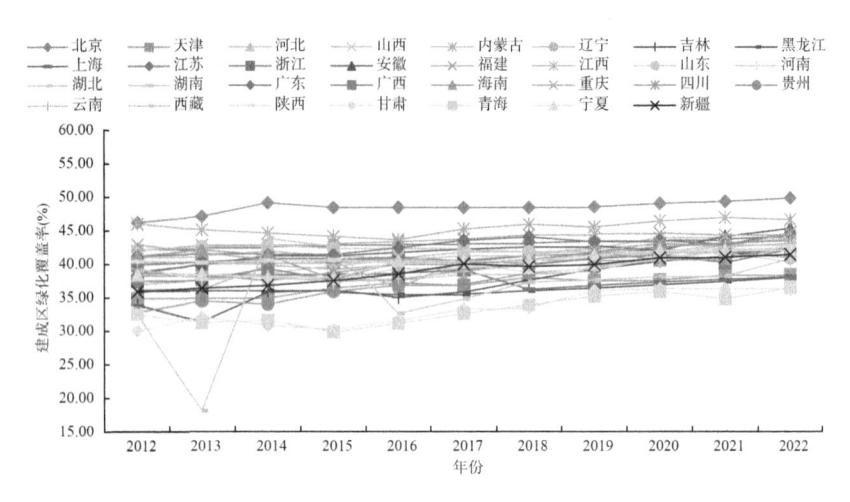

图5.17　2012—2022年各省区建成区绿化覆盖率变化

我国各省区的森林覆盖率在新时代以来基本维持不变(见图5.18),这体现了我国森林资源保护工作的稳定性和成效性。2014年,贵州、云南等省区的森林覆盖率略有提升,这可能与当地政府的林业政策、生态修复工程以及公众环保意识的提高有关。在区域差异方面,福建、江西和浙江等南方地区的森林覆盖率始终处于较高水平,这得益于这些地区丰富的自然资源和良好的生态环境。而新疆、青海和宁夏等西北地区的森林覆盖率相对较低,这可能与当地的气候条件、水资源状况以及土地利用方式有关。

在用水改善方面,我国绝大多数省区的生态用水比例在逐年提升,但是其主要集中在8%以下的状态,仍处于较低水平(见图5.19)。其中北京、天津、河北、河南和内蒙古的生态用水比例较高。而黑龙江、江西和上海的生态用水比例相对较低。

在地下水开采方面,整体上看绝大多数省区的地下水开采率变动呈现波动下降的发展趋势(见图5.20)。这一趋势表明,在多数省区,地下水资源的开采活动正逐步得到合理控制,有助于维护地下水资源的可持续利用和生态环境的稳定性。具体而言,北方地区由于气候干旱、降水不足,长期依赖地下水作为重要的生产生活水源。因此,该地区的地下水开采比例普遍较高,基本保持在

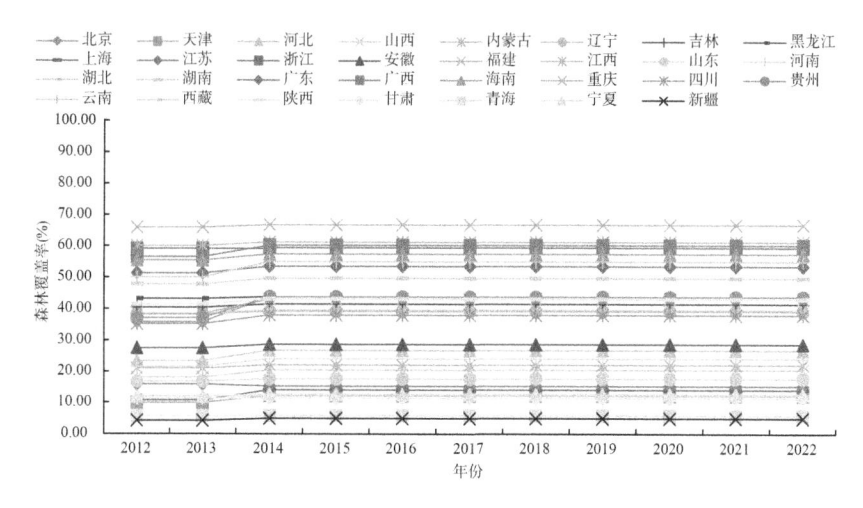

图 5.18　2012—2022 年各省区森林覆盖率变化

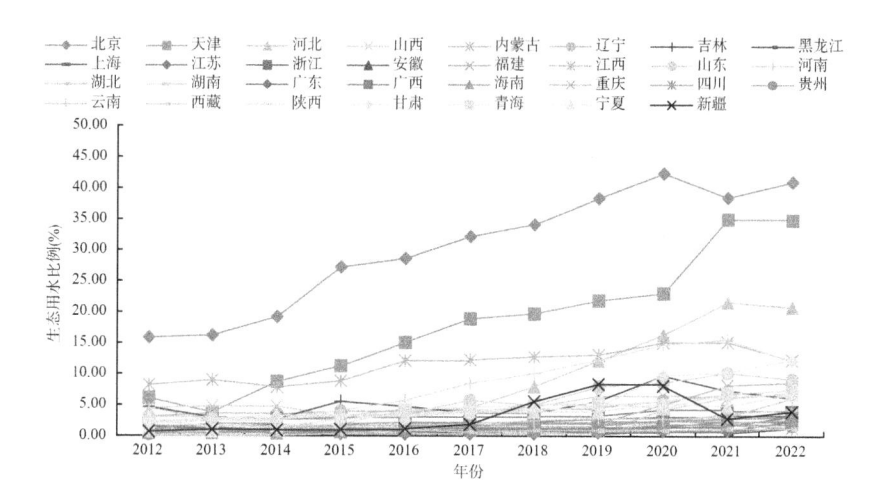

图 5.19　2012—2022 年各省区生态用水比例变化

20%以上。然而，随着水资源管理的加强和节水措施的推广，北方地区的地下水开采率也呈现出逐步下降的态势。相比之下，南方和西北部地区由于气候、地形等自然条件的差异，地下水开采率相对较低。南方地区由于降水充沛，地表水资源丰富，对地下水的依赖程度相对较低；而西北部地区虽然降水稀少，但由于地广人稀，农业和工业用水需求相对较小，因此地下水开采率也相对较低。

在水土流失治理面积占比方面，我国各省区普遍展现了一种低速但稳定提升的发展趋势（见图 5.21）。其中，北京地区的水土流失治理面积占比尤为突出，不仅基数高，而且增速显著，位居全国前列。紧随其后的是山西、重庆、贵州

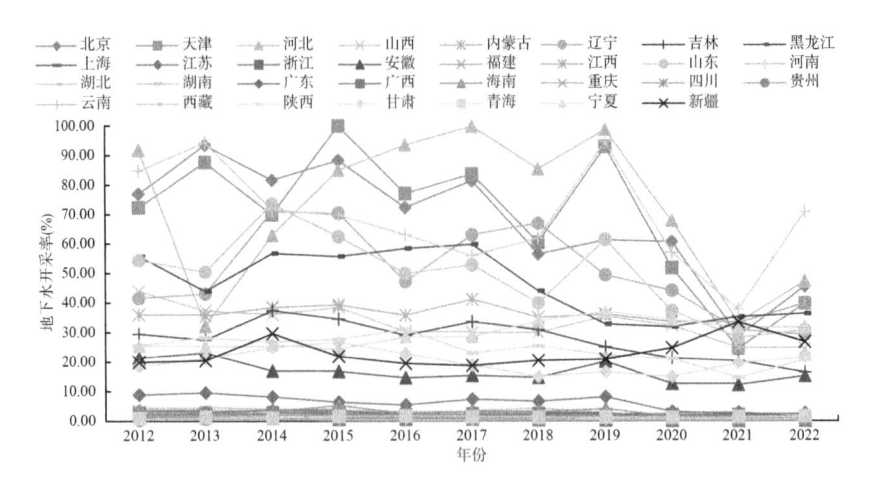

图 5.20 2012—2022 年各省区地下水开采率变化

和陕西等省区,这些地区在水土流失治理方面也取得了积极的进展。对于西北地区,由于其独特的气候条件,干旱少雨,加之地域辽阔、地形复杂,该地区对水土流失治理的需求相对较小。此外,由于水资源匮乏和生态环境脆弱,水土保持和生态修复的难度也相对较大,因此西北地区的水土流失治理面积占比普遍处于较低水平。

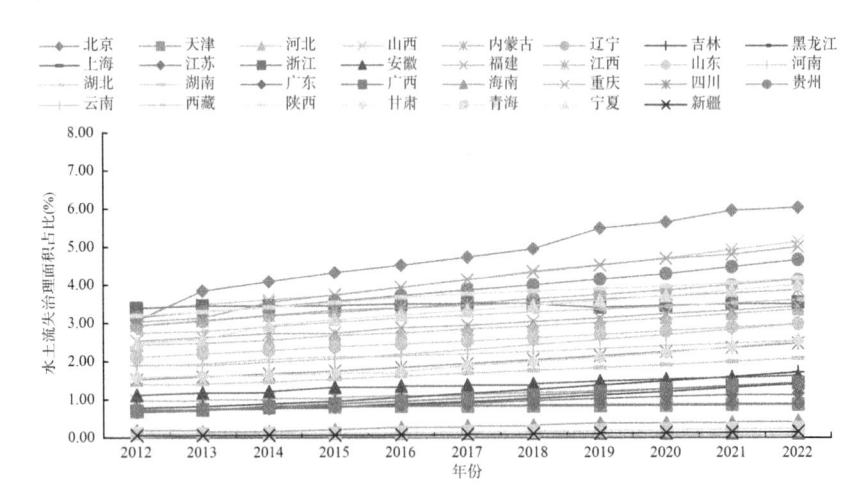

图 5.21 2012—2022 年各省区水土流失治理面积占比变化

5.3.4 中国省区城市环境卫生变化

在卫生环境变化方面,我国的环境卫生水平逐年提升,主要表现为其再生水利用量占比、污水处理率和生活垃圾无害化处理率的提升(见图5.22)。其中再生水利用量占比提升幅度最高,达到近五倍,年均增长率为19.98%。生活垃圾无害化处理率从84.80%提升至99.90%。而污水处理率从87.3%提升至98.11%。但一般工业固体废物综合利用率总体以−0.78%的年均增长率呈现下降趋势。

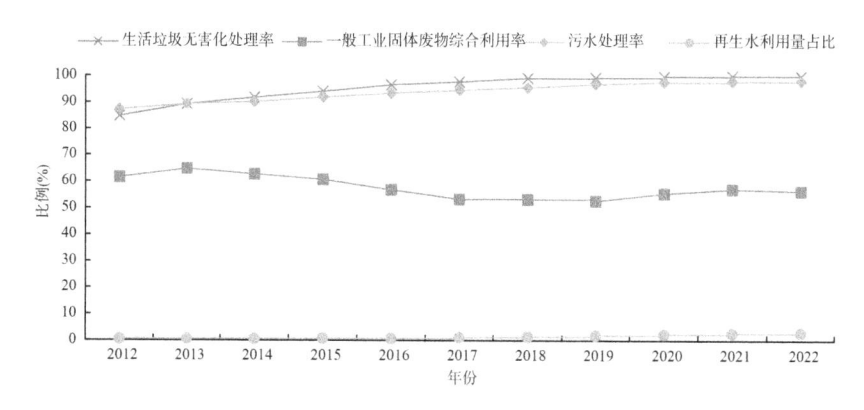

图5.22 2012—2022年全国环境卫生变化

从各省区生活垃圾无害化处理率的变化可以发现,绝大多数省区的生活垃圾无害化处理率达到了100%,并且生活垃圾无害化处理率呈现出一定的波动递增的发展态势(见图5.23)。截至2022年,只有辽宁、上海、河南、贵州、云南、西藏和青海七个省区的生活垃圾无害化处理率尚未达到100%,其中上海的生活垃圾无害化处理率最低,为98.4%。从变动趋势来看,甘肃、吉林和黑龙江的生活垃圾无害化处理率变动幅度较大,增速较快,从2012年只能处理45%左右到2022年已经能够完全处理了,表明我国各省区在处理生活垃圾部分的环境卫生方面呈现较好的发展趋势。

在一般工业固体废物综合利用率方面,多数省区呈现出一种先下降后逐步提升的复杂波动趋势(见图5.24)。这种趋势反映了各省区在工业生产过程中,对废物管理与资源化利用的重视度在不断增强,同时也揭示了技术革新和政策引导在促进废物综合利用效率提升中的重要作用。其中,天津、浙江、安徽、江苏和北京等经济发达省区的工业固体废物综合利用率相对较高。这些省区通常具备较为先进的工业技术和管理模式,能够更有效地实施废物分类、回收和再利用,从而显著提升了废物的综合利用率。此外,这些省区往往也更为注重环保法规的执行和环保标准的提升,为工业固体废物的综合利用提供了良好的政策环境。然而,在西藏、内蒙古、山西、新疆和宁夏等省区,工业固体废物的综合利用

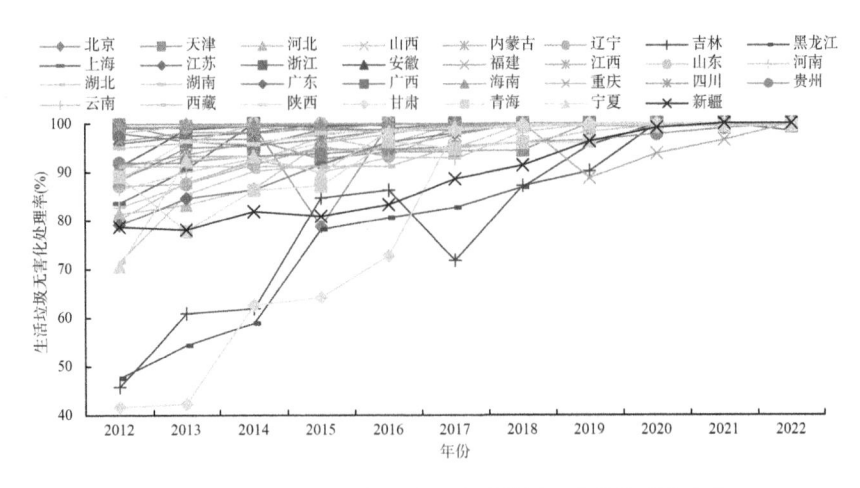

图 5.23　2012—2022 年各省区生活垃圾无害化处理率变化

率则相对较低。这些省区可能由于地理位置、经济发展水平、产业结构等多种因素的限制,在废物管理和资源利用方面存在较大的挑战。

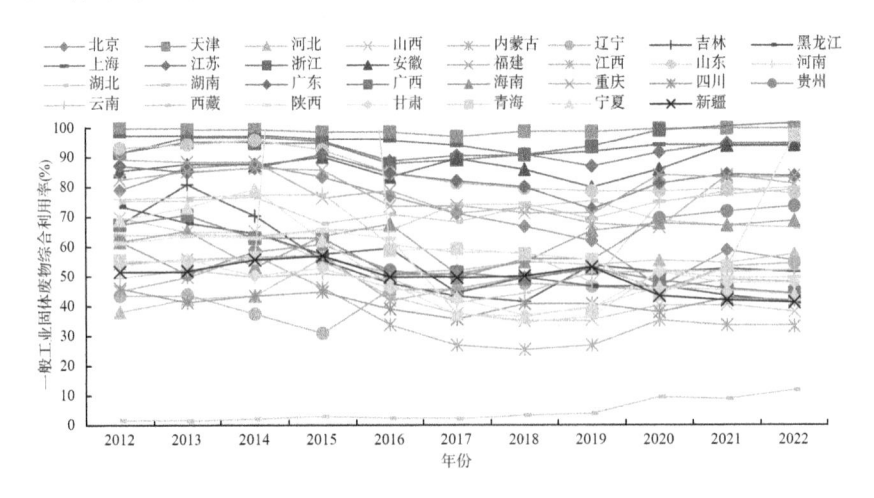

图 5.24　2012—2022 年各省区一般工业固体废物综合利用率变化

在污水处理率方面,多数省区这一指标呈现逐年递增的显著发展态势,表明国家在污水处理和环境保护方面取得了积极成效(见图 5.25)。然而,在 2015 年,四川、山东、湖南、海南和陕西等省区出现了一定程度的下降,这与这些地区当时的经济结构、水资源利用模式以及环保政策执行力度等因素有关。与此同时,西北地区如青海、新疆和宁夏的污水处理率在这一年出现了显著的大幅提高。这与这些地区当时对环保工作的日益重视、污水处理设施的投入增加以及环保政策的严格执行有关。尽管存在这些局部地区的波动,总体上看,我国污水处理率的发展趋势仍然是逐年递增的。此外,西藏的污水处理率波动幅度较大,这与其特殊的地理环境、经济发展水平以及环保基础设施建设等因素有关。截至 2020 年,我国所有省区的污水处理率均大于 97%,这一数据充分表明我国在污水处理和环境保护方面取得了显著成效。

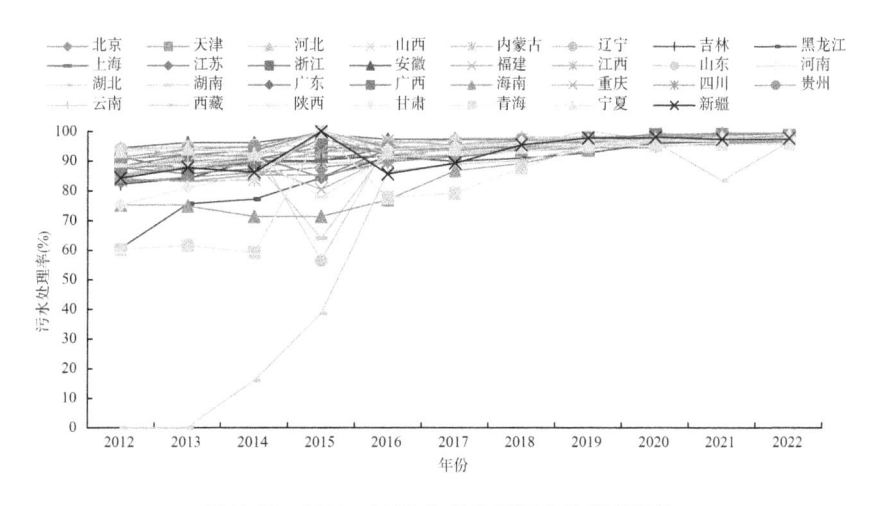

图 5.25　2012—2022 年各省区污水处理率变化

在再生水利用方面,我国各省区之间存在显著的差异,这体现了不同地区在资源循环利用和水资源管理方面的策略差异(见图 5.26)。研究数据显示,绝大多数省区的再生水利用量占比维持在 5% 以内,这表明再生水尽管作为一种宝

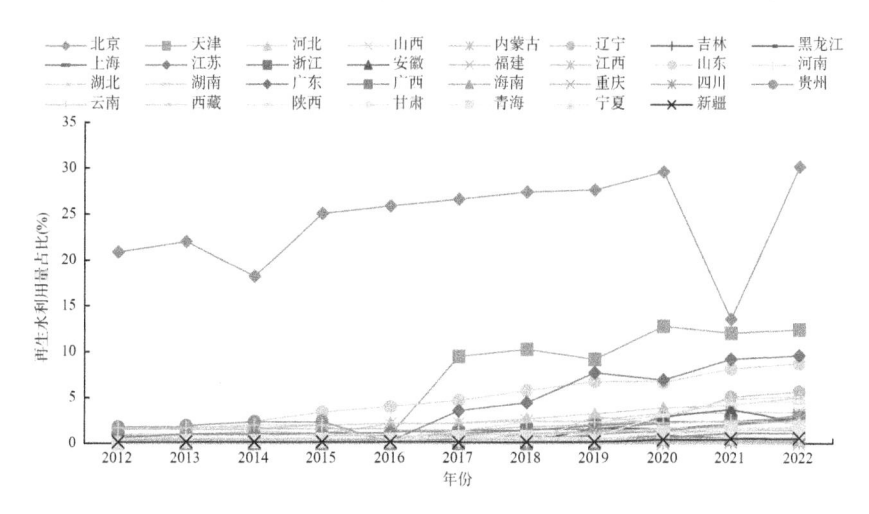

图 5.26　2012—2022 年各省区再生水利用量占比变化

贵的资源,其在全国范围内的应用潜力尚未得到全面挖掘。然而,北京在再生水利用方面表现突出,其再生水利用量占比始终占据全国首位。与此同时,天津的再生水利用量占比自2017年起呈现出显著的上升趋势,并持续保持在全国第二的领先位置。此外,广东、山东、河南和辽宁等省区的再生水利用量占比也位居全国前列。

5.4 中国省区城市治理的生态环境治理指数评价

自新时代开启以来,全国的生态环境治理指数展现出一种先稳步增长、后小幅回落的复合发展趋势(见图5.27)。这一趋势的显著特征在于,全国的生态环境治理指数受到水质量指数的显著影响。相较于空气质量指数、生态改善指数以及环境卫生指数,水质量指数的波动幅度尤为突出,其根源在于全国范围的化学需氧量和氨氮排放量变化呈现出"U"形分布格局。具体来看,全国的生态改善指数呈现高位稳定的发展态势,表明生态环境在整体上得到了一定程度的改善与保护。尽管如此,其年均增长率仍呈现出小幅的负增长,即-2.89%。空气质量指数则表现出一种波动增长的趋势,年均增长率达到8.35%,并最终稳定在0.9944的水平。这一增长趋势表明,在应对空气污染方面,全国范围内的治理措施取得了一定的成效,但空气质量的提升仍是一个持续且需要不断努力的过程。环境卫生指数则呈现出相对稳定的增长态势,以年均4.53%的增长率持续上升。这一趋势反映出全国在环境卫生治理方面取得了显著的成效,城市与乡村的环境卫生状况得到了有效的改善。最终,综合上述各项指数的影响,全国的生态环境治理指数实现了年均3.67%的增长率,累积增长达到了41.93%。

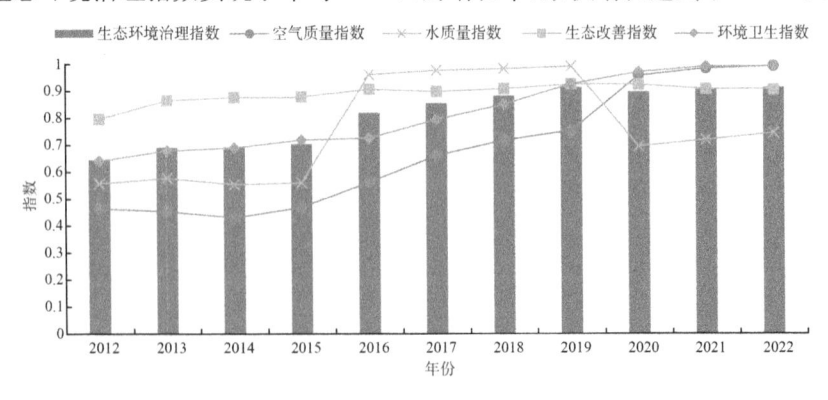

图5.27 2012—2022年全国生态环境治理指数变化

自进入新时代以来,北京的生态环境治理取得了显著成效,其生态环境治理指数以年均4.83%的稳健增速,实现了从0.6019至0.9644的显著提升(见图5.28)。在这一整体进步中,空气质量指数的改善尤为突出,其年均增长率高达13.31%,累计增长幅度达到了241.11%,这一显著增长不仅极大地提升了居民的生活质量,同时也成为推动北京市生态环境治理效能提升的关键因素。此外,北京的水质量指数改善也呈现出一定的波动性。具体而言,在2012—2015年期间,水质量指数经历了一段小幅稳定下降的阶段。然而,随着2016—2017年间化学需氧量排放和氨碳化合物排放量的大幅减少,北京的水质量指数得到了显著提升。然而,在随后的2018—2022年间,水质量指数又呈现出小幅波动的发展态势,这可能与水源保护、污水处理以及水生态修复等多方面的因素密切相关。在生态环境改善指数方面,北京呈现出高位低速增长的发展态势,这显示出北京在持续推进生态环境保护与治理的同时,也面临着一定的挑战和压力。尽管如此,北京的环境卫生指数仍然保持在较高水平,除2021年因再生水利用量占比减少导致环境卫生指数出现7.62%的下滑外,其余年份均保持在0.95以上,这充分说明北京市在环境卫生管理方面的成效显著。

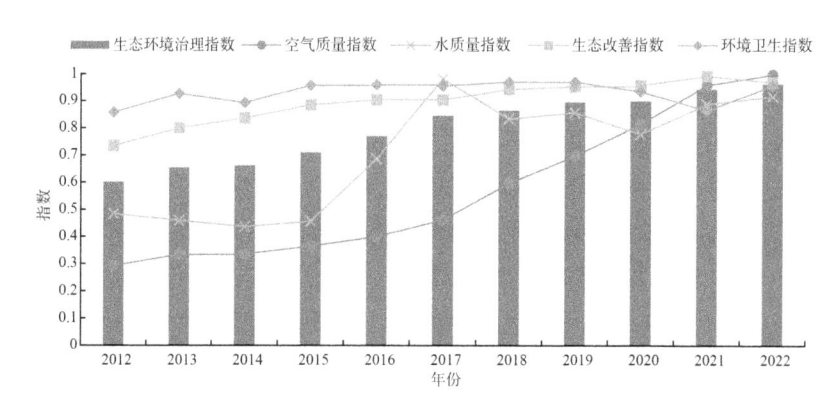

图5.28 2012—2022年北京生态环境治理指数变化

天津的生态环境治理指数表现出明显的阶段性特征,在2012—2015年期间,天津的空气质量指数和环境卫生指数基本保持稳定,而水质量指数出现一定幅度的下降、生态改善指数呈现上升趋势,二者相互作用,使得天津在这期间的生态环境治理指数基本保持不变(见图5.29)。在2016—2022年期间,由于天津进行大气治理和水环境治理,促使其空气质量和水质量指数大幅度提升,使得整体的生态环境治理指数也出现了一定的提升。除此之外,2017年由于天津的再生水利用量从0.96%提升至10.25%,从而其环境卫生指数也实现了较大的跨越。2020—2022年由于化学需氧量和氨碳化合物的排放量的增加，水质量指数又出现了下降，但是其他三个指标处于较高的水平，使得天津在这个时期的生态环境治理指数仍保持在0.9以上。

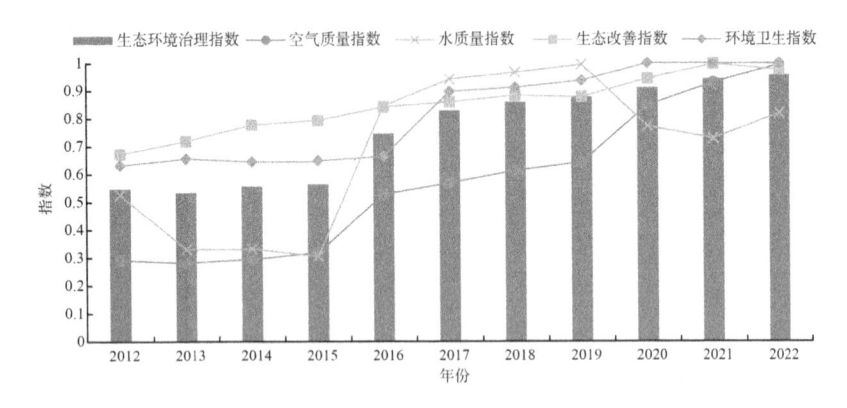

图 5.29　2012—2022 年天津生态环境治理指数变化

河北的生态环境治理指数变动情况与天津基本相同，也呈现出较为明显的阶段性特征（见图 5.30）。其生态环境治理指数在 2016 年取得了显著的跨越式增长，这一增长主要归因于河北在水环境质量以及空气质量指数上实现的显著提升。河北的生态改善指数在近年来呈现出稳健的增长态势，具体表现为以年均 3.19% 的增长率实现了 35.9% 的累积增长。这一增长不仅彰显了河北在生态环境保护方面所取得的显著成效，也体现了其对于可持续发展理念的深入贯彻与实践。同时，河北的环境卫生指数同样表现出强劲的增长势头，其年均增长率高达 5.24%，并实现了 64.72% 的显著增长。

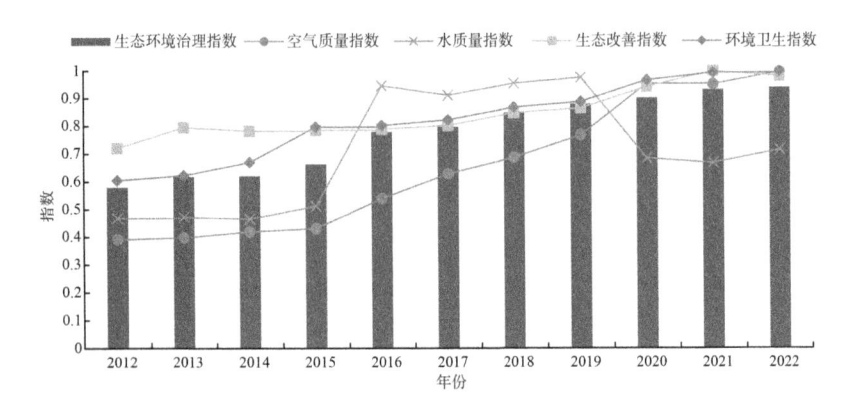

图 5.30　2012—2022 年河北生态环境治理指数变化

截至2022年,山西的生态环境治理指数达到了0.9024,位于全国中下水平(见图5.31)。在考察期内,该指数呈现稳定的增长态势,年均增长率为3.42%。山西的生态改善指数和环境卫生指数呈现出高位低速增长的发展趋势,表明这两方面虽有一定改善,但增长速率相对缓慢,并且两者的发展趋势呈现出一定的同步性,年均增速分别为0.64%和2.67%,反映了山西在生态环境治理过程中,生态改善与环境卫生工作之间的紧密关联。另外,山西的空气质量指数和水质量指数在近年来的变动趋势与天津、河北等周边地区高度一致。特别是在2016年后,这些指数均出现了显著的提升。具体而言,空气质量指数的年均增长率为10.21%,而水质量指数的年均增长率为7.77%。至2022年,山西的空气质量指数达到了0.9617,水质量指数则达到了0.7692。这一增长趋势不仅体现了山西在生态环境保护领域取得的积极成果,也揭示了其与其他地区在环境治理方面的协同性和互动性。而山西的生态环境治理指数受到其水质量指数的显著制约和影响。这表明,在未来的生态环境治理工作中,山西需要重点关注水资源的保护和管理,通过提升水质量指数来推动整体生态环境治理指数的提升。

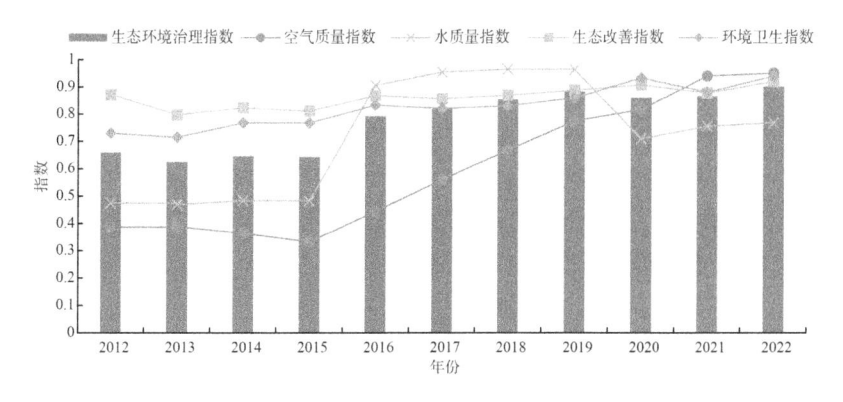

图 5.31　2012—2022 年山西生态环境治理指数变化

内蒙古的生态环境治理指数展现出一种倒"U"形变化趋势(见图5.32)。具体而言,在2012—2015年期间,该地区的生态环境治理指数基本维持在0.75左右的水平,表明此阶段内蒙古在生态环境治理方面未能取得显著的突破。然而,2016—2019年,内蒙古的生态环境治理指数出现了较大幅度的增长,这主要归因于空气质量指数和水质量指数的双重提升。在这一阶段,内蒙古实施了一系列有效的环境保护措施,包括减少污染物排放、加强环境治理等,从而推动了生态环境质量的改善。然而,在2020年,内蒙古的水环境质量出现了急剧下降的现象,这一变化对生态环境治理指数产生了显著的负面影响,导致其出现了下滑趋势。截至2022年,内蒙古的生态环境治理指数降至0.874 1,处于全国较低水平,这凸显了内蒙古在生态环境治理方面面临的挑战和困难。但内蒙古的生态改善指数和环境卫生指数仍呈现出良好的发展态势,这表明内蒙古在生态恢复和保护方面取得了一定的成效。

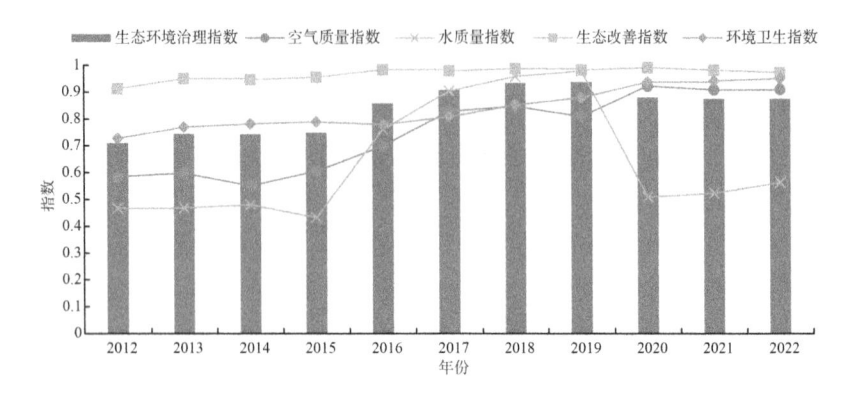

图5.32 2012—2022年内蒙古生态环境治理指数变化

辽宁的生态环境治理指数以年均3.50%的增长率,从2012年的0.671 2提升至2022年的0.946 8(见图5.33),在全国范围内排名前10位。其中辽宁的生态改善指数始终处于0.9以上,并以1.16%的增速保持稳定的增长。环境卫生指数也呈现稳定的增长,在2016年和2020年均实现了较大幅度的提升。空气质量指数以年均8.79%的增速稳步提升,其中在2020年提升幅度最高。水质量指数的变动与化学需氧量排放和氨碳化合物排放的变动基本一致,由于变动幅度较大,推动辽宁2016年生态环境治理指数的提升,以及2020年的下跌。

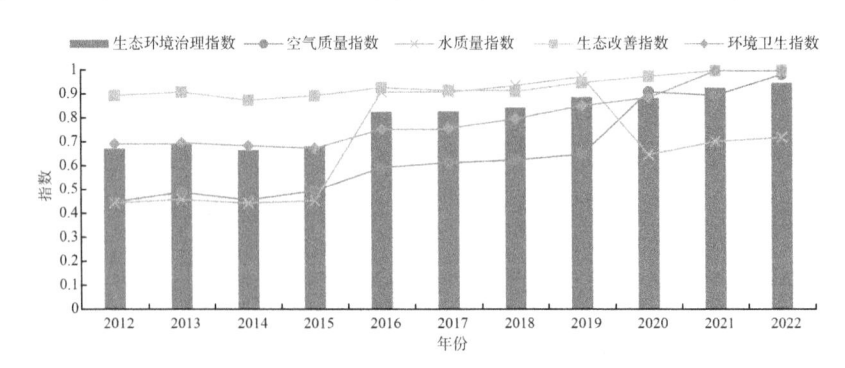

图5.33 2012—2022年辽宁生态环境治理指数变化

吉林的生态环境治理指数在新时代呈现出一种波动上升的发展态势(见图5.34)。具体而言,在新时代初期,吉林的空气质量、水质量和环境卫生指数均处于相对较低的水平,在0.5左右,并分别以9.12%、6.55%和7.21%的年均增速波动提升,显示出吉林在生态环境治理方面取得了一定的进展。吉林的生态改善指数则相对处于较高水平,其指数水平始终在0.8以上,反映吉林在生态改善方面所取得的成效更为显著。这一成果不仅体现了吉林在生态环境保护方面的持续努力,也为其生态环境的整体改善奠定了坚实的基础。经过长期的努力与持续治理,吉林的生态环境治理指数以年均4.59%的增长率实现了51.94%的大幅提升。截至2022年,吉林的生态环境治理指数已达到0.9197,尽管这一数值在全国范围内处于中下水平,但相较于新时代初期的起点,吉林在生态环境治理方面所取得的进步是显而易见的。

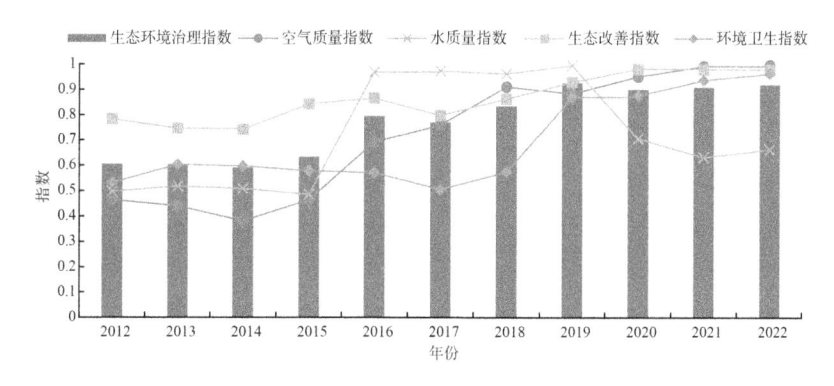

图5.34 2012—2022年吉林生态环境治理指数变化

黑龙江的生态环境治理指数以年均3.38%的增长率,从2012年的0.6737提升至2022年的0.9396(见图5.35),实现了39.48%的涨幅。其中黑龙江的生态改善指数始终保持在0.8以上,呈现出一定的波动上涨的发展趋势。黑龙江的空气质量和环境卫生指数同样呈现出了稳定的增长态势。其中,空气质量指数的年均增速达到了8.03%,环境卫生指数的年均增速则为4.42%。这两个领域的显著进步,不仅改善了当地居民的生活品质,也为黑龙江的生态环境提供了有力的保障。在水质量方面,黑龙江的指数变动与其他省区存在一定的相似性。特别是在2016—2019年期间,该省区的水质量指数达到了较高的水平,这一表现可能与该时期内的政策推动、技术革新以及公众环保意识的提升等多种因素密切相关。然而,值得注意的是,尽管2020年水质量指数出现了大幅下滑,但这一波动并未对黑龙江的总体生态环境治理指数产生显著影响,这在一定程度上反映了该区域在生态环境治理方面的韧性和稳定性。

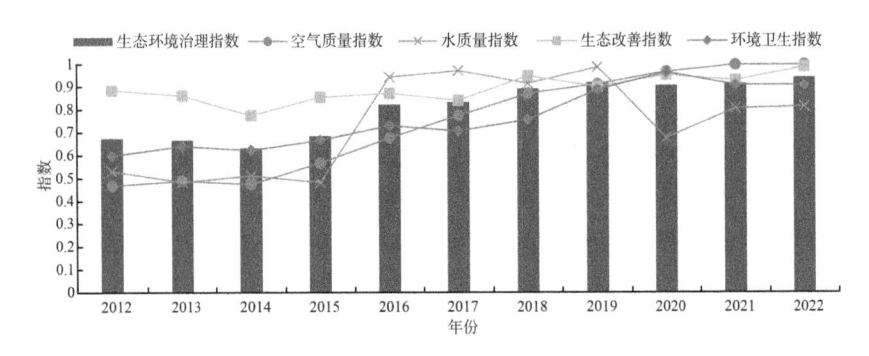

图 5.35　2012—2022 年黑龙江生态环境治理指数变化

在上海,尽管其生态环境治理指数长期以来在全国范围内处于相对较低的水平,但近年来却展现出显著的进步趋势(见图 5.36)。具体而言,上海的生态环境治理指数实现了年均 6.25% 的稳健增长,从初始的 0.453 2 提升至 2022 年的 0.830 9。在这一提升过程中,上海的生态改善和环境卫生指数始终稳定在 0.65 左右,尽管这一数值在全国范围内仍属于较低水平,但其稳定的表现显示出上海在维护城市环境卫生和推动生态持续改善方面的稳定性与持续性。上海生态环境治理指数增长主要得益于空气质量和水质量指数在 2016—2020 年期间的高速稳定提升。这一期间,上海在空气质量和水环境治理方面采取了强有力的措施,并取得了显著成效。到 2022 年,上海的空气质量指数和水质量指数分别达到了 0.989 9 和 0.977 8,这两个指标的高水平表现,直接推动了上海生态环境治理指数的整体提升。

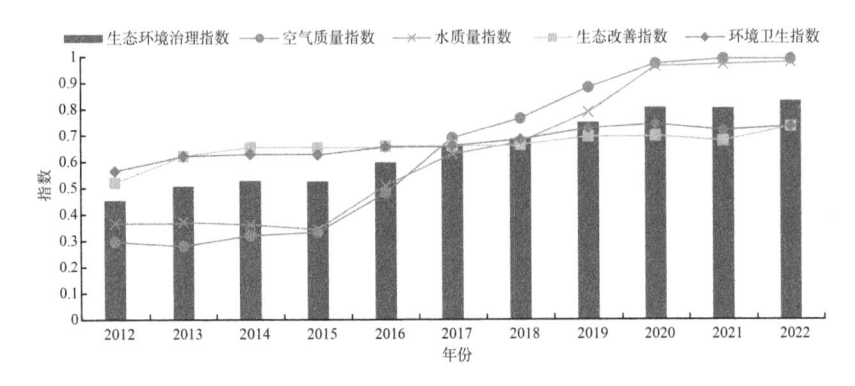

图 5.36　2012—2022 年上海生态环境治理指数变化

江苏的生态环境治理指数展现出一种高位低速发展的动态变化趋势(见图 5.37)。具体而言,江苏的生态改善指数和环境卫生指数均呈现出相对稳定的增长态势,分别以 2.88% 和 3.44% 的年均增长率稳步上升。这种稳定性表明江苏在推动生态改善和维护环境卫生方面取得了持续的进展,并且这一趋势在未来有望得到保持。然而,江苏的水质量指数则表现出较为明显的阶段波动性。在 2016—2019 年期间,水质量指数经历了显著的提升,这可能与江苏在水污染治理和水资源保护方面所采取的有力措施密切相关。然而,进入 2020 年后,水质量指数却出现了一定幅度的下滑,尽管如此,这一波动并未对江苏整体的生态环境治理指数造成显著影响。这是因为江苏的空气质量指数在 2020 年实现了 88.45% 的显著增幅,这表明江苏在空气质量改善方面取得了突破性的进展,这可能得益于江苏在能源结构调整、工业污染治理和绿色交通等方面的努力。这一增长不仅弥补了水质量指数下滑所带来的负面影响,还使得江苏整体的生态环境治理指数保持了稳定上升的发展趋势。

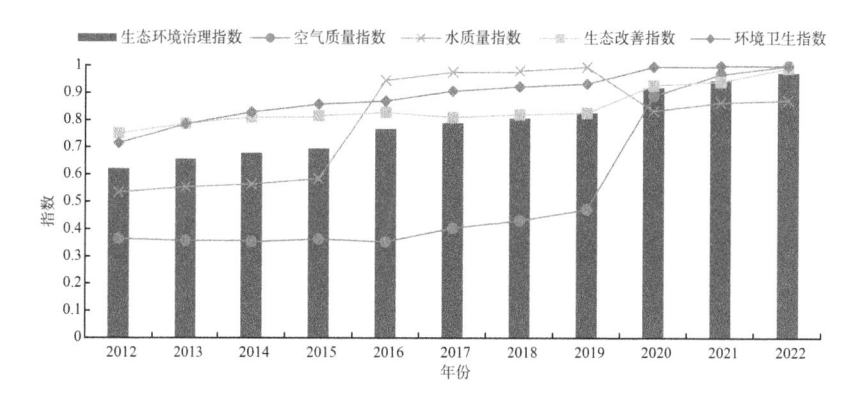

图 5.37 2012—2022 年江苏生态环境治理指数变化

浙江的生态环境治理指数在四个方面指数的综合作用下,其整体变动趋势与环境卫生指数的水平及变动趋势呈现出高度的一致性(见图 5.38)。其生态改善指数在近年来基本保持稳定,持续维持在 0.85 以上的高水平状态。这一表现在新时代的初期尤为显著,其中浙江的生态改善指数分别高于其环境卫生指数、水质量指数和空气质量指数,凸显了在新时代前期浙江在生态环境改善方面的显著成效。截至 2022 年,浙江的水质量指数达到了 0.801 7,与 2012 年相比,实现了 74.23% 的显著涨幅。这一数据充分说明了浙江在水质量提升方面所取得的积极进展,也预示着浙江的水质量将继续保持提升的发展趋势。2012—2019 年期间,浙江的环境卫生指数高于其空气质量指数,但二者指数的增长率相近,显示出两者在生态环境治理方面的协同作用。然而,到了 2020 年,由于浙江地区可吸入颗粒物浓度的显著下降,空气质量指数实现了 30.83% 的显著增长。这一增长不仅推动了浙江空气质量的大幅改善，也使得空气质量指数与生态改善指数、环境卫生指数均达到了 0.97 以上的高水平，进一步证明了浙江在生态环境治理方面取得的显著成效。

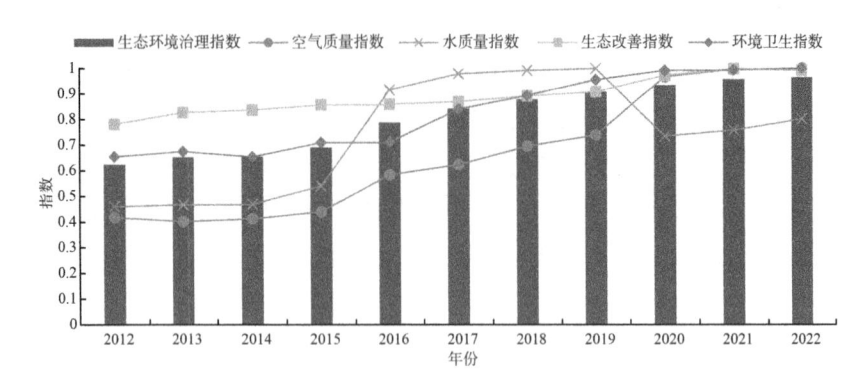

图 5.38　2012—2022 年浙江生态环境治理指数变化

安徽的生态环境治理指数在过去的几年中呈现出显著的上升趋势，以年均 4.21% 的增长速度稳步提高，与 2012 年相比，生态治理指数显著提升了 51.01%，2022 年达到了 0.938 7 的高位水平（见图 5.39），这一成绩在全国范围内位列第四，显示了安徽在生态环境治理方面取得的卓越成效。深入分析影响安徽生态环境治理指数的四个方面的指数变动情况，发现其与浙江的变动趋势存在诸多相似之处。具体而言，一方面，安徽的生态改善指数长期稳定在 0.95 的高位水平；另一方面，安徽的水质量指数呈现出阶段性变化的特征。在空气质量指数和环境卫生指数方面，安徽在 2012—2019 年间并未实现较大幅度的提升。然而，到了 2020 年，这两个指数分别实现了 67.12% 和 24.84% 的显著增长，这一变化不仅推动了安徽在空气质量和环境卫生方面的显著改善，也使得这两个方面的指数水平达到了 0.90 以上，从而进一步推动了安徽整体生态环境治理指数的提升。

福建在生态环境治理领域展现出稳健且持续的进步态势（见图 5.40），其生态环境治理指数以年均 3.89% 的增长率稳健上升，凸显了该区域在环境管理上的不懈努力与显著成效。具体而言，福建的空气质量、水质量、生态改善以及环境卫生等多个维度均实现了显著的年均增长，分别达到了 8.86%、3.12%、2.75% 和 5.10% 的增长率。其中，福建的生态改善指数整体稳定在 0.8 以上的高水平，这不仅反映了福建在生态环境保护与修复方面取得的显著成果，也预示着该省区在生态可持续发展道路上的坚定步伐。然而，尽管生态改善指数表现稳定，但空气质量指数和水质量指数则呈现出较为明显的波动趋势。截至

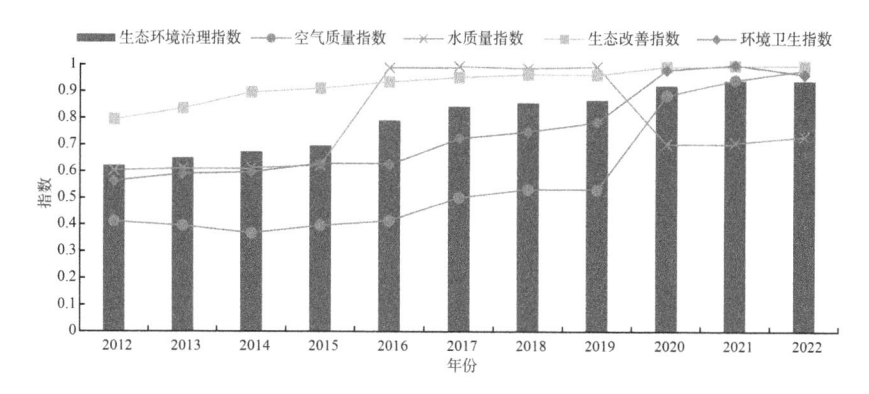

图 5.39　2012—2022 年安徽生态环境治理指数变化

2022 年,福建的生态环境治理指数已达到 0.952 3,这一成绩在全国范围内位列第八,充分证明了福建在生态环境治理方面的卓越表现与显著成就。

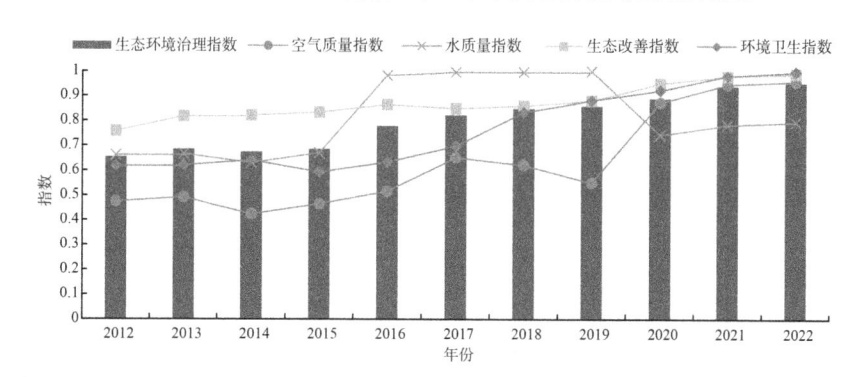

图 5.40　2012—2022 年福建生态环境治理指数变化

新时代以来,江西的环境治理指数总体变化不大,年均增长率为 2.21%,2012—2022 年期间,其生态环境治理指数只实现了 23.64% 的提升,最终达到 0.898 8(见图 5.41),处于全国较低水平。江西的水质量指数的变化呈现三个阶段的波动发展。其空气质量、环境卫生和生态改善指数在 2012—2019 年期间基本保持稳定,分别处于 0.45、0.65 和 0.91 上下的水平。在 2020 年,由于各类空气污染排放物大幅减少,其空气质量指数出现了 77.11% 的增幅,并在之后持续保持在该水平以上。而在 2021 年,由于再生水利用量占比提升,其环境卫生指数出现了 38.75% 的增长,但 2022 年由于再生水利用比重下降,环境卫生指数又出现了回落,使得江西的生态环境治理指数在 2021 年出现了一个小高峰。

山东的生态环境治理指数呈现明显的两阶段特征。第一阶段,2012—

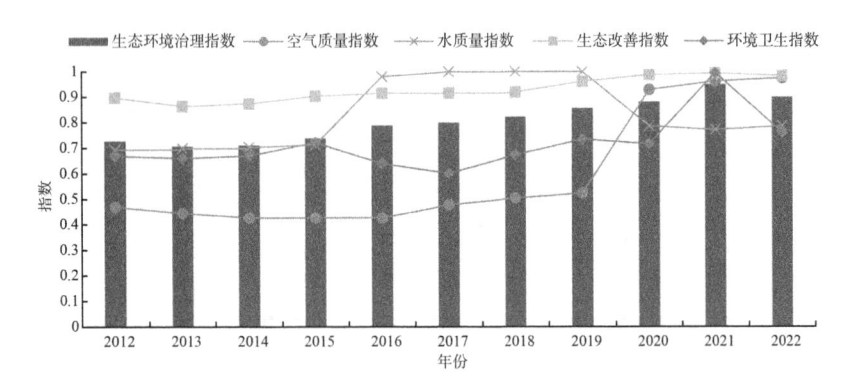

图 5.41　2012—2022 年江西生态环境治理指数变化

2015 年期间,山东的生态环境治理指数基本稳定保持在 0.6 以上的水平,这与城市生态环境治理四个维度的指数基本保持稳定、没有出现较大的增长或下降有关。其生态改善指数处于最高水平,其次分别是环境卫生指数、水质量指数和空气质量指数,分别稳定在 0.80、0.70、0.45 和 0.38 上下的水平(见图 5.42)。第二阶段,2016—2022 年期间,山东的生态环境治理指数呈现增速逐渐放缓的稳步提升发展趋势。其中,山东的空气质量指数增长最快,环境卫生指数次之,生态改善指数保持稳定小幅增速,并均在 2020 年达到了 0.95 以上的水平,而山东的水质量指数在 2020 年出现了较大幅度的下降,在一定程度上影响了山东的生态环境治理指数的增速。截至 2022 年,山东的生态环境治理指数达到 0.940 1,处于全国中等水平。

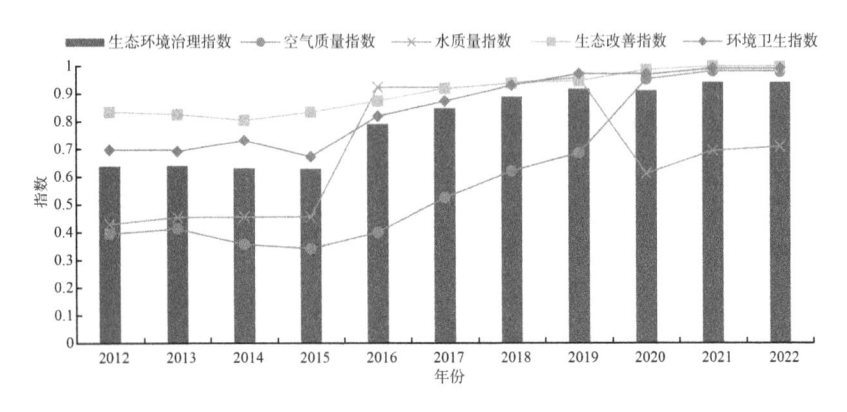

图 5.42　2012—2022 年山东生态环境治理指数变化

河南的生态环境治理指数以年均 4.68% 的年均增长率,实现了从 0.587 2 到 0.927 4 的提升(见图 5.43),在全国范围内处于中下水平。河南的空气质量指数、水质量指数、生态改善指数以及环境卫生指数均呈现出不同的增长态势。其中,空气质量指数的年均增长率高达13.8%,显示出河南在空气质量改善方面取得了显著成效。水质量指数的年均增长率为7.5%,虽然增长稳定,但相较于其他指数增速较慢。生态改善指数和环境卫生指数的年均增长率分别为1.96%和5.27%,这两方面的改善为河南的生态环境治理提供了坚实的基础。在2020年,除水质量指数外,空气质量指数、生态改善指数以及环境卫生指数均达到了0.9以上的高水平。这一现象表明,河南在生态环境治理的多个维度上取得了均衡的发展,尤其是在空气质量、生态改善和环境卫生方面取得了显著成效。然而,截至2022年,河南的水质量指数仅为0.6768,处于较低水平,明显低于其他三个维度的指数水平。这一数据揭示了河南在水质量治理方面面临挑战和困难,也提示了未来生态环境治理的重点和方向。

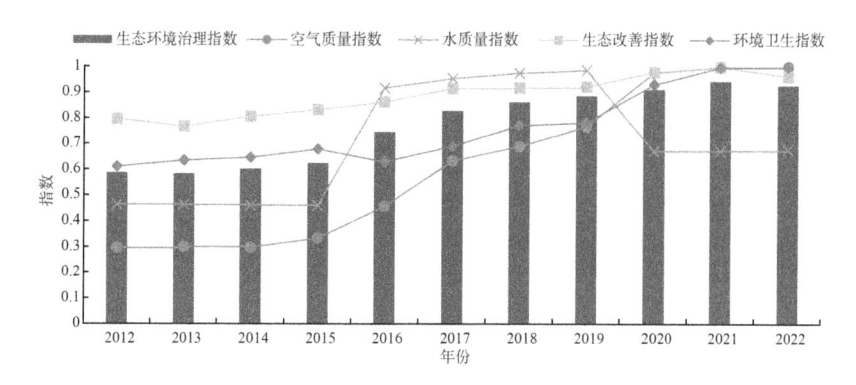

图5.43　2012—2022年河南生态环境治理指数变化

湖北的生态环境治理指数以年均4.22%的增长率,从2012年的0.6153提升至2022年的0.9305(见图5.44),在全国范围内处于中下水平。其中湖北的水质量指数与其他省区相同,呈现三阶段变动趋势。而生态改善指数和环境卫生指数在2012—2015年期间基本保持一致,其环境卫生指数的增长主要发生在2017—2020年期间,实现了从0.7905到0.9032的提升,而生态改善指数的提升主要发生在2020年,这是由于湖北在2020年的生态用水比例大幅增长和地下水开采率降低导致的。湖北的空气质量指数呈现波动增长态势,其年均增长率达到了9.54%,表明新时代以来湖北的空气治理成效显著。

湖南的生态环境治理指数近年来呈现出稳健且逐步提升的发展态势(见图5.45)。在关键指标中,湖南的空气质量指数与生态改善指数表现出相似的变动趋势:在2012—2019年的时间跨度内,这两个指数基本保持稳定,且生态改善指数一直高于空气质量指数,表明湖南在生态修复和空气质量改善方面均取得了

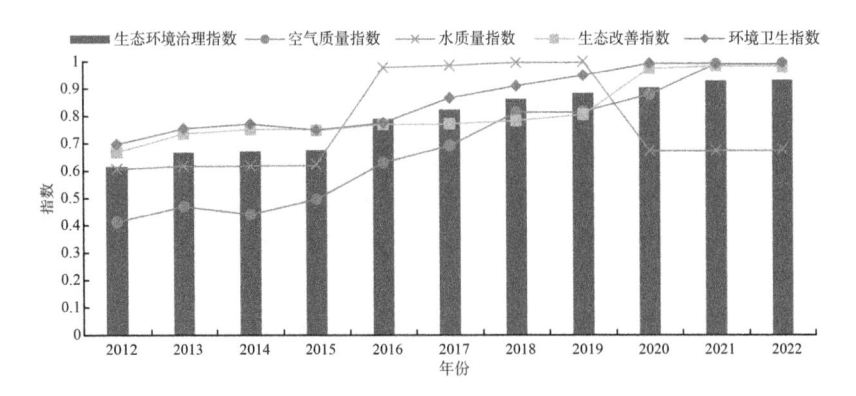

图 5.44　2012—2022 年湖北生态环境治理指数变化

成效,但生态改善方面的进展更为显著;进入 2020 年,这两个指数均出现了显著的提升,特别是空气质量指数,其增长率相对较高,使得与生态改善指数的差距大幅缩小;2021 年,这两个指数已经基本趋同,显示出湖南在生态环境治理方面均衡发展。湖南的环境卫生指数则呈现出稳定增长的态势。虽然在 2015 年因工业污染治理完成投资额占比减少而略有降低,但整体上保持了持续增长。2022 年,环境卫生指数水平已超越其他三个维度,成为湖南生态环境治理中最突出的方面。

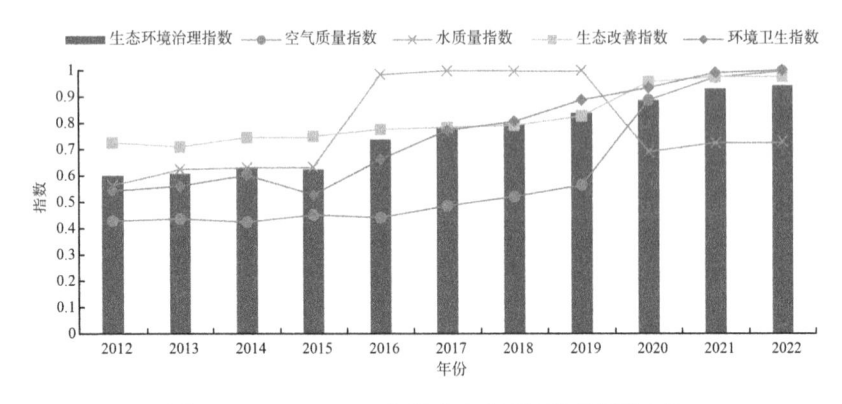

图 5.45　2012—2022 年湖南生态环境治理指数变化

广东的生态环境治理指数在过去数年间实现了显著且稳定的增长,具体表现为以年均 4.42% 的增长率从 2012 年的 0.627 9 提升至 2022 年的 0.967 9(见图 5.46),总体呈现出持续且积极的发展态势。这一趋势不仅凸显了广东在生态环境保护与治理方面取得的显著成效,也反映了该省区对可持续发展战略的高度重视和坚定实施态度。广东的生态改善指数虽然变动幅度相对较小,但其年均增长率依然保持在2.81%,这表明广东在生态保护和恢复方面取得了稳定而持续的进步。尽管增速相对稳健,但这一增长趋势无疑为广东的生态环境治理奠定了坚实的基础。进一步分析生态环境治理指数的增长动力,我们发现其主要受到水质量指数、环境卫生指数和空气质量指数的显著影响。这三个关键指标在2012—2015年期间保持了相对稳定的水平,反映了广东在此期间对生态环境治理的平稳推进。随后,在2016—2019年期间,这三个指数均呈现出显著的增长趋势,尤其是在水质量和空气质量提升方面取得了显著成效,体现了广东在生态环境治理方面所取得的积极成果。在2020年,水质量指数出现了一定程度的下滑,尽管如此,空气质量指数在同年却实现了较大幅度的提升,这一积极变化可能得益于广东在空气污染防治方面所采取的有效措施和持续努力。2021—2022年,水质量指数和空气质量指数均趋于稳定,表明广东在生态环境治理方面已经达到了一个相对成熟和稳定的阶段。

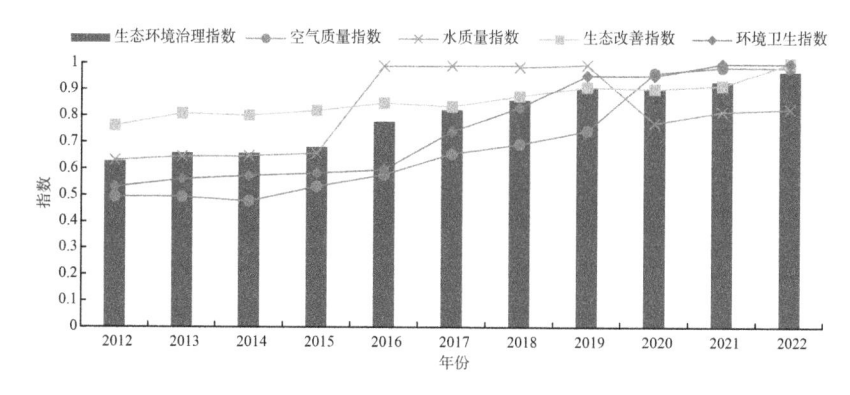

图5.46　2012—2022年广东生态环境治理指数变化

广西的生态环境治理指数的变化呈现出明显的三阶段发展特征(见图5.47)。第一个阶段,2012—2015年,广西的生态环境治理指数稳定在0.65上下,这一时期的生态改善指数处于高水平,其次分别是水质量指数、环境卫生指数和空气质量指数。第二阶段,2016—2019年期间,2016年广西的水质量指数和空气质量指数出现了较大提升,而环境卫生指数出现了一定幅度的下跌,并在2016—2019年期间保持稳定,这使得在这一阶段,广西的水质量指数最高,其次为生态改善指数、空气质量指数和环境卫生指数。第三阶段,2020—2022年期间,广西的空气质量和环境卫生指数均有较大幅度的提升,进而使得二者与生态改善指数的差距缩小,而广西的水质量指数在2020年出现了一定的下滑,而后又保持较低的增速持续增长。最终,广西的生态环境治理指数以4.08%的增速，实现了从0.6410到0.9460的提升，在全国范围内处于第10位。

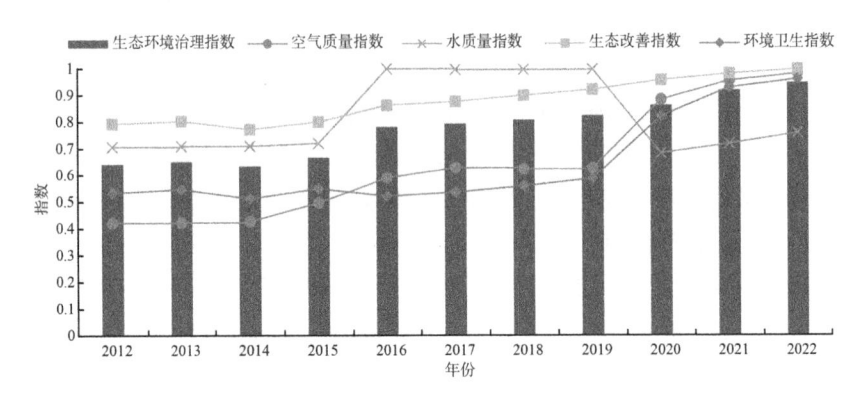

图 5.47 2012—2022年广西生态环境治理指数变化

海南的生态环境治理指数除了由于2014年可吸入颗粒物浓度大量增加导致空气质量指数出现较大幅度的下跌而造成下降外，其余年份均呈现稳定的增长趋势（见图5.48）。除2016—2019年水质量指数大幅提升外，总体上海南的生态改善指数分别高于其水质量指数、环境卫生指数和空气质量指数。其各自的年均增长率分别为2.31%、1.98%、2.35%和3.78%。其中，生态环境治理指数受到海南的空气质量指数和水质量指数的影响较大，但其生态环境治理指数的变动趋势与其本身的环境卫生指数的变动趋势相近。最终海南的生态环境治理指数实现了从0.6125到0.9592的提升，年均增长率达4.59%。

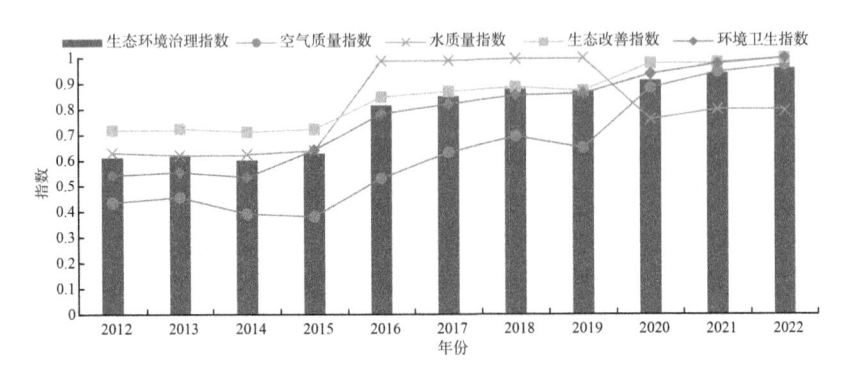

图 5.48 2012—2022年海南生态环境治理指数变化

重庆的生态环境治理指数呈现波动上升趋势（见图5.49）。具体而言，在新时代的早期阶段，重庆的空气质量指数、环境卫生指数、水质量指数以及生态改善指数均呈现出一种相对稳定的增长态势，这直接使得其生态环境治理指数平稳增长。然而,到了2016年,重庆的水质量指数和空气质量指数均经历了较大幅度的提升,这一积极变化促使生态环境治理指数在2016年至2019年间持续保持在0.8以上的高水平。2020年,重庆的水质量指数因化学需氧量和氨碳化合物排放的增加而出现了显著下降,这一变化直接影响了生态环境治理指数的整体表现,导致其出现波动。这表明重庆的生态环境治理指数的波动主要受到其水质量指数的显著影响。最终,重庆的生态环境治理指数以年均5.48%的增长率,实现了68.57%的显著增长。截至2022年,重庆的生态环境治理指数达到了0.9256,在全国范围内排名第22位,表明其生态环境治理水平位于全国的中下水平。

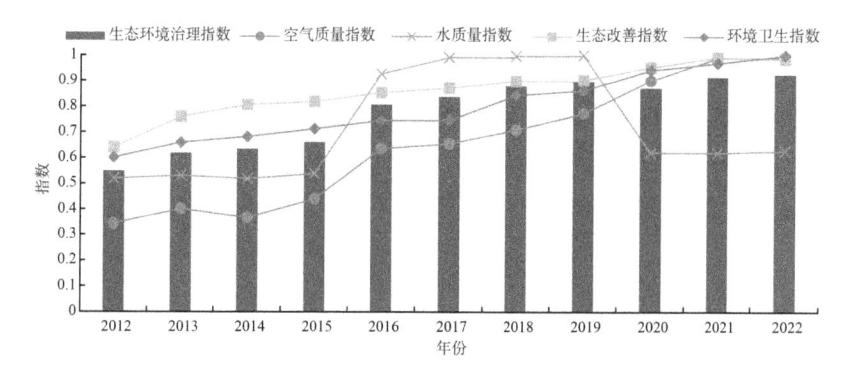

图5.49　2012—2022年重庆生态环境治理指数变化

四川的生态环境治理指数呈现出稳定增长的态势(见图5.50)。其中,四川的生态改善基础尤为扎实,其指数水平在四个关键维度中居首,总体稳定在0.90的高位。这一优势为四川的生态环境治理奠定了坚实的基础。与此同时,四川的环境卫生指数和空气质量指数亦表现出强劲的增长势头。环境卫生指数以年均5.83%的增长率稳步提升,而空气质量指数的增长更为显著,达到了年均8.64%的增长率。这两项指数的持续增长,共同推动四川生态环境质量全面向好发展。而水质量指数呈现出三阶段波动发展的特点:在2016年,水质量指数成为推动四川生态环境治理指数增长的关键因素。然而在2020年,由于其空气质量、生态改善、环境卫生指数都处在较高水平,因此其水质量指数的大幅下降对生态环境治理指数的下降影响较低。最终,四川的生态环境治理指数从2012年的0.5847提升至了0.9604,这一显著的增长使四川在全国范围内的生态环境治理水平跃居前列。

贵州的生态环境治理指数呈现较为稳定的发展态势(见图5.51),其生态环境质量指数从2012年的0.6352平稳提升至2022年的0.9134,年均增长率为

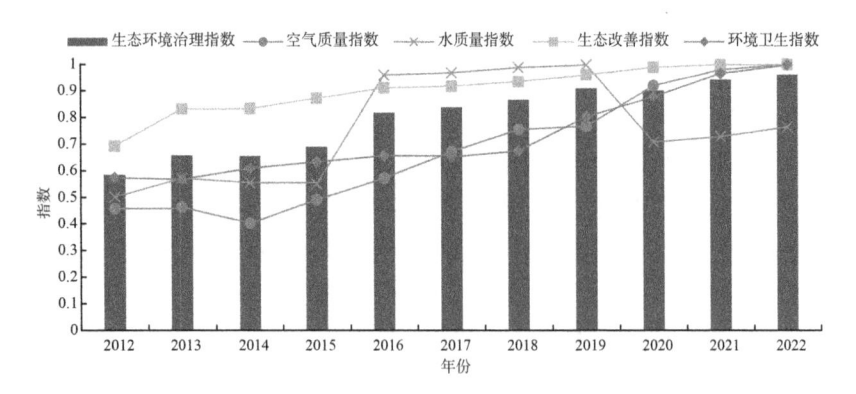

图 5.50　2012—2022 年四川生态环境治理指数变化

3.70%。其中贵州的生态改善和空气质量指数在新时代以来出现了较大的提升，二者分别以 4.0% 和 13.36% 的增长率稳步提升，并在 2021 年都达到了 0.97 以上的水平，是拉动贵州生态环境治理指数的重要因素。而贵州的水质量指数呈现三阶段波动的态势，在 2016 年出现了 38.34% 的增幅，在 2020 年却下降了 32.06%。但是与此同时，贵州由于一般固体废物综合利用率和再生水利用量占比出现一定幅度的下跌，导致其环境卫生指数在 2016 年出现了 37.97% 的降幅，2016—2019 年都处在 0.6 上下的较低水平，中和了水质量指数在这期间的较大幅度提升的影响，进而使得贵州的生态环境治理指数表现出平稳发展的趋势。

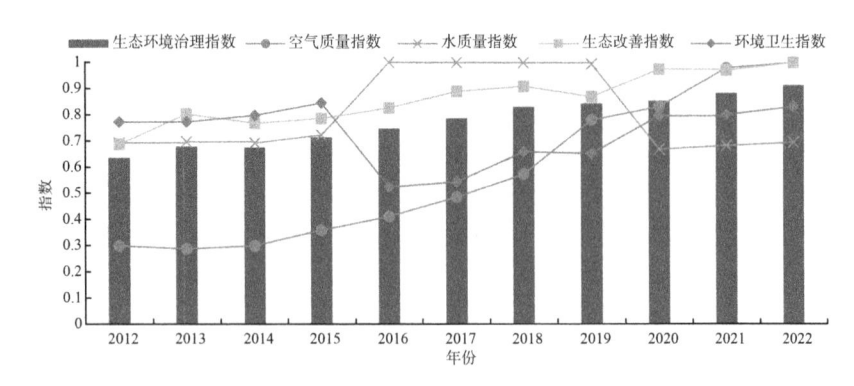

图 5.51　2012—2022 年贵州生态环境治理指数变化

云南的生态环境治理指数呈现高位小幅波动增长的发展态势（见图 5.52）。2012—2015 年期间，云南的生态环境治理指数保持在 0.7 左右的水平，变动较小。在这个时期内，云南的环境卫生指数水平最高，其次分别是生态改善指数、空气质量指数和水质量指数。2016—2019年,云南的环境卫生指数出现了25.9%的下降,但在2019年又以48.66%的增幅实现了较高水平的增长,使得云南的环境卫生指数达到0.9780。同时期,云南的水质量指数在2016年出现了60.86%的增长,又在2020年下降了32.66%。而云南的空气质量指数总体呈现增长趋势。最终,云南的生态环境治理指数以3.20%的增长率,从2012年的0.6775提升至2022年的0.9280,处于全国中下水平。

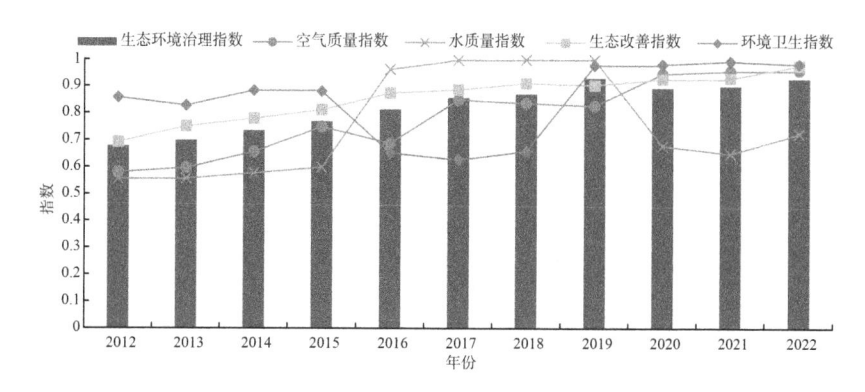

图5.52 2012—2022年云南生态环境治理指数变化

西藏的生态环境治理指数呈现稳定增长的发展态势(见图5.53),其年均增长率为5.00%,从0.5657提升至0.9213,增幅达到62.86%。其中西藏的环境卫生指数基础水平最低,提升最快,西藏的环境卫生指数从0.0182提升至0.9826,年均增幅达到了49.02%。西藏的水生态保护较为良好,但是近年来由于污染物的排放加大,西藏的水质量指数在2020年出现了较大幅度的下降,并尚未恢复,截至2022年其水质量指数为0.7139,与2012年相比,下降了23.21%。西藏的生态改善指数除了在2017年出现一定下滑外,总体呈现增速逐渐放缓的增长态势,年均增速为6.62%。而西藏的空气质量指数在2012年处于较高水平,达到了0.85以上,但是在2014—2020年出现了下滑,表明这期间西藏的空气质量遭到了较大的破坏,这一定程度上制约了西藏生态环境治理指数的提升。但是在2021年,由于对空气的有效治理,西藏空气质量指数恢复到0.9363的水平。

陕西的生态环境治理指数呈现两阶段稳定变动的发展态势(见图5.54)。在新时代的初期阶段,2012—2015年,陕西的生态环境治理指数呈现出相对稳定的态势,大致维持在0.6的基准水平。与此同时,生态改善指数、环境卫生指数以及水质量指数也分别显现出稳定的特征,分别稳定在0.85、0.65和0.45左右的水平。然而,这一时期的空气质量指数出现了小幅度的下降。在2021—

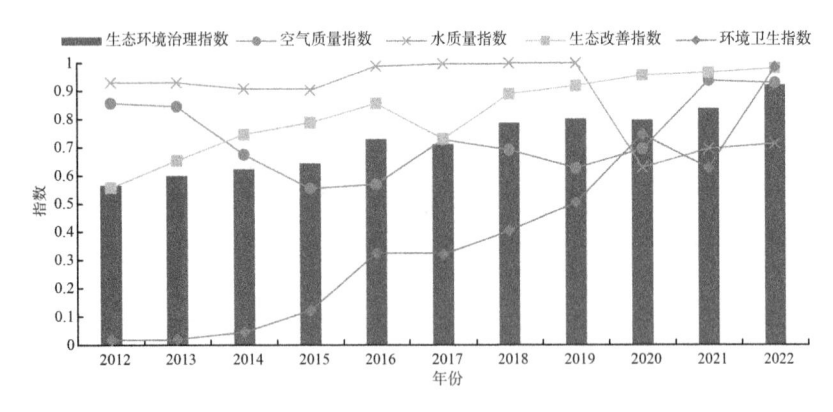

图 5.53　2012—2022 年西藏生态环境治理指数变化

2022 年,陕西的生态环境治理指数呈现出显著的上升趋势,从 0.801 2 提升至 0.936 9,这标志着生态环境治理取得了显著成效。在各项子指标中,空气质量指数的提升尤为显著,反映了陕西在空气质量改善方面所取得的积极进展。水质量指数在 2016 年经历了一次较大幅度的提升后,于 2020 年出现回落,最后稳定在 0.65 左右的水平。环境卫生指数在 2017—2019 年间经历了一段下降期,降至 0.58 左右的水平,这可能与特定时期的城市管理或政策调整有关。然而,生态改善指数在此期间持续稳定在 0.90 以上的高水平,表明陕西在生态保护和恢复方面有稳定的成效。

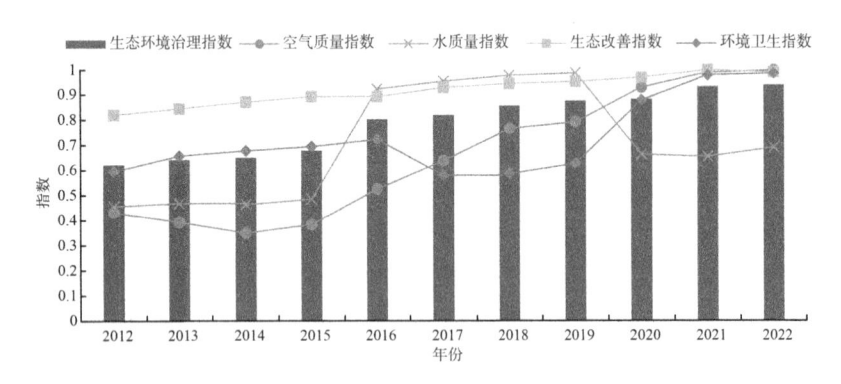

图 5.54　2012—2022 年陕西生态环境治理指数变化

甘肃的生态环境治理指数以年均 4.69% 的增长率,从 2012 年的 0.597 2 稳步提升至 0.944 5(见图 5.55)。在生态环境治理的细分领域,甘肃的空气质量、水质量、生态改善和环境卫生指数均呈现出稳健的增长态势,且各指数之间的差距不大。具体来说,空气质量指数的年均增长率为 7.46%,水质量指数为

6.20%,生态改善指数为3.27%,环境卫生指数为6.48%。这些数据的增长,不仅说明了甘肃在生态环境治理各个方面的均衡发力,也体现了其全面提升生态环境质量的战略成效。甘肃的水质量指数表现出了一定的波动性,除了在2016—2019年期间甘肃的水质量指数总体高于生态改善指数外,在与其他指数的比较中,甘肃的生态改善指数总体保持着领先地位,其数值分别高于环境卫生指数、空气质量指数和水质量指数。这一现象表明,甘肃在推进生态环境治理的过程中,尤为重视生态系统的恢复与改善,致力于实现生态与环境的和谐发展。

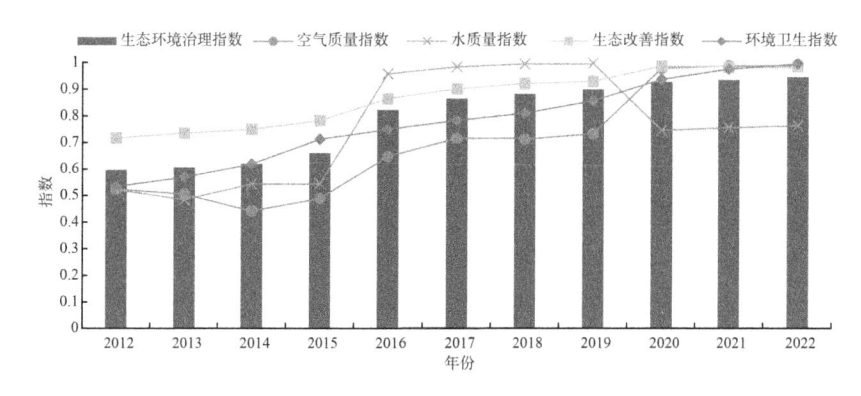

图 5.55 2012—2022 年甘肃生态环境治理指数变化

青海的生态环境治理指数以年均 4.26% 的增长率,从 2012 年的 0.582 5 稳步提升至 0.883 8(见图 5.56)。在生态环境治理的细分领域,青海各维度的指数表现出明显的波动态势,但各自呈现出不同的变化特征。其中,青海的生态改善指数表现相对较为稳定,其年均增长率保持在 2.64%,表明青海在生态保护和恢复方面取得了稳定的进展。在空气质量治理方面,青海取得了显著成效,其指数年均增长率高达 7.99%,实现了 97.04% 的显著提升。在水质量指数方面,青海呈现出明显的三阶段特征。具体而言,2016 年水质量指数出现上升,随后在 2020 年出现下降,而在其他时间段则保持稳定。在环境卫生指数方面,青海在 2015 年经历了一个显著的峰值。这一增长主要归因于当年污水处理率达到 100%,以及一般固体废物综合利用率的提升。然而,随后环境卫生指数又出现了下降,直至 2020 年才再次稳步增长,并最终达到 0.813 5 的水平。

宁夏的生态环境治理指数呈现高位稳定增长的发展态势(见图 5.57)。在生态改善维度,宁夏的基础尤为扎实,自 2012 年起,其指数水平即已稳定在 0.85 以上,并持续以年均 1.49% 的增长率稳步提升。宁夏的水质量指数则呈现三阶段波动的发展态势,但相较于其他省区,其增幅与降幅均保持在相对较小的范围内。在环境卫生和空气质量指数方面,宁夏的初始基础相对较弱。在

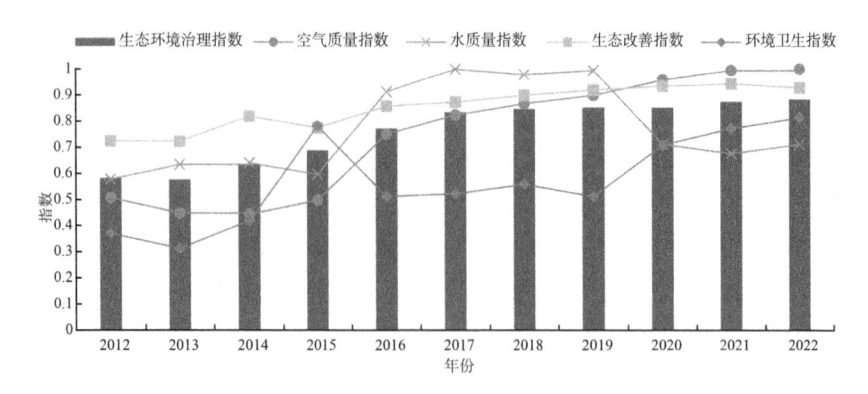

图 5.56　2012—2022 年青海生态环境治理指数变化

2012—2019 年期间,这两个指数并未出现较大幅度的波动,然而,在 2020 年,环境卫生指数和空气质量指数分别实现了 38.24% 和 50.70% 的显著增长,均提升至 0.82 以上的高水平。这一显著增长不仅拉动了宁夏整体生态环境治理指数的提升,也彰显了宁夏在生态环境治理方面取得的重大突破与显著成效。最终,宁夏的生态环境治理指数从初始的 0.653 4 提升至最终的 0.933 9,年均增长率达到 3.64%。

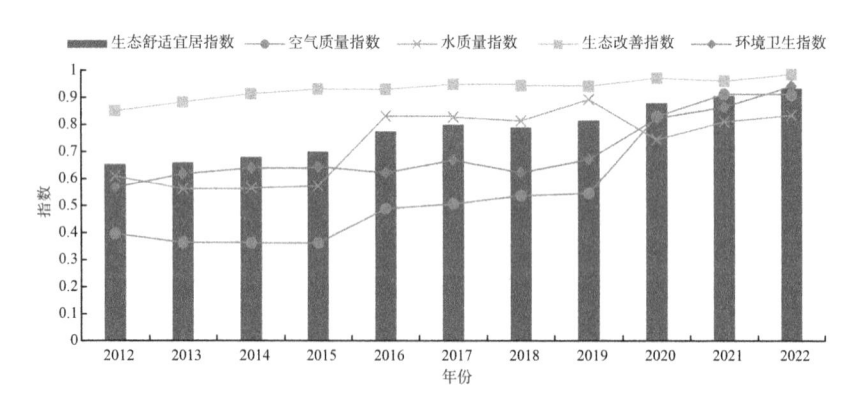

图 5.57　2012—2022 年宁夏生态环境治理指数变化

新疆的生态环境治理指数在过去数年间展现出了稳健的增长态势,以年均 3.91% 的增长率,从 2012 年的 0.626 3 显著提升至 0.919 3(见图 5.58)。在生态环境治理的细分领域,尽管各维度指数呈现出了小幅波动增长的趋势,但整体而言,均表现出积极的改善和进步。具体而言,新疆的空气质量指数年均增长率达到 6.18%,这反映了新疆在空气质量改善方面所取得的积极成效。同时,水质量指数的年均增长率为 2.27%,呈现三阶段变动。生态改善指数也实现了年均 4.20%的增长,但在 2021 年出现了小幅下滑。环境卫生指数以年均 4.30%的增长率增长,这标志着新疆在城市环境管理和公共卫生方面的积极改善。

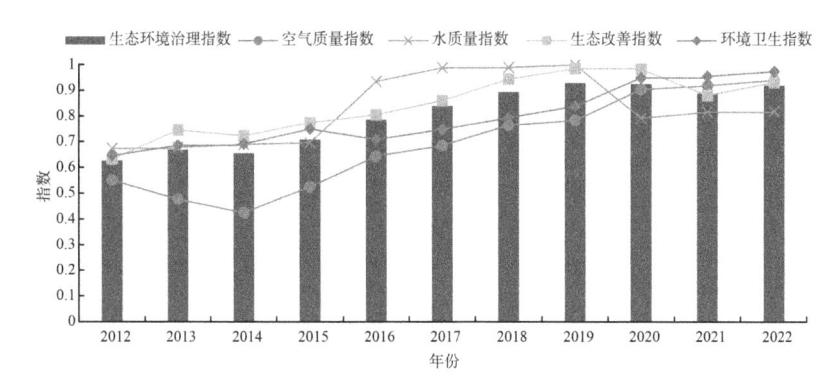

图 5.58　2012—2022 年新疆生态环境治理指数变化

第六章

新时代中国省区城市治理的多维协调治理效能评价

6.1 中国省区城市治理的科技-经济协调治理效能评价

6.1.1 科技-经济协调治理研究热点分析

以 WOS 核心数据库、CNKI 核心数据库为文献检索平台,借助 CiteSpace 可视化软件,开展国内外科技创新与经济协调发展研究可视化分析。基于 CiteSpace,通过文本挖掘,对领域发文作者和研究机构、关键词等重点信息绘制知识图谱,可视化展现 1992—2022 年国内外科技创新与经济协调发展领域研究热点和趋势。首先,WOS 以"主题=technological innovation"和"主题=economic development"和"主题=coordination"进行 SSCI、SCI 期刊文献检索,获取 308 篇英文文献;其次,CNKI 以"主题=科技创新"、"主题=经济发展或经济高质量发展"及"主题=协调"进行 CSSCI、CSCD 和北大核心期刊检索,获取 203 篇中文文献。删减不相关文献及会议报道等文章后,将中英文文献分别导入 CiteSpace6.1R6 中完成数据准备。在 CiteSpace6.1R6 可视化软件中,首先将时间切片设置为 1 年,依次绘制作者合作网络图谱和机构合作网络图谱,接着将时间切片设置为 6 年,依次绘制关键词共现网络图谱、关键词聚类图谱和关键词时间线图谱,以揭示国内外科技创新概念与经济协调发展领域的研究进展。

6.1.1.1 关键词共现网络

通过分析关键词共现网络图谱可明确研究领域各阶段重点关键词之间的潜在联系。节点年轮的厚度及字体大小与该关键词出现频次成正比,连线粗细与关键词共现于同一篇文献的频次成正比。运用 CiteSpace 绘制 WOS 关键词共现网络图谱，如图 6.1 所示，共生成 221 个节点，554 条连线，网络密度为 0.025。由图 6.1 可知，1992—2021 年 WOS 该领域研究的热点关键词为 technological innovation（科技创新）、sustainable development（可持续发展）、economic development（经济发展）、policy（政策）、energy consumption（能源消耗）及 CO_2 emission（二氧化碳排放）等。

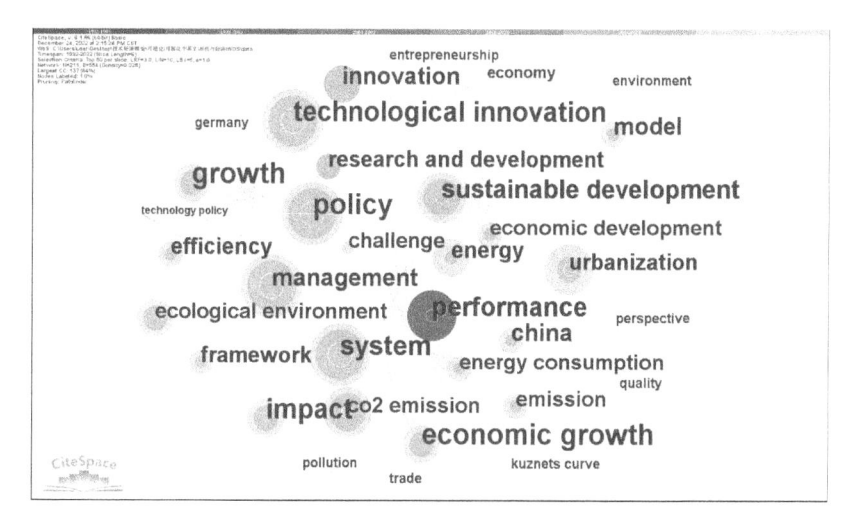

图 6.1 WOS 科技-经济协调治理研究的关键词共现图谱

同样，运用 CiteSpace 绘制 CNKI 关键词共现网络图谱，如图 6.2 所示，共生成 289 个节点，625 条连线，网络密度为 0.015。由图 6.2 可知，1992—2021 年 CNKI 该领域研究的热点关键词为耦合协调、生态环境、综合评价、京津冀、数字经济、时空演化及区域经济等。

整理高频关键词，分别针对 WOS 和 CNKI 选取出频次排名前 20 的关键词，如表 6.1 所示。WOS 重点关键词有：economic growth、policy、technological innovation、system、performance、sustainable development、model、energy efficiency、research and development、framework、system、urbanization、CO_2 emission 等。CNKI 重点关键词有：耦合协调、区域经济、科技金融、数字经济、国民经济、科技人才等。经过对比分析可知，WOS 科技创新与经济协调发展研究领域中，协调发展的综合评价研究、经济发展与科技进步背景下环境问题及国家政策的研究、城市化发展进程中科技创新与经济协调发展研究等热点问题备受关注；CNKI 科技创新与经济协调发展研究领域中，科技与经济的耦合协调研究、科技创新背景下区域经济、数字经济及国民经济的发展研究、经济高质量发展进

图 6.2　CNKI 科技-经济协调治理研究的关键词共现图谱

程中科技金融的发展研究,科技与经济融合发展进程中人才需求研究等热点问题备受关注。

表 6.1　WOS 和 CNKI 频次排名前 20 的重点关键词对比

排序	WOS 重点关键词	频次	CNKI 重点关键词	频次
1	growth	20	科技创新	39
2	economic growth	19	协调发展	26
3	policy	19	经济发展	18
4	impact	17	耦合协调	17
5	technological innovation	17	经济	14
6	system	16	协调度	13
7	performance	14	区域经济	13
8	sustainable development	13	科技	12
9	management	12	经济增长	10
10	china	12	协调性	9
11	innovation	11	科技进步	8
12	model	11	技术进步	7
13	energy	10	科技金融	6
14	efficiency	10	技术创新	5
15	research and development	9	科技发展	4
16	framework	9	数字经济	4

续表

排序	WOS 重点关键词	频次	CNKI 重点关键词	频次
17	urbanization	9	国民经济	4
18	emission	8	科技人才	4
19	CO_2 emission	8	协调	4
20	challenge	8	耦合	4

6.1.1.2 关键词聚类分析

以关键词共现网络图谱为基础，运用 CiteSpace 对检索文献进行聚类分析，分别得到 WOS 关键词聚类图和 CNKI 关键词聚类图，如图 6.3 及图 6.4 所示。据图 6.3 及图 6.4 可知，WOS 关键词聚类图谱的聚类模块值为 0.868 8，平均轮廓值为 0.917 3，CNKI 关键词聚类图谱的聚类模块值为 0.730 4，平均轮廓值为 0.881 1，聚类均结构显著且结果合理。聚类序号越小，代表该聚类所包含的关键词越多，据图 6.3 及图 6.4 可知，WOS 科技创新与经济协调发展领域的研究热点关键词共分为 7 个聚类，主要包括："♯0 sustainable development（可持续发展）""♯1 tobit model（回归模型）""♯2 transition policy（贸易政策）""♯3 economic development（经济发展）""♯4 economy（经济）""♯5 research and development（R&D 研究与开发）""♯6 zero-waste（零废弃物）"。

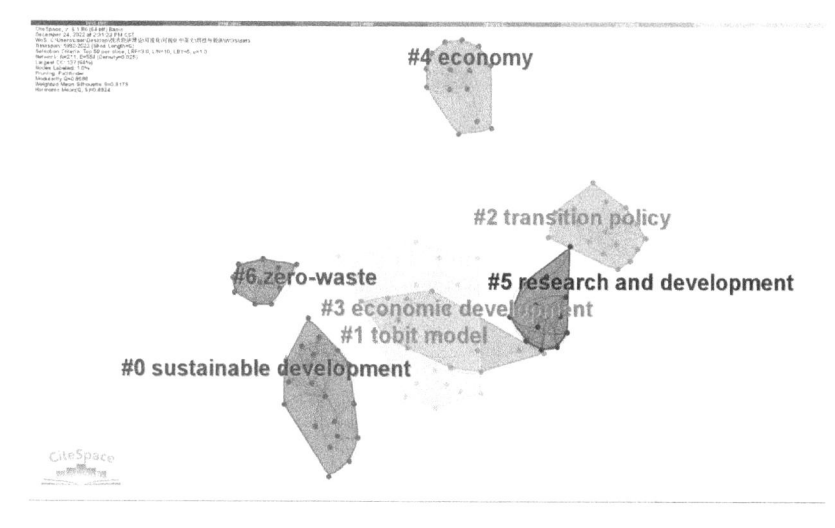

图 6.3　WOS 科技-经济协调研究的关键词聚类图谱

CNKI 科技创新与经济协调发展领域的研究热点关键词共分为 8 个聚类，

主要包括:"♯0 耦合协调""♯1 经济""♯2 科技投入""♯3 技术创新""♯4 第三产业""♯5 协调度""♯6 协调""♯7 科技进步"。

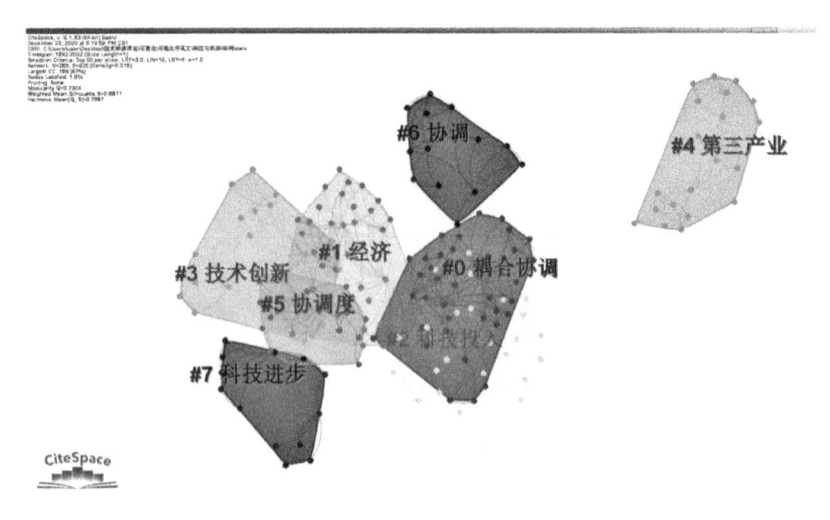

图 6.4　CNKI 科技-经济协调研究的关键词聚类图谱

结合高频关键词和聚类图谱分析总结,可知国内外科技创新与经济协调发展研究的热点集中在科技创新与经济发展的耦合协调关系、协调模型建立、生态效益、科技效益与经济效益等方面。

6.1.2　科技-经济协调治理研究演化脉络

以关键词共现图谱与关键词聚类分析为基础,可深入探讨国内外科技创新研究领域热点关键词的时间演变趋势。利用 CiteSpace 软件中的"Timeline"功能,分别得到 WOS 和 CNKI 科技创新与经济协调发展研究领域的关键词时间线图(见图 6.5 及图 6.6)。

据图 6.5 可知,WOS 科技创新与经济协调发展领域研究热点可分为如下三个阶段:

①萌芽期(1992—2005 年),该阶段的热点关键词为"industrialization(工业化)""network externality(网络外部性)""economic development(经济发展)""innovation(创新)""technology policy(科技政策)"等。由此可知,该阶段研究聚焦于经济发展与科技政策两大方面。Prybyla[①] 提出技术创新是衡量经济发

---

① Prybyla J. Modernization and modernity in the process of economic growth and development[J]. Economics,1995,31(4):1-27.

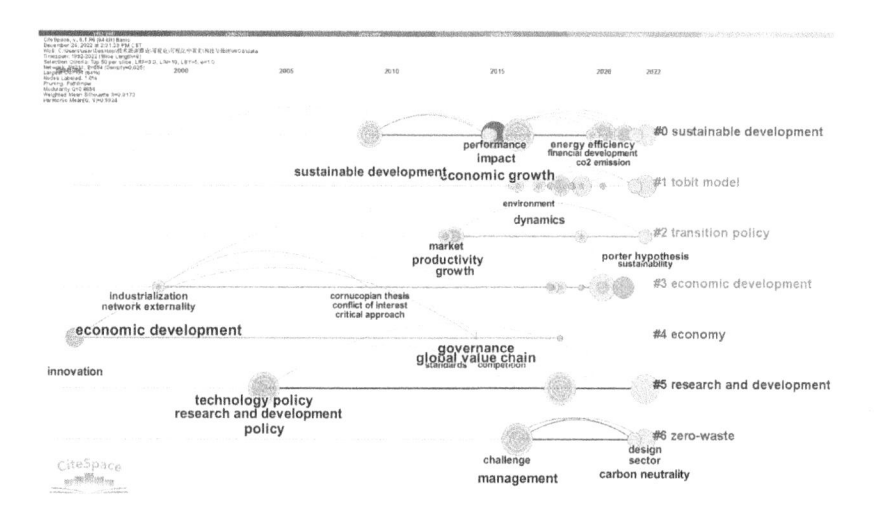

图 6.5　WOS 科技-经济协调治理的关键词时间线图

展现代化的主要指标,信息领域的技术进步是现代化进击的关键属性;Chataway[①]以社会动荡的中欧与东欧国家为例,研究经济政治环境不稳定的国家如何提升科技创新水平,从引入市场机制、政策体制变革、经济激励政策等方面探讨科技创新变革阻力;Justman 等[②]提出国家科技创新能力日益成为国际竞争优势的重要来源,要求政府出台新的科技政策以完善技术基础设施(TIP),通过研究传统 TIP 与高级 TIP 对于经济的作用模式得到制度创新与经济自由化同等重要的结论。此阶段学者的研究多关注科技政策对于国家科技体系建立与国家经济现代化发展的影响。

②发展期(2006—2015 年),该阶段的热点关键词为"sustainable development(可持续发展)""productivity(生产率)""environment(环境)""global value chain(全球价值链)""conflict of interest(利益冲突)"等。由此可知,该阶段研究聚焦于保持经济增速同时坚持全球可持续发展战略。Dongsong[③]通过实证研究得出由第二产业区域特征决定的能源市场创新可对其他经济部门产生永

---

① Chataway J. Technology transfer and the restructuring of science and technology in central and eastern Europe[J]. Technovation,1999,9(6-7):355-364.

② Justman M, Teubal M. Technological infrastructure policy (TIP): Creating capabilities and building markets[J]. Research Policy, 1995,24(2):259-281.

③ Dongsong C. Energy Efficiency, Energy Infrastructure and Sustainable Development in North-East China[J]. International Conference on Sustainable Power Generation and Supply, 2009, 1-4: 2183-2189.

久性的影响,能源效率与经济发展未能协调推进的现实要求政府及企业积极调整产业结构和技术创新,以实现经济与环境协调可持续发展;Costantini 等[1]采用重力方程模型研究工业化国家环境政策对于经济体系的不同影响,结果表明若不同能源环境政策间缺乏强有力的协调,则会抑制生态友好型能源技术的开发和传播;Wang 等[2]研究发现控制城市碳排放量对于建立低碳生态发展模式至关重要,研究结果表明采用数字化城市管理模式解决城市管理信息孤岛问题是城市经济发展可持续化的关键路径。此阶段学者的研究多关注经济迅速发展与生态环境保护之间的矛盾,并寻求科技创新路径以缓解经济发展带来的环境压力。

③发展期(2017—2022 年),该阶段的热点关键词为"energy efficiency(能源效率)""financial development(金融发展)""CO_2 emission(二氧化碳排放)""porter hypothesis(波特假说)""sustainability(可持续性)""carbon neutrality(碳中和)"等。由此可知,该阶段研究聚焦于以环保理念为核心的能源效率、碳排放、环境规制等方面。Yue 等[3]以中国 30 个省区为例,基于超效率测度的数据包络分析(SBM-DEA)模型测算 2007—2017 年间的旅游碳排放效率,探究旅游碳排放、经济发展与区域创新的耦合协调度及影响耦合协调关系的关键因素;Ruiming 等[4]以中国 31 个省区为例,采用三阶段数据包络分析模型估计我国能源密集型产业的碳排放效率,并结合空间自相关分析与回归模型深入探究能源密集型产业碳排放效率的时空演化趋势及关键影响因素,为国家能源科技创新政策的制定提供具体指导;Jingyi 等[5]以中国长江流域为例,采用随机前沿分析方法测度工业碳排放效率,研究结果表明工业低碳化技术创新是提高工业增加值与实现工业绿色可持续发展的有力手段。此阶段学者的研究多关注能源效率、绿色技术创新与经济高质量发展三者之间的协调关系。

总体来看,WOS 科技创新与经济协调发展领域的研究热点从科技政策与经

---

[1] Costantini V, Crespi F. Public policies for a sustainable energy sector: regulation, diversity and fostering of innovation[J]. Journal of Evolutionary Economics, 2013, 23(2):401-429.

[2] Wang K, Cao D. A New Path Explore of City's Digit Management[C]//Proceedings of 6th International Conference on Wireless Communications Networking and Mobile Computing (WICOM 2010), 2010: 23-25.

[3] Yue P, Gangmin W, Conghui L, et al. Coupling Coordination and Influencing Factors among Tourism Carbon Emission, Tourism Economic and Tourism Innovation[J]. International Journal of Environmental Research and Public Health, 2021, 18(4):1601.

[4] Ruiming Z, Rongqin Z, Jin S, et al. Temporospatial pattern of carbon emission efficiency of China's energy-intensive industries and its policy implications[J]. Journal of Cleaner Production, 2021, 286:125507.

[5] Jingyi W, Kaisi S, Jiupai N, et al. Evaluation and Factor Analysis of Industrial Carbon Emission Efficiency Based on "Green-Technology Efficiency"—The Case of Yangtze River Basin, China[J]. Land, 2021, 10(12):1408.

济发展间的适用性向以生态文明理念为核心指导思想的耦合协调研究转变,其中科技创新与经济协调发展的耦合关系又以能源效率、碳排放量及绿色技术创新为主要研究对象。

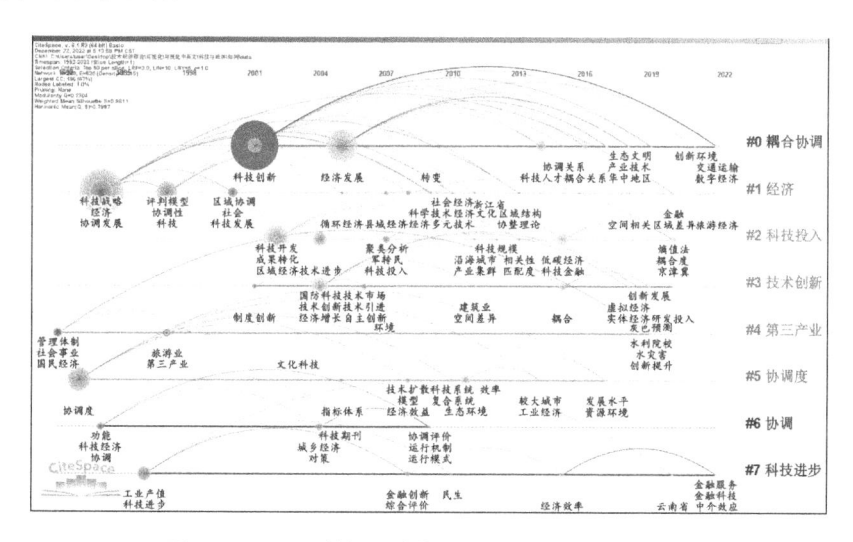

图6.6　CNKI科技-经济协调治理的关键词时间线图

据图6.6可知,CNKI科技创新与经济协调发展领域研究热点可分为如下三个阶段:

①萌芽期(1992—2002年),该阶段的热点关键词为"科技战略""协调发展""管理体制""科技经济""评判模型""区域协调""成果转化""区域经济技术进步""制度创新"等。由此可知,该阶段研究聚焦于区域科技创新与经济发展协调、科技创新与经济协调发展的制度体系。张国宝[1]提出将高水平科研成果转化为生产力的第一要务是完善国家科技创新体制,在重视技术创新的同时关注机制创新与制度创新;雷钦礼[2]构建了包含质量改进与产品创新的内生经济增长模型,模型推演发现两种类型的科技创新均能促进经济增长;徐建国[3]在新经济背景下提出我国科技创新五大途径,国家科技创新体系建设是基础,高新技术产业培育、风险投资机制完善、创新人才培育、产业结构升级是关键路径。

②成长期(2003—2013年),该阶段的热点关键词为"循环经济""县域经济""社会经济""经济多元技术""技术引进""自主创新""文化科技""指标体系""技

---

[1]　张国宝. 以科技创新为动力推动工业经济发展[J]. 管理世界,2002(10):1-2+11.
[2]　雷钦礼. 包含两类科技创新的内生经济增长模型研究[J]. 山西财经大学学报,2001(4):18-23.
[3]　徐建国. 论新经济背景下的科技创新途径[J]. 中国科技论坛,2000(5):29-32.

术扩散""复合系统""聚类分析""产业集群""沿海城市""经济文化""协整理论""空间差异""协调评价""指标体系""综合评价""运行机制""运行模式""金融创新""城乡经济""民生""环境"等。由此可知,该阶段研究聚焦于科技创新驱动经济发展多元化、经济高质量发展要求科技创新自主化、科技创新与经济协调发展综合评价、科技创新与经济协调发展的社会效益与生态效益。系统梳理2003—2013年间的重点文献,结合研究热点问题进行归纳总结,可知此阶段内关于科技创新与经济发展相互作用机制的定性研究较多,关于量化界定科技创新与经济发展协调关系的定量研究较少。代表性定性研究如下:王莹[1]通过研究我国科技创新体系建设存在的问题、科技创新体系与地方经济发展的关系,提出科技创新与地方经济联动发展的具体建议;李蓉等[2]通过探究科技创新体系如何推动经济发展方式的转型升级,为地方政府及企业提升自我主体创新能力建言献策;杨雯等[3]以山东半岛为例研究科技创新对区域经济发展的作用并总结了实现路径。代表性定量研究如下:张斌等[4]基于1998—2005年度中国31个省区的面板数据,选取区域生产总值为因变量,设定自变量为区域固定资产投资额、区域城乡就业人口数、区域R&D经费支出、区域技术市场成交金额,构建超越对数函数进行实证研究,研究表明R&D投入对经济发展的促进作用显著小于区域技术市场成交金额对于经济发展的促进作用;王元地等[5]选取专利申请量作为衡量区域科技创新产出成果的指标,同时从投入和产出两大角度选取宏观经济指标,通过回归模型的建立探究科技投入与专利产出、专利产出与国民经济增长间的相关性。

③发展期(2014—2022年),该阶段的热点关键词为"耦合协调关系""科技人才""生态文明""创新环境""数字经济""旅游经济""熵值法""京津冀""虚拟经济""低碳经济""工业经济""实体经济""经济效率""灰色预测""水利院校""中介效应""金融科技"等。由此可知,该阶段研究聚焦于高新技术背景下经济多元化发展、科技创新与经济发展耦合协调关系、金融行业科技创新与企业绩效。系统

---

[1] 王莹.科技创新体系建设对地方经济发展的影响[J].兰州学刊,2013(11):223-224.
[2] 李蓉,田军谊.依托科技创新转变天府新区经济发展方式[J].西南民族大学学报(人文社会科学版),2013,34(9):129-132.
[3] 杨雯,王杰.科技创新推进区域经济发展的作用与路径分析[J].毛泽东邓小平理论研究,2012(10):20-23+114.
[4] 张斌,方健雯,朱学新.科技创新和技术转化的互动及其对经济发展的影响——基于超越对数模型的实证研究[J].科技管理研究,2007(9):109-111.
[5] 王元地,刘凤朝,潘雄峰.区域科技创新产出宏观经济分析——以大连的科技产出和经济发展为例[J].科技管理研究,2004(4):46-48.

梳理2014—2022年间的重点文献,结合研究热点问题进行归纳总结,可知此阶段内定量实证研究较多,其中从研究内容看,重点集中于科技创新与经济发展关联评价[①]、科技创新-经济发展-生态环境耦合协调关系[②]、科技创新与数字经济发展协调评价[③]、科技创新对于实体经济发展的促进作用[④]、科技创新与农业经济协调发展研究[⑤]等;从研究区域看,多数学者[⑥]选择中国31个省区作为研究样本,部分学者选择以长江经济带[⑦]为代表的重大国家战略发展区域和以京津

---

① 李治国.区域经济顶点城市科技创新与经济发展互动研究——以黄河三角洲为例[J].科技管理研究,2014,34(4):97-101.
陈德余,汤勇刚,张绍合.产业结构转型升级、金融科技创新与区域经济发展实证分析[J].科技管理研究,2018,38(15):105-110.
郭国峰,高一帆,张颖颖.基于纵横向拉开档次法的区域经济发展能力综合评价研究——以我国中部六省科技创新能力为例[J].征信,2020,38(8):18-22+83.
谢忠局,马亚东,杨正东.中国高校科技创新对区域经济发展的影响效应研究——基于空间溢出效应视角的分析[J].价格理论与实践,2021(4):165-168.

② 段新,戴胜利,廖凯诚.区域科技创新、经济发展与生态环境的协调发展研究——基于省级面板数据的实证分析[J].科技管理研究,2020,40(1):89-100.
黄仁全,董娟.陕西省经济发展、科技创新与生态环境的耦合协调发展研究[J].运筹与管理,2022,31(10):161-168.

③ 刘志坚.数字经济发展、科技创新与出口技术复杂度[J].统计与决策,2021,37(17):29-34.
韩骞,王子晨.国家数字经济创新发展试验区科技创新与数字经济发展关联评价研究[J].科学管理研究,2022,40(1):74-78.

④ 田秀娟,李睿,杨戈.金融科技促进实体经济发展的影响——基于金融创新和科技创新双路径的实证分析[J].广东社会科学,2021(5):5-15+254.
汪发元,张东晴.科技创新、工业集聚与实体经济发展——基于安徽省16个城市2010—2020年数据的实证分析[J].重庆社会科学,2022(9):103-116.

⑤ 黄龙俊江,刘玲玉,肖慧,等.农业科技创新、农业技术效率与农业经济发展——基于向量自回归(VAR)模型的实证分析[J].科技管理研究,2021,41(12):107-113.

⑥ 庞瑞芝,范玉,李扬.中国科技创新支撑经济发展了吗?[J].数量经济技术经济研究,2014,31(10):37-52.
杨武,杨淼.中国科技创新与经济发展耦合协调度模型[J].中国科技论坛,2016(3):30-35.
李琳,曾伟平.中国科技创新与经济发展耦合协调的空间异质性研究[J].华东经济管理,2019,33(10):12-19.

⑦ 何风琴,邹奥博.长江经济带的经济发展促进了区域科技创新吗?[J].江西社会科学,2019,39(1):77-84.
黄寰,王玮,尹涛涛.科技创新、环境规制与经济发展的空间效应研究——以长江经济带为例[J].华中师范大学学报(自然科学版),2020,54(4):567-575.
李向荣,朱少英,刘东阳.长江经济带科技创新效率和科技创新支撑下的经济发展效率测度分析[J].重庆大学学报(社会科学版),2021,27(1):65-76.

冀[1]为代表的重要经济圈作为研究样本;从研究方法看,多数学者[2]结合回归模型与动态面板模型以研究科技创新与经济协调发展的时空分异特征,部分学者[3]结合耦合协调度模型、预测模型及回归模型探究区域未来发展趋势的同时提出政策建议。

总体来看,CNKI科技创新与经济协调发展领域的研究热点自科技创新与经济协调发展的定性研究向在生态文明理念指导下的科技创新与经济协调发展定量研究转变。

对比WOS与CNKI科技创新与经济协调发展领域研究的演化脉络可知,在生态环境保护视角下研究科技创新提升能源效益、减少碳排放量的同时兼顾经济效益成为WOS该领域近年来的研究热点,在生态文明理念指导下的科技创新与经济协调发展定量研究成为CNKI该领域近年来的研究热点。据此可知,科技与经济迅速发展的进程中,生态环境可持续发展的问题已经成为全球各国亟待解决的热点问题。

6.1.3 科技-经济协调治理效能变化

测算2012—2022年全国及31个省区的城市科技-经济协调治理效能,如表6.2所示。

根据表6.2的结果可以发现,全国城市治理的科技-经济协调治理等级已于2020年达到了优质协调。

截至2022年,除西藏和青海外,其余各省区的科技-经济协调治理效能均已达到了优质协调,其中:江苏、福建、广东于2019年达到优质协调;北京、天津、河北、辽宁、吉林、上海、浙江、江西、河南、湖北、湖南、重庆、四川和陕西于2020年达到优质协调;山西、黑龙江、安徽、山东、广西、海南、贵州、云南、甘肃和宁夏、内蒙古、新疆于2021年达到优质协调。西藏、青海均处于良好协调的状态下。

---

[1] 秦响应,李俊强. 京津冀协同下保定市科技创新对县域经济发展影响研究[J]. 经济研究参考, 2016(26):30-35.

谢泗薪,胡伟. 区域科技创新水平与经济发展质量协调性评价研究——基于京津冀经济圈科技及经济发展质量数据的实证分析[J]. 价格理论与实践, 2020(4):164-167+178.

[2] 田秀娟,李睿,杨戈. 金融科技促进实体经济发展的影响——基于金融创新和科技创新双路径的实证分析[J]. 广东社会科学, 2021(5):5-15+254.

汪发元,张东晴. 科技创新、工业集聚与实体经济发展——基于安徽省16个城市2010—2020年数据的实证分析[J]. 重庆社会科学, 2022(9):103-116.

[3] 蔡士伯,赵志强,禹雪. 成渝地区双城经济圈高等教育—科技创新—经济发展动态耦合协同研究[J]. 西南大学学报(社会科学版), 2022,48(1):130-143.

表 6.2 2012—2022 年全国及 31 个省区城市科技-经济协调治理效能与等级

年份	地区	科技与经济 协调治理效能	科技与经济 协调治理等级	地区	科技与经济 协调治理效能	科技与经济 协调治理等级
2012	全国	0.56	勉强协调	北京	0.74	中级协调
2013	全国	0.62	初级协调	北京	0.77	中级协调
2014	全国	0.67	初级协调	北京	0.80	良好协调
2015	全国	0.72	中级协调	北京	0.81	良好协调
2016	全国	0.77	中级协调	北京	0.83	良好协调
2017	全国	0.82	良好协调	北京	0.85	良好协调
2018	全国	0.87	良好协调	北京	0.87	良好协调
2019	全国	0.91	优质协调	北京	0.89	良好协调
2020	全国	0.95	优质协调	北京	0.92	优质协调
2021	全国	0.97	优质协调	北京	0.96	优质协调
2022	全国	0.98	优质协调	北京	0.95	优质协调
2012	天津	0.70	初级协调	河北	0.49	濒临失调
2013	天津	0.76	中级协调	河北	0.54	勉强协调
2014	天津	0.80	良好协调	河北	0.59	勉强协调
2015	天津	0.85	良好协调	河北	0.66	初级协调
2016	天津	0.86	良好协调	河北	0.72	中级协调
2017	天津	0.83	良好协调	河北	0.76	中级协调
2018	天津	0.85	良好协调	河北	0.81	良好协调
2019	天津	0.86	良好协调	河北	0.87	良好协调
2020	天津	0.90	优质协调	河北	0.92	优质协调
2021	天津	0.94	优质协调	河北	0.96	优质协调
2022	天津	0.94	优质协调	河北	0.98	优质协调
2012	山西	0.55	勉强协调	内蒙古	0.59	勉强协调
2013	山西	0.62	初级协调	内蒙古	0.62	初级协调
2014	山西	0.62	初级协调	内蒙古	0.63	初级协调
2015	山西	0.60	初级协调	内蒙古	0.71	中级协调
2016	山西	0.64	初级协调	内蒙古	0.73	中级协调
2017	山西	0.72	中级协调	内蒙古	0.73	中级协调
2018	山西	0.76	中级协调	内蒙古	0.76	中级协调
2019	山西	0.82	良好协调	内蒙古	0.73	中级协调
2020	山西	0.89	良好协调	内蒙古	0.82	良好协调
2021	山西	0.94	优质协调	内蒙古	0.90	优质协调
2022	山西	0.95	优质协调	内蒙古	0.91	优质协调

续表

年份	地区	科技与经济 协调治理效能	科技与经济 协调治理等级	地区	科技与经济 协调治理效能	科技与经济 协调治理等级
2012	辽宁	0.80	中级协调	吉林	0.71	中级协调
2013	辽宁	0.83	良好协调	吉林	0.75	中级协调
2014	辽宁	0.83	良好协调	吉林	0.78	中级协调
2015	辽宁	0.79	中级协调	吉林	0.79	中级协调
2016	辽宁	0.80	良好协调	吉林	0.83	良好协调
2017	辽宁	0.84	良好协调	吉林	0.84	良好协调
2018	辽宁	0.87	良好协调	吉林	0.84	良好协调
2019	辽宁	0.90	良好协调	吉林	0.86	良好协调
2020	辽宁	0.93	优质协调	吉林	0.91	优质协调
2021	辽宁	0.95	优质协调	吉林	0.93	优质协调
2022	辽宁	0.95	优质协调	吉林	0.90	优质协调
2012	黑龙江	0.75	中级协调	上海	0.75	中级协调
2013	黑龙江	0.79	中级协调	上海	0.77	中级协调
2014	黑龙江	0.81	良好协调	上海	0.78	中级协调
2015	黑龙江	0.82	良好协调	上海	0.81	良好协调
2016	黑龙江	0.87	良好协调	上海	0.83	良好协调
2017	黑龙江	0.83	良好协调	上海	0.85	良好协调
2018	黑龙江	0.72	中级协调	上海	0.87	良好协调
2019	黑龙江	0.81	良好协调	上海	0.89	良好协调
2020	黑龙江	0.84	良好协调	上海	0.94	优质协调
2021	黑龙江	0.91	优质协调	上海	0.97	优质协调
2022	黑龙江	0.92	优质协调	上海	0.97	优质协调
2012	江苏	0.65	初级协调	浙江	0.53	勉强协调
2013	江苏	0.69	初级协调	浙江	0.58	勉强协调
2014	江苏	0.73	中级协调	浙江	0.61	初级协调
2015	江苏	0.78	中级协调	浙江	0.66	初级协调
2016	江苏	0.82	良好协调	浙江	0.71	中级协调
2017	江苏	0.83	良好协调	浙江	0.75	中级协调
2018	江苏	0.88	良好协调	浙江	0.82	良好协调
2019	江苏	0.92	良好协调	浙江	0.87	良好协调
2020	江苏	0.95	优质协调	浙江	0.93	优质协调
2021	江苏	0.97	优质协调	浙江	0.96	优质协调
2022	江苏	0.96	优质协调	浙江	0.97	优质协调

续表

年份	地区	科技与经济 协调治理效能	协调治理等级	地区	科技与经济 协调治理效能	协调治理等级
2012	安徽	0.41	濒临失调	福建	0.55	勉强协调
2013	安徽	0.46	濒临失调	福建	0.59	勉强协调
2014	安徽	0.52	勉强协调	福建	0.63	初级协调
2015	安徽	0.59	勉强协调	福建	0.69	初级协调
2016	安徽	0.66	初级协调	福建	0.74	中级协调
2017	安徽	0.70	初级协调	福建	0.80	良好协调
2018	安徽	0.77	中级协调	福建	0.87	良好协调
2019	安徽	0.81	良好协调	福建	0.90	优质协调
2020	安徽	0.90	良好协调	福建	0.93	优质协调
2021	安徽	0.96	优质协调	福建	0.96	优质协调
2022	安徽	0.96	优质协调	福建	0.97	优质协调
2012	江西	0.33	轻度失调	山东	0.56	勉强协调
2013	江西	0.37	轻度失调	山东	0.63	初级协调
2014	江西	0.42	濒临失调	山东	0.66	初级协调
2015	江西	0.48	濒临失调	山东	0.72	中级协调
2016	江西	0.54	勉强协调	山东	0.76	中级协调
2017	江西	0.63	初级协调	山东	0.79	中级协调
2018	江西	0.76	中级协调	山东	0.81	良好协调
2019	江西	0.85	良好协调	山东	0.80	中级协调
2020	江西	0.92	优质协调	山东	0.88	良好协调
2021	江西	0.96	优质协调	山东	0.96	优质协调
2022	江西	0.97	优质协调	山东	0.98	优质协调
2012	河南	0.44	濒临失调	湖北	0.46	濒临失调
2013	河南	0.53	勉强协调	湖北	0.51	勉强协调
2014	河南	0.59	勉强协调	湖北	0.57	勉强协调
2015	河南	0.65	初级协调	湖北	0.62	初级协调
2016	河南	0.70	中级协调	湖北	0.67	初级协调
2017	河南	0.76	中级协调	湖北	0.72	中级协调
2018	河南	0.81	良好协调	湖北	0.78	中级协调
2019	河南	0.85	良好协调	湖北	0.86	良好协调
2020	河南	0.91	优质协调	湖北	0.91	优质协调
2021	河南	0.96	优质协调	湖北	0.96	优质协调
2022	河南	0.96	优质协调	湖北	0.97	优质协调

续表

年份	地区	科技与经济 协调治理效能	协调治理等级	地区	科技与经济 协调治理效能	协调治理等级
2012	湖南	0.40	濒临失调	广东	0.53	勉强协调
2013		0.46			0.57	
2014		0.52	勉强协调		0.60	
2015		0.59			0.66	初级协调
2016		0.62	初级协调		0.74	中级协调
2017		0.69			0.81	良好协调
2018		0.75	中级协调		0.89	
2019		0.82	良好协调		0.93	优质协调
2020		0.91	优质协调		0.96	
2021		0.96			0.97	
2022		0.97			0.97	
2012	广西	0.48	濒临失调	海南	0.50	濒临失调
2013		0.52	勉强协调		0.56	勉强协调
2014		0.55			0.59	
2015		0.57			0.62	初级协调
2016		0.62	初级协调		0.64	
2017		0.66			0.62	
2018		0.71	中级协调		0.71	中级协调
2019		0.77			0.76	
2020		0.85	良好协调		0.87	良好协调
2021		0.95	优质协调		0.92	优质协调
2022		0.95			0.95	
2012	重庆	0.43	濒临失调	四川	0.44	濒临失调
2013		0.50	勉强协调		0.51	勉强协调
2014		0.58			0.56	
2015		0.68	初级协调		0.62	初级协调
2016		0.73	中级协调		0.68	
2017		0.79			0.76	中级协调
2018		0.84	良好协调		0.85	良好协调
2019		0.85			0.90	
2020		0.91	优质协调		0.94	优质协调
2021		0.95			0.96	
2022		0.96			0.96	

续表

年份	地区	科技与经济 协调治理效能	协调治理等级	地区	科技与经济 协调治理效能	协调治理等级
2012	贵州	0.38	轻度失调	云南	0.42	濒临失调
2013		0.45	濒临失调		0.47	
2014		0.49			0.51	勉强协调
2015		0.53	勉强协调		0.59	
2016		0.62	初级协调		0.65	初级协调
2017		0.73	中级协调		0.75	中级协调
2018		0.80	良好协调		0.80	良好协调
2019		0.86			0.86	
2020		0.89			0.89	
2021		0.93	优质协调		0.94	优质协调
2022		0.94			0.96	
2012	西藏	0.43	濒临失调	陕西	0.53	勉强协调
2013		0.46			0.61	初级协调
2014		0.45			0.69	
2015		0.45			0.75	中级协调
2016		0.53	勉强协调		0.77	
2017		0.54			0.80	良好协调
2018		0.61	初级协调		0.84	
2019		0.66			0.89	
2020		0.69			0.91	优质协调
2021		0.79	中级协调		0.97	
2022		0.81	良好协调		0.96	
2012	甘肃	0.56	勉强协调	青海	0.50	濒临失调
2013		0.62	初级协调		0.55	勉强协调
2014		0.69			0.60	初级协调
2015		0.73			0.62	
2016		0.77	中级协调		0.72	中级协调
2017		0.77			0.70	初级协调
2018		0.83	良好协调		0.75	中级协调
2019		0.87			0.79	
2020		0.90			0.79	
2021		0.95	优质协调		0.84	良好协调
2022		0.95			0.88	

续表

年份	地区	科技与经济		地区	科技与经济	
		协调治理效能	协调治理等级		协调治理效能	协调治理等级
2012	宁夏	0.40	轻度失调	新疆	0.50	濒临失调
2013		0.44	濒临失调		0.57	勉强协调
2014		0.50			0.62	初级协调
2015		0.56	勉强协调		0.71	中级协调
2016		0.64	初级协调		0.75	
2017		0.74	中级协调		0.78	
2018		0.77			0.80	
2019		0.83	良好协调		0.84	良好协调
2020		0.85			0.84	
2021		0.92	优质协调		0.90	优质协调
2022		0.93			0.92	

注：协调治理效能按照(0.0～0.1)、[0.1～0.2)、[0.2～0.3)、[0.3～0.4)、[0.4～0.5)、[0.5～0.6)、[0.6～0.7)、[0.7～0.8)、[0.8～0.9)、[0.9～1.0)，对应划分为极度失调、严重失调、中度失调、轻度失调、濒临失调、勉强协调、初级协调、中级协调、良好协调、优质协调十个等级。

6.2 中国省区城市治理的经济-生态协调治理效能评价

6.2.1 经济-生态协调治理研究热点分析

通过 CiteSpace 可视化软件绘制知识图谱，据此系统梳理相关文献，深入探究国内外生态环境与经济协调发展领域的知识基础及研究热点演化趋势。研究数据来源于 WOS 及 CNKI 数据平台。在 WOS 核心数据库中，选用"ecological environment"和"economic development"为篇名词、"coordination"为主题词检索文献。为保证文献的有效性，将来源期刊限定为 SCI、SSCI、CPCI、EI，共计得到英文文献 300 篇。将文献以纯文本格式导出，运用 CiteSpace 6.1.R6 处理该文献数据，用于绘制相关知识图谱。在 CNKI 核心数据库中，选用"生态环境"和"经济"为篇名词、"协调"为主题词检索文献。考虑到文献的有效性，选取来源为北大核心、中文社会科学引文索引(CSSCI)的期刊，共检索到中文文献 255 篇。将文献以 Refworks 格式导出，运用 CiteSpace 对数据进行转化处理，用于绘制知识图谱。

6.2.1.1 关键词共现网络

分析关键词共现网络图谱可帮助了解各关键词之间存在的潜在联系。运用

CiteSpace 处理检索文献,得到图 6.7 所示的关键词共现网络图谱,共生成 387 个节点、1 192 条连线,网络密度为 0.016。1992—2021 年 WOS 该领域研究的热点关键词为 ecosystem service、model、urbanization、ecological environment、sustainable development、system、impact、management、environment 等。

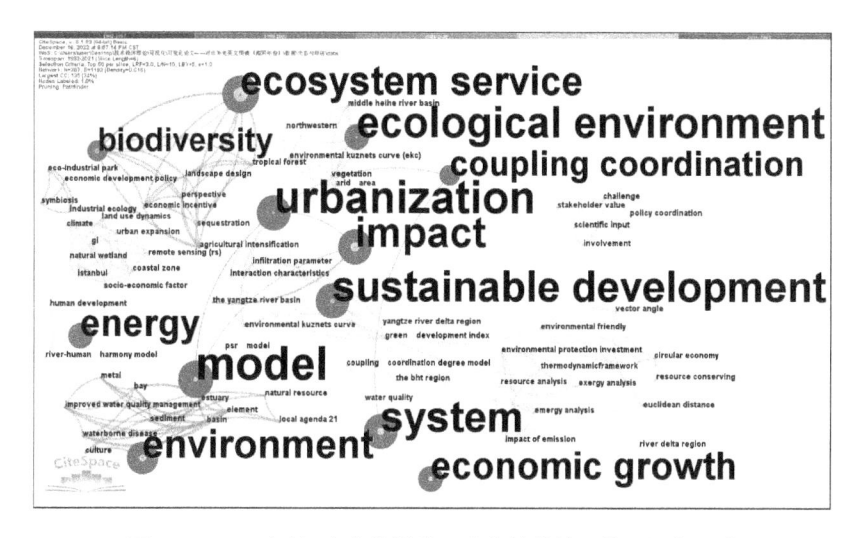

图 6.7　WOS 经济-生态协调治理研究的关键词共现网络图谱

以关键词出现频次大小作为排序依据,选取出现频次排名前 20 的关键词,如表 6.3 所示。分析表 6.3 可以看出,WOS 该研究领域中,环境与经济的关系研究、生态环境与经济发展耦合系统和模型建立研究、生态环境与经济发展的耦合度研究、城市化对于经济与环境协调发展的影响研究等热点问题备受关注。

表 6.3　WOS 经济-生态协调治理研究的高频关键词

序号	关键词	频次	年份
1	model	59	2014
2	urbanization	55	2015
3	ecological environment	46	2015
4	sustainable development	43	2008
5	system	42	2012
6	impact	38	2008
7	management	36	2007

续表

序号	关键词	频次	年份
8	environment	33	2008
9	ecosystem service	32	2007
10	china	31	2014
11	growth	28	2011
12	energy	28	2016
13	economic growth	27	2014
14	sustainability	26	2012
15	city	24	2016
16	economic development	24	2015
17	eco environment	24	2015
18	indicator	23	2015
19	policy	21	2015
20	coupling coordination degree	21	2016

据图6.8可知，共生成261个节点、631条连线，网络密度为0.0186。1992—2021年CNKI该领域研究的热点关键词为协调发展、旅游经济、耦合协调、区域经济、农业经济、协调度、区域差异以及综合评价等。

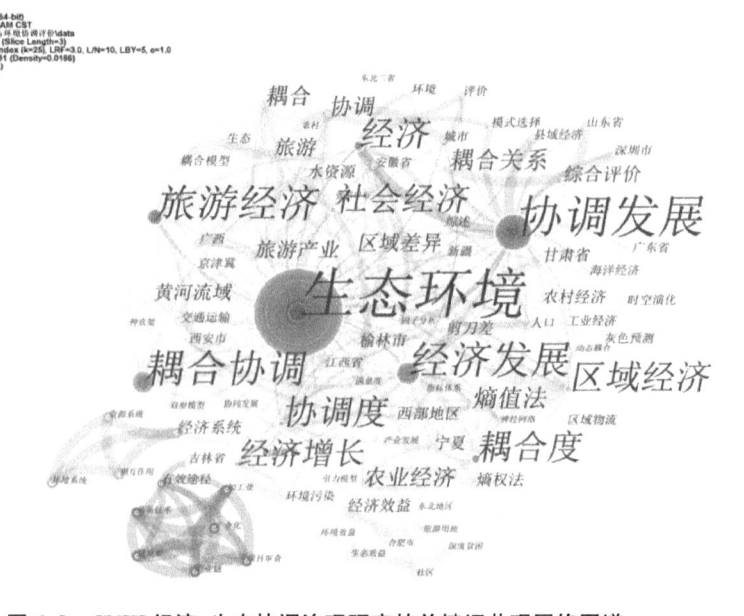

图6.8 CNKI经济-生态协调治理研究的关键词共现网络图谱

以关键词出现频次大小作为排序依据,选取出现频次排名前20的关键词,如表6.4所示。从出现的频次可以看出,CNKI该研究领域中,生态环境与经济耦合协调度研究、生态环境影响下旅游经济与农业经济的发展研究、协调发展的综合评价研究备受关注。

表6.4　CNKI经济-生态协调治理研究的高频关键词

序号	关键词	频次	年份	序号	关键词	频次	年份
1	生态环境	135	1995	11	经济增长	14	2007
2	协调发展	55	1993	12	耦合关系	8	2008
3	经济发展	33	1997	13	熵值法	7	2011
4	旅游经济	30	2006	14	协调	6	2009
5	耦合协调	29	2014	15	耦合	6	2005
6	协调度	20	2005	16	农业经济	6	2013
7	经济	19	1995	17	旅游	5	2011
8	耦合度	18	2008	18	旅游产业	5	2015
9	区域经济	17	2006	19	区域差异	5	2014
10	社会经济	15	2007	20	综合评价	5	2008

6.2.1.2　关键词聚类分析

在关键词知识图谱的基础上,运用CiteSpace进行聚类分析,并得出关键词聚类图,如图6.9及图6.10所示。据图6.9可知WOS该聚类图谱中聚类模块值Q为0.7917,平均轮廓值S为0.9362;据图6.10可知CNKI该聚类图谱中聚类模块值Q为0.5546,平均轮廓值S为0.8014。这说明两个聚类结果均合理。

根据图6.9,WOS环境与经济协调发展研究主要包括7个关键词聚类:♯0 poverty(贫穷)、♯1 coupling coordination(耦合协调度)、♯2 agro-ecological environment(农业生态环境)、♯3 yellow river basin(黄河流域)、♯4 ecological environment(生态环境)、♯5 coupling coordination degree(耦合协调度)、♯6 closed-loop supply chain(闭环供应链)。导出分析数据可得关键词聚类表(见表6.5),其中聚类♯1~♯6的S值处于0.849~0.964,均大于0.7,说明聚类效果理想。

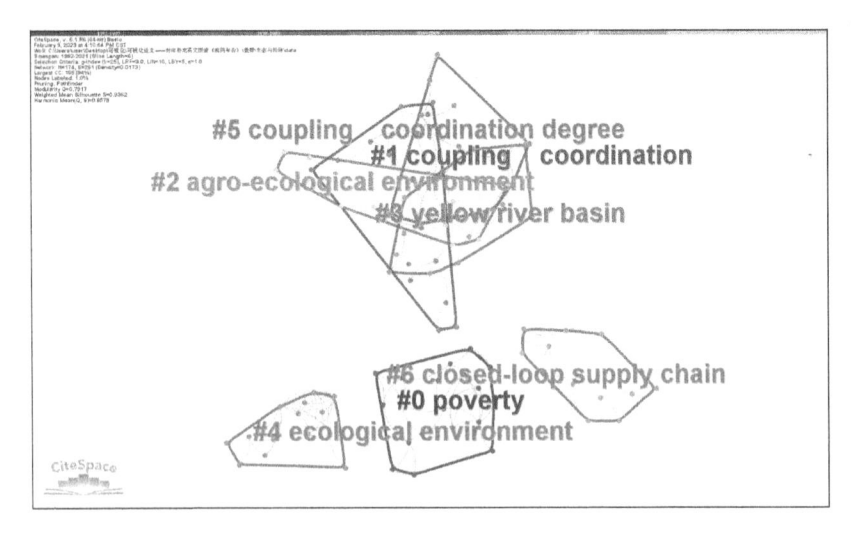

图 6.9　WOS 经济-生态协调治理研究的关键词聚类图谱

结合高频关键词与关键词聚类图谱，分析可知 WOS 环境与经济协调发展研究的热点集中在生态环境与经济发展的耦合协调研究、模型建立、系统评价、城市化研究、流域研究、农业生态效益等方面。

表 6.5　WOS 经济-生态协调治理研究的关键词聚类表

聚类号	数量	S 值	平均年份	关键词
#0	19	0.904	2017	poverty、land use transition、rapid urbanization region、land ecological security evaluation、catastrophe theory
#1	19	0.964	2019	coupling coordination、integrated assessment、panel、innovation、middle route of the south-north water transfer project
#2	15	0.89	2018	agro-ecological environment、driving factors、agricultural economy、new urbanization、coastal reclamation
#3	14	0.849	2019	yellow river basin、improved ccd model、ecological view、multi-dimensional benefits、emergy analysis theory
#4	14	0.997	2015	ecological environment、economic development、sustainable development、carrying capacity、land use change
#5	13	0.955	2018	coupling coordination degree、indicator system、fuzzy comprehensive evaluation method、multisource rs data、data integration
#6	12	0.958	2019	closed-loop supply chain、utilization efficiency、development zoning、multiple uses、mangrove forests policies

（1）生态环境与经济发展的耦合协调研究。大量权威性研究成果证实生态环境与经济发展之间存在相互依存、相互影响的耦合协调关系。通过研究生态

环境与经济发展的耦合协调关系,可深入探究区域生态环境与经济发展耦合协调度低的原因,因地制宜促进两者协调发展,从而推动经济高质量发展。重点研究内容主要聚焦于以下两大类:生态环境与经济发展相互作用机制的定性研究;针对耦合协调关系构建评价指标体系的定量研究。①关于定性研究:Jorgenson等[1]通过对比研究1960—2005年全球各国经济发展与生态环境脱钩指数的变动,分析全球化如何影响生态环境与经济发展的相互作用关系;Gao[2]研究生态环境保护视角下的经济政策,分析经济发展如何正向作用于生态保护,提出基于生态环境保护的经济政策-生态经济政策。②关于定量研究:Ke等[3]以黄河流域沿线36个城市为研究样本,构建经济发展与生态环境评价指标体系,采用回归模型计算指标值,分析影响耦合协调性与时空异质性的因素;Du[4]以秦皇岛港为研究样本,构建包括经济水平及生态环境两个分项指标体系在内的综合评价指标体系,计算其静态和动态协调发展度。

(2) 生态环境与经济发展的耦合模型建立与系统评价方法。当前WOS生态环境与经济协调发展的耦合度测量方法主要包括地理时空加权法[5]、变异系数和弹性系数法[6][7]、灰色关联分析法[8]、系统动力方法[9]、可拓展的随机性的环

---

[1] Jorgenson A K, Clark B. Are the Economy and the Environment Decoupling? A Comparative International Study, 1960—2005[J]. American Journal of Sociology, 2012,118(1):1-44.

[2] Gao H M. Thinking of Economic Development Policies Based on Ecological Environment Protection[J]. Advanced Materials Research, 2013,2480(726-731):4185-4189.

[3] Ke L, Yurong Q, Tao S, et al. Study on coupling coordination and spatiotemporal heterogeneity between economic development and ecological environment of cities along the Yellow River Basin[J]. Environmental Science and Pollution Research International, 2020,28(6):6898-6912.

[4] Du Hongwei. Study on Coordinated Development Degree Between Ports' Economic Level and Ecological Environment[C]. ICIM2010, 2010.

[5] Shi T, Yang S, Zhang W, et al. Coupling coordination degree measurement and spatiotemporal heterogeneity between economic development and ecological environment—Empirical evidence from tropical and subtropical regions of China[J]. Journal of Cleaner Production, 2020,244(C):118739.

[6] Zhang Q, Wang L, Wu F, et al. Quantitative Evaluation for Coupling Coordinated Development between Ecosystem and Economic System—Case Study of Chinese Loess Plateau[J]. Journal of Urban Planning and Development, 2012,138(4):328-334.

[7] 叶民强,张世英. 区域经济、社会、资源与环境系统协调发展衡量研究[J]. 数量经济技术经济研究, 2001,18(8):55-58.

[8] Pingtao Y, Qiankun D, Weiwei L, et al. Measurement of city sustainability based on the grey relational analysis: The case of 15 sub-provincial cities in China[J]. Sustainable Cities and Society, 2021, 73(9-12):103143.

[9] Ke Z, Xia Q. Study on coordination development of ecological-environment and economy based on coupling model:a case study of Wuhan city[J]. Fresenius Environmental Bulletin, 2019,5(28):4007-4012.

境影响评估模型(STIRPAT)[1]、数据包络分析法[2]、模糊层次分析法[3]、结构方程模型法[4]等。Shao[5]基于信息时代的浪潮,构建了"互联网＋"开放平台下自然生态环境与经济发展效益评价模型;Wang 等[6]以江西省 11 个地级市为例构建社会经济-生态-环境三维系统评价模型,评估区域生态环境的承载力;Shi等[7]采用地理时空加权回归模型探究中国 17 个热带、亚热带地区经济发展与生态环境的耦合协调性和时空异质性;Ke 等[8]以武汉市为例,利用系统动力学构建生态环境与经济发展耦合协调系统的动态模型。

(3) 生态环境与经济协调发展视角下的城镇化与生态环境协同研究。实现区域可持续发展的有效助力是城镇化发展与生态环境的耦合协调。Yang 等[9]以重庆市为例,从时空角度选取合适指标,研究发现经济城镇化和绿化生态水平分别对城镇化系统和地质生态环境贡献最大;Muhadaisi 等[10]利用多源遥感数据,采用耦合协调度模型对 2000—2018 年焉耆盆地城镇化与生态环境耦合协

---

[1] Yu Z, Wenliang G, Pengyan Z, et al. Dynamic Changes, Spatiotemporal Differences and Factors Influencing the Urban Eco-Efficiency in the Lower Reaches of the Yellow River[J]. International Journal of Environmental Research and Public Health,2020,17(20):7510.

[2] 樊华,陶学禹. 复合系统协调度模型及其应用[J]. 中国矿业大学学报,2006(4):515-520.

[3] Long Z, Mengqiu W, Wuliyasu B, et al. Measuring coupling coordination between urban economic development and air quality based on the Fuzzy BWM and improved CCD model[J]. Sustainable Cities and Society,2021,75(3):103283.

[4] 王继军,李慧,苏鑫,等. 基于农户层次的陕北黄土丘陵区农业生态经济系统耦合关系研究[J]. 自然资源学报,2010,25(11):1887-1896.

[5] Shao B. Modeling and Evaluation of Economic Development Benefit and Natural Ecological Environment under the "Internet plus" Open Platform[J]. Ekoloji Dergisi,2019,28(107):3157-3167.

[6] Wang J, Wei X, Guo Q. A three-dimensional evaluation model for regional carrying capacity of ecological environment to social economic development: Model development and a case study in China[J]. Ecological Indicators Integrating Monitoring Assessment & Management,2018,89:348-355.

[7] Shi T, Yang S, Zhang W, et al. Coupling coordination degree measurement and spatiotemporal heterogeneity between economic development and ecological environment—Empirical evidence from tropical and subtropical regions of China[J]. Journal of Cleaner Production,2020,244(C):118739.

[8] Ke Z, Xia Q. Study on coordination development of ecological-environment and economy based on coupling model:a case study of Wuhan city[J]. Fresenius Environmental Bulletin,2019,5(28):4007-4012.

[9] Yang C, Zeng W, Yang X. Coupling coordination evaluation and sustainable development pattern of geo-ecological environment and urbanization in Chongqing municipality, China[J]. Sustainable Cities and Society,2020,61(3):102271.

[10] Muhadaisi A, Fei Z, Kang L, et al. Coupling coordination analysis of urbanization and eco-environment in Yanqi Basin based on multi-source remote sensing data[J]. Ecological Indicators,2020,114(16):106331.

调关系进行综合评价；Wang 等[1]运用耦合协调度模型计算城镇化与生态环境复合系统的协调度值,研究影响京津冀城市群城镇化与生态环境协同效应的主要因素。

(4) 生态环境与经济协调发展视角下的流域研究。流域生态环境与经济发展的耦合协调关系是可持续发展研究的热点问题,将社会经济发展问题与水环境问题相结合,能准确且全面地反映流域动态特征、指导流域综合开发。Yanhong 等[2]以黄河流域为研究对象,基于经济、能源消耗、生态及水资源数据,构建黄河流域经济发展与生态状况指标体系,计算指标数据,分析黄河流域经济发展与生态环境耦合协调度的时空演变趋势；Yiqi 等[3]构建复杂系统动力学模型,评价研究渭河流域社会经济发展与生态环境的动态变化。

(5) 生态环境与经济协调发展中的农业生态研究。农业生态环境保护是实现农业经济可持续发展的重大战略任务,研究农业生态环境与经济发展的耦合协调关系对世界各国确定符合本国国情的农业经济可持续发展模式具有重要指导意义。Sun 等[4]比较研究了亚热带地区五种银杏农林复合系统的生态、经济及社会指标表现,发现通过实施可持续发展的农林业系统,可同时实现区域经济发展和环境保护；Jie 等[5]基于中国区域,研究了新型城镇化发展与农业生态环境耦合协调关系的时空分异特征及主要影响因素。

根据图 6.10,CNKI 环境与经济协调发展研究领域主要包括 7 个关键词聚类：♯0 区域经济、♯1 经济发展、♯2 协调、♯3 旅游经济、♯4 黄河流域、♯5 协调发展、♯6 水资源。导出分析数据可得关键词聚类表(见表 6.6),其中聚类♯1～♯6 的 S 值处于 0.949～1,均大于 0.7,说明聚类效果理想。

结合检索文献中的高频关键词和聚类图谱,分析发现中国生态环境与经济

---

[1] Wang Z, Liang L, Sun Z, et al. Spatiotemporal differentiation and the factors influencing urbanization and ecological environment synergistic effects within the Beijing-Tianjin-Hebei urban agglomeration [J]. Journal of Environmental Management,2019,243(1):227-239.

[2] Yanhong Z, Peng H, Jinbao J, et al. Coordination Study on Ecological and Economic Coupling of the Yellow River Basin[J]. International Journal of Environmental Research and Public Health,2021, 18(20):10064.

[3] Yiqi W, Xiaohui D, Yanran M, et al. System dynamics simulation for the coordinative development of socio-economy and environment in the Weihe River Basin, China[J]. Water Policy,2021,23(3): 718-736.

[4] Sun Y, Cao F, Wei X, et al. An Ecologically Based System for Sustainable Agroforestry in Sub-Tropical and Tropical Forests[J]. Forests,2017,8(4):102.

[5] Jie C, Xiaoping L, Lanjian L, et al. Coupling and coordinated development of new urbanization and agro-ecological environment in China[J]. The Science of the Total Environment,2021,776(1):145837.

协调发展研究的热点集中在生态环境与经济发展的耦合协调、方法测度、协调发展评价、生态效益与经济效益等方面。

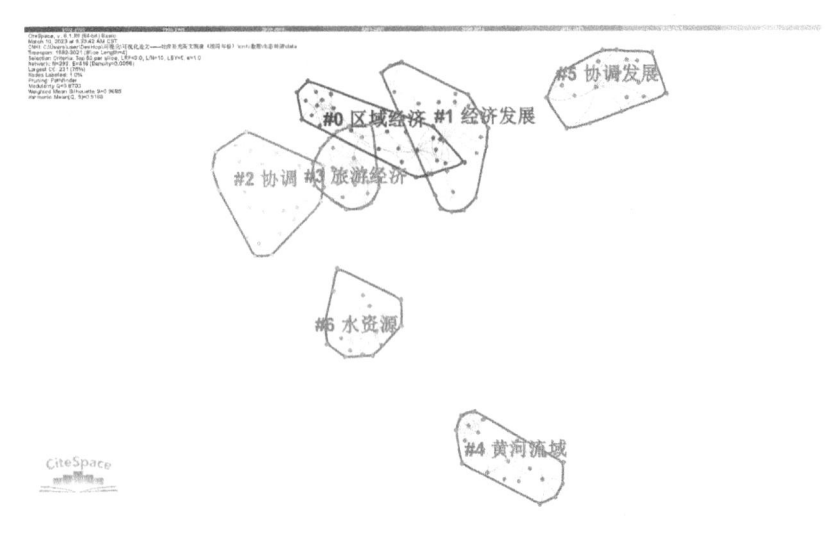

图 6.10　CNKI 经济-生态协调治理研究的关键词聚类图谱

表 6.6　CNKI 经济-生态协调治理研究的关键词聚类表

聚类号	数量	S 值	平均年份	关键词
#0	28	0.966	2014	区域经济、综合评价、耦合模型、剪刀差、评价
#1	25	0.949	2012	熵值法、经济发展、西安市、主成分分析、灰色关联分析
#2	25	0.95	2011	广西、评价、耦合、方法测度、定西市
#3	24	1	2013	旅游经济、旅游、经济、协调发展度、生态环境
#4	21	1	2008	黄河流域、高质量发展、吉林省、有效途径、生态环境协调
#5	19	0.994	2009	耦合关系、模式选择、农村经济、县域经济、深圳市
#6	17	0.962	2011	水资源、社会经济、社会、西宁市、协调发展评价

（1）生态环境与经济发展的耦合协调研究。学者们通过大量的研究证实了生态环境与经济发展之间相互影响、存在互为共生的耦合关系。研究主要从生态环境与经济发展相互影响作用的机制方面开展定性研究，以及从评价指标体系构建、耦合协调关系研究方法方面开展定量研究。其中，研究对象多聚焦于经济发展较快的沿海地区和城市化水平高的城市群。唐晓灵等[1]通过实证研究陕

---

① 唐晓灵,冯艳蓉,杜莉.陕西省经济发展与生态环境耦合协调发展研究[J].环境污染与防治,2021,43(4):516-520+526.

西省2008—2018年生态环境与经济发展耦合协调水平,探讨了耦合协调发展的主要影响因素。吴艳霞等[1]采用耦合协调模型探讨了黄河流域省区的生态环境与经济发展的耦合协调发展态势和驱动因素。孙亚敏等[2]在遵守科学性、完整性和层级性的基础上,构建生态环境与经济发展的评价指标体系,采用耦合协调度模型研究安徽省2010—2019年不同区域的生态环境与经济的耦合协调度。通过对生态系统与经济系统的耦合协调度的研究,促进环境、经济协调可持续高质量发展。

(2) 生态环境与经济发展的方法测度与协调发展评价。当前中国生态环境与经济耦合协调的测度方法主要包括指数加成及计量分析法、变异系数和弹性系数法、模糊与灰色理论法、系统演化与系统动力方法、数据包络分析法、结构方程模型法等[3]。段长桂等[4]采用层次分析法、熵值法与基于离差平方和的组合赋权法,确定南京市经济与生态环境评价指标体系的各指标分配权重,并运用耦合协调度模型评价了南京市生态环境与经济发展之间耦合协调发展的程度。张珍珍等[5]构建了经济-旅游-生态环境耦合发展评价指标体系,采用变异系数法和熵值法分别对指标进行权重计算,并选取平均值作为最终权重。丁磊等[6]构建了经济与生态环境耦合协调发展评价指标体系,并运用熵权法确定各指标的权重,再结合数据实证分析耦合协调度。

(3) 生态环境与经济协调发展中生态服务型经济的研究。生态服务型经济是在解决中国深度贫困地区贫困人口脱贫、平衡生态环境与经济发展的时代背景下发展起来的,为实现生态环境保护与脱贫致富双赢提供了新思路和新方案。生态服务型经济的研究多从背景、理论依据方面展开定性研究,缺乏运行机制理论的探索讨论。冯晓龙等[7]阐述了生态服务型经济的运行机制,并运用青海省

---

[1] 吴艳霞,陈步宇,张磊.黄河流域社会经济与生态环境耦合协调态势及动力因素[J].水土保持通报,2021,41(2):240-249.

[2] 孙亚敏,张付海,王欢,等.基于耦合模型的安徽经济与环境协调发展分析[J].中国环境监测,2021,37(6):74-81.

[3] 杨玉珍.我国生态、环境、经济系统耦合协调测度方法综述[J].科技管理研究,2013,33(4):236-239.

[4] 段长桂,董增川,管西柯,等.南京市经济发展与生态环境耦合协调关系研究[J].水力发电,2017,43(9):5-9.

[5] 张珍珍,曹月娥,赵珮珮,等.昌吉回族自治州经济-旅游-生态环境耦合协调发展初探[J].西北师范大学学报(自然科学版),2020,56(3):95-101+126.

[6] 丁磊,吕剑平.基于熵权法测度甘肃省农业经济和农业生态的耦合性[J].中国农机化学报,2021,42(3):151-158.

[7] 冯晓龙,刘明月,张崇尚,等.深度贫困地区经济发展与生态环境治理如何协调——来自社区生态服务型经济的实践证据[J].农业经济问题,2019(12):4-14.

三江源自然保护区的调查数据进行了实证研究。

6.2.2　经济-生态协调治理研究演化脉络

运用 CiteSpace 绘制检索文献的关键词时间线图谱,反映国内外生态环境与经济协调发展研究随着时间变化的演化路径和发展趋势[①],如图 6.11 及图 6.12 所示。

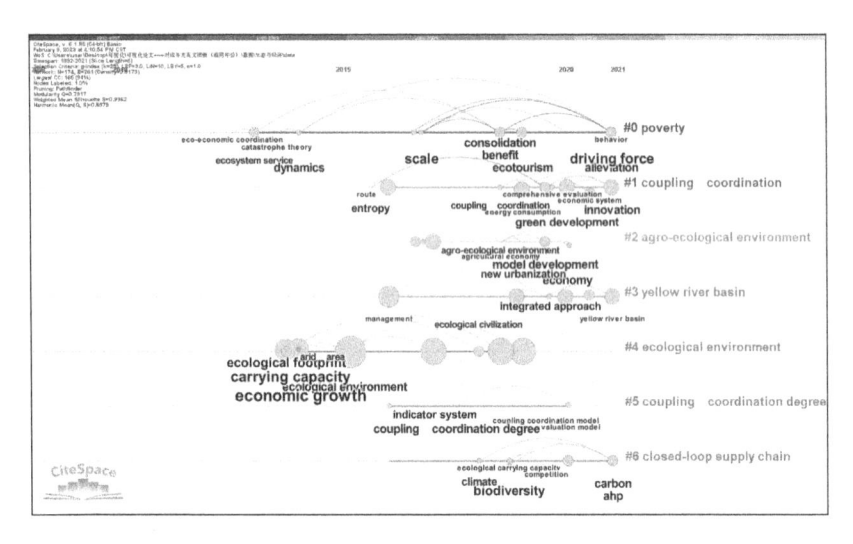

图 6.11　WOS 经济-生态协调治理研究的关键词时间线图

根据图 6.11 及梳理相关文献可知,1992—2021 年,WOS 生态环境与经济协调发展研究大致经历了如下三个阶段:

(1) 萌芽期(1992—2012 年)。此阶段 WOS 该领域相关文献数量太少,无法形成可清晰显示于时间线图谱上的重要关键词节点。

(2) 发展期(2013—2016 年)。此阶段的研究热点关键词是"ecosystem service(生态服务)""catastrophe theory(突变理论)""eco-economic coordination(生态经济耦合度)""ecological footprint(生态足迹)""carrying capacity(承载力)""indicator system(指标体系)"等,高频关键词之间连线密集。该阶段重点研究学者 Shi Peiji、Zhang Wei、Zhang Lihui 与 Yang Wenfeng 分别在生态环境

---

① Muhadaisi A, Fei Z, Weng C N, et al. Corrigendum to "Coupling coordination analysis and spatio-temporal heterogeneity between urbanization and eco-environment along the silk road economic belt in China" [Ecol. Indic. (2021) 107014][J]. Ecological Indicators,2021,121:107191.

与经济协调发展的前提下就生态服务系统价值[1]、区域能源承载力[2]、城市综合发展强度-生态环境压力[3]、生态产业发展[4]构建了具体评价指标体系。

(3) 成熟期(2017—2021年)。此阶段的研究热点关键词是"ecotourism(生态旅游)""comprehensive evaluation(综合评价)""driving force(驱动力)""energy consumption(能源消耗)""innovation(创新)""agro-ecological environment(农业生态环境)""model development(模型发展)""new urbanization(新型城镇化)""integrated approach(综合方法)""yellow river basin(黄河流域)""coupling coordination model(耦合协调模型)""climate(气候)""biodiversity(生物多样性)"等。该阶段的研究热点内容为生态环境与经济发展耦合协调评价方法与模型、流域发展与生态环境协调研究、城市化发展与生态环境协调研究、农业经济发展与生态环境协调研究。

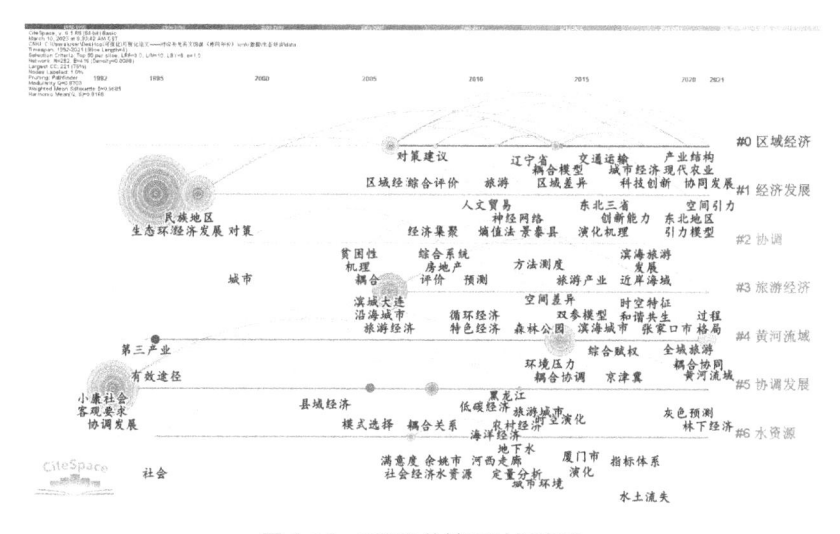

图 6.12　CNKI 关键词时间线图

根据图 6.12 及梳理相关文献可知,1992—2021 年,CNKI 生态环境与经济

---

[1] Liu H L, Shi P J, Chen L, et al. Evaluation of the Urbanization Quality and Analysis of Improving Countermeasures of the Shi Yang River Basin[J]. Applied Mechanics and Materials, 2013, 2301(295-298): 2581-2586.

[2] Ping W W, Wei Z, Xia Z. Harmonious Environment Construction in Transport and Sustainable Development for 21st Century[J]. Advanced Materials Research, 2013, 869-870: 691-697.

[3] Wang D, Chen W, Wei W, et al. Research on the Relationship between Urban Development Intensity and Eco-Environmental Stresses in Bohai Rim Coastal Area, China[J]. Sustainability, 2016, 8(4): 406.

[4] Yang W, Shi T. A Study on the Development Model of Tibet's Eco-industry: A Study on the Development Model of Tibet's Eco-industry[C]. 2016.

协调发展研究大致经历了四个阶段：

(1) 萌芽期(1992—2003年)。此阶段学者对生态环境与经济协调发展研究的文献较少,代表性关键词有"生态环境""经济发展""协调发展""第三产业""城市""小康社会"等。此阶段的社会经济处于高速发展时期,随着工业总产值的翻番,各种资源能源的消耗也逐年增加,生态破坏与工业污染也愈加严重。陈予群[1]探讨了上海城市经济建设与生态环境协调发展模式,提出通过调整产业结构来降低污染的同时不降低经济建设速度。

(2) 成长期(2004—2013年)。此阶段的研究热点关键词是"沿海城市""旅游经济""耦合关系""方法测度""熵值法""综合评价",高频关键词之间连线密集。这一阶段研究的是在旅游经济快速发展与生态环境建设密不可分的背景下,通过构建生态环境与城市经济协调发展评价指标体系,采用灰色理论、熵值法、因子分析等方法,对沿海城市和城市化水平高的地区定量测度生态系统与经济系统的协调度。王辉等[2]在考虑沿海城市的主要生态环境影响因素的基础上选取评价指标,收集大连的指标数据,对生态环境与旅游经济协调发展度做出定量评判。此外,主要采用时间序列或省际面板数据对生态环境与经济协调发展研究进行实证分析[3]。

(3) 加速期(2014—2018年)。此阶段的研究热点关键词为"耦合模型""区域差异""科技创新""旅游产业""环境压力""和谐共生""水土流失"等[4]。刘德光等[5]采用因子分析法构建评价指标体系,实证分析国内31个省、市、自治区2005—2014年生态环境与旅游经济的协调关系及时空特征。汤姿[6]以"坚持人与自然和谐共生"思想为指导,采用熵值法和耦合协调模型,构建了黑龙江省生

---

[1] 陈予群.上海城市经济建设与生态环境协调发展模式[J].上海社会科学院学术季刊,1993(2):33-41.

[2] 王辉,姜斌.沿海城市生态环境与旅游经济协调发展定量研究[J].干旱区资源与环境,2006(5):115-119.

[3] 滕海洋,于金方.山东省经济与生态环境协调发展评价研究[J].资源开发与市场,2008(12):1085-1086+1148.

李洪英,胡求光,胡彬彬.浙江省海洋经济与生态环境的协调发展研究——基于低碳经济的视角[J].华东经济管理,2011,25(6):11-14.

张翔.西宁市生态环境与社会经济协调发展分析[J].兰州大学学报(社会科学版),2013,41(4):131-139.

[4] 李琳,王搏,徐洁.我国经济与生态环境协调发展的地区差异研究——基于综合评价方法[J].科技管理研究,2014,34(10):38-41.

杨建林,黄清子.生态城市建设目标下的产业发展评价研究[J].湖南社会科学,2015(4):137-142.

[5] 刘德光,屈小爽.中国旅游经济与生态环境协调发展度测算及区域差异分析[J].广东财经大学学报,2016,31(4):89-96+105.

[6] 汤姿,石长波,张娜.黑龙江省旅游经济与生态环境时空耦合研究——基于"坚持人与自然和谐共生"的视角[J].商业研究,2018(1):1-9.

态环境与旅游经济耦合协调发展的评价指标体系,并选取2005—2015年的调查数据实证分析了耦合协调发展的空间差异与演化特征。

(4)深化期(2019年至今)。该阶段的研究热点关键词为"引力模型""现代农业""协同发展""灰色预测""黄河流域"等。任保平等[1]为探索黄河流域2012—2018年经济增长、产业发展与生态环境三者之间的耦合协调度,采用耦合协调度模型与灰色关联度模型构建综合评价指标体系,分析了三者之间的驱动因素,并为促进黄河流域的高质量发展提供科学决策支撑。

总体来看,该领域研究初期,由于生态污染问题制约着社会经济的发展,因此学者们重点关注生态环境与经济发展耦合协调指标体系的构建,探究影响耦合度的主要因素,并针对关键影响因素提出适当的解决策略。随着研究的深入和细化,研究方法呈现多样化,研究对象多集中在各大流域、重要发展城市群及农业生态环境脆弱地区,研究多采用实证分析的方法定量测度生态环境与经济协调发展的耦合协调度,通过分析为生态环境与经济协调发展提出重要的指导意见。

6.2.3 经济-生态协调治理效能变化

测算2012—2022年全国及31个省区的城市经济-生态协调治理效能,如表6.7所示。

表6.7 2012—2022年全国及31个省区经济-生态协调治理效能与等级

年份	地区	经济与生态 协调治理效能	经济与生态 协调治理等级	地区	经济与生态 协调治理效能	经济与生态 协调治理等级
2012	全国	0.68	初级协调	北京	0.68	初级协调
2013		0.72	中级协调		0.72	中级协调
2014		0.74			0.74	
2015		0.76			0.77	
2016		0.84	良好协调		0.81	良好协调
2017		0.87			0.86	
2018		0.90			0.88	
2019		0.92	优质协调		0.90	优质协调
2020		0.92			0.91	
2021		0.93			0.94	
2022		0.93			0.94	

---

[1] 任保平,杜宇翔.黄河流域经济增长-产业发展-生态环境的耦合协同关系[J].中国人口·资源与环境,2021,31(2):119-129.

续表

年份	地区	经济与生态 协调治理效能	协调治理等级	地区	经济与生态 协调治理效能	协调治理等级
2012	天津	0.63	初级协调	河北	0.63	初级协调
2013	天津	0.63	初级协调	河北	0.66	初级协调
2014	天津	0.65	初级协调	河北	0.68	初级协调
2015	天津	0.67	中级协调	河北	0.72	中级协调
2016	天津	0.78	中级协调	河北	0.80	中级协调
2017	天津	0.83	良好协调	河北	0.83	良好协调
2018	天津	0.87	良好协调	河北	0.87	良好协调
2019	天津	0.89	良好协调	河北	0.90	良好协调
2020	天津	0.92	优质协调	河北	0.90	优质协调
2021	天津	0.94	优质协调	河北	0.94	优质协调
2022	天津	0.96	优质协调	河北	0.95	优质协调
2012	山西	0.67	初级协调	内蒙古	0.70	初级协调
2013	山西	0.67	初级协调	内蒙古	0.72	中级协调
2014	山西	0.69	初级协调	内蒙古	0.74	中级协调
2015	山西	0.71	中级协调	内蒙古	0.75	中级协调
2016	山西	0.80	中级协调	内蒙古	0.82	良好协调
2017	山西	0.82	中级协调	内蒙古	0.85	良好协调
2018	山西	0.84	良好协调	内蒙古	0.87	良好协调
2019	山西	0.87	良好协调	内蒙古	0.89	良好协调
2020	山西	0.89	良好协调	内蒙古	0.88	良好协调
2021	山西	0.90	良好协调	内蒙古	0.91	优质协调
2022	山西	0.91	优质协调	内蒙古	0.88	良好协调
2012	辽宁	0.74	中级协调	吉林	0.70	初级协调
2013	辽宁	0.76	中级协调	吉林	0.71	中级协调
2014	辽宁	0.76	中级协调	吉林	0.71	中级协调
2015	辽宁	0.78	中级协调	吉林	0.74	中级协调
2016	辽宁	0.86	良好协调	吉林	0.84	良好协调
2017	辽宁	0.87	良好协调	吉林	0.83	良好协调
2018	辽宁	0.87	良好协调	吉林	0.88	良好协调
2019	辽宁	0.90	优质协调	吉林	0.92	优质协调
2020	辽宁	0.90	优质协调	吉林	0.91	优质协调
2021	辽宁	0.93	优质协调	吉林	0.92	优质协调
2022	辽宁	0.94	优质协调	吉林	0.91	优质协调

续表

年份	地区	经济与生态 协调治理效能	协调治理等级	地区	经济与生态 协调治理效能	协调治理等级
2012	黑龙江	0.70	中级协调	上海	0.60	勉强协调
2013	黑龙江	0.72	中级协调	上海	0.64	初级协调
2014	黑龙江	0.72	中级协调	上海	0.65	初级协调
2015	黑龙江	0.76	中级协调	上海	0.66	初级协调
2016	黑龙江	0.84	良好协调	上海	0.71	中级协调
2017	黑龙江	0.86	良好协调	上海	0.75	中级协调
2018	黑龙江	0.88	良好协调	上海	0.77	中级协调
2019	黑龙江	0.91	优质协调	上海	0.82	良好协调
2020	黑龙江	0.90	良好协调	上海	0.86	良好协调
2021	黑龙江	0.92	优质协调	上海	0.87	良好协调
2022	黑龙江	0.93	优质协调	上海	0.88	良好协调
2012	江苏	0.68	初级协调	浙江	0.64	初级协调
2013	江苏	0.71	中级协调	浙江	0.67	初级协调
2014	江苏	0.74	中级协调	浙江	0.68	初级协调
2015	江苏	0.77	中级协调	浙江	0.72	中级协调
2016	江苏	0.82	良好协调	浙江	0.78	中级协调
2017	江苏	0.85	良好协调	浙江	0.83	良好协调
2018	江苏	0.86	良好协调	浙江	0.86	良好协调
2019	江苏	0.88	良好协调	浙江	0.89	良好协调
2020	江苏	0.93	优质协调	浙江	0.93	优质协调
2021	江苏	0.95	优质协调	浙江	0.95	优质协调
2022	江苏	0.95	优质协调	浙江	0.96	优质协调
2012	安徽	0.61	初级协调	福建	0.67	初级协调
2013	安徽	0.64	初级协调	福建	0.69	初级协调
2014	安徽	0.67	初级协调	福建	0.71	中级协调
2015	安徽	0.72	中级协调	福建	0.74	中级协调
2016	安徽	0.79	中级协调	福建	0.80	良好协调
2017	安徽	0.81	良好协调	福建	0.84	良好协调
2018	安徽	0.83	良好协调	福建	0.87	良好协调
2019	安徽	0.86	良好协调	福建	0.88	良好协调
2020	安徽	0.91	优质协调	福建	0.90	优质协调
2021	安徽	0.93	优质协调	福建	0.94	优质协调
2022	安徽	0.93	优质协调	福建	0.94	优质协调

续表

年份	地区	经济与生态 协调治理效能	协调治理等级	地区	经济与生态 协调治理效能	协调治理等级
2012	江西	0.66	初级协调	山东	0.66	初级协调
2013	江西	0.66	初级协调	山东	0.68	初级协调
2014	江西	0.68	初级协调	山东	0.69	初级协调
2015	江西	0.73	中级协调	山东	0.70	中级协调
2016	江西	0.77	中级协调	山东	0.81	良好协调
2017	江西	0.80	良好协调	山东	0.85	良好协调
2018	江西	0.83	良好协调	山东	0.89	良好协调
2019	江西	0.87	良好协调	山东	0.91	优质协调
2020	江西	0.89	良好协调	山东	0.92	优质协调
2021	江西	0.94	优质协调	山东	0.95	优质协调
2022	江西	0.92	优质协调	山东	0.95	优质协调
2012	河南	0.61	初级协调	湖北	0.62	初级协调
2013	河南	0.63	初级协调	湖北	0.66	初级协调
2014	河南	0.66	初级协调	湖北	0.69	初级协调
2015	河南	0.69	初级协调	湖北	0.72	中级协调
2016	河南	0.77	中级协调	湖北	0.80	中级协调
2017	河南	0.83	良好协调	湖北	0.83	良好协调
2018	河南	0.87	良好协调	湖北	0.86	良好协调
2019	河南	0.89	良好协调	湖北	0.89	良好协调
2020	河南	0.91	优质协调	湖北	0.91	优质协调
2021	河南	0.94	优质协调	湖北	0.94	优质协调
2022	河南	0.93	优质协调	湖北	0.94	优质协调
2012	湖南	0.61	初级协调	广东	0.68	初级协调
2013	湖南	0.63	初级协调	广东	0.71	中级协调
2014	湖南	0.66	初级协调	广东	0.72	中级协调
2015	湖南	0.67	初级协调	广东	0.75	中级协调
2016	湖南	0.75	中级协调	广东	0.82	良好协调
2017	湖南	0.79	中级协调	广东	0.85	良好协调
2018	湖南	0.81	良好协调	广东	0.88	良好协调
2019	湖南	0.85	良好协调	广东	0.92	优质协调
2020	湖南	0.90	优质协调	广东	0.92	优质协调
2021	湖南	0.94	优质协调	广东	0.94	优质协调
2022	湖南	0.94	优质协调	广东	0.96	优质协调

续表

年份	地区	经济与生态 协调治理效能	协调治理等级	地区	经济与生态 协调治理效能	协调治理等级
2012	广西	0.62	初级协调	海南	0.62	初级协调
2013	广西	0.64	初级协调	海南	0.64	初级协调
2014	广西	0.64	初级协调	海南	0.65	初级协调
2015	广西	0.66	初级协调	海南	0.68	初级协调
2016	广西	0.74	中级协调	海南	0.80	中级协调
2017	广西	0.76	中级协调	海南	0.83	良好协调
2018	广西	0.79	中级协调	海南	0.86	良好协调
2019	广西	0.84	良好协调	海南	0.88	良好协调
2020	广西	0.88	良好协调	海南	0.90	良好协调
2021	广西	0.93	优质协调	海南	0.92	优质协调
2022	广西	0.94	优质协调	海南	0.93	优质协调
2012	重庆	0.60	勉强协调	四川	0.60	勉强协调
2013	重庆	0.65	初级协调	四川	0.65	初级协调
2014	重庆	0.68	初级协调	四川	0.67	初级协调
2015	重庆	0.71	中级协调	四川	0.71	中级协调
2016	重庆	0.80	中级协调	四川	0.80	中级协调
2017	重庆	0.84	良好协调	四川	0.84	良好协调
2018	重庆	0.87	良好协调	四川	0.86	良好协调
2019	重庆	0.90	良好协调	四川	0.91	优质协调
2020	重庆	0.89	良好协调	四川	0.91	优质协调
2021	重庆	0.92	优质协调	四川	0.94	优质协调
2022	重庆	0.93	优质协调	四川	0.94	优质协调
2012	贵州	0.59	勉强协调	云南	0.60	勉强协调
2013	贵州	0.61	初级协调	云南	0.65	初级协调
2014	贵州	0.63	初级协调	云南	0.67	初级协调
2015	贵州	0.67	初级协调	云南	0.72	中级协调
2016	贵州	0.72	中级协调	云南	0.77	中级协调
2017	贵州	0.76	中级协调	云南	0.82	良好协调
2018	贵州	0.81	良好协调	云南	0.84	良好协调
2019	贵州	0.83	良好协调	云南	0.89	良好协调
2020	贵州	0.84	良好协调	云南	0.90	良好协调
2021	贵州	0.89	良好协调	云南	0.91	优质协调
2022	贵州	0.91	优质协调	云南	0.93	优质协调

续表

年份	地区	经济与生态 协调治理效能	经济与生态 协调治理等级	地区	经济与生态 协调治理效能	经济与生态 协调治理等级
2012	西藏	0.54	勉强协调	陕西	0.60	勉强协调
2013	西藏	0.60	勉强协调	陕西	0.63	初级协调
2014	西藏	0.61	初级协调	陕西	0.66	初级协调
2015	西藏	0.63	初级协调	陕西	0.70	中级协调
2016	西藏	0.68	初级协调	陕西	0.79	中级协调
2017	西藏	0.66	初级协调	陕西	0.82	良好协调
2018	西藏	0.71	中级协调	陕西	0.86	良好协调
2019	西藏	0.73	中级协调	陕西	0.88	良好协调
2020	西藏	0.73	中级协调	陕西	0.91	优质协调
2021	西藏	0.78	中级协调	陕西	0.94	优质协调
2022	西藏	0.82	良好协调	陕西	0.93	优质协调
2012	甘肃	0.64	初级协调	青海	0.59	勉强协调
2013	甘肃	0.65	初级协调	青海	0.60	勉强协调
2014	甘肃	0.67	中级协调	青海	0.65	初级协调
2015	甘肃	0.72	中级协调	青海	0.70	初级协调
2016	甘肃	0.82	良好协调	青海	0.75	中级协调
2017	甘肃	0.84	良好协调	青海	0.76	中级协调
2018	甘肃	0.86	良好协调	青海	0.79	中级协调
2019	甘肃	0.90	优质协调	青海	0.81	良好协调
2020	甘肃	0.92	优质协调	青海	0.84	良好协调
2021	甘肃	0.93	优质协调	青海	0.85	良好协调
2022	甘肃	0.93	优质协调	青海	0.86	良好协调
2012	宁夏	0.64	初级协调	新疆	0.65	初级协调
2013	宁夏	0.66	初级协调	新疆	0.70	初级协调
2014	宁夏	0.70	中级协调	新疆	0.71	中级协调
2015	宁夏	0.72	中级协调	新疆	0.76	中级协调
2016	宁夏	0.77	中级协调	新疆	0.81	良好协调
2017	宁夏	0.80	中级协调	新疆	0.85	良好协调
2018	宁夏	0.80	中级协调	新疆	0.90	良好协调
2019	宁夏	0.83	良好协调	新疆	0.92	优质协调
2020	宁夏	0.86	良好协调	新疆	0.92	优质协调
2021	宁夏	0.89	良好协调	新疆	0.91	优质协调
2022	宁夏	0.90	优质协调	新疆	0.92	优质协调

根据表 6.7 的结果可以发现,我国经济-生态协调治理等级已经于 2019 年达到了优质协调。

截至 2022 年,除内蒙古、上海、西藏和青海 4 个省区外,其余各省区生态与经济协调治理等级均已稳定达到了优质协调,其中:北京、辽宁、吉林、山东、广东、四川和新疆 2019 年已达到优质协调;天津、河北、江苏、浙江、安徽、河南、湖北、湖南、海南、陕西和甘肃于 2020 年达到优质协调;黑龙江、福建、江西、广西、云南和重庆于 2021 年达到优质协调;山西、贵州、宁夏于 2022 年达到优质协调。

6.3 中国省区城市治理的科技-经济-生态协调治理效能评价

6.3.1 科技-经济-生态协调治理研究热点关键词分析

党的二十大报告指出,高质量发展是全面建设社会主义现代化国家的首要任务。高质量发展是能够满足人民日益增长的美好生活需要的发展,是体现新发展理念的发展,是创新成为第一动力、协调成为内生特点、绿色成为普遍形态、开放成为必由之路、共享成为根本目的的发展。其中,"创新成为第一动力"强调以要素为驱动的经济增长已经不足以满足人们的需求,创新驱动开始成为经济高质量发展的重要驱动力,因此对科技发展的引领作用提出了更高的要求;"协调成为内生特点"强调发展的整体性;"绿色成为普遍形态"强调生态环境为一切经济活动提供稳定物质基础,是经济可持续发展的关键保障。我国高质量发展和新发展理念的要求,充分体现了科技、经济和生态环境三者之间协调发展的重要性。为此,对 WOS 核心数据库和中国知网(CNKI)数据库中收录的与科技、经济和生态协调相关的期刊研究文献进行可视化分析研究,系统分析把握学界对国内外科技、经济和生态协调研究现状,对于把握科技、经济和生态协调的研究热点和未来研究方向具有重要意义。

基于 WOS 核心数据库,主题选用"science and technology""ecology""environment""economic"进行文献检索,检索时间设定为"1998—2020 年",剔除掉会议访谈、会议综述、会议报告等不利于可视化分析的文献后发现,1998—2004 年该领域没有相关的文献发表,最终得到该领域 2005—2020 年共 162 篇相关文献。同时,基于 CNKI 数据库,文献检索词为"科技"或"技术"、"经济"以及"生态"或"环境",文献检索时间为"1998—2020 年",剔除掉会议访谈、会议综述、会议报告等不利于数据分析的文献,共得到 117 篇相关文献。

6.3.1.1 关键词共现分析

通过对2005—2020年该领域研究的WOS期刊核心数据库中的文献进行关键词共现分析,得到关键词共现网络图谱(图6.13)。如图6.13,该研究领域关键词共现图谱中共包含282个节点,其中节点的厚度与关键词词频成正比,节点越大、关键词字体越大,则表明该关键词总体出现频次越高,其中"management(管理)"这一关键词节点的圈层最大,代表出现的频率最高,并且"determinants(决定因素)""sustainable development(可持续性发展)""eco innovation(生态创新)""impact(影响)"均具有较高的研究频次。另外,共现图谱当中的连线数量达到910个,网络密度为0.023,各个节点之间的连线丰富且紧密,表明该领域的关键词之间相互联系的程较高。

图6.13 2005—2020年WOS科技-经济-生态协调治理研究的关键词共现网络图谱

为了更好地显示各个关键词节点的具体信息,对热点关键词进一步展开分析,根据CiteSpace整理得到中心度排名前11的关键词列表(如表6.8)。

表6.8 2005—2020年WOS科技-经济-生态协调治理研究的中心度排名前11的关键词

序号	频次	中心度	首次出现年份	关键词
1	52	0.40	2007	management(管理)
2	30	0.17	2006	dynamics(动态)
3	20	0.13	2014	climate change(气候变化)
4	19	0.13	2005	sustainable development(可持续发展)
5	36	0.11	2010	determinants(决定因素)

续表

序号	频次	中心度	首次出现年份	关键词
6	16	0.10	2009	sustainability(可持续性)
7	17	0.07	2011	policy(政策)
8	17	0.07	2011	consumption(消耗)
9	14	0.07	2013	energy(能源)
10	14	0.07	2010	ecological modernization(生态现代化)
11	10	0.07	2015	decision making(决策制定)

关键词的中心性与该关键词在共现网络图谱中的重要性密切相关。若关键词的中心度大于等于0.1,则说明此关键词在共现网络图谱中具有重要的影响力[1]。一般而言,共现网络图谱中高频次且高中心性的关键词代表了该领域的核心研究主题。结合图6.13,可以发现"management"的词频和中心度都是最高的,表明其是整个领域的核心节点,影响力最深,是学者们研究的重要热点。同时,表6.8中高频词的词频差别较小,从高到低过渡较为平滑,说明学者们对该领域的研究关注点较为集中。"dynamics(动态)""climate change(气候变化)""sustainable development(可持续发展)""determinants(决定因素)""sustainability(可持续性)"的中心度均达到了0.1,表明它们都是该领域的重要研究热点,其中与"可持续"相关的关键词出现了两次,究其原因是可持续发展与科技、经济和生态都具有相互依存的关系:科技的发展可以提高资源利用效率、减少环境污染、推动清洁能源等方面的创新,有助于实现可持续发展,同时对可持续性的关注对科技发展方向起到引导作用[5];经济活动对可持续性有直接的影响,但可持续性原则也对经济活动提出了一系列的约束[6];生态系统提供了支持可持续发展的基础,可持续性的实现需要维护生态系统的健康,反过来可持续性原则要求在经济和科技发展中考虑生态系统的保护[7]。

综合来看,2005—2020年WOS核心数据库中科技、经济和生态三者协调发展的影响因素研究和可持续性视角下科技、经济和生态发展的研究等热点问题备受学者们关注。

通过对1998—2020年该领域研究的CNKI期刊文献进行关键词共现分析,得到关键词共现网络图谱(图6.14)。如图6.14,关键词共现网络图谱中共包含152个节点,连线数量302个,网络密度为0.0263。年轮的厚度与关键词词频

---

[1] 李碧珍,吴芃梅,杨少雄. 新时代中国经济高质量发展的知识图谱研究——基于CiteSpace的可视化分析[J]. 东南学术,2019(5):181-190.

成正比,节点越大、关键词字体越大,则该关键词总体频次越高,其中"经济增长"这一关键词节点的圈层最大,代表出现的频率最高。同时,"环境规制""技术创新""技术进步""生态环境""协调发展"均具有较高的频次。在共现网络图谱当中,各个节点相互连接成线,基本没有孤立的节点,说明该领域的关键词之间相互联系较高,研究焦点丰富而不散乱。

图 6.14　1998—2020 年 CNKI 科技-经济-生态协调治理研究的关键词共现网络图谱

为了更好地显示各个关键词节点的具体信息,根据 CiteSpace 整理得到中心度排名前 10 的关键词列表(如表 6.9)。

表 6.9　1998—2020 年 CNKI 科技-经济-生态协调治理研究的中心度排名前 10 的关键词

序号	频次	中心度	首次出现年份	关键词
1	25	0.27	2007	经济增长
2	16	0.23	2012	环境规制
3	16	0.23	2011	生态环境
4	25	0.21	2012	技术创新
5	18	0.15	2009	技术进步
6	16	0.15	2002	经济
7	14	0.13	2015	科技创新
8	10	0.11	2014	耦合
9	11	0.10	2000	协调发展
10	7	0.09	2018	海洋经济

结合图 6.14,可以发现"经济增长"出现频率和中心度都是最高的,表明其是整个领域的核心节点,影响力最深。同时,"环境规制""生态环境""技术创新"的中心度均大于0.2,"技术进步""经济""科技创新"的中心度也达到了0.1。在新发展理念下,我国有采取科技创新和环境规制双管齐下地提升经济发展质量的事实[1],而经济发展实现根本转变要靠科技创新,通过科技创新可推动产业转型升级、化解生态环境保护与经济发展的困境,实现可持续发展[2]。另外"耦合"和"协调发展"的中心度分别为0.11和0.10,也是该领域的研究重点。生态文明、产业技术与经济发展是相互耦合、相辅相成的共同体,同时也是相互节制、相互影响的结合体,推动三者协同发展有利于解决当今经济社会运行过程中存在的突出问题,打破资源、生态与技术制约,改善我国发展不均衡、不充分的现状[3]。关键词"海洋经济"的中心度为0.09,这是由于党的十九大报告提出"坚持陆海统筹,加快建设海洋强国",推动海洋科技创新和区域发展是建设海洋强国必不可少的重要措施,因此,协调发展海洋科技、经济和环境是一个重要的研究的热点。

6.3.1.2 关键词突现分布

突现分析常用来探索某一研究领域中新出现的研究问题以及变化趋势,反映研究前沿的动态变化。而关键词突现情况能够反映不同时期出现的高频关键词,它们代表当时的研究热点和前沿,显示出当时的时代背景和社会因素[4]。在图 6.13 的基础上,得到了 WOS 科技-经济-生态协调治理研究的前 10 个关键词的突变分布(如表 6.10)。

表 6.10 2005—2020 年 WOS 科技-经济-生态协调治理研究的前 10 个关键词突现分布

Keywords	Year	Strength	Begin	End	2005—2020
ecological economics (生态经济学)	2006	1.09	2010	2011	

---

[1] 上官绪明,葛斌华.科技创新、环境规制与经济高质量发展——来自中国 278 个地级及以上城市的经验证据[J].中国人口·资源与环境,2020,30(6):95-104.
[2] 辜胜阻,吴华君,吴沁沁,等.创新驱动与核心技术突破是高质量发展的基石[J].中国软科学,2018(10):9-18.
[3] 舒良友,郭琎.华中地区生态文明、产业技术与经济发展耦合协调研究[J].资源开发与市场,2018,34(7):941-946.
[4] 陈悦,陈超美,刘则渊,等.CiteSpace 知识图谱的方法论功能[J].科学学研究,2015,33(2):242-253.

续表

Keywords	Year	Strength	Begin	End	2005—2020
dynamics(动态)	2006	0.86	2010	2011	
climate change(气候变化)	2014	2.2	2014	2015	
determinants(决定因素)	2010	1.51	2016	2017	
management(管理)	2007	2.09	2017	2018	
research and development(研究与开发)	2018	2.79	2018	2020	
sustainable development(可持续发展)	2005	2.09	2018	2020	
city(城市)	2018	0.68	2018	2020	

根据表 6.10 可知，"ecological economics(生态经济学)"和"dynamics(动态)"是 2010—2011 年该领域的研究前沿；"climate change(气候变化)""determinants(决定因素)""management(管理)"是 2014—2017 年的研究前沿；"research and development(研究与开发)""sustainable development(可持续发展)""city(城市)"是 2018—2020 年的研究前沿。由于 WOS 核心数据库中关于该领域的相关研究文献较少，因此 2011—2013 年没有出现突现的关键词，即在这个时期该领域没有明确的研究前沿。

在图 6.14 的基础上，得到了 CNKI 科技-经济-生态协调治理研究的前 10 个关键词的突变分布(如表 6.11)。由于 1998—2012 年期间，学者们对该领域的研究较少，因此主要突现发生在 2012—2020 年期间。

表 6.11　1998—2020 年 CNKI 科技-经济-生态协调治理研究的前 10 个关键词突现分布

Keywords	Year	Strength	Begin	End	1998—2020
技术创新	2012	0.5	2012	2013	
环境质量	2015	1.14	2015	2016	
经济发展	2017	1.7	2017	2020	
农业经济	2017	0.99	2017	2020	
生态环境	2011	0.73	2017	2018	
耦合	2014	0.65	2017	2020	
耦合协调	2018	0.88	2018	2020	
生态文明	2018	0.88	2018	2020	

续表

Keywords	Year	Strength	Begin	End	1998—2020
农业技术	2018	0.88	2018	2020	
经济	2002	0.09	2018	2020	

根据表6.11可知,"技术创新"是2012—2013年的研究前沿;"环境质量"是2015—2016年的研究前沿;"生态环境"是2017—2018年的研究前沿;而"经济发展""农业经济""耦合""生态文明""农业技术""经济"是近几年的研究前沿。

具体来看,随着时间的推移,我国科技、经济和生态协调的研究前沿在不断地变化,主要可以分为三个阶段。第一,2012—2013年,"技术创新"为该领域的研究前沿,这是因为2011年中共十二届五中全会明确提出了要推进科技创新,推动从产业链低端到高端的跨越式发展,自那以后,建设创新型国家成为我国的长期发展目标之一,在政府部门、企业和社会各方面均得到持续的重视和投入。第二,2015—2017年,"环境质量"和"生态环境"成为主要的研究前沿,这是由于2015年提出了新发展理念,创新、协调和绿色的发展理念成为我国重要的研究方向。第三,2017—2020年,"农业经济""生态文明""农业技术""经济"为主要的突现词,这是由于2017年10月"绿水青山就是金山银山"的理念被写入党的十九大报告当中,点明了经济发展和保护生态的关系;在此基础上,2018年开始,农业农村部开始大力推进引领性农业技术来推进农业绿色发展。另外,"耦合"和"耦合协调"也是这个阶段的研究前沿,姚建建等[①]运用耦合协调度模型,对中国11个省市的区域经济、科技创新、科技人才协调发展情况进行了研究;严翔等[②]运用耦合理论,研究了我国不同区域经济发展、创新能力和生态环境系统之间的耦合协调关系。

6.3.2 科技-经济-生态协调治理研究热点主题分析

对WOS核心库中科技、经济和生态发展的文献进行聚类分析得到图6.15,其中聚类模块值$Q=0.6540$,平均轮廓值$S=0.7575$,则表明该聚类结果是合理的。

---

① 姚建建,门金来.中国区域经济-科技创新-科技人才耦合协调发展及时空演化研究[J].干旱区资源与环境,2020,34(5):28-36.
② 严翔,成长春,周亮基.长江经济带经济发展-创新能力-生态环境耦合协调发展研究[J].科技管理研究,2017,37(19):85-93.
马双,张翼鸥.长三角城市群生态环境-科技创新-经济增长耦合协调时空分异研究[J].上海经济,2019(5):23-32.
段新,戴胜利,廖凯诚.区域科技创新、经济发展与生态环境的协调发展研究——基于省级面板数据的实证分析[J].科技管理研究,2020,40(1):89-100.

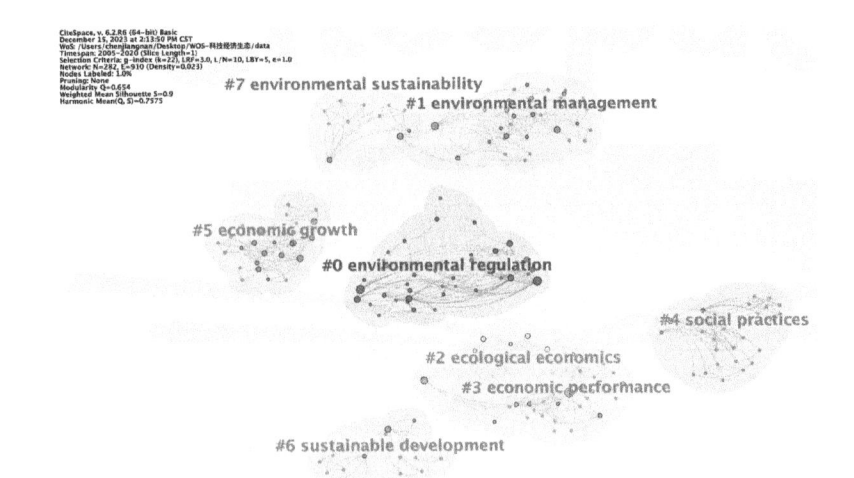

图 6.15　2005—2020 年 WOS 科技-经济-生态协调治理研究的热点关键词聚类图谱

由图 6.15 可知，我国科技、经济和生态协调研究的热点关键词最大的 8 个聚类分别是♯0 environmental regulation(环境监管)、♯1 environmental management(环境管理)、♯2 ecological economics(生态经济学)、♯3 economic performance(经济绩效)、♯4 social practices(社会实践)、♯5 economic growth(经济增长)、♯6 sustainable development(可持续发展)和♯7 environmental sustainability(生态可持续性)。通过聚类名称可以观察到，在 WOS 核心数据库中，该领域的研究同科技发展方面相比，其更侧重于从生态环境和经济增长两方面展开探讨。

为了进一步归纳自 2005 年以来 WOS 核心库中关于科技、经济和生态发展相关研究的热点信息，对上述 8 个聚类及其各自包含的前 5 个关键词列表进行导出，如表 6.12 所示。

表 6.12　2005—2020 年 WOS 科技-经济-生态协调治理研究的热点关键词聚类表

聚类号	聚类大小	标签词	S 值	平均使用年份
♯0	40	environmental regulation(环境监管)；spatial panel data model(空间面板数据模型)；economic integration(经济一体化)；yangtze river delta(长三角)；techno-economic analysis(技术经济分析)	0.811	2017
♯1	35	environmental management(环境管理)；circular economy(循环经济)；value creation(价值创造)；decomposition(分解)；pollution(污染)	0.795	2015
♯2	28	ecological economics(生态经济学)；research trends(研究趋势)；environmental technology(环境技术)；water resources(水资源)；biodiversity(生物多样性)	0.947	2009

续表

聚类号	聚类大小	标签词	S值	平均使用年份
#3	28	economic performance(经济绩效); dynamic capabilities(动态能力); technological proactivity(技术主动性); environmental proactivity(环境主动性); environmental uncertainty measures(环境不确定性测量)	0.875	2012
#4	27	social practices(社会实践); behaviour change(行为变化); ecological citizenship(生态公民); environmental psychology(环境心理学); climate change(气候变化)	0.985	2013
#5	27	economic growth(经济增长); kuznets curve(库兹涅茨曲线); energy innovation(能源创新); environmental degradation(环境退化); impulse response function(脉冲响应函数)	0.886	2017
#6	18	sustainable development(可持续发展); evaluation method(评价方法); urban green development(城市绿色发展); DPSIR model(DPSIR模型); technology adoption(技术运用)	0.968	2014
#7	10	environmental sustainability(生态可持续性); CO_2 mitigation(CO_2减排); low-carbon power generation(低碳发电); energy security(能源安全); resource-economy comprehensive efficiency(资源经济综合效率)	0.992	2015

结合高频关键词聚类与关键词聚类图谱,分析可知WOS核心数据库中关于科技、经济和生态三者发展研究领域的热点集中在三者相互关系的研究、影响因素分析和评价两个方面。

(1)科技-经济-生态相互关系的研究。该领域中学者们对三者关系的相关研究成果表明科技、经济和生态之间是相互影响、相互制约的。相关的研究主要聚焦于以下两大类:科技、经济和生态相互关系的理论研究以及针对具体情况展开的三者关系的实证研究。第一,理论研究:Wang等[1]利用Stackelberg博弈理论模型探析绿色技术创新与经济和环境绩效的相关关系,结果表明绿色技术创新可以有效减少废物排放、提升环境绩效并且提高经济表现。第二,实证研究,如Nasrollahi等[2]以1975—2015年期间中东和北非的经合组织国家为研究对象,分析其人口、工业化、经济、技术和可持续发展之间的关系,结果表明,在1975—2015年期间,这些地区尽管略受到人口和工业化的负面影响,但也存在

---

[1] Wang M Y, Cheng Z X, Li Y M, et al. Impact of market regulation on economic and environmental performance: A game model of endogenous green technological innovation[J]. Journal of Cleaner Production, 2020, 277: 123969.

[2] Nasrollahi Z, Hashemi M, Bameri S, et al. Environmental pollution, economic growth, population, industrialization, and technology in weak and strong sustainability: using STIRPAT model[J]. Environment, Development and Sustainability, 2020, 22(2): 1105-1122.

技术和国际环境协议的积极影响。

（2）科技-经济-生态发展的模型构建与影响因素分析和评价。当前 WOS 核心数据库中关于该领域进行影响因素分析和评价所采用的模型和方法，以空间面板数据模型[1]、脉冲响应[2]和 DPSIR 模型[3]为主，除此之外还包括 STIRPAT 模型[4]、高斯混合模型[5]、结构方程模型[6]、多元回归模型[7]、数据包络分析模型[8]和 TOPSIS 法[9]等。如 Shuhong 等[10]以我国青岛海洋为研究对象，构建了科学和技术（T）、环境（E）、资源（R）与经济（E）的 TERE 评价模型，对其承载能力进行评估；Wang 等[11]利用地级数据和网络数据，将社会和经济网络整合到空间

---

[1] Cao Y, Wan N, Zhang H, et al. Linking environmental regulation and economic growth through technological innovation and resource consumption: Analysis of spatial interaction patterns of urban agglomerations[J]. Ecological Indicators, 2020, 112: 106062.

[2] Zhang M, Anaba O A, Ma Z, et al. En route to attaining a clean sustainable ecosystem: a nexus between solar energy technology, economic expansion and carbon emissions in China[J]. Environmental Science and Pollution Research, 2020, 27: 18602-18614.

[3] Wu H, Yu Y, Li S, et al. An Empirical Study of the Assessment of Green Development in Beijing, China: Considering Resource Depletion, Environmental Damage and Ecological Benefits Simultaneously[J]. Sustainability, 2018, 10(3): 719.

[4] Rong T, Zhang P, Jing W, et al. Carbon Dioxide Emissions and Their Driving Forces of Land Use Change Based on Economic Contributive Coefficient (ECC) and Ecological Support Coefficient (ESC) in the Lower Yellow River Region (1995—2018)[J]. Energies, 2020, 13: 2600.

[5] L L Tong. Economic transformation of scientific and technological enterprises from the perspective of ecological environment protection[J]. Journal of Environmental Protection and Ecology, 2020(6): 2210-2219.

[6] Raza, Zeeshan. Effects of regulation-driven green innovations on short sea shipping's environmental and economic performance[J]. Transportation Research Part D. Transport and Environmen, 2020, 84: 102340.

[7] Mohammad Alauddin, Abdur Rashid Sarker, Zeenatul Islam, et al. Adoption of alternate wetting and drying (AWD) irrigation as a water-saving technology in Bangladesh: Economic and environmental considerations[J]. Land Use Policy, 2020, 91: 104430.

[8] Yi M, Wang Y, Yan M, et al. Government R&D Subsidies, Environmental Regulations, and Their Effect on Green Innovation Efficiency of Manufacturing Industry: Evidence from the Yangtze River Economic Belt of China[J]. International Journal of Environmental Research and Public Health, 2020, 17(4): 1330.

[9] Sun L Y, Miao C L, Yang L. Ecological-economic efficiency evaluation of green technology innovation in strategic emerging industries based on entropy weighted TOPSIS method[J]. Ecological Indicators, 2017(73): 554-558.

[10] Shuhong Wang, Yanchao Wang, Malin Song. Construction and analogue simulation of TERE model for measuring marine bearing capacity in Qingdao[J]. Cleaner Production, 2017, 167: 1303-1313.

[11] Wang J, Ye X, Wei Y D. Effects of Agglomeration, Environmental Regulations, and Technology on Pollutant Emissions in China: Integrating Spatial, Social, and Economic Network Analyses[J]. Sustainability, 2019, 11(2): 363.

杜宾模型中,研究经济、环境法规和技术如何影响污染物强度和污染物排放,结果表明这些因素通过社会、经济和空间网络影响了邻近地区的污染物排放强度,同时技术可以通过经济网络有效地降低污染物排放;Yurdakul 等[1]构建结构方程模型,探析土耳其的生态创新技术能力,结果表明其对污染预防、资源节约和回收有直接影响,也对经济绩效有间接的积极影响。

对我国科技、经济和生态协调进行聚类分析得到图 6.16,其中聚类模块值 $Q=0.6877$,平均模块值 $S=0.8789$,则说明该聚类结果是合理的。

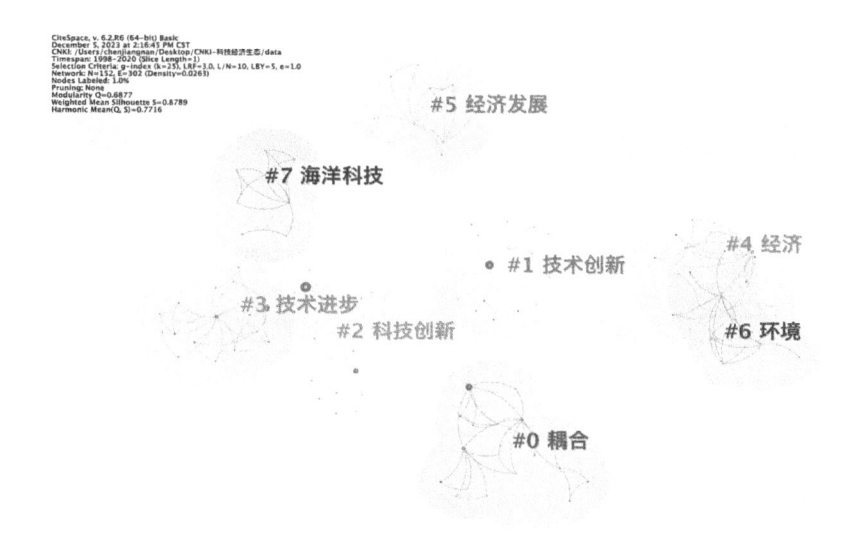

图 6.16 1998—2020 年 CNKI 科技-经济-生态协调治理研究的热点关键词聚类图谱

由图 6.16 可知,我国科技、经济和生态协调治理研究的热点关键词最大的 8 个聚类分别是♯0 耦合、♯1 技术创新、♯2 科技创新、♯3 技术进步、♯4 经济、♯5 经济发展、♯6 环境和♯7 海洋科技。其中聚类序号越小,则说明聚类中包含的关键词越多。

为了进一步归纳自 1998 年以来我国科技-经济-生态研究热点的信息,对上述 8 个聚类及其各自包含的前 5 个关键词列表导出,如表 6.13 所示。经研究发现,♯0 耦合一直是研究的重点,涉及生态环境、协同发展、协调度和可持续发展等,如陈翠兰[2]运用耦合协调度模型探究影响长江经济带科技创新、经济增长和

---

[1] Yurdakul Melek, Kazan Halim. Effects of Eco-Innovation on Economic and Environmental Performance: Evidence from Turkey's Manufacturing Companies[J]. Sustainability, 2020, 12(8):3167.

[2] 陈翠兰. 长江经济带科技创新、经济增长与生态效益的耦合协调发展研究[J]. 地域研究与开发, 2020, 42(1):1-6.

生态效益三个系统协调发展的因素;江艳婷[1]构建 SVAR 模型,对环境规制、科技创新与经济增长之间的互动关系进行实证研究,结果表明三者间存在长期均衡的协整关系。另外,其他7个聚类近五年的研究逐渐增多,并且如♯3技术进步的聚类当中嵌套了"经济增长"和"环境质量"等关键词,其他聚类中也都嵌套了与科技、经济和生态相关的关键词,这与我国科技、经济和生态领域的研究逐渐完善,不再仅仅注重于科技、经济和生态单方面的研究,而是从三个方面结合起来进行研究有关,如张悦等[2]通过构建门槛面板模型,基于不同类型环境规制分析得出技术创新对经济增长的间接作用存在显著的门槛效应。

表 6.13 1998—2020 年 CNKI 科技-经济-生态协调治理研究的热点关键词聚类表

聚类号	聚类大小	标签词	S值	平均使用年份
♯0	18	耦合;生态环境;协同发展;协调度;可持续发展	0.879	2012
♯1	17	技术创新;环境友好;农业经济;乡村振兴;绿色环保	0.821	2016
♯2	16	科技创新;环境规制;区域经济;低碳经济;实证分析	0.709	2016
♯3	16	技术进步;环境质量;经济增长;环境污染;能源消费	0.972	2012
♯4	15	经济;科技;环境保护;资源;科技进步	0.82	2008
♯5	9	经济发展;时空分异;人居环境;协调发展机制;华中地区	0.881	2017
♯6	9	环境;影响因素;清洁化生产技术;社会经济;绿色环保	0.901	2011
♯7	8	海洋科技;海洋经济;生态科技城;海洋环境;沿海地区	0.982	2016

具体来看,我国科技、经济和生态协调研究的主要内容可以划分为四个层面:第一,经济层面,包含的聚类为♯4经济、♯5经济发展和♯7海洋经济。在经济层面开展的研究时间跨度大,主要涉及的关键词可以划分为"科技""环境""协调发展""海洋经济"四个方面。第二,创新层面,聚类包括♯1技术创新、♯2科技创新和♯3技术进步,涉及的主要关键词可以划分为"生态"和"乡村发展"两个方面,重点是将环境规制和乡村发展同科技发展结合起来,如卢宇泽等[3]就环境规制下技术创新对经济增长的影响展开了研究;姚延婷[4]从面向环境友好的农业技术创新出发,对环境友好农业技术创新与农业经济增长之间的长

---

[1] 江艳婷.环境规制、科技创新与经济增长互动关系研究——基于SVAR模型的实证检验[J].喀什大学学报,2019,40(6):24-31.
[2] 张悦,罗鄂湘.环境规制、技术创新与经济增长——基于不同类型环境规制的比较分析[J].西部经济管理论坛,2019,30(2):32-39.
[3] 卢宇泽,赵萍.环境规制下技术创新对经济增长的影响分析[J].焦作大学学报,2020,34(3):74-77.
[4] 姚延婷.环境友好农业技术创新及其对农业经济增长的影响研究[D].南京:南京航空航天大学,2018.

期动态效应进行了探索性的实证验证,为环境友好农业技术创新推动农业经济增长提供了初步的实证证据。第三,协调层面,包括聚类#0耦合,其主要聚焦于科技-经济-生态三者的耦合关系以及协调发展,并在三者的基础之上增加了社会和能源等其他视角展开的研究,例如陈来成[1]构建了"科技-经济-社会-生态"协调发展的评价体系;熊继宁[2]对"经济-科技-社会-环境-法律"系统协同发展开研究,于洋[3]等对"一带一路"沿线省市的"经济-能源-环境-科技"协调发展问题展开了研究等。第四,绿色层面,包含的聚类#6环境,聚类当中的主要关键词包括影响因素、相关的清洁技术等。

6.3.3 科技-经济-生态协调治理效能变化

测算2012—2022年全国及31个省区城市科技-经济-生态协调治理效能,如表6.14所示。

表6.14　2012—2022年全国及31个省区城市科技-经济-生态协调治理效能与等级

年份	地区	科技-经济-生态系统 协调治理效能	科技-经济-生态系统 协调治理等级	地区	科技-经济-生态系统 协调治理效能	科技-经济-生态系统 协调治理等级
2012	全国	0.59	勉强协调	北京	0.69	初级协调
2013		0.64	初级协调		0.73	中级协调
2014		0.67			0.75	
2015		0.72	中级协调		0.78	
2016		0.79			0.81	良好协调
2017		0.83	良好协调		0.85	
2018		0.87			0.87	
2019		0.91	优质协调		0.89	
2020		0.93			0.92	优质协调
2021		0.95			0.95	
2022		0.96			0.95	

---

[1] 陈来成.论科技、经济、社会、生态协调发展的评价体系[J].系统辩证学学报,2000(1):69-72.
[2] 熊继宁.决策方式转变与"经济-科技-社会-环境-法律"系统协同发展[J].中国政法大学学报,2011(5):90-110+159.
[3] 于洋,陈业佳,高宜狄,等.经济-能源-环境—科技协调发展问题研究——以"一带一路"沿线省市为例[J].东北亚经济研究,2020,4(2):21-31.

续表

年份	地区	科技-经济-生态系统 协调治理效能	协调治理等级	地区	科技-经济-生态系统 协调治理效能	协调治理等级
2012	天津	0.64	初级协调	河北	0.52	勉强协调
2013		0.68			0.56	
2014		0.71	中级协调		0.60	初级协调
2015		0.74			0.66	
2016		0.82	良好协调		0.74	中级协调
2017		0.83			0.77	
2018		0.86			0.82	良好协调
2019		0.86			0.88	
2020		0.90	优质协调		0.91	优质协调
2021		0.94			0.95	
2022		0.95			0.96	
2012	山西	0.59	勉强协调	内蒙古	0.63	初级协调
2013		0.62	初级协调		0.66	
2014		0.63			0.67	
2015		0.62			0.73	中级协调
2016		0.69			0.77	
2017		0.75	中级协调		0.78	
2018		0.79			0.81	良好协调
2019		0.84	良好协调		0.79	中级协调
2020		0.88			0.84	良好协调
2021		0.91	优质协调		0.89	
2022		0.94			0.90	优质协调
2012	辽宁	0.75	中级协调	吉林	0.67	初级协调
2013		0.78			0.70	
2014		0.77			0.71	中级协调
2015		0.75			0.74	
2016		0.81	良好协调		0.82	良好协调
2017		0.84			0.82	
2018		0.86			0.84	
2019		0.89			0.88	
2020		0.92	优质协调		0.90	优质协调
2021		0.94			0.92	
2022		0.95			0.91	

续表

年份	地区	科技-经济-生态系统 协调治理效能	科技-经济-生态系统 协调治理等级	地区	科技-经济-生态系统 协调治理效能	科技-经济-生态系统 协调治理等级
2012	黑龙江	0.72	中级协调	上海	0.63	初级协调
2013	黑龙江	0.75	中级协调	上海	0.67	初级协调
2014	黑龙江	0.75	中级协调	上海	0.68	初级协调
2015	黑龙江	0.77	中级协调	上海	0.70	初级协调
2016	黑龙江	0.85	良好协调	上海	0.74	中级协调
2017	黑龙江	0.83	良好协调	上海	0.78	中级协调
2018	黑龙江	0.78	中级协调	上海	0.80	良好协调
2019	黑龙江	0.84	良好协调	上海	0.84	良好协调
2020	黑龙江	0.86	良好协调	上海	0.89	良好协调
2021	黑龙江	0.91	优质协调	上海	0.91	优质协调
2022	黑龙江	0.93	优质协调	上海	0.92	优质协调
2012	江苏	0.64	初级协调	浙江	0.56	勉强协调
2013	江苏	0.68	初级协调	浙江	0.60	初级协调
2014	江苏	0.71	中级协调	浙江	0.62	初级协调
2015	江苏	0.75	中级协调	浙江	0.67	初级协调
2016	江苏	0.80	中级协调	浙江	0.73	中级协调
2017	江苏	0.82	良好协调	浙江	0.78	中级协调
2018	江苏	0.85	良好协调	浙江	0.84	良好协调
2019	江苏	0.89	良好协调	浙江	0.88	良好协调
2020	江苏	0.94	优质协调	浙江	0.93	优质协调
2021	江苏	0.96	优质协调	浙江	0.96	优质协调
2022	江苏	0.96	优质协调	浙江	0.97	优质协调
2012	安徽	0.47	濒临失调	福建	0.58	勉强协调
2013	安徽	0.52	勉强协调	福建	0.62	初级协调
2014	安徽	0.57	勉强协调	福建	0.64	初级协调
2015	安徽	0.62	初级协调	福建	0.69	初级协调
2016	安徽	0.70	中级协调	福建	0.75	中级协调
2017	安徽	0.74	中级协调	福建	0.81	良好协调
2018	安徽	0.80	中级协调	福建	0.86	良好协调
2019	安徽	0.83	良好协调	福建	0.89	良好协调
2020	安徽	0.90	优质协调	福建	0.92	优质协调
2021	安徽	0.95	优质协调	福建	0.95	优质协调
2022	安徽	0.95	优质协调	福建	0.96	优质协调

续表

年份	地区	科技-经济-生态系统 协调治理效能	科技-经济-生态系统 协调治理等级	地区	科技-经济-生态系统 协调治理效能	科技-经济-生态系统 协调治理等级
2012	江西	0.43	濒临失调	山东	0.59	勉强协调
2013		0.46	濒临失调		0.63	初级协调
2014		0.50			0.65	初级协调
2015		0.56	勉强协调		0.69	
2016		0.61	初级协调		0.77	中级协调
2017		0.68			0.81	
2018		0.78	中级协调		0.83	良好协调
2019		0.85	良好协调		0.84	
2020		0.91			0.89	
2021		0.96	优质协调		0.95	优质协调
2022		0.95			0.96	
2012	河南	0.48	濒临失调	湖北	0.51	勉强协调
2013		0.55	勉强协调		0.56	
2014		0.59			0.60	初级协调
2015		0.64	初级协调		0.64	
2016		0.72	中级协调		0.71	中级协调
2017		0.78			0.75	
2018		0.83	良好协调		0.81	良好协调
2019		0.86			0.87	
2020		0.91			0.91	
2021		0.95	优质协调		0.95	优质协调
2022		0.95			0.96	
2012	湖南	0.46	濒临失调	广东	0.56	勉强协调
2013		0.50	勉强协调		0.60	
2014		0.55			0.62	初级协调
2015		0.60	初级协调		0.67	
2016		0.66			0.75	中级协调
2017		0.72	中级协调		0.81	良好协调
2018		0.77			0.88	
2019		0.83	良好协调		0.92	
2020		0.90			0.94	优质协调
2021		0.95	优质协调		0.96	
2022		0.96			0.97	

续表

年份	地区	科技-经济-生态系统 协调治理效能	协调治理等级	地区	科技-经济-生态系统 协调治理效能	协调治理等级
2012	广西	0.53	勉强协调	海南	0.53	勉强协调
2013	广西	0.56	勉强协调	海南	0.58	勉强协调
2014	广西	0.58	勉强协调	海南	0.59	勉强协调
2015	广西	0.60	初级协调	海南	0.62	初级协调
2016	广西	0.67	初级协调	海南	0.69	初级协调
2017	广西	0.70	初级协调	海南	0.69	初级协调
2018	广西	0.74	中级协调	海南	0.76	中级协调
2019	广西	0.79	中级协调	海南	0.80	中级协调
2020	广西	0.85	良好协调	海南	0.88	良好协调
2021	广西	0.94	优质协调	海南	0.93	优质协调
2022	广西	0.95	优质协调	海南	0.95	优质协调
2012	重庆	0.47	濒临失调	四川	0.48	濒临失调
2013	重庆	0.54	勉强协调	四川	0.55	勉强协调
2014	重庆	0.60	勉强协调	四川	0.59	勉强协调
2015	重庆	0.67	初级协调	四川	0.64	初级协调
2016	重庆	0.76	中级协调	四川	0.72	中级协调
2017	重庆	0.80	良好协调	四川	0.78	中级协调
2018	重庆	0.85	良好协调	四川	0.85	良好协调
2019	重庆	0.87	良好协调	四川	0.90	优质协调
2020	重庆	0.90	良好协调	四川	0.93	优质协调
2021	重庆	0.94	优质协调	四川	0.96	优质协调
2022	重庆	0.95	优质协调	四川	0.96	优质协调
2012	贵州	0.45	濒临失调	云南	0.49	濒临失调
2013	贵州	0.52	勉强协调	云南	0.54	勉强协调
2014	贵州	0.55	勉强协调	云南	0.57	勉强协调
2015	贵州	0.58	勉强协调	云南	0.65	初级协调
2016	贵州	0.66	初级协调	云南	0.70	中级协调
2017	贵州	0.75	中级协调	云南	0.78	中级协调
2018	贵州	0.81	良好协调	云南	0.83	良好协调
2019	贵州	0.85	良好协调	云南	0.88	良好协调
2020	贵州	0.88	良好协调	云南	0.89	良好协调
2021	贵州	0.91	优质协调	云南	0.92	优质协调
2022	贵州	0.93	优质协调	云南	0.95	优质协调

续表

年份	地区	科技-经济-生态系统 协调治理效能	协调治理等级	地区	科技-经济-生态系统 协调治理效能	协调治理等级
2012	西藏	0.47	濒临失调	陕西	0.56	勉强协调
2013	西藏	0.51	勉强协调	陕西	0.62	初级协调
2014	西藏	0.50	勉强协调	陕西	0.68	初级协调
2015	西藏	0.51	勉强协调	陕西	0.72	中级协调
2016	西藏	0.59	勉强协调	陕西	0.78	中级协调
2017	西藏	0.60	勉强协调	陕西	0.81	良好协调
2018	西藏	0.66	初级协调	陕西	0.84	良好协调
2019	西藏	0.70	中级协调	陕西	0.89	良好协调
2020	西藏	0.73	中级协调	陕西	0.90	优质协调
2021	西藏	0.81	良好协调	陕西	0.96	优质协调
2022	西藏	0.84	良好协调	陕西	0.95	优质协调
2012	甘肃	0.57	勉强协调	青海	0.53	勉强协调
2013	甘肃	0.62	初级协调	青海	0.56	勉强协调
2014	甘肃	0.66	初级协调	青海	0.61	初级协调
2015	甘肃	0.71	中级协调	青海	0.64	初级协调
2016	甘肃	0.79	中级协调	青海	0.74	中级协调
2017	甘肃	0.80	中级协调	青海	0.74	中级协调
2018	甘肃	0.85	良好协调	青海	0.78	中级协调
2019	甘肃	0.88	良好协调	青海	0.81	良好协调
2020	甘肃	0.91	优质协调	青海	0.81	良好协调
2021	甘肃	0.94	优质协调	青海	0.85	良好协调
2022	甘肃	0.95	优质协调	青海	0.88	良好协调
2012	宁夏	0.47	濒临失调	新疆	0.54	勉强协调
2013	宁夏	0.50	勉强协调	新疆	0.60	勉强协调
2014	宁夏	0.55	勉强协调	新疆	0.63	初级协调
2015	宁夏	0.60	初级协调	新疆	0.71	中级协调
2016	宁夏	0.68	初级协调	新疆	0.76	中级协调
2017	宁夏	0.76	中级协调	新疆	0.80	中级协调
2018	宁夏	0.77	中级协调	新疆	0.83	良好协调
2019	宁夏	0.82	良好协调	新疆	0.87	良好协调
2020	宁夏	0.86	良好协调	新疆	0.87	良好协调
2021	宁夏	0.92	优质协调	新疆	0.89	良好协调
2022	宁夏	0.93	优质协调	新疆	0.92	优质协调

根据表6.14的结果可以发现,我国科技-经济-生态协调治理等级已经于2019年达到了优质协调。截至2022年,西藏和青海尚未达到优质协调,但已达到了良好协调。其余省区均达到了优质协调的状态,其中:广东和四川于2019年达到了优质协调;北京、天津、河北、辽宁、吉林、江苏、浙江、安徽、福建、江西、河南、湖北、湖南、陕西和甘肃于2020年达到优质协调;山西、黑龙江、上海、山东、广西、海南、重庆、贵州、云南和宁夏于2021年达到优质协;内蒙古、新疆于2022年才达到优质协调。

6.4 中国省区城市治理效能贡献评价

2012年,全国及31个省区的科技、经济和生态的贡献度见图6.17。总体上看,经济对城市治理效能的贡献度最大,其次是生态,最后是科技。具体从各个省区的贡献度水平来看,可以发现全国及所有省区对城市治理效能的贡献度最大的均是经济发展。其中,重庆的经济发展对其城市治理的贡献度最大,贡献度值达到了43.82%,同时,河北、广东、湖南、河南、宁夏、新疆、上海和四川的九个省区的经济发展的平均贡献度达到了40%以上,经济贡献度最低的省区黑龙江,其贡献度也达到了33.83%,大于33.33%。从各个省区的科技和生态贡献度的差异来看,仅有上海、天津、黑龙江、辽宁、北京和吉林六个省区的科技贡献度高于生态贡献度。科技贡献度较高的省区主要是经济较为发达的直辖市以及东北地区。东北地区的科技贡献度较高不是因为其科技水平在当时处于领先地位,而是当时东北地区的生态环境较为恶劣,与东北自身相比,科技创新对城市治理的贡献度高于生态。上海的科技贡献度最高,达到了36.51%,而科技贡献度最低的是江西,其贡献度值仅为12.09%。

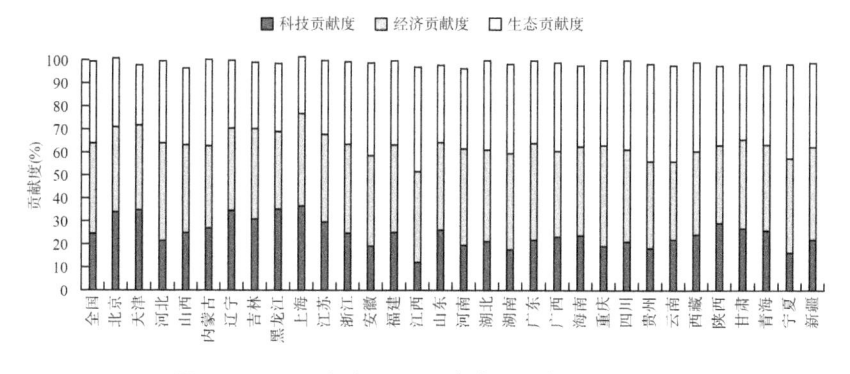

图6.17 2012年全国及31个省区城市治理贡献度

至2022年,全国及31个省区的科技、经济和生态的贡献度差距逐渐缩小,表现得较为均衡。从贡献度的总体平均值来看,全国科技、经济和生态的平均贡献度分别为34.57%、32.49%以及32.94%(见图6.18)。这时科技对城市治理效能的作用变大,并且已经成为最主要的贡献因素。具体从各个省区的贡献度水平来看,仅有天津和新疆的经济贡献度大于科技,且差距均较小。同时,仅有天津、西藏、新疆、黑龙江和吉林的生态贡献度大于科技。这表明我国绝大多数省区的科技对城市治理效能的贡献最大。其中,与2012年相同,上海的科技和经济贡献度均是全国最高的,分别为35.94%和34.04,但上海的生态贡献度是全国最低的,为30.02%。而科技贡献度最小是天津,贡献度值为32.40%。西藏的经济贡献度最小,仅为28.42%,而其生态贡献度最大,达到36.20%。

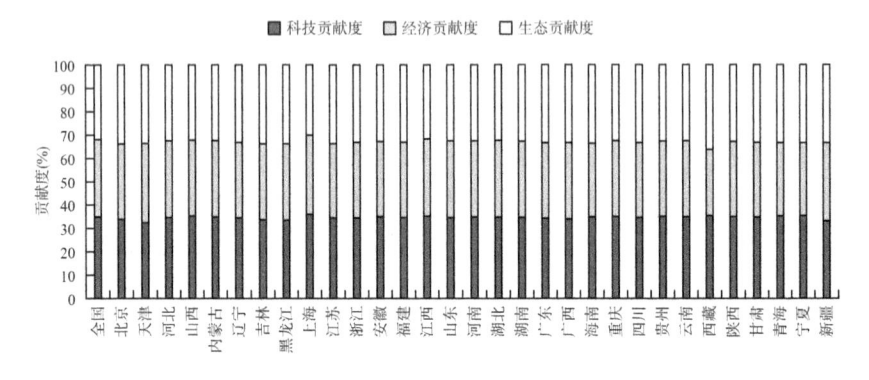

图6.18 2022年全国及31个省区城市治理贡献度

综合对比2012年与2022年全国及31个省区的科技、经济、生态对城市治理效能的贡献度,可观察到三者呈现均衡化的发展趋势。首先,科技贡献度的显著提升是这一均衡化趋势的显著特征。随着科技的进步,智能化、大数据、人工智能等现代科技手段在城市治理中的应用日益广泛,我国的高技术产业和研发能力愈发强大,促进了城市治理的现代化和智能化,推动城市向着科技创新方向发展。其次,经济贡献度的稳定增长也是均衡化趋势的重要体现。经济的发展为城市治理提供了坚实的物质基础,带动了城市基础设施的完善和产业结构转型升级,推进经济高质量发展,进而提高省区城市的治理效能。最后,生态贡献度的日益提升是均衡化趋势的又一重要方面。随着生态文明建设理念的深入人心,生态环境在城市治理中的重要性日益凸显。通过加强生态环境保护,可以促进城市的可持续发展,提升城市居民的生活质量。因此,科技、经济和生态贡献度的均衡化趋势,有利于城市治理的全面发展。这一趋势不仅体现了城市治理的现代化和智能化,也体现了城市治理的多元化和市场化,以及城市治理的和谐与共生。

第七章

结论与对策建议

7.1 结论

通过对中国省区城市治理效能的综合评价可以看出：第一，中国省区城市治理效能稳步增长；第二，中国省区城市科技、经济、生态的发展较为均衡，城市科技、经济、生态对城市治理效能的平均贡献基本趋同；第三，中国省区城市科技与经济、经济与生态以及科技-经济-生态协调治理效能较高，已达到优质协调治理等级。

从中国省区城市治理效能的影响因素来看，在科技创新方面，科技创新水平正处于增长阶段，其中科技创新投入主要受 R&D 人员与经费投入的影响；科技创新产出受专利申请和市场输出的影响；创新环境建设较为完善，但一定程度上受经济基础和科研资源的制约，表现为对人均 GDP 和高技术产业数指标的影响。在经济高质量发展方面，各省区的基础设施建设较为完善，但相对而言，在网络基础设施建设和能源基础设施建设方面仍有一定的发展空间；经济发展质效较高，主要受经济发展质量的制约，具体体现为对万元 GDP 能耗和万元工业用水增加值指标的影响；数智化产业发展空间较大，主要受数智产业化的制约，具体表现为对信息化从业人数和软件业务收入指标的影响。在生态舒适宜居方面，中国省区城市生态舒适宜居指数的年均增速最高达到 3.97%，发展势头良好，其中生态改善方面主要受生态修复的制约，具体体现为对水土流失治理率和生态用水比例等指标的影响；空气质量指数主要受空气污染浓度的制约；水质量指数主要受水污染浓度的制约。

7.2 对策建议

为提升中国省区城市科技-经济-生态系统治理效能,推动中国省区城市高质量发展,推进中国省区城市治理能力现代化、治理体系智能化,需综合考虑科技、经济和生态的关系,加强政策协同和整合,形成科学合理的治理政策,推动科技、经济、生态的融合发展。

7.2.1 实现科技创新驱动目标

科技创新已然成为推动经济发展和社会进步的重要引擎,能在促进产业结构升级的同时提高经济质量和效益。为实现中国省区城市科技创新驱动目标,首先需要提高科技创新投入效益,深化科技创新与产业融合;其次需要加强科技创新环境建设。

(1) 提高科技创新投入效益,深化科技创新与产业融合

一方面,从指标衡量角度出发,应加大 R&D 人员与经费的投入,具体应提升 R&D 人员占从业人员比重和高技术产业 R&D 经费内部支出,从而提高创新产出的效益。另一方面,从政策制定角度出发,应在加大科创资金投入的同时注重提高科技创新产出的质量和效益,加强科技成果转化的机制建设,促进科研机构、企业和市场的深度合作,加快科技成果的转化和应用。首先,政府应当建立科技创新投入的有效监管评估机制,确保资金流向切实的科研项目,并追踪项目的进展和成果,从而提升科研资金的利用效益;其次,企业应当建立健全科研项目的有效管理体系,并积极开展技术合作和联合研发,以激发创新潜力,降低研发成本,从而提高科技创新的效益;此外,科研机构也应当加强科技成果的评估转化机制建设,将科研成果对接经济需求与社会需要,从而提高科技成果的落地率。

(2) 加强科技创新环境建设

一方面,从指标衡量角度出发,应夯实经济基础、丰富科研资源,以优化科创环境建设,具体应提升人均 GDP 并大力扶持高技术产业发展。另一方面,从政策制定角度出发,应完善知识产权保护制度,构建创新创业的孵化器和加速器,提供创新创业团队的支持和服务。首先,政府在进一步完善知识产权法律法规与加强知识产权保护的执法力度的同时还应加强知识产权宣传教育,提高创新主体对知识产权的了解和保护意识;其次,为帮助创新创业团队实现快速成长,在扶持孵化器与加速器的建设和运营的同时,要加强孵化器与企业、高校和

科研机构的合作,促进科技成果转化和产业化;此外,在建立创新创业人才培养体系,提供专业的培训和指导服务,帮助创新者提高创新创业能力的同时,可以设立科技创新基金和风险投资基金,为创新创业团队提供创业资金和风险投资支持;最后,高校和科研机构是科技创新的重要源泉和智力支持,应重视科研资源的培育,为高校和科研机构提供更多支持和激励措施,鼓励教师和科研人员参与创新创业活动,推动科研成果的转化和应用。

7.2.2 实现经济高质量发展目标

经济高质量发展现已成为城市发展战略的核心内容,夯实经济基础、提升经济质效是实现城市现代化发展的必由之路。为实现中国省区城市经济高质量发展目标,首先需要加强基础设施建设和优化,其次需要重点支持数智化产业发展。

(1)加强基础设施的持续建设和优化

一方面,从指标衡量角度出发,应加强网络基础设施建设和能源基础设施建设,具体应普及互联网应用,拓展互联网宽带接入用户,完善水、电、气、燃油等资源的供给网络,增加全市集中供热管道长度指标。另一方面,从政策制定角度出发,应注重优化基础设施的运营和管理,不断完善现有的交通、能源、通信等基础设施网络,提高效率和便利性,为经济发展和城市居民的生活提供更好的支持。基础设施的建设和优化是实现经济高质量发展的基础。首先,政府应加强基础设施的管理并注重优化其运营效率。引入先进的管理技术和智能化设备,从而提高基础设施的运行效率。其次,政府应不断完善现有的交通、能源、通信等基础设施网络。扩大地铁线路、建设新的高速公路、提升电力供应可靠性以提高城市的交通便捷性与能源供应稳定性,从而为经济发展和居民生活提供有力支撑。

(2)重点支持数智化产业发展

一方面,从指标衡量角度出发,应积极推进数智产业化,具体应大力扶持信息化产业和软件产业的发展,增加信息化从业人数和软件业务收入。另一方面,从政策制定角度出发,加大对数字经济、人工智能、大数据等相关领域的投资和政策支持。同时建设数字化基础设施,提升数据采集、存储和处理的能力,促进数字技术在各行业的应用和创新发展。首先,政府应加大对数字经济领域的投资和政策支持。培育数字经济生态系统,提供税收优惠、创新资金支持等激励措施,从而鼓励创新型企业发展数字经济。其次,政府应完善数字经济基础设施。建立健全云计算中心、大数据中心、物联网基站等数字化基础设施,从而促进数据要素的流通和数据驱动创新发展。此外,还应积极推动人工智能和区块链等前沿技术的研究和应用。鼓励科研机构与企业的跨界合作，从而推动前沿技术的创新和应用。

7.2.3 实现生态舒适宜居目标

城市环境质量的提升和生态系统的稳定能为经济社会的可持续发展提供坚实基础，提高居民生活的幸福感。为实现中国省区城市生态舒适宜居发展目标，首先需要强化生态保护和改善，其次需要持续优化能源结构。

（1）强化生态环境保护和改善

一方面，从指标衡量角度出发，应加强生态修复和水资源保护，具体应提升水土流失治理率和生态用水比例，降低地表水水质监测断面高锰酸盐年平均浓度和氨氮年平均浓度值。另一方面，从政策制定角度出发，应加强水土流失治理与水资源管理，推进生态用水比例的合理化，实现土壤资源与水资源的可持续利用。加强水污染治理，控制地表水中高锰酸盐和氨氮等污染物的浓度，提高水质量指数。首先，政府应完善水土流失防治设施建设，加大植树造林与湿地修护等措施力度，增强土地的保水保肥能力，从而减少水土流失的风险；其次，政府应完善水权交易市场和水资源定价机制，促进水资源的跨区域流动并优化水资源配置，从而提升水资源调度和分配的科学性；最后，政府应兼顾源头治理和综合防治，加强工业和农业废水治理并推广污水处理和再生利用技术，从而维护水生态系统的健康发展。

（2）持续优化能源结构

一方面，从指标衡量角度出发，应优化能源结构以提升空气质量，具体应减少碳排放量，降低 SO_2 的浓度、NO_2 的浓度和可吸入颗粒物浓度。另一方面，从政策制定角度出发，应推动能源结构的优化，加大对清洁能源的发展和利用，并加强源头控制和排放监管，以提高空气质量指数。首先，政府应倡导并推进清洁能源的规模应用并削减高污染能源的使用，从而显著减少大气污染物排放量；其次，政府应引入更为严格的排放标准，鼓励企业采用清洁生产技术的同时加强排放监管与执法力度，从而显著提升城市的空气质量。

7.3 展望

从研究前沿趋势来看，技术变革、城市治理问题的复杂性以及治理需求的多样性，推动了智慧城市、城市大脑和数字城市的探索研究，城市治理坚持"人民城市为人民"的理念，以期实现城市治理的智慧化和科学化。未来城市数智治理将成为中国省区城市治理的重中之重。一方面,如何设计一套完善的城市数智治理评价体系,科学评价中国省区城市数智经济社会和生态环境治理能力,亟待深化研究。城市数智经济社会治理评价体系的设计,可从数智化基础设施建设和数智化产业发展两个维度展开研究,包括数智化基础设施建设的覆盖广度和建设质量,数智化产业发展的数智产业化和产业数智化。城市生态环境治理评价体系的设计,需要从不同角度、不同层面,反映数智化赋能城市生态环境治理带来的效益,具体分为大气环境、水环境、声环境、生态和环境卫生改善五个层面。

另一方面,从未来发展方向看,城市数智经济社会治理应进一步加强可提升数智经济创新发展水平的基础设施建设;关注机器学习与人工智能等前沿研究领域的发展,顺应发展潮流,不断更新数智化技术;促进数智经济与实体经济相融合、信息化与产业化相融合;在重视市场主体调节作用的同时加大政府帮扶力度。同时,城市生态环境治理应进一步加强数字技术与生态环境治理的融合力度,构建生态环境监测体系;进一步加快建立数字化生态环境治理的统一标准;加大对数字化赋能生态环境治理的经济支持力度。

参考文献

[1] 陈悦,陈超美,刘则渊,等. CiteSpace知识图谱的方法论功能[J]. 科学学研究,2015,33(2):242-253.

[2] 孙毛宁,周敏. 我国绿色创新研究的知识图谱可视化分析[J]. 现代管理科学,2021(2):13-22.

[3] Chen Chaomei. Science mapping: a systematic review of the literature[J]. Journal of Data and Information Science,2017,2(2):1-40.

[4] Olawumi T O, Chen D W M. A scientometric review of global research on sustainability and sustainable development[J]. Journal of Cleaner Production,2018,183:231-250.

[5] 姚尚建. 城市治理:空间、正义与权利[J]. 学术界,2012(4):42-48+283-284.

[6] 吴晓林,张慧敏. 治理视野中的城市基层管理改革:问题、悖论与出路[J]. 行政论坛,2016,23(4):25-29.

[7] 吴建南,秦朝,张攀. 雾霾污染的影响因素:基于中国监测城市PM2.5浓度的实证研究[J]. 行政论坛,2016,23(1):62-66.

[8] 何艳玲,赵俊源. 差序空间:政府塑造的中国城市空间及其属性[J]. 学海,2019(5):39-48.

[9] 董慧,王帅. 都市革命抑或超越——列斐伏尔对都市社会的理论探索及其时代意义[J]. 学术交流,2019(11):67-76+192.

[10] Barns S, Cosgrave E, Acuto M, et al. Digital infrastructures and urban governance[J]. Urban Policy and Research,2017,35(1):20-31.

[11] Baud I, Pfeffer K, Sridharan N, et al. Matching deprivation mapping to urban governance in three Indian mega-cities[J]. Habitat International,2009,33(4):365-377.

[12] Blanco I, Griggs S, Sullivan H. Situating the local in the neoliberalisation and transformation of urban governance[J]. Urban Studies,2014,51(15):3129-3146.

[13] Dekker K, Van Kempen R. Urban governance within the Big Cities Policy: ideals and practice in Den Haag, the Netherlands[J]. Cities,2004,21(2):109-117.

[14] Asante L A, Helbrecht I. Changing urban governance in Ghana: the role of resistance practices and activism in Kumasi[J]. Urban Geography,2019,40(10):1568-1595.

[15] 汪逸丰,崔晓文. 国外引领型城市数字化治理研究[J]. 竞争情报,2021,17(3):58-65.

[16] 董慧,王晓珍. 超大城市治理现代化:经验、理念与治理体系建构[J]. 学习与实践,

2022(5):70-77.

[17] 杨宏山,李悟. 技术嵌入、双轨学习与城市治理的机制设计——基于B市基层治理改革的案例分析[J]. 公共管理与政策评论,2022,11(3):107-115.

[18] Pierre J. Models of urban governance:The Institutional Dimension of Urban Politics[J]. Urban Affairs Review,1999,34(3):372-396.

[19] Osborne David, Gaebler Ted. Reinventing Government:How the Entrepreneurial Spirit is Transforming the Public Sector [M]. MA:Addison-Wesley,1992.

[20] Zsuzsanna Tomor,et al. Smart Governance for Sustainable Cities:Findings from a Systematic Literature Review [J]. Journal of Urban Technology,2019,26(4):3-27.

[21] 王庆明. 城市治理转型与基层权力重组——以沈阳街道办改革为例[J]. 人文杂志,2015(8):100-106.

[22] 唐亚林,钱坤. 城市精细化治理的经验及其优化对策——以上海"五违四必"生态环境综合治理为例[J]. 上海行政学院学报,2019,20(2):43-52.

[23] 王丛虎,乔卫星. 基层治理中"条块分割"的弥补与完善——以北京城市"一体两翼"机制为例[J]. 中国行政管理,2021(10):49-56.

[24] 李文钊. 双层嵌套治理界面建构:城市治理数字化转型的方向与路径[J]. 电子政务,2020(7):32-42.

[25] 陈振光,胡燕. "管治":理论角度的探讨和启发[J]. 城市规划,2001(9):25-28.

[26] 朱相宇,宋希博. 包容性发展视角下我国城市治理发展趋势探析[J]. 商业时代,2013(17):118-120.

[27] 顾朝林. 南京城市行政区重构与城市管治研究[J]. 城市规划,2002(9):51-56+60.

[28] 甄峰,简博秀,沈青,等. 城市管治、区划调整与空间整合——以常州市区为例[J]. 地理研究,2007(1):157-167+216.

[29] 周红云. 国际治理评估指标体系研究述评[J]. 经济社会体制比较,2008(6):23-36.

[30] 俞可平. 治理和善治引论[J]. 马克思主义与现实,1999(5):37-41.

[31] 俞可平. 中国治理评估框架[J]. 经济社会体制比较,2008(6):1-9.

[32] 顾辉. 综合评价法在城市治理评估指标体系中的应用[J]. 江淮论坛,2015(6):21-25.

[33] 李友根. 中国特大城市社会治理的评估与发展——基于变异系数法的聚类分析[J]. 重庆社会科学,2020(9):83-92.

[34] 过勇,程文浩. 城市治理水平评价:基于五个城市的实证研究[J]. 城市发展研究,2010,17(12):113-118.

[35] 任兵,陈志霞,张晏维,等. 首都超大城市治理现代化:基本逻辑、理念与路径构想[J]. 城市问题,2021(12):4-13.

[36] 石晓冬,杨明,王吉力. 城市体检:空间治理机制、方法、技术的新响应[J]. 地理科学,2021,41(10):1697-1705.

[37] 沈昊婧,荆椿贺. 功能转型背景下城市存量空间更新中的空间治理——基于空间生产理

论的分析框架[J].公共管理与政策评论,2021,10(5):128-138.

[38] 俞可平.中国城市治理创新的若干重要问题——基于特大型城市的思考[J].武汉大学学报(哲学社会科学版),2021,74(3):88-99.

[39] 祝贺,唐燕,张璐.北京城市更新中的城市设计治理工具创新[J].规划师,2021,37(8):32-37.

[40] 张若冰,祝歆,李雪岩.智慧城市建设推动社区治理实践创新[J].北京联合大学学报(人文社会科学版),2021,19(2):116-124.

[41] 安树伟.北京高质量发展的内涵与路径[J].北京社会科学,2022(8):38-42.

[42] 张伯旭.北京高质量发展需解决的问题及关注的方面[J].北京社会科学,2022(08):43-45.

[43] World Bank. Worldwide Governance Indicators[EB/OL]. http://info.worldbank.org/governance/wgi/index.aspx#home,2015-02.

[44] Matthew S, Joachim N. Governance Indicators: A Users' Guider(2nd edition)[R]. New York: United Nations Development Programme,2007.

[45] Claire Naval, Sylvie Walter, Raul Suarez de Miguel, et al. Measuring Human Rights and Democratic Governance: Experiences and Lessons from Metagora[J]. OECD Journal on Development, 2008,9(2):83-93.

[46] Clemente J, María Jesús Rodríguez García, et al. Evaluating the Quality of Urban Development Plans Promoted by the European Union: The URBAN and URBANA Initiatives in Spain (1994—2013)[J]. Social Indicators Research,2020,149(4):215-237.

[47] Helen K Liu, Meijen Hung, Lik Hang Tse, et al. Strengthening urban community governance through geographical information systems and participation: An evaluation of my Google Map and service coordination[J]. The Australia Journal of Social Issues,2020,55(2):182-200.

[48] Liexuan Wang, Kunsheng Wang, Huajin Huang. Construction and Analysis of Governance Evaluation Index System of Beijing Urban Subcenter Based on System Theory and Information Theory[J]. Wireless Communication & Mobile Computing,2022.

[49] 戴长征.中国国家治理体系与治理能力建设初探[J].中国行政管理,2014(1):10-11.

[50] 郑吉峰.国家治理体系的基本结构与层次[J].重庆社会科学,2014(4):18-25.

[51] 俞可平.国家治理的中国特色和普遍趋势[J].公共管理评论,2019,1(3):25-32.

[52] 杨琛,王宾,李群.国家治理体系和治理能力现代化的指标体系构建[J].长白学刊,2016(2):94-99.

[53] 张业,米热阿依·米吉提.新疆城市综合治理能力评价体系构建——基于耦合协调模型分析[J].兵团党校学报,2020(3):86-94.

[54] 谭日辉."三轮"驱动与北京特大城市治理体系创新[J].现代城市研究,2016(4):77-81.

[55] 李晓壮.城市治理体系初探:基于北京S区城市管理模式的考察[J].城市规划,2018,

42(5):24-30.

[56] 吴志强,刘晓畅,赵刚,等.空间效益导向替代简单扩张:城市治理关键评价指标[J].城市规划学刊,2021(5):15-22.

[57] 王芳,阴宇轩,刘汪洋,等.我国城市政府运用大数据提升治理效能评价研究[J].图书与情报,2020(2):81-93.

[58] 杨超.城市治理视角下的公共空间规划模式与方法探索——以北京城市副中心为例[J].城市发展研究,2022,29(4):93-101+2+44+45.

[59] 赵勇健,邢宗海,郭斯蕤.北京城市副中心高质量国土空间治理体系创新研究[J].规划师,2023,39(5):76-82.

[60] 宋迎昌.北京都市圈治理的实践探索及应对策略[J].城市与环境研究,2023(1):66-79.